暨南史學叢書

暨南大學高水平建設經費資助叢書

南朝梁元帝職貢圖題記釋文校證

趙燦鵬——著

社會科學文獻出版社
SOCIAL SCIENCES ACADEMIC PRESS (CHINA)

趙燦鵬

雲南洱源人，歷史學博士、哲學博士，暨南大學古籍研究所教授。先後畢業於四川大學歷史系（一九九三），華東師範大學古籍研究所（一九九六）、中國史學研究所（一九九九），香港嶺南大學哲學系（二〇〇五），曾任上海圖書館歷史文獻中心研究部主任、中國圖書館學會學術委員會古籍專業委員、國際圖聯（IFLA）家譜與地方史專業執行委員會委員，主要從事魏晉南北朝史、宋史、中國思想文化史與古文獻學研究。

本書彩色圖卷（三種）説明

一　梁元帝職貢圖北宋摹本
圖像數據由中國國家博物館提供

二　傳爲唐閻立本摹本王會圖
圖像數據由臺北故宫博物院提供

三　傳爲南唐顧德謙摹本梁元帝蕃客入朝圖
圖像數據由臺北故宫博物院提供

前言

南朝梁元帝所作職貢圖的畫像與題記，是研究南北朝時期中外關係與周邊國家部族歷史地理文化的重要史料。

一

梁元帝蕭繹（五〇八—五五五）〔一〕，字世誠，小字七符，是梁武帝蕭衍第七子。天監十三年（五一四），封湘東郡王。十六年出爲琅邪彭城太守，十八年爲會稽太守，普通三年（五二二）入爲丹陽尹〔二〕，七年出爲荆州刺史，大同五年（五三九）入爲護軍將軍、安右將軍，六年出爲江州刺史，太清元年（五四七）再爲荆州刺史。太清二年八月，東魏降將侯景叛

〔一〕按梁書卷五元帝紀、南史卷八梁本紀下，梁元帝薨於承聖三年十二月辛未。承聖三年爲公元五五四年，但十二月辛未已進入西曆次年，即五五五年一月二十七日。在十九世紀末發表的一篇論文關於約五〇〇至六五〇年之間薩珊王朝統治下的中亞知識的中國來源中，德國漢學家夏德（Friedrich Hirth）已把梁元帝的在位期間，正確地寫作五五二—五五五年〔Friedrich Hirth. "Ueber die Chinesischen Quellen zur Kenntniss Centralasiens unter der Herrschaft der Sassaniden etwa in der Zeit 500 bis 650", *Wiener Zeitschrift für die Kunde des Morgenlandes*, Vol. 10（1896），p. 227〕。

〔二〕吴光興：蕭綱蕭繹年譜，卷一，第六七—七二、七九—八六、九四—一〇三頁。

亂，次年三月攻陷建康（今江蘇南京），梁武帝在幽困中去世。其第三子蕭綱即位，後爲侯景所殺，稱梁簡文帝。大寶三年（五五二），蕭繹平定侯景之亂後，於江陵（今屬湖北荆州）即位，改元承聖；承聖三年，江陵被西魏攻陷，因而遇害。

梁元帝聰悟勤學，才識淵博，著述宏富，撰有孝德傳三十卷〔一〕，忠臣傳三十卷，丹陽尹傳十卷〔二〕，注漢書一百一十五卷，周易講疏十卷〔三〕，内典博要一百卷〔四〕，連山三十卷，洞林三卷〔五〕，玉韜十卷，金樓子十卷，補闕子十卷〔六〕，老子講疏四卷〔七〕，全德志〔八〕，懷舊志〔九〕，荆南志〔一〇〕，江州記〔一一〕，貢職圖，古今同姓名録一卷〔一二〕，筮經十二卷，式贊三卷〔一三〕，

〔一〕隋書卷三三經籍志二著録梁元帝撰孝德傳三十卷下，有孝友傳八卷，不署撰人。舊唐書卷四六經籍志上著録梁元帝撰孝德傳三十卷，梁元帝撰孝友傳八卷，疑非是。

〔二〕「丹陽尹傳」，南史卷七六隱逸下阮孝緒傳作「丹陽尹録」。

〔三〕按金樓子卷五著書篇有周易義疏三十卷。

〔四〕「一百卷」，金樓子卷五著書篇、續高僧傳卷一僧伽婆羅傳及歷代三寶紀卷一一、卷一五作「三十卷」，法苑珠林卷一〇〇作「四十卷」。按隋書卷三四經籍志三有内典博要三十卷，不署撰人。

〔五〕「洞林」，南史卷八梁本紀下作「詞林」。

〔六〕金樓子卷五著書篇原注：「金樓爲序，付鮑泉、東里撰。」按金樓爲梁元帝自號。

〔七〕按金樓子卷五著書篇有孝子義疏十卷，清四庫館臣疑「孝」字即「老」字之訛。趙圖南梁元帝著作考謂「孝子」當爲「孝經」之誤，疑非是。

〔八〕「全德志」，南史卷八梁本紀下作「古今全德志」。

〔九〕「懷舊志」，南史卷八梁本紀下作「懷舊傳二卷」，隋書卷三三經籍志二作「懷舊志九卷」。

〔一〇〕「荆南志」，南史卷八梁本紀下作「荆南地記」。按金樓子卷五著書篇有荆南志二卷，隋書卷三三經籍志二有蕭世諴撰荆南地志二卷。按「諴」有「誠」義，世諴爲蕭繹之字。

〔一一〕按金樓子卷五著書篇有江州記三卷。

〔一二〕「古今同姓名録」，金樓子卷五著書篇作「同姓同名録」，隋書卷三三經籍志二作「同姓名録」。「一卷」，宋史卷二〇四藝文志三作「二卷」。

〔一三〕「式贊」，金樓子卷五著書篇作「式苑」。

文集五十卷〔一〕（梁書卷五元帝紀，南史卷八梁本紀下）。隋書卷三三經籍志二著録蕭繹撰研神記十卷〔二〕，卷三四經籍志三著録梁元帝撰湘東鴻烈十卷，釋氏碑文三十卷〔三〕。宋史卷二〇六藝文志五著録蕭繹相馬經一卷，卷二〇七藝文志六著録梁元帝畫山水松石格一卷。據金樓子卷五著書篇，梁元帝並有金樓祕訣二十二卷，禮雜私記五十卷〔四〕，仙異傳三卷，黄妳自序三卷，晉仙傳五卷〔五〕，繁華傳三卷〔六〕，語對三十卷〔七〕，奇字二十卷〔八〕，長州苑記三卷〔九〕，玉子訣三卷〔一〇〕，寶帳仙方三卷，食要十卷〔一一〕，辯林二十卷〔一二〕，藥方十卷，譜十卷〔一三〕，夢書十卷〔一四〕，安成煬王集四卷，詩英十卷〔一五〕等著作多種。按廣弘明集

〔一〕按金樓子卷五著書篇有集三十卷，隋書卷三五經籍志四有梁元帝集五十二卷，梁元帝小集十卷。

〔二〕「研神記」，舊唐書卷四六經籍志上作「妍神記」。金樓子卷五著書篇有研神記一卷，原注：「金樓自爲序，付劉瑴纂次。」

〔三〕按金樓子卷五著書篇有碑集百卷，原注：「付蘭陵蕭賁撰。」

〔四〕金樓子卷五著書篇原注：「十七卷，未成。」

〔五〕金樓子卷五著書篇原注：「金樓使顔協撰。」按梁書卷五〇文學下顔協傳云協撰晉仙傳五篇。

〔六〕金樓子卷五著書篇原注：「金樓使劉緩撰。」

〔七〕按隋書卷三四經籍志三著録朱澹遠撰語對十卷，麗語十卷。

〔八〕金樓子卷五著書篇原注：「金樓與劉之亨等撰。」

〔九〕金樓子卷五著書篇原注：「金樓付蕭賁撰。」

〔一〇〕金樓子卷五著書篇原注：「金樓付劉緩撰。」

〔一一〕金樓子卷五著書篇原注：「金樓付虞預撰。」

〔一二〕按隋書卷三四經籍志三著録蕭賁撰辯林二十卷。

〔一三〕金樓子卷五著書篇原注：「金樓付王兢撰。」

〔一四〕金樓子卷五著書篇原注：「金樓使丁覘撰。」

〔一五〕金樓子卷五著書篇原注：「付瑯琊王孝祀撰。」

卷二〇梁元帝内典碑銘集林序，梁元帝撰有内典碑銘集林三十卷[一]；又，初學記、太平御覽等類書所引，梁元帝的著作還有梁元帝纂要一種。[二]

梁元帝有書畫藝術的才能。藝文類聚卷七四引梁元帝上東宫古跡啓云：「頗好六文，多慙三體。」同卷引梁元帝謝上畫蒙勑褒賞啓：「臣簿領餘暇，竊愛丹青。」南史卷八梁本紀下：「帝工書善畫，自圖宣尼像，爲之贊而書之，時人謂之三絶。」唐張彦遠撰法書要録卷三唐李嗣真書品後列梁元帝爲下下品，評曰「孝元風流」。法書要録卷五唐竇臮撰述書賦上：「孝元不拘，快利睢盱。習寬疎於一體，加緊薄而小殊。惟數君之翰墨，稱天倫之友于，皆可比蘭菊殊芳，鴻雁異軀。」按「惟數君之翰墨」指蕭綱、蕭綸、蕭繹三兄弟之書法[三]。顔氏家訓雜藝：「畫繪之工，亦爲妙矣，自古名士，多或能之。吾家嘗有梁元帝手畫蟬雀白團扇及馬圖，亦難及也。」南朝陳姚最續畫品：「湘東殿下。（中略）畫有六法，真仙爲難。王於像人，特盡神妙，心敏手運，不加點治。斯乃聽訟部領之隙，文談衆藝之餘，時復遇物援毫，造次驚絶，足使荀衛閣筆，袁陸韜翰。圖製雖寡，聲聞於外。」唐張彦遠撰歷代名畫記卷一叙畫之興廢：「（梁）元帝雅有才藝，自善丹青。」卷三述古之祕畫珍圖：「職貢圖。（一。外國酋渠，諸蕃土俗本末，仍各圖其來貢者之狀。金樓子言之，梁元帝畫。）」同書卷七：「元帝蕭繹，字世誠。（中品。）（中略）聰慧俊朗，博涉技藝，天生善書畫。（中略）嘗畫聖僧，武帝親爲贊之。任荆州刺史日，畫蕃客

[一] 范文瀾文心雕龍注卷三（范文瀾全集第四卷，第二〇五頁）、趙圖南梁元帝著作考皆懷疑此書即内典博要三十卷，趙氏謂「或後足以他作，始稱博要」，恐非是。按内典碑銘集林所收爲金石碑文銘頌，内典博要則是「該羅經論，條貫釋門，諸有要事，備皆收録，頗同皇覽、類苑之流」（續高僧傳卷一僧伽婆羅傳），二書的内容性質有明顯的差異。

[二] 據余嘉錫四庫提要辨證卷一八考證，漢武洞冥記一書，舊題後漢郭憲，亦爲梁元帝所撰。

[三] 參見尹冬民編著述書賦箋證，第二一一四—二一一五頁。

入朝圖，帝極稱善。（梁書具載〔一〕。）又畫職貢圖并序，善畫外國來獻之事。（序具本集。）（中略）（游春苑白麻紙圖、鹿圖、師利像、鶒鶴陂澤圖、芙蓉醮鼎圖，並有題印，傳於後。）」

二

在梁元帝撰作職貢圖之前，已經有類似的職貢題材圖畫出現。

根據文獻記載，從先秦時期開始，周邊國家部族按照尊卑等級，對華夏地區政權定期朝覲與貢獻方物，歷代多有描繪外國朝貢使節的圖畫以紀其事。關於職貢圖的起源，有學者認爲是從西漢武帝時期開始的。藝文類聚卷五五引梁元帝職貢圖序説「甘泉寫閼氏之形，後宮玩單于之圖」，敘述的是漢武帝以後的情形，可爲印證。〔二〕也有學者指出，山海經爲古代中國各部族間會盟征伐及民間口耳相傳地理知識的圖像與記載，敘述各部族的種類、相貌和生活狀況，其圖與後世職貢圖性質相類似，可以説是職貢圖的始祖。〔三〕西晉時有外國圖，水經注、後漢書唐李賢注、通典、太平御覽等書都有徵引，與山海經圖及

〔一〕王素梁元帝職貢圖新探（第七二頁）、余太山梁書西北諸戎傳與梁職貢圖（第四二頁）指出此事姚思廉梁書不載，當爲别本梁書。

〔二〕參見榎一雄：職貢図の起源（職貢圖的起源），榎一雄著作集，第七卷，第八五—八六頁。漢書卷九元帝紀云：「（建昭）四年春正月，以誅郅支單于告祠郊廟。赦天下。羣臣上壽置酒，以其圖書示後宮貴人。」顔師古注：「服虔曰：討郅支之圖書也。或云單于土地山川之形書也。師古曰：或説非。」王庸中國地圖史綱（第五—六頁，第八頁注一三）以漢書元帝紀的記載與梁元帝職貢圖序「後宮玩單于之圖」相映證，説明職貢圖起源於西漢。並參王素：故宮學學科建設初探，第一一九頁。

〔三〕王庸：山海經圖與職貢圖，王庸文存，第一九四頁；原載禹貢半月刊，第一卷第三期，一九三四年四月一日，署名王以中。賀次君：山海經圖與職貢圖的討論，禹貢半月刊，第一卷第八期，一九三四年六月十六日。

職貢圖的形式相似。[一] 不過，這些説法都有推測的成分，不能成爲確論。

歷代名畫記卷三述古之祕畫珍圖有百國人圖，可能是與職貢圖性質相似的作品，惟其撰作時代不詳，學者推測「大抵爲六朝時作品」[二]。比較明確的記載，爲梁書卷三〇裴子野傳載裴子野撰有方國使圖一卷，傳云：

> 是時西北徼外有白題及滑國，遣使由岷山道入貢。此二國歷代弗賓，莫知所出。子野曰：「漢潁陰侯斬胡白題將一人。服虔注云：『白題，胡名也。』又漢定遠侯擊虜，八滑從之，此其後乎？」時人服其博識。敕仍使撰方國使圖，廣述懷來之盛，自要服至于海表，凡二十國。

據梁書卷三武帝紀下、卷五四諸夷傳記載，滑國遣使獻方物，分别在天監十五年（五一六），普通元年（五二〇）、七年，大同元年（五三五）、七年；白題國遣使貢獻，則在普通三年（五二二）。裴子野卒於中大通二年（五三〇），大概説來，他受敕撰方國使圖的時間，應當在普通年間。方國使圖後來亡佚，二十國的國名已難以確指，但白題國與滑國，應該是其中的兩個。梁元帝職貢圖北宋摹本白題國使題記云：「漢初灌嬰與匈奴戰，斬白題騎一人。」滑國使題記云：「（上缺）有功，勇與八滑□□部。」題記文字與裴子野所云如出一轍，可以推測裴氏方國使圖是梁元帝職貢圖的淵源所在。[三] 根據當代學者余

[一] 王庸：山海經圖與外國圖，王庸文存，第二二九—二三〇頁；原載史地雜誌創刊號，一九三七年五月，署名王以中。李劍國：唐前志怪小説史（修訂本），第二七三—二七四頁。按玉海卷一六梁方國使圖職貢圖述及外國圖，當亦有此意。

[二] 王庸：山海經圖與職貢圖，王庸文存，第一九四頁。

[三] 榎一雄梁職貢図について（關於梁職貢圖）（榎一雄著作集，第七卷，第一二一—一二四頁）認爲職貢圖的題材、内容與方國使圖存在繼承關係，應爲裴氏所作的增補版。米婷婷梁元帝職貢圖的形成（第八一—八二頁）提出，裴子野僅撰述方國使圖題記，畫像是梁朝宫廷畫工作品。

太山的研究，職貢圖北宋摹本殘卷題記所載各國朝貢史事，絕大部分發生在蕭繹普通七年出鎮荆州之前，而不是任荆州刺史期間，因此職貢圖圖像和題記的原底可能出於裴子野方國使圖。〔一〕近年新發現的清張庚摹本題記（詳見下文第五節），也爲這種認識提供了佐證。〔二〕

歷代名畫記卷七云：「元帝蕭繹，（中略）任荆州刺史日，畫蕃客入朝圖，（梁武）帝極稱善。（中略）又畫職貢圖并序，善畫外國來獻之事。」蕭繹於普通七年（五二六）至大同五年（五三九）爲荆州刺史，太清元年（五四七）再任荆州刺史。藝文類聚卷五五引梁元帝職貢圖序有「皇帝君臨天下之四十載」云云，可知，職貢圖的撰作應該在他首次荆州刺史任上，「四十載」當舉其成數而言。〔三〕職貢圖序又云：「臣以不佞，推轂上游，夷歌成章，胡人遥集。款開蹶角，沿泝荆門，瞻其容貌，訴其風俗。如有來朝京輦，不涉漢南，别加訪採，以廣聞見。」其中「推轂上游」、「沿泝荆門」、「不涉漢南」

〔一〕參見余太山：梁書西北諸戎傳與梁職貢圖，第五五—五九頁。

〔二〕新發現清張庚摹本題記所載于闐（天監九年、十三年、十八年）、斯羅（普通二年）等國朝貢史事年代，也在蕭繹普通七年出爲荆州刺史之前。

〔三〕錢伯泉職貢圖與南北朝時期的西域（第七九頁）認爲職貢圖是蕭繹於大同七年（五四一）爲江州刺史時所作，不確。岑仲勉現存的職貢圖是梁元帝原本嗎（第四三頁）、余太山梁書西北諸戎傳與梁職貢圖（第四〇—四一頁）謂蕭繹開始創作職貢圖可能在第一次任荆州刺史之際，圖序則作於大同七年爲江州刺史時，上距梁武帝登基恰四十年。江州之説，似略嫌拘泥於序文「四十載」之數。早在二十世紀二十年代，德國漢學家顔復禮（Fritz Jäger）研究隋代裴矩的地理著作西域圖記，提到之前的圖釋型人種志，包括梁元帝的職貢圖和裴子野的方國使圖等；顔氏認爲職貢圖不可能産生於五四二年之前，因爲序言中有一句話説「皇帝君臨天下之四十載」（這裡指的是梁武帝，五〇二年稱帝）（Fritz Jäger. "Leben und Wert Des P'ei Kü"（裴矩的生平與評價），Ostasiatische Zeitschrift，Vol. IX，No. 3/4（1921/1922），pp. 216-217）。法國漢學家伯希和（Paul Pelliot）在關於六朝與唐代藝術史研究的論文中，討論拂菻國名時，以道宣釋迦方誌卷下引梁貢職圖（伯氏文中寫作「職貢圖」）爲據；伯氏贊同顔復禮的觀點，認爲職貢圖是梁元帝在五四二年之後，五五二年登基之前所作。五四二年爲大同八年，也是根據職貢圖序「四十載」之數推算而得。〔Paul Pelliot. "Notes sur quelques artistes des six dynasties et des T'ang"（關於六朝與唐代一些藝術家的考察），T'oung Pao，Vol. 22，No. 4（1923），p. 265。〕

云云，地名所涉均屬荆州，可爲明證。〔一〕職貢圖中有天門蠻、建平蜑、臨江蠻，〔二〕按荆州舊置南蠻校尉，宋孝武帝孝建中罷，併其職於荆州刺史府，南齊時置時省，至梁終廢。梁荆州刺史實際兼領舊南蠻校尉之職，諸蠻歸其節制。〔三〕

歷代名畫記説蕭繹「畫蕃客入朝圖，（中略）又畫職貢圖并序」，可見蕭繹所作，有蕃客入朝圖和職貢圖兩種不同的圖本。兩種圖本的差異何在，因爲相關資料缺乏，並不容易有明確的答案。學者研究指出，梁元帝創作職貢圖是一個長期的過程，内容可能經過續撰增補。〔四〕相關文獻史料中記載的職貢圖傳本内容多有差異，説明有不同的版本流傳，或許不是出於單一的來源。今存世梁元帝職貢圖三種摹本，即中國國家博物館藏北宋摹本殘卷，臺北故宮博物院藏傳爲唐閻立本王會圖、南

〔一〕王素：梁元帝職貢圖新探，第七三頁。按南北朝對峙時期，西域諸國遣使來梁朝貢，在河西走廊交通受阻的情况下，須通過河南道，經由益州、荆州而達京城建康（參見唐長孺：南北朝期間西域與南朝的陸道交通，第一六八—一九五頁；王素：高昌史稿交通編，第二二四—二四一頁；王素：梁元帝職貢圖與西域諸國，第三五—三六頁）。

〔二〕此據清吳升撰大觀録卷一一閻立德王會圖。臺北故宮博物院藏唐閻立本王會圖有建平蜑，臺北故宮博物院藏南唐顧德謙摹梁元帝蕃客入朝圖有臨江蠻、天門蠻、建平蠻。王素梁元帝職貢圖新探（第七六頁）認爲臨江蠻指宋書卷九七所載「江北諸郡蠻」。李垠周早期職貢題材繪畫之再探討（第四六頁）謂臨江蠻在宋書卷九七夷蠻傳稱臨沮蠻，顧德謙摹本與大觀録「臨江蠻」爲誤，此可備一説，然不必是。中村和樹梁職貢図の国名記載順（梁職貢圖的國名記載順序）（梁職貢図と東部ユーラシア世界，第一二〇頁）謂臨江蠻一名可能源出西漢的臨江國，即後來的南郡，就是居住在梁元帝任刺史之荆州治所江陵的蠻。

〔三〕參見王素：梁元帝職貢圖新探，第八〇頁，注十。又天門郡爲荆州轄郡，建平郡屬巴州，巴州巴郡有臨江縣（南齊書卷一五州郡志下），地理位置在今重慶東部、湘鄂西部區域，應該都屬於荆州都督區範圍。普通七年蕭繹爲荆州刺史，荆州都督區包括荆湘郢益寧南梁六州（梁書卷五元帝紀），之後出於諸王相避的原因，督區當有調整（參見嚴耕望中國地方行政制度史魏晉南北朝地方行政制度，第七八頁），至大同五年廬陵王蕭續代蕭繹爲荆州刺史，督區變爲荆郢司雍南北秦梁巴華九州（梁書卷二九高祖三王廬陵威王續傳），其中即有巴州。

〔四〕參見余太山：梁書西北諸戎傳與梁職貢圖，第五八頁。陳繼春蕭繹職貢圖的再研究，第一五四—一五五頁。按新發現清張庚摹本（詳見下文第五節）中有渴槃陀國題記，可爲印證。梁書、南史、建康實録等史書中，渴槃陁國遣使朝貢在中大同元年（清張庚摹本作大同元年，疑脱一「中」字），説明職貢圖的成書年代下限可以到中大同元年。此時蕭繹爲江州刺史，距離大同五年解除荆州刺史職任，已有七年之久。

唐顧德謙摹梁元帝蕃客入朝圖中，同一國家使者畫像的身體特徵和服飾細節多有不同，可爲明證。即以題記而論，試將北宋摹本殘卷與新發現清張庚摹本（詳見下文第五節）進行比較，異文的數量是比較多的，其中滑、波斯、龜茲三國題記的差異最爲明顯。滑國題記，北宋摹本較詳（殘存三百五十二字，包括漫漶文字），清張庚摹本較爲簡略（計一百七十二字），相差字數在一百八十字以上，這可能是傳摹過程中經過剪裁删減的緣故；[一]但是波斯、龜茲二國題記，北宋摹本與清張庚摹本文字互有異同，應當出自不同的版本系統。特别是波斯國題記，其中一些内容有實質性差異的文字，與梁書卷五四諸夷波斯國傳、南史卷七九夷貊下波斯國傳亦没有承襲關係，[二]説明題記有不同的版本來源，不是簡單地用删減二字就可以解釋周全的。

當代學者王素認爲，梁元帝所作有三個不同階段之圖，蕃客入朝圖是最早的底圖，爲第一次任荆州刺史時所作；職貢圖是稍後的增補圖，爲大同六年任京官時所作；貢職圖是最後的完成圖，創作時間爲梁元帝即位後的承聖三年（五五四）春。三圖的國家數目不同，蕃客入朝圖最少，職貢圖次之，貢職圖最多。[三]這種觀點頗具啓發性，但含有較多推測成分，缺乏實證支持，且與文獻史料記載存在矛盾和衝突，有待進一步研究。[四]例如，宋李廌撰德隅齋畫品載梁元帝番客入朝圖有三十五國，臺北故宫博物院藏南唐顧德謙摹梁元帝蕃客入朝圖有三十三國（詳下第三節），是歷代職貢圖傳本之中國家數目最多的兩種；又如，唐釋道宣撰大唐内典録卷四後魏元氏翻傳佛經録引有梁湘東王繹貢職圖一則，元吴澄撰吴文正集卷五九亦有題梁湘東王繹貢職圖後一文，「梁湘東王繹」爲其即帝位之前的稱謂，然則貢職圖的創作時間在承聖年間之説，或許可以存

[一] 參見王素：梁元帝職貢圖與西域諸國，第三五頁。
[二] 例如清張庚摹本波斯國使題記「市買交關，並是金銀博换」，北宋摹本作「交易用金銀」，梁書卷五四諸夷波斯國傳、南史卷七九夷貊下波斯國傳作「市買用金銀」。
[三] 王素：梁元帝職貢圖新探，第七二—八〇頁。
[四] 陳繼春蕭繹職貢圖的再研究（第一五四頁）曾經提出商榷，但討論不够充分。

疑。其他還有一些，茲不縷陳。就歷代文獻稱引的情況來看，職貢圖、貢職圖之名常常混用，二者内容似無特別顯著的差異，故本文論述仍以職貢圖作爲通行的名稱。

三

梁書卷五元帝紀、南史卷八梁本紀下載梁元帝著作，有貢職圖一種。金樓子卷五著書篇所載梁元帝著作中，亦有「貢職圖一秩一卷」。

承聖三年江陵被西魏攻陷前夕，梁元帝縱火焚毁圖籍，「乃聚圖書十餘萬卷盡燒之」（南史卷八梁本紀下），「命舍人高善寶焚古今圖書十四萬卷」（御覽卷六一九引三國典略），「故江表圖書，因斯盡萃於繹矣。及周師入郢，繹悉焚之於外城，所收十纔一二。此則書之五厄也」（隋書卷四九牛弘傳），成爲中國古代圖書史上的一大災難。唐張彥遠歷代名畫記卷一叙畫之興廢亦云：「（梁）元帝雅有才藝，自善丹青，古之珍奇，充牣内府。侯景之亂，（中略）及景之平，所有畫皆載入江陵，爲西魏將于謹所陷。元帝將降，乃聚名畫法書及典籍二十四萬卷，遣後閤舍人高善寶焚之。（中略）于謹等於煨燼之中，收其書畫四千餘軸，歸于長安。故顔之推觀我生賦云：『人民百萬而囚虜，書史千兩而煙颺。史籍已來，未之有也。溥天之下，斯文盡喪。』」[二] 雖然如此，職貢圖並未亡佚，其真迹後世存歿情形無考，但是有多種摹本遞相繁衍流傳下來。

[二] 又唐張彥遠撰法書要録卷四載唐張懷瓘二王等書録：「承聖末，魏師襲荆州，城陷。元帝將降，其夜乃聚古今圖書十四萬卷，并大小二王遺迹，遣後閤舍人高善寶焚之。（中略）歷代秘寶，並爲煨燼矣。周將于謹、普六茹忠等捃拾遺逸，凡四千卷，將歸長安。」

在唐代初期，梁元帝職貢圖未見廣泛流布。〔一〕隋書卷三三經籍志二史部地理類不載此書，姚思廉撰梁書似乎也没有參考。梁書卷五四諸夷傳中，周古柯、呵跋檀、胡蜜丹等三國傳文僅有寥寥數語，内容比較簡單，而職貢圖北宋摹本中，此三國題記有進貢表文，篇幅較長，具有很高的史料價值。梁書諸夷傳録有盤盤、丹丹、干陁利、狼牙脩、婆利、中天竺、師子國等七國表文，並没有什麽特别理由要删棄此三國表文。〔二〕可以推測姚思廉撰寫梁書諸夷傳之時，並未看到此三國題記，有可能對職貢圖未曾寓目。

活動年代稍晚於姚思廉，唐初僧人釋道宣（五九六—六六七）的幾種著作中對職貢圖都有徵引，比如大唐内典録卷四後魏元氏翻傳佛經録引梁湘東王繹貢職圖（魯國使題記），續高僧傳卷二五釋慈藏傳引梁貢職圖（新羅國使題記），四分律删繁補闕行事鈔卷下注引梁時貢職圖（白木條國使題記），釋迦方誌卷下遺跡篇之餘引梁貢職圖（波斯國使題記述拂懔國語）各一則。〔三〕五代後唐僧人景霄纂四分律行事鈔簡正記卷一五引貢職圖（白木條國使題記）一則，文字較道宣四分律删繁

〔一〕傳説唐貞觀年間，唐太宗遣梁元帝曾孫、監察御史蕭翼至越州，用計謀從僧辯才處取得王羲之蘭亭序真迹，蕭翼所携書畫中即有「梁元帝自畫職貢圖」（唐張彦遠撰法書要録卷三載唐何延之蘭亭記）。關於何記是否可信的問題，歷代學者有不同的看法，二十世紀六十年代與蘭亭序真僞問題相聯繫，曾經發生熱烈的辯論，當代學者最近的研究傾向於持否定性的意見，參見郭沫若由王謝墓誌的出土論到蘭亭序的真僞，徐復觀中國藝術精神附録五蘭亭争論的檢討，莊嚴唐閻立本繪蕭翼賺蘭亭圖卷跋，祁小春文本與記録文獻中所見的蘭亭序等論文。

〔二〕余太山梁書西北諸戎傳與梁職貢圖（第六六頁）提出，梁書周古柯、呵跋檀、胡蜜丹三國傳，乃删節職貢圖題記而成。李垠周早期職貢題材繪畫之再探討（第四六—四七頁）主張，周古柯、呵跋檀、胡密丹、白題等國在現存北宋摹本及南唐顧德謙摹本中排列順序一致，且與梁書諸夷傳記載次序相同，説明諸夷傳的書寫來源爲職貢圖，但删去了各國表文，此可備一説。金子修一關於宋書蠻夷傳的若干問題認爲，梁書没有記載周古柯國、呵跋檀國、胡蜜丹國的國書的原因是基於其表現的拙劣和内容的缺乏。金子修一之説，意即三國貢表粗率不文，故被姚思廉删汰，似不盡然。平心而論，三國表文與南海諸國相較，在修辭方面並不見得有天壤之别。

〔三〕唐釋道世撰法苑珠林卷二九感通篇聖迹部引梁貢職圖（波斯國使題記述拂懔國語）一則，與釋迦方誌文字相同，當録自後書。

補闕行事鈔所引繁複，當據職貢圖徵引，而非沿襲後書。

唐代四大類書北堂書鈔、藝文類聚、初學記、白氏六帖之中，亦未見徵引職貢圖題記。藝文類聚卷五五引梁元帝職貢圖序，卷七四引梁元帝職貢圖贊，可能來源於梁元帝的文集。唐張彥遠歷代名畫記卷七謂梁元帝蕭繹「又畫職貢圖并序，善畫外國來獻之事」下，原注「序具本集」四字，可爲佐證。包括張彥遠本人，並未親見梁元帝蕃客入朝圖和職貢圖，前者是根據別本梁書的記載而得知，後者亦未列入梁元帝「傳於後」諸圖中，僅在卷三述古之祕畫珍圖中提及。〔二〕我們推測，梁元帝職貢圖在唐代前期官方並未收藏，可能衹在佛教僧徒中流傳。

從五代開始，特别是在宋代以後，職貢圖有多種傳本出現。這一時期編撰的圖書目録中有很多記載。舊唐書卷四六經籍志上乙部史録地理類：「職貢圖一卷，梁元帝撰。」新唐書卷五八藝文志二乙部史録地理類：「梁元帝職貢圖一卷。」宋史卷二〇四藝文志三史部地理類：「梁元帝職貢圖一卷。」宋王堯臣等撰崇文總目卷二地理類：「職貢圖一卷，梁元帝撰。」宋尤袤撰遂初堂書目地理類：「梁二十八國職貢圖。」宋鄭樵撰通志卷六六藝文略四地理朝聘類：「職貢圖一卷，梁元帝撰。」同書卷七二圖譜略一記有部：「梁元帝二十八國職貢圖。」宋王應麟撰玉海卷一五二梁職貢圖：「書目：金樓子其自序云：『乃纂百國一卷。』今存二十有七。爲湘東王時，諸蕃使者入貢，圖其形貌服飾，次以本國風俗。」

梁元帝職貢圖原本應是既有圖像，又有題記的圖文合璧長卷。〔三〕歷代書目及書畫題跋資料中提到的職貢圖傳本，大略可分爲三種類型：第一種類型兼有圖像和題記，第二種類型有圖像無題記，第三種類型有無題記情形不詳。

第一類傳本有八種：

〔二〕參見余太山：梁書西北諸戎傳與梁職貢圖，第四二頁。
〔三〕參見王素：梁元帝職貢圖高昌國使圖像與題記，第七二頁。

（一之一）梁元帝蕭繹貢職圖，見宋史繩祖撰學齋佔畢卷二王會貢職兩圖之異引祕府羣玉帖中宋元祐元年李公麟跋語所述。内容爲虜、蜑等三十餘國使者畫像和題記。

（一之二）梁元帝職貢圖，載宋王應麟撰玉海卷一五二梁職貢圖引中興館閣書目。内容爲二十七國使者畫像和題記。

（一之三）梁元帝職貢圖，載明宋濂撰宋文憲公全集卷四五題梁元帝畫職貢圖。内容爲且末、中天竺、師子、北天竺、渴槃陁、武興番、高昌、建平蜑、臨江蠻等九國使者畫像和題記。題記注云「陶學士書」。後有五代後周廣順三年陶穀跋語。

（一之四）閻立德王會圖，見清吴升撰大觀録卷一一著録閻立德王會圖後子容（蘇頌）題語所述。蘇頌題語云：「熙寧丁巳傳張次律國博本，杭州山堂校過。子容題。」所謂「張次律國博本」，即北宋神宗熙寧年間國子監博士張次律摹本。[一] 内容同大觀録著録本。

（一之五）閻立德王會圖，載清吴升撰大觀録卷一一。内容爲滑[二]、波斯、百濟、龜兹、倭、高句驪、于闐、新羅、宕昌、狼牙脩、鄧至、周古柯、阿跋檀、胡密丹、白題、靺、中天竺、師子、北天竺、朅盤陀、武興番、高昌、天門蠻、建平蜑、臨江蠻等二十六國使者設色畫像和題記。[三] 後有北宋熙寧十年蘇頌題語，「壓宋印一方」；以及元人子山（康里巎巎）、王餘慶二跋。

[一] 參見徐邦達：顧閎中畫韓熙載夜宴圖，第二六頁。按張次律其人生平不詳。宋趙蕃撰淳熙稿卷七、卷一二、卷二〇有與時人張次律唱和詩多首，然趙蕃（一一四三—一二二九）爲南宋人，與此時代不合。

[二] 大觀録著録稱「第一國前已損失，止存後書十四行」，此與中國國家博物館藏梁元帝職貢圖北宋摹本殘卷相同，據後者題記内容爲滑國使。

[三] 按大觀録所録國名衹有二十五個，疑「六」字誤書（參見金維諾：職貢圖的時代與作者，第一六頁；余太山：梁書西北諸戎傳與梁職貢圖，第五四頁；李根周：早期職貢題材繪畫之再探討，第四五頁）。清張照等撰石渠寶笈卷三二著録唐閻立德職貢圖，與此本内容基本相同，亦爲二十五國。

（一之六）唐閻立德職貢圖，載清張照等撰石渠寶笈卷三二。石渠寶笈著録爲清宮書畫藏品。内容爲二十五國使者着色畫像和題記，國名未録。後有（職貢圖）贊一篇，北宋熙寧十年蘇頌題語，「上鈐一印，（中略）漫漶不可識」；以及元人子山（康里巎巎）、王餘慶二跋。與大觀録所載閻立德王會圖相較，此本著録内容多出（職貢圖）贊一篇，其他基本相同。〔一〕此本即今中國國家博物館藏梁元帝職貢圖北宋摹本殘卷（詳見下文第四節）。〔二〕在歷代書畫題跋資料中，梁元帝職貢圖多著録爲唐閻立德或閻立本所作，是一個明顯的錯誤。據當代學者金維諾對北宋摹本殘卷的研究，繪畫的風格和技巧較爲樸拙，與初唐閻氏兄弟作品差别較大；殘卷現存各國中，滑國在隋唐時稱嚈噠（或作挹怛），周古柯、呵跋檀、胡蜜丹在南朝蕭梁以後不見於史書記載，宕昌、鄧至滅於北周，狼牙修在隋唐時未曾通好，隋書、唐書並未立傳，白題、末國在隋書、唐書中亦無傳記。又題記内容與梁書諸夷傳幾乎完全符合，其紀事止於梁，叙述宋齊事實年號之前冠以朝代，記梁朝事實衹出年號；末國使題記云「今王姓安名末深盤」，梁書卷五四諸夷末國傳稱「其王安末深盤，普通五年，遣使來貢獻」，題記中的「今王」二字，是職貢圖斷代的重要證據。石渠寶笈著録使者畫像題記後有（職貢圖）贊，與藝文類聚卷七四引梁元帝職貢圖贊文字相合。總而言之，這個職貢圖不可能是初唐時閻立德或閻立本的作品，可以肯定是梁元帝所作。〔三〕

（一之七）諸番職貢圖（或作諸番圖、職貢圖），見清張庚撰圖畫精意識白描職貢圖、葛嗣浵纂愛日吟廬書畫續録卷五

〔一〕二本尺寸稍異。大觀録著録閻立德王會圖高八寸，長一丈二尺二寸。石渠寶笈著録唐閻立德職貢圖卷高八寸四分，廣一丈三尺三寸八分。

〔二〕大觀録卷一一著録稱「第一國前已損失，止存後書十四行」，此與中國國家博物館藏北宋摹本殘卷起首滑國使題記情形相同，亦可爲大觀録、石渠寶笈著録本近似之證明。金維諾職貢圖的時代與作者（第一五頁）指出北宋摹本殘卷曾經清初梁清標鑒藏，大觀録作者吴升與梁氏交往密切。

〔三〕參見金維諾：職貢圖的時代與作者，第一四—一五頁。

著録清張庚諸番職貢圖卷後張庚跋語所述。内容同清張庚摹諸番職貢圖卷。清乾隆初年山西潞城縣知縣李㯋藏本（詳見下文第五節）。無款，無題跋。

（一之八）清張庚諸番職貢圖卷，載葛嗣浵纂愛日吟廬書畫續録卷五。内容爲渴槃陀、武興蕃、高昌、天門蠻、滑、波斯、百濟、龜兹、倭、高句驪、于闐、斯羅、周古柯、呵跋檀、胡蜜檀、宕昌、鄧至、白題等十八國使者白描畫像和題記。此本爲清張庚據乾隆初年山西潞城縣知縣李㯋藏本臨摹，後有清乾隆四年張庚跋語。

第二類傳本有七種：

（二之一）梁元帝番客入朝圖，載宋李廌撰德隅齋畫品。白描粉本，内容爲魯、高昌等三十五國使者畫像〔一〕，高昌等國名題字注云貞觀某年滅，紙縫有唐代書家褚長文審定印章。此本與臺北故宫博物院藏南唐顧德謙摹梁元帝蕃客入朝圖基本相同，主要差異在於後者國名下没有貞觀某年滅字樣，亦無褚長文印章。

（二之二）職貢圖，載宋樓鑰撰攻媿先生文集卷七三跋傳欽父所藏職貢圖。内容爲魯、丙丙〔二〕、河南、中天竺、師子、北天竺、渴盤陀、武興蕃、滑、波斯、百濟、龜兹、倭、因古柯〔三〕、呵跋檀、胡密丹、白題、末、林邑、婆利、宕昌、狼牙

〔一〕王素梁元帝職貢圖高昌國使圖像與題記（第七二頁）謂此本圖像與題記俱全，疑非是。

〔二〕「丙丙」，疑爲「芮芮」之訛（參見余太山：梁書西北諸戎傳與梁職貢圖，第四六頁）。王素梁元帝職貢圖新探（第七五頁）認爲「丙丙國」當作「西虜國」，即西魏國，是輾轉臨摹擅改所致；梁元帝創作貢職圖，大書「西虜國」朝貢之事，作爲洗刷稱臣於西魏恥辱計劃的一部分。按臺北故宫博物院藏唐閻立本王會圖、南唐顧德謙摹梁元帝蕃客入朝圖，首二國皆爲虜（魯）、芮芮，明倪謙撰倪文僖公集卷二四跋王會圖卷載王會圖亦有芮芮國，王説似嫌考求過深，不足信據。

〔三〕「因古柯」，疑爲「周古柯」之訛。

脩等二十二國使者畫像，有國名標題，而没有記録歷史地理風俗的題記。〔一〕百濟國下題字注云「顯慶四年滅」。〔二〕此本與德隅齋畫品所載番客入朝圖類似，但衹有二十二國，數目較少。

（二之三）王會圖，載明倪謙撰倪文僖公集卷二四跋王會圖卷。内容爲芮芮、滑、渴槃陀、獅子、胡密丹、白題、于闐、周古柯、呵跋檀、龜兹、河南、武興、鞈、宕昌、鄧正〔三〕、波斯、百濟、新羅、倭、高句驪、北天竺、中天竺、狼牙脩、高昌、天門、建平蜑等二十六國使者畫像。倪氏跋云「觀斯圖所繪四夷人物，（中略）凡二十有八，咸有名識」，知有國名標題，而無題記；其最前一種「失其名識」，故臆測爲唐世突厥可汗，則無題記可以參證。〔四〕其國名二十六，人物二十有八，與郁逢慶續書畫題跋記所載諸夷圖相同。倪跋云「最前一種，冠纓籠巾，朝衣寬博，翼以二侍，類大酋長者，縑素朽敗，失其名識」，國名當即虜（魯）。此本與臺北故宫博物院藏唐閻立本王會圖相似，差别在於後者無滑、河南、高昌、天門四國，而另有女蜑國一種。

（二之四）唐閻立本諸夷圖（一作諸番圖卷），載明郁逢慶編續書畫題跋記卷一唐閻立本諸夷圖。〔五〕内容爲武興、狼牙脩等二十六國使者圖像，郁氏題跋惟云「計國二十六，爲人二十八，具列國狀貌」，當無題記。

〔一〕應該注意的是，樓鑰跋語前部記述河南等二十國朝貢史事的文字，並非傅欽父藏本職貢圖的題記，而是樓鑰本人根據南史等書進行考訂的記録，所謂「姑紀其略」是也。這些文字與中國國家博物館藏梁元帝職貢圖北宋摹本殘卷，及清張庚摹本諸番職貢圖卷題記並不對應，原因就在這裡。樓鑰跋語明言：「又（李龍眠）帖云『狀其形而識其土俗』，今不見所識，又疑止摹其形也。」所謂「不見所識」，即無「識其土俗」的題記，也就是「止摹其形」的意思（參見王素：梁元帝職貢圖新探，第七五頁；余太山：梁書西北諸戎傳與梁職貢圖，第四五頁、八三頁注一四）。

〔二〕按舊唐書卷四高宗紀上、卷一九九上東夷百濟傳，唐討平百濟在顯慶五年。

〔三〕「鄧正」，疑爲「鄧至」之訛。

〔四〕王素梁元帝職貢圖高昌國使圖像與題記（第七三頁）謂此本圖像與題記俱全，疑非是。

〔五〕亦載明汪砢玉撰珊瑚網卷二五唐閻立本諸夷圖、清卞永譽撰式古堂書畫彙考卷三八閻立本諸番圖卷。

（二之五）閻立德王會圖，載明張丑撰真蹟日録卷三閻立德王會圖。〔一〕内容爲虞□□〔二〕、芮芮國、波斯國、百濟國、胡密丹、白題國、靺國、中天竺、獅子國、北天竺、渴槃陀、武興國、龜兹國、倭國、高麗國、于闐國、新羅國、宕昌國、狼牙脩、鄧至國、周古柯、阿跋檀、建平蛋、女蛋國〔三〕等二十四國使者着色畫像，無題記。後有元人子山（康里巎巎）、王餘慶，明人損菴堂（王肯堂）三跋。清吴其貞撰書畫記卷六著録閻立德王會圖一卷，亦爲二十四國使者着色畫像，後有吴子山〔四〕、王餘慶、王肯堂三跋。此二本與臺北故宫博物院藏唐閻立本王會圖内容相同，但臺北故宫博物院藏本僅有損庵堂跋語，而無康里子山、王餘慶二跋。

（二之六）唐閻立本王會圖，載清張照等撰石渠寶笈卷三二。内容爲二十四國使者着色畫像，有國名標題，惟具體國名不詳。後有損庵堂（王肯堂）跋語一則。此本即臺北故宫博物院藏唐閻立本王會圖。本幅絹本，縱二十八點一釐米，横二百三十八點一釐米；引首紙本，縱二十八點一釐米，横九十九點二釐米；拖尾紙本，縱二十八點一釐米，横六十五點七釐米。引首乾隆御題「重譯共球」四字，款署「乾隆御筆」。本幅所鈐乾隆、嘉慶、宣統間清宫鑒藏璽印甚夥。拖尾損庵堂跋語前後，有「吴廷私印」、「吴國遜」〔五〕、「吴廷書畫之印」等收藏印記。二十四國依次爲虜□□、芮芮國、波斯國、百濟國、

〔一〕真蹟日録卷二又載閻立本王會圖，著録稍略，亦是二十四國使者畫像，着色，有國名標題，後有康里子山等三跋。當爲同一圖卷著録重出，祇是作者署名閻立德、閻立本之異耳。

〔二〕按臺北故宫博物院藏唐閻立本王會圖，第一段使者畫像（一人二侍，共三人）國名標題漫漶，諦審首字殘缺字形，似當作「虜」，即「虜」之異體字，而非「虞」字。

〔三〕建平蛋、女蛋國之「蛋」字，臺北故宫博物院藏唐閻立本王會圖作「蜑」。

〔四〕徐邦達古書畫僞訛考辨（第四〇頁）、余太山梁書西北諸戎傳與梁職貢圖（第六三頁）指出「吴子山」之「吴」字應爲「康里」之誤。

〔五〕「吴國遜」，石渠寶笈卷三二作「吴國弼」，非是，此據故宫書畫圖録第十五册（第二八頁）。按吴國遜爲吴廷胞兄，字景伯（參見馬泰來：明代文物大賈吴廷事略，第三一八頁；吴有祥等編著明清西溪南詩詞選附録三希墨寶有其二：明末徽州收藏家吴廷其人其事，第二九〇—二九二頁）。又故宫書畫圖録所録唐閻立本王會圖爲黑白圖片。

胡密丹、白題國、靺國、中天竺、獅子國、北天竺、渴槃陀、武興國、龜茲國、倭國、高驪國、于闐國、新羅國、宕昌國、狼牙脩、鄧至國、周古柯、阿跋檀、建平蜑、女蜑國。〔一〕

（二之七）顧德謙摹梁元帝蕃客入朝圖，載清王杰等輯欽定石渠寶笈續編養心殿藏二。内容爲魯、芮芮、河南、中天竺〔二〕、爲〔三〕、林邑、師子、北天竺、渴盤陀、武興蕃、宕昌、狼牙脩、鄧至、波斯、百濟、龜茲、倭、周古柯、呵跋檀、胡密丹、白題、臨江蠻〔四〕、萬麗〔五〕、高昌、天門蠻、建平蠻、滑、于闐、新羅、干陀〔六〕、扶南等三十三國使者白描畫像（其中失題名二國），有國名標題。此本即臺北故宫博物院藏南唐顧德謙摹梁元帝蕃客入朝圖。本幅紙本，縱二十六點八釐米，横五百三十一點五釐米。引首乾隆御題「自文其弱」四字，及御題詩并記語數百字。本幅首尾有宋理宗題識「梁元帝蕃客入

〔一〕參見故宫書畫圖録，第十五册，第二五—二八頁。中村和樹梁職貢図の国名記載順（梁職貢図と東部ユーラシア世界，第一二一—一二三頁）謂唐閻立本摹本女蜑使者，與南唐顧德謙摹本臨江蠻使者形象高度相似，女蜑與臨江蠻應屬同一蠻蜑。

〔二〕按臺北故宫博物院藏南唐顧德謙摹梁元帝蕃客入朝圖，中天竺國使者之後有一使者畫像，標題缺失。中村和樹梁職貢図の国名記載順（梁職貢図と東部ユーラシア世界，第一一三—一一四頁）認爲，佚名使者與林邑、干陀、扶南使者姿態相近，應屬東南亞國家，梁書諸夷傳海南諸國盤盤、丹丹、婆利未在圖中出現，而職貢圖傳本著録不見盤盤、丹丹，南宋樓鑰跋傳欽甫所藏職貢圖記載有婆利，所以此佚名使者最有可能爲婆利國使。羅豐邦國來朝——臺北故宫藏職貢圖題材的國家排序（第四七頁）謂使者上身裸露，腰纏吉貝，跣足，明顯爲一熱帶國人，疑即梁書所載丹丹或盤盤。

〔三〕中村和樹梁職貢図の国名記載順（梁職貢図と東部ユーラシア世界，第一一二—一一三頁）指出，北宋摹本的末國、臺北故宫博物院藏唐閻立本王會圖的靺國、南唐顧德謙摹梁元帝蕃客入朝圖的爲國使者畫像，三者具有相同的帽子、姿式、衣服的形狀和搭配，「爲國」當爲「末國」之誤。米婷婷梁職貢圖摹本源流初探（第三六頁）推測，這個錯誤可能是後人在傳抄過程中，將「末」字誤寫作「未」，而「未」與「爲」字讀音相似所致。又羅豐邦國來朝——臺北故宫藏職貢圖題材的國家排序（第四七頁）謂「爲國」裝束同漢式，或爲「僞國」或西魏國；南朝稱北朝爲「僞」，「爲」「僞」「魏」三字的中古音接近。疑羅説非是。

〔四〕按臺北故宫博物院藏南唐顧德謙摹梁元帝蕃客入朝圖，臨江蠻使者之後有一使者畫像，標題缺失。羅豐邦國來朝——臺北故宫藏職貢圖題材的國家排序（第四七頁）謂使者裝飾與臨江蠻、天門蠻類似，當是荆州所轄「江北諸郡蠻」之一。

〔五〕「萬麗」，臺北故宫博物院藏南唐顧德謙摹梁元帝蕃客入朝圖作「高麗」，是。

〔六〕余太山梁書西北諸戎傳與梁職貢圖（第六六頁）、李垠周早期職貢題材繪畫之再探討（第四六頁）認爲即「干陀利」之奪訛，疑是。

朝圖」、「定爲南唐顧德謙所臨」，鈐有「御書之寶」、「乾」卦圓印及「己酉」瓢印。圖卷並有乾隆、嘉慶、宣統間清宮鑒藏璽印多方，以及「封」（重八，二半印）、「南邑開國」、「步瀛書院」、「鄭俠如印」、「鄭俠如鑒定」、「鄭熙績懋嘉氏一字有常」、「希世之寶」、「坦坦生」、「鄭玉珩書畫印」等收藏印記。〔一〕按北宋宣和七年（一一二五）有顧德謙畫入貢圖流傳，見宋程俱撰北山小集卷一六閏唐待詔顧德謙畫入貢圖贊，其内容不知是否與此本相同。〔二〕

第三類傳本有六種：

（三之一）梁職貢圖，載宋孫升撰孫公談圃卷中。後有宋開寶年間陶穀跋語數百字。

（三之二）梁二十八國職貢圖，載宋尤袤撰遂初堂書目地理類。宋鄭樵撰通志卷七二圖譜略一記有部亦有梁元帝二十八國職貢圖。

（三之三）梁元帝蕃客入朝圖，載宋周密撰雲煙過眼録卷上「蘭坡趙都丞與懃所藏」名畫部分。

（三之四）梁元帝番客入朝圖，見明張丑撰清河書畫舫卷五上引悦生別録載南宋末賈似道藏書畫名迹。欽定石渠寶笈續編養心殿藏二著録顧德謙摹梁元帝蕃客入朝圖（即臺北故宮博物院藏本）有按語云：「悦生古蹟記載梁元帝蕃客入朝圖。今此卷有長脚『封』字，乃賈似道印，或即此卷。」〔三〕

〔一〕參見故宮書畫圖録，第十五册，第一三五—一四〇頁。當代文物學者莊嚴認爲，臺北故宮博物院所藏顧德謙摹梁元帝蕃客入朝圖是贋本，非顧氏原作（莊嚴：唐閻立本繪蕭翼賺蘭亭圖卷跋，第一八一頁）。

〔二〕參見徐邦達：古書畫僞訛考辨，第四一頁；余太山：梁書西北諸戎傳與梁職貢圖，第六六頁。

〔三〕明人袁中道珂雪齋集珂雪齋遊居杮録卷四載：「新安太學吴嗣先處，（中略）吴嗣先寓見閻立本職貢圖，賈秋壑收藏。」按賈似道號秋壑。

（三之五）梁湘東王繹貢職圖，載元吴澄撰吴文正集卷五九題梁湘東王繹貢職圖後。内容爲魏等二三十國使者畫像，〔一〕題記有無不詳。後有五代時陶穀跋語多則。此本與孫公談圃所載職貢圖類似，但陶穀跋語在五代時，且不止一則，詳記圖卷於後晉、後漢、後周間三次得失始末。

（三之六）閻立本王會圖，見明黄宗羲編明文海卷三二五陳沂書所觀蘇漢臣瑞應圖所述。使者畫像有國名標題，題記有無不詳。

以上就筆者見聞所及，進行粗略考察，三類傳本，共計二十一種。其中（一之三）、（一之五）、（一之八）、（二之二）、（二之三）、（二之五）、（二之六）、（二之七）等八種傳本，列舉詳細國名，經過綜合排比統計，共有虜（魯）、芮芮、林邑、扶南、干陀〔二〕、狼牙脩、婆利、北天竺、中天竺、師子（獅子）、高麗（高句驪）、百濟、新羅（斯羅）、倭、河南、高昌、滑、周古柯、呵跋檀（阿跋檀）、胡密丹（胡蜜檀）、白題、龜茲、于闐、渴槃陀（渴盤陀、渴磐陀、朅盤陀、喝槃陀）、末（靺、且末）、波斯、宕昌、鄧至、武興（武興蕃、武興番）、天門蠻、建平蜑（建平蠻）、臨江蠻、女蜑，爲等三十四國。〔三〕

〔一〕吴澄跋云：「梁史所載，若扶南，若林邑，若婆利，若于陁利，及蠕蠕、盤盤、丹丹等，並有使至，而此無之。」雖未詳列使者畫像國名，然提及圖卷缺載諸國，亦可供研究參考。

〔二〕李垠周早期職貢題材繪畫之再探討（第四六頁）認爲即「干陀利」，漏書一「利」字。

〔三〕此處列舉諸國次序，前面是虜（魯）、芮芮，後面爲天門蠻、建平蜑、臨江蠻等國，以合乎宋人所謂「首虜而後蜑」（語出宋史繩祖撰學齋佔畢卷二王會職兩圖之異引李公麟帖；宋王應麟撰玉海卷五六梁職貢圖引李公麟帖作「首虜而終蠶」）的舊貌，中間諸國大體依照梁書諸夷傳排序。王素梁元帝職貢圖新探（第七四頁）、米婷婷梁元帝職貢圖「女蜑」即「臨江蠻」考（第五六頁）認爲，梁元帝職貢圖完整本應有三十五國。其立論依據爲宋李廌撰德隅齋畫品載梁元帝番客入朝圖白描粉本，有魯國、高昌等三十五國使者畫像。此説恐不盡然，衹能説宋代某種傳本有三十五國，而不能由此判斷職貢圖全本有三十五國。按玉海卷一五二梁職貢圖引中興館閣書目：「金樓子，其自序云：乃纂百國一卷。今存二十有七。」宋釋元照撰四分律行事鈔資持記下一亦云：「貢職圖，梁湘東王撰，一卷，號百國貢職圖。」百國不一定是實數，然現所知三十餘國，恐非職貢圖原本全貌。比如唐宋佛教文獻所引梁元帝職貢圖白木條國一種（詳見下文第六節），當即其中一部分亡佚的内容。余太山梁書西北諸戎傳與梁職貢圖（第四七頁）謂玉海引中興館閣書目「乃纂百國一卷」，「國」一本作「圖」，「百圖」二字疑爲「職貢圖」之奪訛，其説迂曲，疑非是。

諸本各國次序互有差異，職貢圖於千百年間，歷經傳摹以及藏家割裱重裝，其間序次分合綫索，頗不容易整理清楚。〔二〕

四

梁元帝職貢圖畫卷，今存世三種摹本，即中國國家博物館藏北宋摹本殘卷，臺北故宫博物院藏傳爲唐閻立本王會圖，及南唐顧德謙摹梁元帝蕃客入朝圖，都來源於清宫所藏，上文第三節（一之六）、（二之六）、（二之七）已作簡要疏理。關於第一種中國國家博物館藏北宋摹本殘卷，本節將作進一步的分析。

梁元帝職貢圖北宋摹本殘卷，有滑、波斯、百濟、龜兹、倭、狼牙修、鄧至、周古柯、呵跋檀、胡蜜丹、白題、末等十二國使者着色畫像和題記，其中倭國使和狼牙修國使之間，有殘缺的宕昌國使題記部分文字（缺宕昌國使畫像）。

職貢圖北宋摹本殘卷原爲清宫所藏，卷首、卷中有乾隆、嘉慶、宣統間清宫鑒藏璽印多方，可爲明證。此本當即上文第三節（一之六）所述清張照等撰石渠寶笈卷三二著録唐閻立德職貢圖，内容與（一之五）清吴升撰大觀録卷一一著録閻立德王會圖相似，爲滑、波斯、百濟、龜兹、倭、高句驪、于闐、新羅、宕昌、狼牙修、鄧至、周古柯、呵跋檀、胡蜜丹、白

〔二〕　無可否認，在職貢圖各種傳本的國家編排方式中，似乎隱含着一些較爲固定（或者説是較高頻率顯現）的内容。比如李垠周早期職貢題材繪畫之再探討（第四六—四七頁）注意到周古柯、呵跋檀、胡密丹、白題等國在職貢圖北宋摹本及南唐顧德謙摹本中排列順序相同的情形；韓昇蕭梁與東亞史事三考認爲傳統上東亞各國順序爲高句麗、百濟、新羅、日本，但職貢圖的東亞國家順序變成以百濟爲首，百濟位於高句麗之上，這與蕭梁時期高句麗—北朝、百濟—南朝的外交格局及政治秩序的變化相吻合。關於梁元帝職貢圖各種傳本的國家編排次序包含的政治文化含義，特别是其中反映的梁朝與周邊國家的利益關係，王素梁元帝職貢圖新探、羅豐邦國來朝——臺北故宫藏職貢圖題材的國家排序等論文進行了專門的討論，略有穿鑿之嫌，此不具論。中村和樹梁職貢図の国名記載順（梁職貢図と東部ユーラシア世界，第一〇三—一二九頁）關於職貢圖國家順序復原工作的嘗試，比較富於啓發性。

題、末、中天竺、師子、北天竺、朅盤陀、武興番、高昌、天門蠻、建平蜑、臨江蠻等二十五國使者着色畫像和題記，後有（職貢圖）贊一篇，北宋熙寧十年蘇頌題語，以及元人子山（康里巎巎）、王餘慶二跋。今殘卷損壞嚴重，後隔水、拖尾無存，本幅高句驪至新羅，中天竺以下共計十二國使者畫像和題記，宕昌國使者畫像，以及（職貢圖）贊，北宋蘇頌題語，元人康里巎巎、王餘慶二跋均已佚去。

職貢圖北宋摹本的損壞殘缺，與清朝末代皇帝溥儀有直接的關係。他於一九一二年退位以後，仍然居住於紫禁城內。一九二二年七月至十二月，溥儀以賞賜爲名，將皇宮所藏珍貴古籍書畫文物潛運出宮，先後存放在其天津張園、静園寓所，其中就包括這個圖卷。[二] 一九三一年「九・一八」事變之後，溥儀在日本軍方的支持下前往東北企圖復辟，次年僞滿洲國成立，這批古籍書畫文物也於一九三八年被運到吉林長春，古籍書畫存放於僞滿皇宮同德殿東北書畫樓（俗稱「小白樓」）內。一九四五年抗戰勝利，溥儀從長春出逃，在瀋陽爲蘇聯軍隊俘虜。在溥儀出逃之後，其侍衛軍士進入「小白樓」，大肆竊取法書名畫，甚至「爲了争奪一件畫卷，誰也不肯讓誰，後來各得一半了事；有時争奪激烈，一卷裂而爲三，爲四（中略）致首尾異地，從此毀滅了！」這是中國書畫收藏歷史上的一次巨大浩劫。[三] 職貢圖北宋摹本的嚴重殘損，應該就是在這次文化浩劫中發生的。

職貢圖北宋摹本殘卷從長春僞宮流散之後，爲國民黨駐東北軍事機關負責人鄭洞國收藏。鄭氏對長春僞宮流散出的

[二] 故宮已佚書畫目録三種賞溥傑書畫目録（第五九頁）：十一月十九日，閻立德職貢圖一卷，静字三百九十六號。參見陳仁濤校注：故宮已佚書畫目校注，第一葉上。

[三] 參見楊仁愷：國寶沉浮録，第二六、六二—六九、七五—九二頁；愛新覺羅溥儀：我的前半生（全本），第一〇四—一〇五、一八五頁；趙繼敏等主編圖像檔案解密僞滿皇宮，第二部分溥儀散佚國寶的藏秘之所——書畫樓，第七九—八八頁。

書畫極爲關心，購置不少名畫，其中一部分交其夫人陳碧蓮保存，這個職貢圖殘卷就在其中。〔一〕後來鄭夫人經手轉讓，由上海市文管會代爲收購，入藏南京博物院。二十世紀六十年代初，爲支持中國歷史博物館（中國國家博物館前身）建館調出，〔二〕至今成爲中國國家博物館的珍貴藏品。

職貢圖北宋摹本殘卷由兩段組成：一段爲滑至倭國使者畫像題記，另一段爲宕昌國題記（缺使者畫像）至末國使者畫像題記。〔三〕以石渠寶笈卷三二及大觀録卷一一著録比照，兩段之間缺失倭國題記部分内容、高句驪至新羅三國使者畫像題記、宕昌國使者畫像及題記部分内容；殘卷末尾，缺失末國題記部分内容、中天竺至臨江蠻等九國使者畫像題記、（職貢圖）贊、北宋蘇頌題語及元人康里巎巎、王餘慶二跋。可以推知職貢圖北宋摹本，本幅起碼被撕壞爲四段，今殘存第一段和第三段，第二段和第四段已經亡佚。殘卷中部和末尾，可以見到人爲撕壞的不規則的明顯痕迹。〔四〕

〔一〕孫利生國寶傳奇（第二二八—二二九頁）説一九四八年五月陳碧蓮離開長春回上海時，衹帶走了元人秋獵圖和仇遠自書詩兩種。楊仁愷故宫已佚書畫見聞及其考證（手稿）云：「曾於解放前在北京玉池山房一見，據云是鄭洞國之物，後歸他的脱離夫妻關係之女人所藏。」按玉池山房爲北平琉璃廠著名古玩店，經理馬濟川（一作馬霽川），是較早赴長春收羅僞滿皇宫流散書畫的商人。

〔二〕楊仁愷：國寶沉浮録，第二一三頁。

〔三〕今中國國家博物館藏職貢圖北宋摹本殘卷經過修復重裝，具體修復工作由故宫博物院張金英負責完成（張金英口述，沈欣整理：崇德尚藝——張金英談書畫裝裱與修復）。

〔四〕張珩木雁齋書畫鑒賞筆記繪畫三上閻立德職貢圖卷云：「此卷原本二十五段，長春僞宫散佚時，被亂軍撕毁，僅存其半。卷後原有蘇頌在本圖後記語一，及卷後康里巎巎、王餘慶二跋。予嘗見子山跋二行，亦此卷殘存者，則後半十二段及王跋，或亦尚在天壤間，未可知也。」按北宋摹本另有部分殘餘藏於中國國家博物館及北京故宫博物院，内容爲宋元題跋。徐邦達古書畫僞訛考辨（第三九頁）云：「本圖爲人撕裂過半，（中略）其後宋元題跋亦佚去，曾見有一小部分殘字，現在故宫博物院。」陳連慶輯本梁元帝職貢圖序（第三頁注一）也説：「蒙史樹青同志見告，原本斷裂，大部分藏中國歷史博物館，小部分藏故宫博物院。（中略）而故宫所藏初不知其内容，疑或有石渠寶笈所記結尾部分，及經查核，故宫所藏部分確無蕭繹原文（下略）」楊仁愷中國古代書畫鑑定筆記（第一一五頁）記於一九八四年四月見中國歷史博物館（中國國家博物館前身）藏閻立德職貢圖，「外有子山等元人題殘段」。新近中國國家博物館科研人員丁莉等，在發表的論文基於高光譜成像技術的中國古代書畫研究——以中國國家博物館藏職貢圖（北宋摹本）爲例中（轉下頁注）

北宋摹本殘卷引首鈐有「蒼巖」、「棠邨審定」二印，〔一〕前隔水有「蕉林書屋」朱文長方十字邊框印記，表明這是清初書畫收藏大家梁清標（一六二〇—一六九一）的舊藏。梁氏爲直隸真定府（今河北正定）人，字玉立，又字棠村，號蕉林，一號蒼巖、冶溪漁隱，明崇禎十六年（一六四三）進士，入清歷任兵部、禮部、刑部、户部尚書，授保和殿大學士。他在真定城内修建蕉林書屋，收藏古籍器物書畫甚夥，其中歷代法書名畫多爲稀世珍品。在梁氏身後，大部分藏品進入清朝内府。據石渠寶笈卷三二著録，後隔水押縫有「冶溪漁隱」、「蒼巖子」二印，拖尾後部有「蒼巖子」、「蕉林」、「觀其大畧」三印，押縫有「蒼巖」一印，這些都是梁清標書畫藏品常見的鑒藏印章。〔二〕

按石渠寶笈卷三二著録，拖尾元人康里巎巎跋語前，有「新安吴廷」、「江邨」、「長宜子孫廱和百福」等印記。吴廷（一五五五—約一六二六），譜名國廷，字用卿，號江邨，徽州府歙縣人，爲明末文物鑒藏大家，與其兄吴國遜在北京開設餘清齋古玩鋪，收藏歷代書畫名迹極其豐富。吴廷去世之後，藏品散失流轉於江南藏家之手，入清多歸内府。〔三〕這卷

（接上頁注〔四〕）明確指出：「另有元代康里子山跋文的末行與王餘慶跋的前段共在一紙，藏於本館，康里跋文的前七行則歸於故宫博物院，足見殘破之甚。」李昀梁元帝職貢圖與唐閻立本王會圖——現存職貢圖摹本題跋辨僞一文，考證康里巎巎、王餘慶、王肯堂三跋分合移配始末甚詳，並收有中國國家博物館藏康里巎巎、王餘慶殘跋一段圖片（子山二行，王氏九行，共計十一行），可以參看。李昀文並云：「故宫博物院藏有（康里巎巎）殘跋一段，計七行字，與國博殘跋不可綴合；參見故宫博物院研究員段瑩故宫博物院藏康里巎巎跋職貢圖殘片研究，『書畫鑒藏與藝術史叙事』學術工作坊會議報告，二〇二一年九月二十五日。」

〔一〕張珩木雁齋書畫鑒賞筆記繪畫三上閻立德職貢圖卷著録：引首紙，有「蒼巖」（朱）、「棠邨審定」（白）二印。按郭懷宇職貢圖的時代風格再研究（美術，二〇一一年第二期）附梁元帝職貢圖北宋摹本殘卷圖片，引首有此二印。

〔二〕參見陳耀林：梁清標叢談，故宫博物院院刊，一九八八年第三期；劉金庫編著南畫北渡：清代書畫鑒藏中心研究，第一三五—一八二頁。

〔三〕歙事閒譚卷二七吴用卿所藏入内府：「吾歙豐溪吴用卿太學廷，所藏書畫，入清後半歸内府，著録於石渠寶笈甚多。」關於吴廷生平，參見馬泰來：明代文物大賈吴廷事略，第三一五—三二九頁；穆棣：名帖考卷上王珣伯遠帖考五及附考五至七，第九二—九五、一〇一—一〇三頁；左昕陽：明末清初歙縣西溪南吴氏書畫鑒藏研究，第一五—二〇頁；吴有祥等編著明清西溪南詩詞選附録三希墨寶有其二：明末徽州收藏家吴廷其人其事，（轉下頁注）

職貢圖北宋摹本，明末爲吴廷所有，當於清初由南入北，爲梁清標蕉林書屋收藏，之後再進入清宫流傳至今。

據大觀録卷一一、石渠寶笈卷三二著録，職貢圖北宋摹本後有北宋蘇頌題語云：「熙寧丁巳傳張次律國博本，杭州山堂校過。子容題。」按蘇頌於北宋神宗熙寧九年四月至十年四月知杭州，〔一〕熙寧丁巳爲十年（一〇七七），生平履歷正合。可以推測此本爲北宋熙寧十年傳摹。今存殘卷題記中，「敬」（周古柯國使條、呵跋檀國使條）、「弘」（周古柯國使條）、「胤」（狼牙修國使條）、「恒」（狼牙修國使條）等字均缺末筆，乃避宋代翼祖趙敬、宣祖趙弘殷、太祖趙匡胤、真宗趙恒諸人名諱，〔二〕又滑國使題記有「勾般」，不避宋高宗趙構嫌名，〔三〕可知爲北宋時摹本無疑。

五

梁元帝職貢圖北宋摹本殘卷僅存十三國題記，學者每引以爲憾事。筆者近年在中國古代書畫著録中，偶然發現梁元帝職

（接上頁注〔三〕）第二八九—二九九頁；高樹浩等：王肯堂與吴氏徽商鑒藏家的書畫交遊，榮寶齋，二〇一九年第四期。按穆氏考吴廷卒年，係據王羲之快雪時晴帖後吴廷跋語署天啓二年（一六二二）立論，惟誤以天啓二年爲一六二六年，此處姑從其説，然吴廷卒年問題似仍有進一步考察之必要。

〔一〕顔中其等編著：蘇頌年譜，第二一七—二二四頁。

〔二〕參見金維諾：職貢圖的時代與作者，第一六頁；徐邦達：古書畫僞訛考辨，第三八—四〇頁。

〔三〕參見清周廣業：經史避名匯考，第五九五—五九九頁。按勾般爲西域國名，梁書卷五四諸夷滑國傳作「句盤」，南史卷七九夷貊下滑國傳作「句般」。

貢圖的一種清代摹本，並録有題記十八則。其中渴槃陀、武興蕃、高昌、天門蠻、高句驪、于闐、斯羅等七國題記，爲學者向所未見；滑、倭、宕昌等國題記，可以大體補足北宋摹本題記殘缺的部分；其他可據以辨識北宋摹本文字漫漶者，亦不在少數。這真是令人興奮的發現！

職貢圖的清代摹本，見於清末民初人葛嗣浵（一八六七—一九三五）撰愛日吟廬書畫續録卷五著録，題名作諸番職貢圖卷。〔一〕作者張庚（一六八五—一七六〇），字浦山，號瓜田，浙江秀水人，清代學者、書畫家，有通鑑綱目釋地糾繆、國朝畫徵録、圖畫精意識、强恕齋文鈔等著作。

張庚所作諸番職貢圖卷，愛日吟廬書畫續録卷五著録稱：「紙本。高九寸三分，長一丈四尺三寸四分。白描法，鉤而不染。一國畫一人，人約六七寸長，每人各載一記，統計一十八種。」

張庚諸番職貢圖卷題記是否可信，爲首先應該考察的問題。

愛日吟廬書畫續録卷五著録張庚諸番職貢圖卷跋曰：

秀水彌伽居士張庚臨。

白描諸番圖一卷，無款，亦無題跋，不知何人所作。觀其筆意，類李公麟，然非公麟真蹟，必趙氏之副本。其鬚眉生動，神氣煥發，而衣紋清勁秀逸，洵足寶也。余於潞城李明府處獲觀，愛玩不忍釋手，遂假歸寓齋，臨摹一卷。目力雖花，用水晶七寸光眼鏡取之，故其精微，猶得髣髴一二也。夫白描以公麟爲極致，子昂稍爲緣飾，然猶

〔一〕葛嗣浵纂愛日吟廬書畫續録卷五，第九葉上至第十四葉上；與清葛金烺撰愛日吟廬書畫録合刊。按平湖葛氏爲晚清時江浙藏書名家，葛嗣浵號詞蔚、稚威，浙江平湖人，其父葛金烺（一八三七—一八九〇）字景亮，號毓山。

不失其法，至丁南羽，一變而爲極工細，於是公麟之法，遂不傳矣。今見此卷，深幸清規逸矩，尚在人間，固當急橅，以示來學，目力亦（原注：此「亦」字原本點去）又何惜耶！〔一〕臨五日乃卒功。乾隆四年冬十月上浣庚識。時年五十有五。〔二〕

由跋語可知諸番職貢圖卷，原本爲「潞城李明府」所有。潞城李明府當指山西潞城縣知縣李橐，河南睢州人，雍正元年（一七二三）癸卯恩科舉人，雍正八年（一七三〇）至乾隆初年任潞城縣知縣。〔三〕乾隆四年（一七三九）冬，張庚於李橐處獲觀圖卷，極爲喜愛不忍釋手，於是假歸臨摹一卷。是此本原有母本，其淵源有自，並非無中生有。

再就内容方面看，張庚諸番職貢圖卷題記中，滑、波斯、百濟、龜茲、倭、周古柯、呵跋檀、胡蜜檀、宕昌、鄧至、白題等十一國，是職貢圖北宋摹本也有的。試取周古柯、呵跋檀、胡蜜檀（職貢圖北宋摹本作丹）三國題記進行比較（見表一）。

〔一〕按張庚撰圖畫精意識白描職貢圖亦作「目力又何惜耶」。

〔二〕張庚撰圖畫精意識白描職貢圖録有此跋，文字略有不同。按王素於一九九二年發表梁元帝職貢圖新探論文，已經注意到圖畫精意識中關於白描職貢圖的記載，但認爲張庚所見白描本無題記，不確。

〔三〕清姚學瑛等修：潞安府志，卷一六，第十九葉上；清崔曉然等修：潞城縣誌，卷一官師譜，第十四葉下；清王士俊等監修：河南通志，卷四六，第五十五葉上；清覺羅石麟等監修：山西通志，卷八一，第四十葉下。按潞安府志、潞城縣誌載雍正、乾隆間，潞城縣知縣李姓者有李橐、李昀、李會觀三人，李橐、李昀之間有佟濬者，檢臺灣中研院歷史語言研究所藏内閣大庫檔案，有乾隆六年（一七四一）山西巡撫喀爾吉善貼黃一件（登録號：〇六二二九五五—〇〇一），中有「潞城縣知縣佟濬」云云，可知乾隆四年潞城縣知縣應爲李橐。

表一　職貢圖北宋摹本與清張庚諸番職貢圖卷題記對照（部分）

	職貢圖北宋摹本	清張庚諸番職貢圖卷
周古柯國	周古柯，滑旁小國。普通元年，隨滑使朝貢。其表曰：「一切所恭敬，一切吉具/足，如天静無雲，滿月明曜，天子身清静具足亦如此。爲四海弘願，以爲舟/舫。揚州閻浮提第一廣大國，人民布滿，歡樂莊嚴，如天上不異。周/古柯王頂禮弁拜，問訊天子念我。□今上金椀一，琉璃椀一，馬一疋。」	周古柯國，滑旁小國也。普通元年，使使隨滑使來朝貢。表曰：「一切所恭敬，吉具足，如天浄無雲，滿月明耀，天子身清浄具足亦如此。四海弘願，以爲舟航。揚州閻浮提夷一廣大國，人民市滿，歡樂莊嚴，如天上不異。周柯王頂禮，問許天子念我。上金碗一，琉璃椀一，馬（闕）」
呵跋檀國	呵跋檀，滑旁小國。普通元年，隨滑使入貢。其曰：「最所應恭敬吉天/子，東方大地。呵跋檀王問訊非一過，乃百千萬億，天子安隱。我今遣/使，手送此書。書不空，故上馬一疋，銀器一故。」	呵跋檀者，滑旁小國也。普通元年，使使隨滑使來貢。其表曰：「君所應恭敬吉天子，東方大地。呵跋檀王問許非一過，乃百千萬億，天子安穩。我今遣使，手送此書。書不空，故上馬一疋，銀器一枚。」
胡蜜檀國	胡蜜丹，滑旁小國也。普通元年，使使隨滑使來朝。其表曰：「楊州天子，/出處大國聖主。胡蚤王名時僕，遥長跪合掌，作禮千萬。今滑使到聖/國，用附函啓，并水精鍾一口，馬一疋。聖主若有所勑，不敢有異。」	胡蜜檀國，滑旁小國也。普通元年，使使隨滑使來朝貢。其表曰：「揚州天子，日出處大國聖主。胡蜜王名時僕，遥長跪合掌，行禮千萬。令滑使到聖國，因附函啟，并水精鐘一口，馬一疋。聖國若有所頒勑，不敢有異。」

由表一我們可以發現，除了一些脱訛文字，職貢圖北宋摹本與張庚諸番職貢圖卷題記，幾乎完全相同，後者還可以彌補前者一些漫漶殘缺的文字。周古柯、呵跋檀、胡蜜檀三國題記中的表文，不見載於南北朝時期史傳，不大可能由其他史源輾轉抄録。職貢圖北宋摹本，在清代乾隆以後一直收藏在皇家内府，於民國十一年（一九二二）爲溥儀潛運出宫，存放在其天津寓所，一九三八年再被運往吉林長春，到一九四五年僞滿洲國覆滅以後，纔流散在民間，其題記在清代以前的傳世文獻中亦未見過録。張庚諸番職貢圖卷如果不是淵源有自，其來源可信的話，他本人若要憑空杜撰出十八國題記，其中十一國又能與

職貢圖北宋摹本暗合，幾乎是没有可能的。

我們還可以提出職貢圖北宋摹本所缺的高句驪國題記，作爲另一個例證。張庚諸番職貢圖卷題記云：

高句驪，晉東夷夫餘之别種也。〔一〕漢世居玄菟之高驪縣，故以號焉。光武初，高句驪王遣使朝貢，則始稱王。其俗，人性凶急惡，而潔浄自善。婦人衣白，而男子衣袺錦，飾以金銀。貴者冠幘而無復，〔二〕以金銀爲鹿耳，羽加之幘上；賤者冠折風，其形如古之弁。穿耳以金環。上衣曰表，〔三〕下衣曰長袴，〔四〕腰有銀帶。頗習書。其使至中國，則多求經史。建武中，奉表貢獻。

堪稱巧合的是，唐張楚金撰、唐雍公叡注翰苑卷三〇引有梁元帝職貢圖高驪國一段題記：

高驪婦人衣白，而男子衣結錦，飾以金銀。貴者冠幘而後，以金銀爲鹿耳，加之幘上；賤者冠折風。穿耳以金鐶。上衣白衫，下曰長袴，要有銀帶，左佩礪而右佩五子刀，足履豆禮鞜。

〔一〕「晉」字疑誤，或爲「舊」之訛。按北宋摹本百濟國使條云「舊來夷馬韓之屬」，張庚摹本百濟國使條云「舊東夷馬韓之屬也」。

〔二〕「無復」，遼海叢書本翰苑卷三〇注引梁元帝職貢圖作「無後」，疑是。影印唐鈔本翰苑卷三〇注引梁元帝職貢圖作「貴者冠幘而後」，「而」下疑脱一「無」字。

〔三〕「曰表」，影印唐鈔本翰苑卷三〇注引梁元帝職貢圖作「白衫」，疑是。

〔四〕「曰」，遼海叢書本翰苑卷三〇注引梁元帝職貢圖作「白」，疑是。

可以看出，翰苑所引職貢圖文字，除「左佩礪而右佩五子刀，足履豆禮鞜」十四字，皆見於張庚諸番職貢圖卷題記（下文省稱「張庚摹本題記」），文字略有不同（引文中以邊框標示），而張庚摹本題記較翰苑所引爲詳，知翰苑爲節引。

翰苑一書在南宋以後已經佚失，日本所藏唐鈔本殘卷，於二十世紀初始傳回中國。活動時代在清乾隆年間的張庚，當然無從得見翰苑殘卷。翰苑所引職貢圖文字與張庚摹本題記的對應關係，無疑是後者可以信據的又一個重要證明。

張庚摹本題記有渴槃陀、武興蕃、高昌、天門蠻、滑、波斯、百濟、龜茲、倭、高句驪、于闐、斯羅、周古柯、呵跋檀、胡蜜檀、宕昌、鄧至、白題等國十八則。除了上文所引高句驪國題記，新發現的職貢圖題記還有渴槃陀、武興蕃、高昌、天門蠻、于闐、斯羅等國六則，謹録出如後：

渴槃陀，於闐西小國也。〔一〕在山谷中平地。城周圍十餘里，國内凡十二城。風俗與于闐合。衣古貝布，著長身小袖袍，小口袴，深壅皮靴。種大、小麥，資以爲糧。多牛馬，出好氈。渴槃陀王今姓葛沙氏。大同元年，〔二〕遣使史蕃匿奉表貢獻。

武興蕃本是仇池國，國王姓楊。其國東連秦嶺，西接宕昌，南接梁漢，北接岐州。去長安九百里。國有十萬户，世世分減，今已半矣。言語與中國略同。著烏皁突騎帽，長身小袖袍，小口袴，皮靴。種五穀。婚姻備六禮。知詩書。知慧大同元年，遣使符道安、楊瑍等送啟，乞歸其國。

高昌國，去益州一萬二千里。國人言語與魏略仝。〔三〕有五經、歷代史、諸子集，往往誦讀。面貌類高麗，辮髮爲十

〔一〕「於闐」，梁書卷五四諸夷渴盤陁國傳、南史卷七九夷貊下渴盤陁國傳作「于闐」。按題記下文亦作「于闐」。
〔二〕「大同」，梁書卷五四諸夷渴盤陁國傳作「中大同」，南史卷七九夷貊下渴盤陁國傳作「梁中大同」。按此處「大同」上疑脱一「中」字。
〔三〕「魏」，梁書卷五四諸夷高昌國傳作「中國」，南史卷七九夷貊下高昌國傳作「華」。

條，垂肩項之間。著長身小袖袍，縵襠袴，金鞢靴，無襪履。女子頭髮辮而不垂肩，著錦纈瓔珞環釧。婚姻六禮。其地高燥，築土爲城，架木爲屋，覆土其上。寒暑與益州相似。有水田，備種九穀，人多噉麫、羊、牛。出良馬、蒲萄酒、石鹽。多草木。交關用布帛。有朝鳥，〔一〕集王殿前地，爲行列，不畏人，日出然後散去。大通中，〔二〕遣使獻烏鹽枕、蒲萄、良馬、氍毹等物。

天門蠻者，昔孫休分武林天門郡，〔三〕時有怪石自開，故以「天門」爲稱。其種姓白田〔四〕、白覃〔五〕，主簿者最强盛，金銀各數百石，恃其富豪，不肯賓興。梁初以來，方納質款，輸租賦如平民，遣子田慈入質。

于闐，漢西域之舊國也。其國水有二源，一出葱嶺，一出于闐。地多水潦沙石，氣温，有稻、麥，多蒲萄。有水出玉，名曰玉河。國人喜鑄銅器。〔六〕王居室，加以朱畫。王冠金幘。婦女皆辮髮，裘袴。魏文帝時，獻名馬。天監九年，獻織成氍毹。十三年，又獻婆羅等障。十八年，又獻琉璃罌。

斯羅國，本東夷辰韓之小國也。魏時曰新羅，宋時曰斯羅，其實一也。或屬韓，或屬倭，國王不能自通使聘。普通二年，其王姓募名泰，始使隨百濟奉表獻方物。其國有城，號曰健年。〔七〕其俗與高麗相類。無文字，刻木爲範，〔八〕言語

〔一〕「朝鳥」，疑爲「朝烏」之訛。按梁書卷五四諸夷高昌國傳、南史卷七九夷貊下高昌國傳作「朝烏」。

〔二〕「大通」，梁書卷五四諸夷高昌國傳作「大同」，南史卷七九夷貊下高昌國傳作「梁大同」。此處「大通」疑爲「大同」之誤。

〔三〕「武林」，疑當作「武陵」。按三國志卷四八吴書孫休傳，吴永安六年，「分武陵爲天門郡」。

〔四〕「白」字疑爲「曰」字之訛。

〔五〕「白」字疑爲「曰」字之訛。

〔六〕「喜」，梁書卷五四諸夷于闐國傳作「善」。

〔七〕按此處「年」字疑爲「牟」之訛。梁書卷五四諸夷新羅傳、南史卷七九夷貊下新羅傳：「其俗呼城曰健牟羅。」

〔八〕「範」，梁書卷五四諸夷新羅傳、南史卷七九夷貊下新羅傳作「信」。

待百濟而後通焉。

此外，滑、倭、宕昌等國題記，可以補足北宋摹本題記殘缺的部分。北宋摹本滑國題記第一行有殘缺，據張庚摹本題記，可補以下十二字：

滑者，出自西域，車師之別種也。

倭國題記第三行中間有殘缺，可補「男子皆黥」四字，第四行「横幅無縫」下殘缺，可據補以下八十字：

但結束相連。好沈水捕魚蛤。婦人只被髮，衣如單被，穿其中，貫頭衣之。男女徒跣，好以丹塗身。種稻禾、麻苧，蠶桑。出紬布、縑錦。兵用矛、盾、木弓，箭用骨爲鏃。其食以手，器用籩豆。死有棺無槨。齊建元中，奉表貢獻。

宕昌國題記前部殘缺，「監十年」上，可補以下六十字：

宕昌國，在河南虜東南，益州之西北，隴西之地。其王曰梁氏。宋孝武世，有宕昌王梁謹忽始貢方物。〔二〕齊永明

〔二〕 按「貢方」二字，北宋摹本清楚可識，張庚摹本題記「貢」作「獻」。

中，宕昌王梁彌機，機死，彌顔立，並受中國爵號。天

其他可據以辨識補正北宋摹本文字漫漶者，亦不在少數。與此同時，新發現的職貢圖題記多有可據以校勘梁書、南史文字者，限於篇幅，這裏不能一一列舉。

新發現的職貢圖題記七則，具有極高的史料價值。如使節貢獻方面，渴槃陀國「大同元年，〔一〕遣使史蕃匿奉表貢獻」，武興蕃「大同元年，遣使符道安、楊瑍等送啟」，高句驪國「其使至中國，則多求經史。建武中，奉表貢獻」，于闐國「天監九年，獻織成氍毹」；諸國歷史風俗方面，高句驪國「頗習書」，斯羅國（新羅國）「本東夷辰韓之小國也。（中略）或屬韓，或屬倭」；服飾方面，渴槃陀國「深壅皮靴」，高昌國「辮髮爲十條，垂肩項之間。（中略）金䩬靴，無褻履」，高句驪國「婦人衣白，而男子衣袺錦，（中略）以金銀爲鹿耳，羽加之幘上；（中略）穿耳以金環。上衣曰表，下衣曰長袴，腰有銀帶」；農業方面，渴槃陀國「種大、小麥」，高昌國「有水田」，凡此種種，皆爲梁書卷五四諸夷傳，南史卷七八、七九夷貊傳所缺載。尤其是天門蠻一則，「其種姓白田〔二〕、白覃〔三〕，主簿者最强盛，金銀各數百石，恃其富豪，不肯賓興。梁初以來，方納質款，輸租賦如平民，遣子田慈入質」云云，似未見於傳世文獻記載，爲研究南北朝時期湖湘一帶的民族史，提供了極爲重要的史料。

清吴升撰大觀録卷一一著録閻立德王會圖有滑國等二十五國題記，明宋濂撰宋文憲公全集卷四五題梁元帝畫職貢圖所述

〔一〕按此處「大同」上疑脱一「中」字。
〔二〕「白」字疑爲「曰」字之訛。
〔三〕「白」字疑爲「曰」字之訛。

圖有且末（末）等九國題記，張庚摹本有渴槃陀國等十八國題記，茲將諸本題記國名製表進行對照（並以今存北宋摹本殘卷國名作爲參照）如表二：

表二　職貢圖諸本題記國名對照

清吴升所見本	明宋濂所見本	清張庚摹本	北宋摹本殘卷
1 滑		5 滑	1 滑
2 波斯		6 波斯	2 波斯
3 百濟		7 百濟	3 百濟
4 龜茲		8 龜茲	4 龜茲
5 倭		9 倭	5 倭
6 高句驪		10 高句驪	
7 于闐		11 于闐	
8 新羅		12 斯羅	
9 宕昌		16 宕昌	6 宕昌
10 狼牙脩			7 狼牙修
11 鄧至		17 鄧至	8 鄧至
12 周古柯		13 周古柯	9 周古柯
13 阿跋檀		14 呵跋檀	10 呵跋檀
14 胡密丹		15 胡蜜檀	11 胡蜜丹
15 白題		18 白題	12 白題
16 靺	1 且末		13 末
17 中天竺	2 中天竺		
18 師子	3 師子		
19 北天竺	4 北天竺		
20 朅盤陀	5 渴槃陀	1 渴槃陀	
21 武興番	6 武興番	2 武興蕃	
22 高昌	7 高昌	3 高昌	
23 天門蠻		4 天門蠻	
24 建平蜑	8 建平蜑		
25 臨江蠻	9 臨江蠻		

由表二可以看出，張庚摹本國名未有溢出於清吴升所見本者，我們可以推測，張庚摹本與吴升所見本（即北宋摹本）有着較近的親緣關係。至於其間白描與着色的不同，國别有多少之分，排列次序也有差異，則又表明張庚摹本别有來源。[二]

張庚諸番職貢圖卷摹本，晚清時爲浙江平湖葛氏藏品，今此卷及其所出之李槖藏本，似均未見於各種公私書畫藏目著録，疑已亡佚。葛嗣浵愛日吟廬書畫續録的完整著録，無意中爲後人保存下一份珍貴的史料，我們由此可以知悉梁元帝職貢圖題記的大部分内容（合職貢圖北宋摹本殘卷與張庚摹本著録，共得二十國題記），實在是很幸運的事情。

六

筆者近年又從唐宋佛教文獻中，發現梁元帝職貢圖題記佚文三則，分别爲魯國使（虜國使，即元魏國使）、新羅國使、白木條國使題記文字，雖爲斷簡殘文，仍然具有重要的史料價值。[三]

（一）魯國使

唐釋道宣撰大唐内典録卷四後魏元氏翻傳佛經録云：

[二] 明宋濂所見本情况類似，與吴升所見本的關係也比較接近。按李垠周早期職貢題材繪畫之再探討（第四六頁）指出：宋濂所見本除缺失天門蠻，與吴升所見本的後段基本一致，可能爲歷代傳摹後的一卷殘本。

[三] 按清文廷式撰純常子枝語卷一三已録有大唐内典録引貢職圖文字，吴光興著蕭綱蕭繹年譜（第四一四頁）已録有唐釋道宣撰大唐内典録卷四、續高僧傳卷二四引貢職圖文字，惟未明確指出爲梁元帝職貢圖佚文，且未作考校。

元氏之先，北代雲中虜也，世爲豪傑，南去定襄四千餘里。案梁湘東王繹貢職圖云：本姓托跋，鮮卑胡人也。西晉之亂，有托跋盧，出居晉樓煩地，晉即封爲代王。於後部落分散，經六十餘年，至盧孫拾翼鞬，或言涉珪。魏史云即道武皇帝，魏之太祖也，改號神瑞元年，當晉孝武太元元年也，出據朔州東三百里，築城立邑，號爲恒安之都。爲符秦護軍，堅敗後，乃即真號。

大唐内典録徵引貢職圖文字缺載國名，據職貢圖題記文例，當有「某國使」數字。按北宋摹本職貢圖滑國使題記稱元魏爲「索虜」，故此段題記亦當題作「虜國使」。宋史繩祖撰學齋佔畢卷二王會貢職兩圖之異引元祐元年（一〇八六）李公麟帖云「梁元帝時，蕭繹鎮荆時，作貢職圖，狀其形而識其土俗，首虜而後蜑，凡三十餘國」[一]；臺北故宮博物院藏唐閻立本王會圖，第一段使者畫像國名標題漫漶，諦審首字殘缺字形，似當作「虜」，即「虜」之異體字，可爲佐證。[二]惟北宋李廌、南宋樓鑰所見職貢圖，已寫作「魯國」（宋李廌撰德隅齋畫品番客入朝圖；宋樓鑰撰攻媿先生文集卷七三跋傅欽父所藏職貢圖），臺北故宮博物院藏南唐顧德謙摹梁元帝蕃客入朝圖，第一段使者畫像國名亦署「魯國」，以指元魏國使，故此處使者標題仍寫作「魯國使」。

大唐内典録此段文字頗有訛誤。宋書卷九五索虜傳：「鞬死，子開字涉珪代立。」南齊書卷五七魏虜傳亦載「什翼犍

[一] 宋王應麟撰玉海卷五六梁職貢圖引北宋李公麟帖作「梁元帝鎮荆州，作職貢圖，首虜而終蠻，凡三十餘國」。

[二] 按羅豐邦國來朝——臺北故宮藏職貢圖題材的國家排序（第四一、四七頁）亦釋作「虜國」，並有論云：「隋唐以後，人們的正朔觀念有所變化，並不以胡人建立的北朝爲異己，故將原『虜國』雅化爲『魯國』。」

（中略）子珪，字涉圭」〔一〕，大唐内典録云「盧孫拾翼鞬，或言涉珪」，顯有脱訛。又神瑞爲北魏明元帝拓跋嗣（道武帝拓跋珪之子）年號，神瑞元年當東晉義熙十年（四一四），此云「或言涉珪。魏史云即道武皇帝，魏之太祖也，改號神瑞元年，當晉孝武太元元年也」，亦有脱誤。〔二〕

大唐内典録所引貢職圖文字，止於「鮮卑胡人也」句，抑或「或言涉珪」句，頗難判定。〔三〕「魏史云」以下，稱「魏」而不稱「虜」，當非貢職圖文字。元釋念常撰佛祖歷代通載卷七云：

> 太祖道武皇帝珪（中略）珪。按世録：其先出自黄帝之後，昌意之子，受封北國，有大鮮卑山，自以爲號。西晉之亂，有拓跋盧，出居縷煩，晉封爲代王。於後部落分散，經六十餘年，至盧孫什翼涉珪。魏書云珪即魏太祖道武帝也。太元元年，據朔州東三百里，築城邑，號恒安。爲符堅護將軍，堅敗後，乃即真號。

如與大唐内典録對讀，「西晉之亂」句以下，二篇文字近似。佛祖歷代通載注出世録，此當指北魏宣武帝永平年間（五〇

〔一〕晉書卷一一三苻堅載記上亦謂「涉翼犍（中略）其子翼圭」，魏書卷一序紀及卷二太祖道武帝紀、通典卷一九六邊防一二、通鑑卷一〇四晉紀二六孝武帝太元元年則謂珪爲什翼犍之孫，近人吕思勉著兩晉南北朝史（第二二三—二二四頁、二二五四頁）以爲魏書有諱飾之辭，不可信據。

〔二〕陳垣記大同武州山石窟寺（陳垣學術論文集第一集，第四〇五頁）指出：「神瑞元年（西四一四）當晉安帝之義熙十年，非晉孝武太元元年（西三七六），其間相去，幾四十年。改號神瑞者，是魏太宗，非魏太祖也，其間相去，亦三十年。大唐内典録皆誤。魏太祖天興元年（西三九八）始自雲中徙都平城，即今大同縣，所謂恒安之都也。」趙一德雲岡石窟文化（第四三六—四三八頁）則認爲「神瑞」乃「天瑞」之訛。

〔三〕清文廷式撰純常子枝語卷一三、吴光興著蕭綱蕭繹年譜（第四一四頁）所録大唐内典録引貢職圖文字，皆訖於「或言涉珪」句。

八—五一一）李廓奉敕撰魏世衆經録目一卷，[一]今已亡佚。[二]又大唐内典録引據魏史，佛祖歷代通載寫作魏書，然所述拓跋珪出據朔州東三百里築城、號恒安、爲苻秦護軍等事，不見於魏收撰魏書，當非一書。[三]

總之，大唐内典録所引貢職圖文字，訖止何處，不能明確判定。若止於「鮮卑胡人也」句，則貢職圖魯國使題記佚文，僅得以下兩句：

本姓托跋，鮮卑胡人也。

若止於「或言涉珪」句，則題記佚文爲：

本姓托跋，鮮卑胡人也。西晉之亂，有托跋盧，出居晉樓煩地，晉即封爲代王。於後部落分散，經六十餘年，至盧孫拾翼犍，或言涉珪。

[一] 隋費長房撰歷代三寶記卷九。按同書卷一五又謂孝武帝永熙年間（五三二—五三四）敕李廓撰。

[二] 歷代三寶記卷九載西秦、北涼、魏、齊、陳五代世録，魏世録云：「拓拔珪字涉瓌，雲中五原虜，爲秦護軍。苻氏敗後，遂即尊號，稱魏，都恒。（中略）勑遣李廓撰經録云。」惟李廓魏世衆經録目與歷代三寶記魏世録，其序録文字承襲程度如何，不得而知。

[三] 據晉書卷一一三苻堅載記上、魏書卷二太祖道武帝紀，東晉太元元年（三七六），前秦苻堅派兵滅代，涉翼犍及子寔咄、孫涉珪等被徙長安。太元五年（三八〇），苻堅以「大鴻臚韓胤領護赤沙中郎將，移烏丸府於代郡之平城」。烏丸（桓）府，即漢晉護烏桓校尉幕府，故言「爲苻秦護軍」（參見張焯雲岡石窟編年史，第五四頁）。

後者成立的可能性較大。按宋書卷九五索虜傳：「索頭虜姓託跋氏，（中略）晉初，索頭種有部落數萬家在雲中。惠帝末，并州刺史東嬴公司馬騰於晉陽爲匈奴所圍，索頭單于猗駞遣軍助騰。懷帝永嘉三年，駞弟盧率部落自雲中入雁門，就并州刺史劉琨求樓煩等五縣，琨不能制，且欲倚盧爲援，乃上言盧兄駞有救騰之功，舊勳宜録，請移五縣民於新興，以其地處之。琨又表封盧爲代郡公。愍帝初，又進盧爲代王，增食常山郡。其後盧國内大亂，盧死，子又幼弱，部落分散。盧孫什翼鞬勇壯，衆復附之，號上洛公，北有沙漠，南據陰山，衆數十萬。其後爲苻堅所破，執還長安，後聽北歸。鞬死，子開字涉珪代立。」宋書撰者沈約（四四一—五一三）與梁元帝蕭繹時代前後相繼，此當爲貢職圖魯國使題記史源所在。唐歐陽詢撰藝文類聚卷七四引梁元帝職貢圖贊謂「兹海無際，陰山接天」，「陰山」云云，應即指元魏國使而言。

又釋道宣撰廣弘明集卷六：「後魏世祖太武皇帝（中略）帝姓託跋氏，諱伏釐，後名燾，鮮卑胡人之別種也。西晉之亂，有託跋盧，據有朔方，晉就封爲代王。盧孫什翼鞬，或云珪，部落逾盛，衆十萬，北連雲中，西據陰山，雲中南去漢塞四千里，以東晉孝武太元初，南至朔東三百里平城爲都。」按此未注出處，内容與大唐内典録相似而較詳，其中部分文字當亦出自職貢圖題記。

（二）新羅國使

唐釋道宣撰續高僧傳卷二四釋慈藏傳云：

案梁貢職圖：其新羅國，魏曰斯盧，宋曰新羅，本東夷辰韓之國矣。

「辰韓」，明釋了圓録法華靈驗傳卷上引梁貢職圖作「震韓」，「震」字疑誤。按葛嗣浵纂愛日吟廬書畫續録卷五載清張庚摹本諸番職貢圖卷斯羅國使題記曰：

斯羅國，本東夷辰韓之小國也。魏時曰新羅，宋時曰斯羅，其實一也。或屬韓，或屬倭，國王不能自通使聘。普通二年，其王姓募名泰，始使隨百濟奉表獻方物。其國有城，號曰健年。其俗與高麗相類。無文字，刻木爲範，言語待百濟而後通焉。

二者對讀，續高僧傳節引貢職圖文字，與張庚摹本題記大致相同，這也是後者可靠性的一個有力證據。

（三）白木條國使

五代後唐景霄纂四分律行事鈔簡正記卷一五：

貢職圖者，圖寫高職任人，及附諸國來貢物數。圖云：「西方白木條國，貢朱駿白馬一疋，玉象一軀等。」

此處「圖寫高職任人」句，字有訛誤，「高職任人」疑當作「貢職使人」。唐釋道宣撰述四分律删繁補闕行事鈔卷下一原注：「按梁時貢職圖云：西蕃白木條國來貢獻。」唐釋大覺撰四分律行事鈔批卷一二末二衣總别篇一七：「注云『按梁時貢賦圖云』者，謂梁朝有白木條國人來此方，貢朱駿馬，云從西來。（中略）此間武帝唤木條爲西。」此處「貢賦圖」之「賦」字誤，疑當作「職」。根據四分律行事鈔批「此間武帝唤木條爲西」的叙述，可以知道白木條國的貢獻時間，當在梁武帝時期。又宋有嚴注摩訶止觀輔行助覽卷二：「白木調（中略）據梁書職貢圖作條。」此則稱爲職貢圖。諸書互證，我們可以初步確定職貢圖白木條國使題記佚文爲：

西方白木條國，貢朱駿白馬一疋，玉象一軀等。〔一〕

「白木條」，佛教典籍中或寫作「白木調」。諸家徵引職貢圖題記文字，皆因注四分律「白木調國」句而起。在初期印度佛教，以佛陀在世遊化的區域稱「中國」，佛不曾到達，没有佛法，或佛法經弟子傳來的區域稱「邊地」。佛教中國的界限，據不同律典所記而略有差異。〔二〕據姚秦佛陀耶舍共竺佛念等譯四分律卷三九，以東方白木調國、南方静善塔、西方一師梨仙人種山、北方柱國分界，分爲佛化區域之中國與邊地。此白木條國之地理位置不詳。

據現當代學者研究，其他律典所記佛教中國與邊地的東方分界，十誦律作「伽郎婆羅聚落」〔三〕，巴利文銅鍱律作「Kajangala」（漢譯作「加將伽羅聚落」）、「Mahāsālā」（漢譯作「摩訶沙羅」），〔四〕Kajangala 即唐玄奘等撰大唐西域記所記羯朱

〔一〕諸書所引文字略有差異，此據五代後唐景霄纂四分律行事鈔簡正記卷一五。「西方」，唐釋道宣撰述四分律删繁補闕行事鈔作「西蕃」；「朱駿白馬」疑有訛誤，唐釋大覺撰四分律行事鈔批卷一二末二衣總别篇一七作「朱駿馬」。

〔二〕參見釋印順初期大乘佛教之起源與開展（上），第三三九頁。

〔三〕後秦弗若多羅共羅什譯十誦律卷二五：「東方有婆羅聚落，字伽郎，伽郎外是邊國。」

〔四〕律藏三大品（元亨寺漢譯南傳大藏經編譯委員會漢譯南傳大藏經第三册，第二六三頁）：「東方有名加將伽羅聚落，其外有摩訶沙羅，從此以外爲邊地，從此以内爲中國。」

嗢祇羅國，在今拉吉馬哈爾（Rājmahal），地在恒河右岸；根有律皮革事作「奔荼林」、「奔荼水」〔二〕，即大唐西域記所記奔那伐彈那國（巴利文作Puṇṇavadhana，梵文作Puṇḍravardhana），其地由羯朱嗢祇羅國東行六百餘里，在今孟加拉國Rajshahi及Bogra一帶。新唐書卷四三下地理志下記通天竺道云：「又自驃國西度黑山，至東天竺迦摩波國千六百里，又西北渡迦羅都河至奔那伐檀那國六百里，又西南至中天竺國東境恒河南岸羯朱嗢羅國四百里，又西至摩羯陀國六百里。」據此我們可以推測，白木條國應該處於「摩羯陀國—羯朱嗢羅國—奔那伐檀那國—迦摩波國」路綫上。迦摩波國，大唐西域記作迦摩縷波國（Kāmarūpa），在今印度阿薩姆邦（Assam）西部，别稱蠻國（Dānava），即三國志卷三〇魏書烏丸鮮卑東夷傳裴松之注引魏略西戎傳所謂「盤越」，梁書卷五四諸夷中天竺國傳亦云：「從月支、高附以西，南至西海，東至槃越，列國數十，每國置王，其名雖異，皆身毒也。」其國與西南夷鄰接，由此可通蜀西南之境。〔三〕按唐釋大覺撰四分律行事鈔批卷二本：「白木條國之東震旦也。」唐釋道世撰法苑珠林卷八九感應緣：「震旦在白木條東二萬七千里。」故而白木條國的地理位置，應該在奔那伐檀那國之東，很有可能就在迦摩波國附近。

白木條國之名，不見於職貢圖存世三種摹本，歷代職貢圖著録文獻中亦未見有此國名。然有唐宋時期多種佛教文獻徵引，當非憑空杜撰。白木條國應該是職貢圖在宋代以後亡佚，長期以來爲後人所不知的一部分内容。梁武帝時白木條國使貢獻之事，似未見有其他傳世文獻記載，對於南北朝時期的中外關係研究，可以説是一則新發現的重要史料。

〔二〕唐義浄譯根本説一切有部毘奈耶皮革事卷上：「佛言：從此東方，有奔荼林，彼有水，名曰奔荼，從此已去，名爲邊國。」

〔三〕參見釋印順初期大乘佛教之起源與開展（上），第三四〇頁；大唐西域記校注卷一〇，第七八八—八〇一頁。

七

關於梁元帝職貢圖的研究史，近年米婷婷做過比較充分的綜述，又分別從藝術史、政治史、民族史、交通史等四個領域，摘要進行評議。〔一〕現將其中有關文獻問題的論著，進行扼要的引述與討論。

現代學術史上第一篇開創性的專題研究作品，當推一九六〇年金維諾發表的論文，題目爲職貢圖的時代與作者。上文已經提到，在歷代書畫題跋資料中，梁元帝職貢圖往往與唐閻立德或閻立本所作相混。金氏通過對中國歷史博物館藏職貢圖殘卷的研究，指出其樸拙的繪畫風格和技巧與唐閻氏兄弟不同，再以殘卷諸國題記與南北朝隋唐史書校讀，證明其內容與梁書諸夷傳幾乎完全符合，判斷這個職貢圖並非唐閻立德或閻立本的作品，而是梁元帝所作；復又根據石渠寶笈著録宋人蘇頌題語，與題記文字避宋諱的現象相應，論證現存殘本爲北宋熙寧年間摹本。〔二〕這是梁元帝職貢圖研究史中，具有奠基石意義的一篇論著。

日本學者榎一雄，對梁元帝職貢圖的研究極爲全面深入。他先後發表了多篇專題論文，細目如次：（一）梁職貢図について（關於梁職貢圖），東方学，第二六輯，一九六三年七月；（二）「梁職貢図について」の補記（關於梁職貢圖補記），

〔一〕米婷婷：梁職貢圖摹本源流初探，第一—九頁；米婷婷：梁元帝職貢圖研究綜述，第二六一—二八二頁。

〔二〕值得注意的是，當代美術史家王遜，於一九五六年二月在南京博物院看到舊題唐閻立德作職貢圖卷，指出此畫原作年代應早於唐，因爲畫卷上的有些國家在唐代已不存在，後又經過研究論證確定此圖係梁元帝蕭繹的畫本，惜未撰爲專論發表（參見薄松年：懷念新中國美術史界拓荒者王遜；王涵編王遜年譜，第二九一—二九三頁）。

東方学，第二七輯，一九六四年二月；（三）滑国に関する梁職貢図の記事について（關於梁職貢圖有關滑國的記載），東方学，第二七輯，一九六四年二月；（四）梁職貢図の流伝について（關於梁職貢圖的流傳），鎌田博士還暦記念歴史学論叢，一九六九年九月；（五）梁職貢図に関する攻媿集の記事について（關於攻媿集中有關梁職貢圖的記載），オリエント，第一一卷一、二合併號，一九七〇年一月；（六）描かれた倭人の使節——北京博物館藏「職貢図卷」（北京博物館藏職貢圖卷所描繪的倭人使節），歴史と旅，第一二卷第一號，一九八五年一月；（七）職貢図の起源（職貢圖的起源），東方学会創立四十周年記念東方学論集，一九八七年六月。其中最重要的是（一）、（三）、（七）等三篇，第（一）篇論述了梁元帝職貢圖的創作背景，指出其題材、内容與裴子野方國使圖存在繼承關係，可以看作裴氏所作的增補版。第（三）篇對比了梁書諸夷傳與職貢圖關於滑國的記述，作爲個案研究分析二者關係，認爲梁書諸夷傳是在職貢圖題記的基礎上增删而成。第（七）篇討論職貢圖的起源問題，提出其先例爲漢元帝時期的「討郅支之圖書」，而對職貢圖産生直接影響的是裴子野的方國使國。這些論文史料翔實，立論平正，學術價值很高。[一]

徐邦達於一九八四年出版著作古書畫僞訛考辨，其中有專門章節，對舊傳閻立德、閻立本所作王會圖或職貢圖提出質疑，肯定了金維諾、岑仲勉等學者判斷爲梁元帝職貢圖舊本的觀點，並將歷代相關的書畫著録資料進行了梳理。雖然存在一些訛誤，但是最早公布北宋摹本殘卷題記的完整釋文，是書中的一個優勝亮點。[二]

[一] 這些論文都收入榎一雄著作集編集委員會編榎一雄著作集，第七卷，東京：汲古書院，一九九四年。

[二] 徐邦達：古書畫僞訛考辨，上卷，第三六—四二頁。應該指出的是，張珩於一九六二年已經爲梁元帝職貢圖北宋摹本殘卷題記作過學術水準一流的釋文（見木雁齋書畫鑒賞筆記繪畫三上閻立德職貢圖卷），但他的這部遺稿直到二〇〇〇年纔影印出版。

王素於一九九二年發表論文梁元帝職貢圖新探，討論了職貢圖的源流、創作時間、收録國家及其編排次序等問題，提出梁元帝職貢圖創作的三個階段：蕃客入朝圖是最早的底圖，爲蕭繹第一次任荆州刺史時所作；職貢圖是稍後的增補圖，爲大同六年任京官時所作；貢職圖是最後的完成圖，作於梁元帝即位後的承聖三年春。王氏此說影響很大，但含有較多推測成分，並非定論。

余太山於一九九八年发表梁書西北諸戎傳與梁職貢圖論文，較爲全面地搜集歷代傳世文獻中關於梁元帝職貢圖的著録資料，對自宋至明的各種傳本逐一進行考校研究，極具參考價值。文中頗多創見，如根據北宋摹本殘卷題記所載各國朝貢史事絶大部分發生在蕭繹普通七年出鎮荆州之前，推測職貢圖圖像和題記的原底可能出於裴子野方國使圖，雖非不刊之論，亦有探微發覆之功。〔一〕

除了以上幾位學者令人矚目的作品，比較重要的學術論著還有以下幾種。（一）岑仲勉於一九六一年去世之前完成遺作現存的職貢圖是梁元帝原本嗎，揭示了職貢圖在歷史研究方面的重要價值，通過對滑、百濟、鄧至、白題等四國題記文字訛誤的研究，認爲中國歷史博物館藏職貢圖並非梁元帝職貢圖原本，而應該是隋至初唐時期的摹本。論文反映出作者在中古時期歷史地理研究領域的深厚學識，學術價值很高，但是顯然忽視了圖卷題記文字避宋帝諱的問題，所以在斷代方面造成失誤。（二）錢伯泉於一九八八年發表論文職貢圖與南北朝時期的西域，對職貢圖滑、波斯、龜茲、周古柯、呵跋檀、胡密丹、白題、末國等八個西域國家題記作出釋文，並與梁書諸夷傳的記載進行比較研究，指出職貢圖使者畫像與題記對西域史研究的重要價值。（三）日本學者深津行德於一九九九年發表論文台湾故宫博物院所藏『梁職貢

〔一〕按余文偶有曲説，如謂唐代閻立德或其前人將當時傳世的裴子野方國使圖和其他梁代職貢圖殘卷拼湊成一幅，托名梁元帝，可以認爲是閻立德的再創作，應該命名爲閻立德梁職貢圖。其説迂曲，此不置辯。

図』模本について（關於臺灣故宮博物院所藏梁職貢圖摹本），通過鑒藏印、題記及標題、流傳經過等方面，對臺北故宮博物院藏南唐顧德謙摹本與傳爲唐閻立本王會圖進行了綜合研究，主張兩種摹本中的虜國使者爲北魏皇帝及其侍從，顧德謙摹本標題爲後人所加，閻立本王會圖與南京博物院舊藏北宋摹本殘卷使者畫像構圖一致，推測二者出自相似母本。〔二〕（四）韓國學者李垠周於二〇〇一年發表論文早期職貢題材繪畫之再探討，文中對石渠寶笈續編著録南唐顧德謙摹蕃客入朝圖進行了重點探討，指出此本可能更接近於梁元帝原作；並將職貢圖摹本與文獻著録所見國名進行研究，通過細緻的對照表格，分析職貢圖在歷代傳摹、裝裱過程中發生的變動。（五）米婷婷於二〇一六年完成碩士學位論文梁職貢圖摹本源流初探（指導教師王素），首先較爲全面地梳理了梁元帝職貢圖的研究史；其次將存世三種摹本的使者形象進行細緻比較與分析（主要關注其服飾特徵和手勢内涵），進而探討摹本之間的親緣關係；最後對職貢圖北宋摹本與清張庚摹本題記進行整理與復原。雖然在職貢圖源流方面的認識偶有錯誤，以梁書諸夷傳校改題記文字的整理方式，似有淆亂文獻層次之嫌，但論文總體而言是一篇優秀的學術作品。

筆者於二〇〇六年開始，參與香港嶺南大學翻譯系龍惠珠教授主持的中古翻譯史研究計劃，以及中山大學歷史學系景蜀慧師主持的中華書局點校本梁書修訂項目，時常翻閲與職貢圖相關的文獻資料。二〇一〇年偶然在葛嗣浵撰愛日吟廬書畫續録中，發現著録有清乾隆四年張庚諸番職貢圖卷，這是梁元帝職貢圖的一種清代摹本。著録内容包括職貢圖題記十八則，其中渴槃陀、武興蕃、高昌、天門蠻、高句驪、于闐、斯羅等七國題記，爲學者向所未見；滑、倭、宕昌等國題記，可以大體

〔二〕深津氏所持虜國使者爲北魏皇帝及其侍從的觀點，後來堀内淳一「魯国」か「虜国」か（「魯國」還是「虜國」）提出不同看法，認爲是大同三年東魏聘梁使者李諧、盧元明、李業興三人。

補足北宋摹本題記殘缺的部分；其他可據以辨識北宋摹本文字漫漶者，亦不在少數。〔一〕筆者後又自唐宋佛教文獻輯得魯、白木條二國題記殘文，合北宋摹本、清張庚摹本及職貢圖題記佚文，三者共有二十二國題記。〔二〕拙文於二〇一一年初發表之後，受到海内外學者的廣泛重視。〔三〕

以清張庚摹本職貢圖題記的新發現爲契機，二〇一二年一月二十一日，中、日、韓三國學者在日本東京國學院大學舉辦「梁職貢圖と倭——五・六世紀の東ユーラシア世界」（梁職貢圖與倭——五、六世紀的東部歐亞世界）學術研討會，會議論文集題名梁職貢図と東部ユーラシア世界（梁職貢圖與東部歐亞世界），於二〇一四年由東京勉誠社出版，包括前言、解題、後記，共收録論文二十一篇，在「東亞世界論」、「册封體制論」、「歐亞東部世界」等問題視域中，關於職貢圖的繪纂過程、流傳版本、内容體制等方面，以及南北朝時期的歷史地理文化、外交與國際關係等問題，展開了充分的討論，將職貢圖研究提升到一個新的學術高度。其中中村和樹「梁職貢図」の国名記載順（梁職貢圖的國名記載順序）、尹龍九「梁職貢図」流伝と模本（梁職貢圖的流傳與摹本）、澤本光弘等「梁職貢図」逸文の集成と略解（梁職貢圖逸文集成與略解）、李成市「梁職貢図」高句麗・百済・新羅の題記について（關於梁職貢圖高句麗、百濟、新羅之題記）等論文，較多地涉及職貢圖相關文獻問題。

〔一〕趙燦鵬：南朝梁元帝職貢圖題記佚文的新發現，文史，二〇一一年第一期。
〔二〕趙燦鵬：南朝梁元帝職貢圖題記佚文續拾，文史，二〇一一年第四期。
〔三〕清張庚摹本職貢圖的倭國題記較爲完整，百濟國題記可與北宋摹本對照，高句驪、斯羅二國題記爲新發現者，其中斯羅國題記云「或屬韓，或屬倭，國王不能自通使聘」，與斯羅國歷史地位頗有關係。凡此種種，引發日、韓兩國學者的共同興趣，在「東亞世界論」、「册封體制論」、「歐亞東部世界」等問題的討論中，提供了比較重要的資料。

另外，關於梁元帝職貢圖的編纂過程〔一〕、服飾特徵與圖像時代問題〔二〕、政治文化内涵〔三〕等方面的研究，還有若干學術價值頗高的論文，可以參看。

值得單獨提出加以表章的是，陳連慶於一九七七年有梁元帝職貢圖輯本之作，逐録北宋摹本殘卷題記，以梁書等各史校訂文字異同訛誤，並輯録藝文類聚、石渠寶笈中序贊，及翰苑、釋迦方誌、法苑珠林等書中佚文。陳氏於一九八九年去世，身後出版著作中未見此書，遺稿存佚情形不詳，至爲可惜。

筆者在從事中華書局點校本梁書的修訂過程中，深切感覺到有必要將梁元帝職貢圖北宋摹本殘卷題記，以及清張庚摹本題記，包括其他文獻中所見佚文、序贊等内容，匯總進行整理，供研究者參考使用，故不揣淺陋，寫成小書。書稿即將完成之際，獲見清人胡浚撰緑蘿山莊詩集文集原注徵引梁職貢圖題記一種，經過史源比勘疑爲僞作，亦一併録入備考。書後纂集歷代書畫著録題跋資料，並附録南北朝交聘史事繫年彙證、南朝外域朝貢史事編年兩種資料長編，在討論梁元帝職貢圖相關問題的時候，可供學者引證查考。因爲筆者學識的不足，雖然黽勉從事，書中必定有許多錯誤，敬請師長批評指正。

〔一〕上田正昭：職貢図倭人の風俗（職貢圖倭人的風俗），風俗，三卷四期，一九六四年三月。王素：梁元帝職貢圖高昌國使圖像與題記，魏晉南北朝隋唐史資料，第四十一輯，上海古籍出版社，二〇二〇年。米婷婷：梁元帝職貢圖的形成，魏晉南北朝隋唐史資料，第四十一輯。按：米文採用王素提出的職貢圖創作「三階段」説，根據梁朝外域朝貢史事記載，詳細討論裴子野方國使圖至梁元帝貢職圖的内容演進過程，頗具創意，惟史事稽考偶有錯誤，所論不能無疑。

〔二〕連冕：宋摹梁元帝職貢圖與中古域外冠服，裝飾，二〇〇八年第十二期。郭懷宇：職貢圖的時代風格再研究，美術，二〇一一年第二期。按：郭文以服飾樣式爲中心，將職貢圖北宋摹本使者形象進行類型分析，結合題記文字及考古出土文物，認爲使者服飾體現出隋唐時期的特徵，畫像底本應出現於隋唐之後，對職貢圖繪畫内容的南朝時代屬性提出懷疑與批判。朱滸「夷歌成章，胡人遥集」——從職貢圖看南朝胡人圖像與政治的關係［南京藝術學院學報（美術與設計版），二〇一五年第一期］一文，對郭文的置疑作出回應與商榷，認爲使者服飾樣式出現並流行於南北朝時期的西域各國，職貢圖較爲客觀地反映了六世紀中期的胡人形象。

〔三〕羅豐：邦國來朝——臺北故宮藏職貢圖題材的國家排序，文物，二〇二〇年第二期。

凡例

一　北宋摹本殘卷題記，前賢釋文有異同者，採用諸家互校，擇善而從的方式。義可兩通者，出異文校；明顯錯誤者，不另出校。

二　北宋摹本殘卷及張庚摹本題記中明顯的書寫與版刻訛誤，訂正文字並出校説明；無文獻依據，僅以理校判斷疑誤者，一般保留原貌，以按語形式出校。

三　北宋摹本殘卷題記避宋諱、張庚摹本題記避清諱所改字或缺筆字，一律回改，不出校。

四　北宋摹本殘卷及張庚摹本題記的俗别字酌情改用正體字，其他異體字在排版印刷條件許可的前提下予以保留，有礙理解者出校。徵引其他文獻時，用字亦遵循此標準，不出校。

五　北宋摹本殘卷題記釋文，轉行處以斜綫號「／」表示。北宋摹本殘卷題記闕文，據題記文例及其他文獻校補者，以方頭括號「【】」表示。

六　由於不同文獻對同一地名、人名、書名等寫法不盡一致，引述時亦與原文獻保持一致，不强爲統一。

七　梁書除了使用中華書局二〇二〇年點校修訂本，所用參校本及簡稱如後：

（一）百衲本：商務印書館據北平圖書館藏宋大字本（闕卷以上海涵芬樓藏元明遞修本配補）影印百衲本；

（二）殘宋本：臺北「國家圖書館」藏原北平圖書館宋大字本縮微膠片（原書今藏臺北故宮博物院，著録作宋紹興間刊明初修補本，存四十卷）；

（三）三朝本甲：中華再造善本影印上海圖書館藏宋刻宋元明遞修本；

（四）南監本：日本内閣文庫藏明萬曆三年南京國子監刊本；

（五）北監本：中國國家圖書館藏明萬曆三十三年北京國子監刊本；

（六）汲本：中華書局圖書館藏明崇禎六年毛氏汲古閣刊本；

（七）殿本：中華書局圖書館藏清乾隆四年武英殿刊本；

（八）局本：中華書局圖書館藏清同治十三年金陵書局刊本。

八　爲行文簡便，以下文獻在校勘記中使用簡稱：

太平御覽，簡稱御覽。

册府元龜，簡稱册府。

資治通鑑，簡稱通鑑。

文獻通考，簡稱通考。

藝文類聚，簡稱類聚。

中國國家博物館藏梁元帝職貢圖北宋摹本殘卷題記，簡稱北宋摹本。

愛日吟廬書畫續録卷五著録清張庚諸番職貢圖卷題記，簡稱張庚摹本。

中國國家圖書館藏明崇禎十三年汲古閣刊清劉履芬等批校本南史，録有明清時人校跋，簡稱劉履芬南史校語。

目録

壹　北宋摹本題記釋文

【滑國使】〔一〕

【滑者，出自西域，車師之别種也。】〔二〕（上缺）有功〔三〕，勇與八滑□□/部〔四〕。索虜入居桑乾〔五〕，滑爲小國，屬芮芮。齊時始走莫獻而居。後强大，/征其旁國，破波斯〔六〕、槃槃〔七〕、罽賓、烏纏〔八〕、龜兹、疎勒〔九〕、于闐、勾般〔一〇〕等國，開地/千里〔一一〕。其土温暖〔一二〕，多山川，少林木〔一三〕，有五穀。國人以麨及羊肉爲糧。獸有師子〔一四〕、兩/脚駱駞〔一五〕，野驢有角。人善騎射〔一六〕，着小袖長身袍〔一七〕，金玉爲絡帶〔一八〕。如人被裘〔一九〕，頭上/刻木爲角，長六尺〔二〇〕，金銀飾之〔二一〕。少女子，兄弟共妻。無城郭，氊屋爲居，東向/開户。其王坐金床，隨太歲轉，與妻並坐接賓客。無文字，以木爲契，刻之/約物數〔二二〕。與旁國通，則使旁國胡爲胡書，羊皮爲紙。無職官。所降小國，使/其王爲奴隸。事天神〔二三〕，每日則出户祀神而後食。其跪一拜而止，止即嗚其/王手足，賤者嗚王衣〔二四〕。葬以木爲槨〔二五〕。父母死，子截一耳〔二六〕，葬已即去〔二七〕。魏、晉以/來〔二八〕，不通中國。天監十五年，國王姓厭帶名夷栗陁〔二九〕，始使蒲多達來獻/筳賓□毦名纈□〔三〇〕。普通元年，又遣富何了了獻黃師子、白貂裘、/波斯師子錦〔三一〕。王妻姓□〔三二〕，亦遣使康符真同貢物。其使人蓁頭剪髮，/着波斯錦褶，黃錦袴〔三三〕，朱麖皮長壅鞾。其語言則河南人重譯而通焉。

校證

〔一〕滑國使　此三字北宋摹本缺，據題記文例補。

〔二〕滑者出自西域車師之别種也　此十二字北宋摹本缺，據張庚摹本補。梁書卷五四諸夷滑國傳、南史卷七九夷貊下滑國傳作「滑國者，車師之别種也」。

〔三〕有功　「有功」上，北宋摹本缺，梁書卷五四諸夷滑國傳、南史卷七九夷貊下滑國傳作「漢永建元年，八滑從班勇擊北虜有功」。

〔四〕勇與八滑□□部　「八滑」下二字，北宋摹本漫漶，榎一雄滑国に関する梁職貢図の記事について釋文作「爲後」。按梁書卷五四諸夷滑國傳、南史卷七九夷貊下滑國傳作「勇上八滑爲後部親漢侯」。後漢書卷八八西域車師傳：「順帝永建元年，（班）勇率後王農奇子加特奴及八滑等，發精兵擊北虜呼衍王，破之。勇於是上立加特奴爲後王，八滑爲後部親漢侯。」陳連慶輯本梁元帝職貢圖序：「題記（中略）誤奪『親漢侯』三字。」

〔五〕索虜入居桑乾　「索虜」，梁書卷五四諸夷滑國傳作「元魏」，南史卷七九夷貊下滑國傳作「魏」，通典卷一九三邊防九作「後魏」。「入居」，梁書卷五四諸夷滑國傳、南史卷七九夷貊下滑國傳、通典卷一九三邊防九作「之居」。「桑乾」，南史卷七九夷貊下滑國傳作「代都」。

〔六〕破波斯　按梁書卷五四諸夷滑國傳、南史卷七九夷貊下滑國傳、通典卷一九三邊防九無「破」字。

〔七〕槃槃　梁書卷五四諸夷滑國傳、南史卷七九夷貊下滑國傳作「盤盤」，通典卷一九三邊防九作「渴槃陀」，太平寰宇記卷一八三四夷一二作「竭陁盤」，通志卷一九六四夷三滑國傳作「渴槃陁」，通考卷三三八四裔一五作「渴槃」。宋書卷九五索虜傳：「芮芮（中略）其東有槃槃國、趙昌國，渡流沙萬里，（中略）太祖世，並奉表貢獻。」按海南諸國亦有盤盤，與此不同。吕思勉讀史札記丙帙滑國考：「渴盤陁，蓋即滑傳之盤盤也。」

〔八〕烏纏　二字清晰可辨，此據張珩木雁齋書畫鑒賞筆記繪畫三上閻立德職貢圖卷、徐邦達古書畫僞訛考辨、余太山梁書西北諸戎傳與梁職貢圖釋文。岑仲勉現存的職貢圖是梁元帝原本嗎、陳連慶輯本梁元帝職貢圖序、榎一雄滑国に関する梁職貢図の記事について釋文作「焉耆」，錢伯泉職貢圖與南北朝時期的西域釋文作「烏彝」，疑皆非是。梁書卷五四諸夷滑國傳、南史卷七九夷貊下滑國傳作「焉耆」。按「烏纏」爲焉耆別名。馮承鈞中亞新發現的五種語言與支白安康尉遲五姓之關係（收入馮承鈞學術論文集上册）：「焉耆的名稱在東西來往僧衆行紀裡頭，多名曰烏耆，祇有法顯傳同釋氏西域記名曰傿夷。高僧傳卷一卑摩羅叉傳名曰烏纏，西域記名曰阿耆尼。這四個名稱，恐怕是本於一種對音。」並參馮承鈞西域地名（收入馮承鈞學術著作集上册）「Karashahr」條目、余元厂「烏耆誤作焉耆」説辨正［收入西北民族宗教史料文摘（新疆分册）上册］。岑仲勉漢書西域傳地里校釋三七焉耆、佛遊天竺記考釋則謂烏纏爲烏秅（烏萇）之異名。

〔九〕踈勒　「踈勒」下，梁書卷五四諸夷滑國傳、南史卷七九夷貊下滑國傳有「姑墨」二字。

〔一〇〕勾般　梁書卷五四諸夷滑國傳、通典卷一九三邊防九、太平寰宇記卷一八三四夷一二作「句盤」，南史卷七九夷貊下滑國傳、通志卷一九六四夷三滑國傳作「句般」。

〔一一〕開地千里　「千里」，梁書卷五四諸夷滑國傳、南史卷七九夷貊下滑國傳作「千餘里」。

〔一二〕其土温暖　張庚摹本作「其土地温煖」，梁書卷五四諸夷滑國傳、南史卷七九夷貊下滑國傳作「土地温暖」。

〔一三〕多山川少林木　「少林木」，張庚摹本、南史卷七九夷貊下滑國傳作「少樹木」，梁書卷五四諸夷滑國傳作「樹木」。王懋竑讀書記疑卷一三南史存校：「『少』字衍文。」劉履芬南史校語：「『少』字似衍。」按王、劉二氏之説不必是。

〔一四〕獸有師子　「獸」，張庚摹本、梁書卷五四諸夷滑國傳、南史卷七九夷貊下滑國傳作「其獸」。

〔一五〕兩脚駱駞　太平廣記卷四三六兩脚駝：「悒恒國治烏滸河南，本漢大月氏地。劉璠梁典云：『出兩脚駱駝。』」按「恒」字疑當作「怛」，悒怛國爲滑國別稱。「烏滸」，隋書卷八三西域挹怛傳作「烏滸」。榎一雄滑国に関する梁職貢図の記事について疑此爲「兩峰駱駞」傳聞之誤記。

〔一六〕人善騎射　張庚摹本、南史卷七九夷貊下滑國傳、通典卷一九三邊防九作「人皆善騎射」，梁書卷五四諸夷滑國傳作「人皆善射」。

〔一七〕着小袖長身袍　「長身袍」，張庚摹本、通典卷一九三邊防九作「長袍」。

〔一八〕金玉爲絡帶　張庚摹本作「用金玉絡帶」，梁書卷五四諸夷滑國傳、南史卷七九夷貊下滑國傳、通典卷一九三邊防九作「用金玉爲帶」。

〔一九〕如人被裘　按「如」字疑誤。張庚摹本作「女子被裘」，梁書卷五四諸夷滑國傳、南史卷七九夷貊下滑國傳作「女人被裘」，通典卷一九三邊防九作「女人披裘」。

〔二〇〕長六尺　「六尺」，通典卷一九三邊防九、太平寰宇記卷一八三四夷一二、通志卷一九六四夷三滑國傳、通考卷三三八四裔一五作「六寸」。按洛陽伽藍記卷五引宋雲行記謂「嚈噠國王妃（中略）頭帶一角，長八尺，奇長三尺」，通典、太平寰宇記、通志、通考「六寸」疑誤。

〔二一〕金銀飾之　張庚摹本作「以金玉銀飾之」，梁書卷五四諸夷滑國傳、南史卷七九夷貊下滑國傳、通典卷一九三邊防九作「以金銀飾之」。

〔二二〕刻之約物數　「約」，張庚摹本作「以約」。

〔二三〕事天神　「天神」，梁書卷五四諸夷滑國傳、南史卷七九夷貊下滑國傳、通典卷一九三邊防九作「天神火神」。

〔二四〕止即嗚其王手足賤者嗚王衣　「嗚」，意爲親吻。世説新語惑溺：「充自外還，乳母抱兒在中庭，兒見充喜踊，充就乳母手中嗚之。」余嘉錫世説新語箋疏引周祖謨曰：「『嗚之』者，親之也。」周興陸輯著世説新語彙校彙注彙評卷下之下引秦士鉉曰：「嗚，口相就也。」御覽卷三七一引異苑作「充外入，就乳母抱中嗚撮」。嗚一作歍。説文：「歍，（中略）一曰口相就。」按嗚足即吻足，爲佛教敬禮儀式之一種。西晉竺法護譯佛説月光童子經：「稽首于地，嗚佛足，摩佛足。」唐玄奘、辯機撰大唐西域記卷二印度總述：「致敬之式，其儀九等：（中略）遠則稽顙拜手，近則嗚足摩踵。」參見楊勇世説新語校箋、周一良魏晉南北朝史札記晉書札記晉書改易史料文字、龐俊養晴室遺集卷一一養晴室筆記嗚嗚、項楚敦煌變文選注上編捉季布傳文一卷。

〔二五〕葬以木爲槨　「葬」，北宋摹本漫漶，據張庚摹本補。錢伯泉職貢圖與南北朝時期的西域、米婷婷梁職貢圖摹本源流初探釋文亦作「葬」，余太山梁書西北諸戎傳與梁職貢圖釋文作「塟」，「葬」、「塟」字同。張珩木雁齋書畫鑒賞筆記繪畫三上閻立德職貢圖卷釋文作「死」，疑非是。按梁書卷五四諸夷滑國傳、南史卷七九夷貊下滑國傳、通志卷一九六四夷三滑國傳作「葬」，通典卷一九三邊防九、太平寰宇記卷一八三四夷一二、通考卷三三八四裔一五作「死」。

〔二六〕子截一耳　「子」，張庚摹本、梁書卷五四諸夷滑國傳、南史卷七九夷貊下滑國傳、通典卷一九三邊防九作「其子」。

〔二七〕葬已即去　梁書卷五四諸夷滑國傳、南史卷七九夷貊下滑國傳、通典卷一九三邊防九作「葬訖即吉」。

〔二八〕魏晉以來　「魏晉」，張庚摹本、梁書卷五四諸夷滑國傳、南史卷七九夷貊下滑國傳、通典卷一九三邊防九作「自魏晉」。

〔二九〕國王姓厭帶名夷栗陁　梁書卷五四諸夷滑國傳、南史卷七九夷貊下滑國傳作「其王厭帶夷栗陁」，無「姓」、「名」二字。通典卷一九三邊防九引劉璠梁典：「滑國姓嚈噠，後裔以姓爲國號，轉訛又謂之挹怛焉。」按

「厭帶」、「嚈噠」、「挹怛」爲一音之異寫。

〔三〇〕始使蒲多達來獻筵賓□㲊名纈□　「來獻」，北宋摹本漫漶，據錢伯泉職貢圖與南北朝時期的西域釋文補，余太山梁書西北諸戎傳與梁職貢圖釋文作「□獻」。「㲊」上字，北宋摹本漫漶，張珩木雁齋書畫鑒賞筆記繪畫三上閻立德職貢圖卷釋文作「設」。「名纈」下字，北宋摹本漫漶，張珩木雁齋書畫鑒賞筆記繪畫三上閻立德職貢圖卷、錢伯泉職貢圖與南北朝時期的西域、余太山梁書西北諸戎傳與梁職貢圖、米婷婷梁職貢圖摹本源流初探釋文作「杯」。按梁書卷五四諸夷滑國傳、南史卷七九夷貊下滑國傳作「始遣使獻方物」。「㲊」，字同「㲊」，玉篇毛部：「㲊，音披，毛也。」

〔三一〕波斯師子錦　「師」，北宋摹本漫漶，張庚摹本作「獅」，此據徐邦達古書畫僞訛考辨、錢伯泉職貢圖與南北朝時期的西域釋文補。按梁書卷五四諸夷滑國傳、南史卷七九夷貊下滑國傳作「波斯錦」。

〔三二〕王妻姓□　「姓」，北宋摹本漫漶，據張珩木雁齋書畫鑒賞筆記繪畫三上閻立德職貢圖卷釋文補。「姓」下字，北宋摹本漫漶，張珩木雁齋書畫鑒賞筆記繪畫三上閻立德職貢圖卷釋文作「糹」，細察殘餘字形筆畫，疑非是。

〔三三〕黃錦袴　「黃」，北宋摹本漫漶，據徐邦達古書畫僞訛考辨釋文補。

波斯國使

波斯蓋波斯匿王之後也，王子祇陁之子孫〔一〕，以王父字爲氏，因爲國稱。／釋道安西域諸國志：「揵陁越西，西海中有安息國〔二〕，㨗陁越南波羅/陁國，波羅陁國西有波羅斯國。」城周回三十二里〔三〕，高四丈，皆築土爲基，/城門皆有樓觀〔四〕。城内屋宇數百間〔五〕。城外有寺□□百〔六〕。西十五里有土山，/湧泉下流向南。山中有鷲鳥噉羊，時時下地銜羊而去〔七〕，土人患之。有優鉢/曇花。出龍駒馬。别有鹹池，生珊瑚、馬腦、虎魄、真珠、玫珂等寶〔八〕，土人不甚/珍。交易用金銀。婚禮以金帛、奴婢、牛馬羊等，以四疋馬爲畢，五彩爲蓋/迎婦，兄弟把手付度〔九〕。國東萬五千里滑國，西萬里極婆羅門國，南萬里有/又婆羅門國〔一〇〕，北萬里即沉壈國〔一一〕。大通二年〔一二〕，遣中至安□越奉表獻佛牙〔一三〕。

校　證

〔一〕波斯蓋波斯匿王之後也王子祇陁之子孫　「匿」，北宋摹本漫漶，據余太山梁書西北諸戎傳與梁職貢圖、米婷婷梁職貢圖摹本源流初探釋文補，徐邦達古書畫僞訛考辨、錢伯泉職貢圖與南北朝時期的西域釋文作「國」，疑非是。按梁書卷五四諸夷波斯國傳、南史卷七九夷貊下波斯國傳亦作「波斯匿王」。

〔二〕㨗陁越西西海中有安息國　「㨗」，類聚卷七三引諸國志、御覽卷七五九引西域諸國志作「乾」。「陁」，水經注卷二河水二引釋氏西域記作「陀」。

〔三〕城周回三十二里　張庚摹本作「其城周迴三十里」，梁書卷五四諸夷波斯國傳作「國有城周迴三十二里」，南史卷七九夷貊下波斯國傳作「國有城周回三十二里」，北史卷九七西域波斯國傳作「城方十里」，周書卷五〇異域下波斯傳作「城方十餘里」，隋書卷八三西域波斯傳作「都城方十餘里」。

〔四〕城門皆有樓觀　「城門皆有」，張庚摹本作「城上有」。

〔五〕城内屋宇數百間　「數百」，張庚摹本作「數千」，梁書卷五四諸夷波斯國傳、南史卷七九夷貊下波斯國傳作「數百千」。

〔六〕城外有寺□□百　「寺」下二字，北宋摹本漫漶，徐邦達古書畫僞訛考辨釋文作「一□」，張珩木雁齋書畫鑒賞筆記繪畫三上閻立德職貢圖卷、錢伯泉職貢圖與南北朝時期的西域、余太山梁書西北諸戎傳與梁職貢圖釋文作「一二」，米婷婷梁職貢圖摹本源流初探釋文作「二三」。按梁書卷五四諸夷波斯國傳、南史卷七九夷貊下波斯國傳作「城外佛寺二三百所」。

〔七〕時時下地銜羊而去　「而去」，張庚摹本作「飛去」。

〔八〕玫瑁等寶　「玫瑁」，張庚摹本、南史卷七九夷貊下波斯國傳作「玫瑰」，梁書卷五四諸夷波斯國傳作「玫瑁」。

〔九〕兄弟把手付度　「把手」，梁書卷五四諸夷波斯國傳、南史卷七九夷貊下波斯國傳作「捉手」。

〔一〇〕西萬里極婆羅門國南萬里有又婆羅門國　「有又」二字疑有訛誤。陳連慶輯本梁元帝職貢圖序：「『有又』當作『又有』」。釋迦方誌卷下遺跡篇之餘引梁貢職圖作「波羅斯西一萬里極婆羅門國，南一萬里又是婆羅門。」釋迦方誌並云：「以今往度，疑太遼遠。」

〔一一〕北萬里即沉壞國　「沉壞」，梁書卷五四諸夷波斯國傳作「汎慄」，南史卷七九夷貊下波斯國傳作「泛慄」。陳連慶輯本梁元帝職貢圖序：「『沉』當作『汎』。」錢伯泉職貢圖與南北朝時期的西域：「當是唐宋摹畫之人的誤寫。」李埌周早期職貢題材繪畫之再探討：「『沉』字是摹本的錯字之一。」余太山梁書西北諸戎傳與梁職貢圖：「汎慄，今存殘卷作『沉壈』，後者似因形似致誤。」釋迦方誌卷下遺跡篇之餘作擸懍，法苑珠林卷二九感通篇聖迹部作拂壈，二書並引梁貢職圖云「去波斯北一萬里」。按釋迦方誌卷下遺跡篇之餘：「自此西北即至波剌斯國，非印度攝，（中略）西北接⿰扌稟懍國，非印度。出伯狗子，本赤頭鴨，生於穴中。案梁貢職圖云：『去波斯北一萬里。』西南海島有西女國，非印度，⿰扌稟懍年別送男夫配焉。彼圖又云：『波羅斯西一萬里極婆羅門國，南一萬里又是婆羅門。』以今往度，疑太遼遠。」法苑珠林卷二九感通篇聖迹部：「又周巡西北，越十餘國，至波剌斯國，非印度所攝。（中略）西北接拂壈國，出白狗子，本赤頭鴨，生於穴中。案梁貢職圖云：『去波斯北一萬里。』西南海島有西女國，非印度攝，拂壈年別送男夫配焉。」范祥雍點校釋迦方誌、周叔迦等法苑珠林校注並以「西南海島」至「別送男夫配焉」爲貢職圖文字，陳連慶輯本梁元帝職貢圖亦謂自釋迦方誌、法苑珠林輯録職貢圖佚文，疑誤。細察其實，二書所引職貢圖文字，仅有⿰扌稟懍（拂壈）「去波斯北一萬里」一句（與北宋摹本「北萬里即沉壈國」對應），「西南海島」至「別送男夫配焉」爲道宣之叙述，故下文以「彼圖又云」另起。法苑珠林亦同例。

〔一二〕大通二年　按此處疑脱一「中」字。梁書卷五四諸夷波斯國傳作「中大通二年」，南史卷七九夷貊下波斯國傳作「梁中大通二年」。余太山梁書西北諸戎傳與梁職貢圖：「很可能奪『中』字。」錢伯泉職貢圖與南北朝時期的西域：「題記最後一句，顯然在割裂重裱時有所誤置，所以『中大通二年』誤作『大通二年遣中』。」

〔一三〕遣中至安□越奉表獻佛牙　「中至安□越」，余太山梁書西北諸戎傳與梁職貢圖釋文作「〔使〕至安⿰馬口越」，錢伯泉職貢圖與南北朝時期的西域釋文作「中經犍駝越」，疑非是。按「至」疑爲「使」字之訛；「安」下字，殘存左半形旁「馬」，疑當作「駒」。廣弘明集卷一九梁蕭子顯御講金字摩訶般若波羅蜜經序：「以中大通五年太歲癸丑二月己未朔二十六日甲申，輿駕出大通門，幸同泰寺發講，設道俗無遮大會。（中略）其餘僧尼及優婆塞衆、優婆夷衆、男官道士、女官道士、白衣居士、波斯國使、于闐國使、北館歸化人、講肆所班、供帳所設，三十一萬九千六百四十二人。（中略）又波斯國使主安拘越，荒服遠夷，延參近座，膜拜露頂，欣受未聞。多種出家，聞義爲貴，即有四人，同時落髮。」安駒越、安拘越疑即一人「參見河上麻由子：「梁職貢図」と東南アジア国書（梁職貢圖與東南亞國書），梁職貢図と東部ユーラシア世界，第四〇八頁」。

百濟國使

百濟，舊來夷馬韓之屬〔一〕。晉末，駒□畧有遼東、樂浪〔二〕，亦有遼西、晉/平縣〔三〕。自晉已來，常修蕃貢。義熙中，其王餘腆〔四〕；宋元嘉中，其王餘毗〔五〕；齊永明/中，其王餘太〔六〕，皆受中國官爵。梁初以太爲征東將軍〔七〕。尋爲高句驪所破。普/通二年，其王餘隆遣使奉表，云「累破高麗」。所治城曰固麻，謂邑曰檐魯〔八〕，於/中國郡縣〔九〕。有二十二檐魯，分子弟宗族爲之。旁小國有叛波、卓、多羅、前羅、/斯羅、止迷、麻連、上巳文、下枕羅等附之〔一〇〕。言語衣服，畧同高麗〔一一〕。行不張/拱，拜不申足〔一二〕。以帽爲冠〔一三〕，襦曰複衫〔一四〕，袴曰褌。其言參諸夏，亦秦韓之遺俗。

校證

〔一〕舊來夷馬韓之屬　「來夷」，張庚摹本作「東夷」。按梁書卷五四諸夷百濟傳、南史卷七九夷貊下百濟傳亦作「東夷」。岑仲勉現存的職貢圖是梁元帝原本嗎：「來夷顯東夷之訛。」

〔二〕駒□署有遼東樂浪　「駒□」，北宋摹本漫漶，張珩木雁齋書畫鑒賞筆記繪畫三上閻立德職貢圖卷、徐邦達古書畫僞訛考辨釋文作「駒瑟」，疑有誤，似當作「駒麗」。按梁書卷五四諸夷百濟傳作「句驪」，南史卷七九夷貊下百濟傳作「句麗」。「遼東樂浪」，宋書卷九七夷蠻百濟國傳、梁書卷五四諸夷百濟傳、南史卷七九夷貊下百濟傳、通典卷一八五邊防一、太平寰宇記卷一七二四夷一作「遼東」。

〔三〕亦有遼西晉平縣　梁書卷五四諸夷百濟傳、南史卷七九夷貊下百濟傳作「百濟亦據有遼西、晉平二郡地矣」。按宋書卷九七夷蠻百濟國傳云：「其後高驪略有遼東，百濟略有遼西。百濟所治，謂之晉平郡晉平縣。」

〔四〕其王餘腆　「餘腆」，張庚摹本、通典卷一八五邊防一作「夫餘腆」，梁書卷五四諸夷百濟傳（殘宋本、百衲本、三朝本甲）作「餘映」，梁書卷五四諸夷百濟傳（南監本、北監本、汲本、殿本、局本）、宋書卷九七夷蠻百濟國傳、南史卷七九夷貊下百濟傳作「餘映」。按「映」、「映」音同而字異。三國史記卷二五百濟本紀三稱腆支王。「映」、「映」疑並爲「腆」字之訛。

〔五〕其王餘毗　「餘毗」，張庚摹本作「夫餘毗」。

〔六〕其王餘太　「餘太」，張庚摹本作「夫餘太」，梁書卷二武帝紀中作「餘大」，梁書卷五四諸夷百濟傳作「牟太」，南齊書卷五八東南夷百濟傳、南史卷七九夷貊下百濟傳、通典卷一八五邊防一、三國史記卷二六百濟本紀四東城王作「牟大」。

〔七〕梁初以太爲征東將軍　「征東將軍」，梁書卷二武帝紀中、南史卷六梁本紀上作「征東大將軍」。按張庚摹本、梁書卷五四諸夷百濟傳、南史卷七九夷貊下百濟傳亦作「征東將軍」。據三國史記卷二六百濟本紀四，東城王牟大薨於二十三年（五〇一）。

〔八〕謂邑曰檐魯　「魯」，北宋摹本作「魯」，爲「魯」之異體字，今改。按梁書卷五四諸夷百濟傳、南史卷七九夷貊下百濟傳亦作「魯」。下同。

〔九〕於中國郡縣　梁書卷五四諸夷百濟傳、南史卷七九夷貊下百濟傳作「如中國之言郡縣也」。

〔一〇〕旁小國有叛波卓多羅前羅斯羅止迷麻連上巳文下枕羅等附之　「叛波」，日本書紀卷一七作「伴跛」。「卓」，日本書紀卷九、卷一九作「卓淳」。「前羅」，日本書紀卷九、卷一〇、卷一七、卷一九作「加羅」。「上巳文」，日本書紀卷一七作「己汶」。寶塚定綱馬韓百濟異史料（載「稻荷社・世界史」網頁，http://www.mynaoe.com/his/1031.htm，二〇一〇年九月十一日）：「這些小國名大多可與日本書紀相參照，較爲可信。叛波即伴跛，繼體紀中與百濟爭奪己汶、帶沙等地者，即三國志中的弁辰半路國，星州加耶在今慶尚道西部星山。帶沙即三國史記中的多沙，在今慶尚道西南部蟾津江口之河東一帶，帶沙江即蟾津江。己汶即開寧、金山一帶。縱觀伴跛之事迹，於繼體時代雄張於加耶，其時正爲梁武帝時，故南朝得而聞之，列於百濟旁小國之首。卓爲卓淳，即古淳是國，在今慶尚道西北尚州之古寧加耶。多羅即瀆盧，在今慶尚道南部之陝川。前羅或爲加羅，即慶尚道南部高靈之大加耶。斯羅即三國之一的新羅，都於慶尚道東部之慶州。止迷即晉書中馬韓的海南新彌國，也是日本書紀中的枕（忱）彌多禮。麻連爲日本書紀任那四縣『牟婁』之音轉，或爲三國志中莫盧國，當屬馬韓國家，即三國史記之馬老縣地，在今全羅道東南之光陽。『上巳文』或爲『上己文』之誤，當爲己汶地原建故國。下枕羅即枕羅，爲濟州島耽羅之誤寫。所謂百濟旁九小國，當是梁朝前期仍存在的國家。」

〔一一〕言語衣服略同高麗　張庚摹本作「其言語衣服，略與高句驪等仝」。

〔一二〕拜不申足　「申足」，張庚摹本、梁書卷五四諸夷百濟傳作「申足則異」。

〔一三〕以帽爲冠　張庚摹本作「帽曰冠」，梁書卷五四諸夷百濟傳、南史卷七九夷貊下百濟傳作「呼帽曰冠」。

〔一四〕襦曰複衫　「曰」，北宋摹本作「白」，據張庚摹本改。按梁書卷五四諸夷百濟傳、南史卷七九夷貊下百濟傳亦作「曰」。

龜茲國使

龜茲，西域〔一〕。所居曰延城〔二〕。漢以公主妻烏孫，烏孫遣其女至漢學鼓/琴〔三〕，龜茲請爲妻。其王降賓自以得昌漢外孫〔四〕，願入朝〔五〕。既及京師，皆賜/印綬，加其妻以公主之号，錫車騎笳鼓〔六〕。既歸，慕漢制，乃治宮室，作□/道□衛〔七〕，出入傳呼，頗自强大。歷魏晉至梁，歲來獻名馬〔八〕。普通二/年，遣使康石憶丘波郁奉表入朝〔九〕。

校證

〔一〕龜兹西域　此處疑有脱誤。張庚摹本作「龜兹國西域之舊世」。按梁書卷五四諸夷龜兹傳、南史卷七九夷貊下龜兹傳作「龜兹者，西域之舊國也」。陳連慶輯本梁元帝職貢圖序：「龜兹西域與下文不銜接，（中略）題記西域之下至少脱『舊國』二字。」

〔二〕所居曰延城　「城」，北宋摹本作「域」，據張庚摹本改。按漢書卷九六下西域下龜兹國傳、梁書卷五四諸夷龜兹傳、魏書卷一〇二西域龜兹國傳、北史卷九七西域龜兹國傳亦作「延城」。

〔三〕烏孫遣其女至漢學皷琴　「烏孫遣其女」，張庚摹本作「主遣所産女」。

〔四〕其王降賓自以得昌漢外孫　「降賓」，張庚摹本、漢書卷九六下西域下龜兹國傳作「絳賓」。「得昌」，張庚摹本作「爲」；張珩木雁齋書畫鑒賞筆記繪畫三上閻立德職貢圖卷、錢伯泉職貢圖與南北朝時期的西域釋文作「得旨」，余太山梁書西北諸戎傳與梁職貢圖釋文作「得曰」，「旨」、「曰」字疑皆非是。按漢書卷九六下西域下龜兹國傳作「得尚」。「其王降賓」及以下，張庚摹本作：「龜兹王絳賓自以爲漢外孫，願與俱入朝覲。元康元年來朝，王及夫人皆賜印綬，號曰公主，賜以車騎旗鼓。一年。數來朝。樂漢制度，歸其國，治宫室，出入傳呼，撞鐘擊鼓，如漢家儀。成帝、哀帝時，往來尤數。光武中。魏初。晉大康中。與中國不通。普通二年，龜兹王尼瑞遣使奉表貢獻。」文字多有異同。其中「往來尤數」以上，當爲撮述漢書卷九六下西域下龜兹國傳語；「光武中」以下，文字似多訛脱。梁書卷五四諸夷龜兹傳：「後漢光武時，其王名弘，爲莎車王賢所殺，滅其族。賢使其子則羅爲龜兹王，國人又殺則羅。匈奴立龜兹貴人身毒爲王，由是屬匈奴。（中略）魏文帝初即位，遣使貢獻。晉太康中，遣子入侍。太元七年，秦主苻堅遣將吕光伐西域，至龜兹，龜兹王帛純載寶出奔，光入其城。（中略）光立帛純弟震爲王而歸，自此與中國絶不通。」

〔五〕願入朝　「願入」二字，北宋摹本漫漶，據錢伯泉職貢圖與南北朝時期的西域釋文補。張庚摹本作「願與俱入朝覲」，漢書卷九六下西域下龜兹國傳作「願與公主女俱入朝」。

〔六〕錫車騎笳皷　「笳皷」，張庚摹本作「旗鼓」。按漢書卷九六下西域下龜兹國傳亦作「旗鼓」。王素梁元帝「職貢圖」龜兹國使題記疏證：「宋本之『笳』，本爲胡樂，朝廷無賞賜之理，應以清本作『旗』爲是。」

〔七〕作□道□衛　「道」上字，北宋摹本漫漶（殘存左右偏旁「糸」、「攵」），余太山梁書西北諸戎傳與梁職貢圖釋文作「繳」，錢伯泉職貢圖與南北朝時期的西域、米婷婷梁職貢圖摹本源流初探釋文作「徼」。「衛」上字，北宋摹本漫漶，錢伯泉職貢圖與南北朝時期的西域、余太山梁書西北諸戎傳與梁職貢圖、米婷婷梁職貢圖摹本源流初探釋文作「周」。按漢書卷九六下西域下龜兹國傳作「作徼道周衛」。

〔八〕漢以公主妻烏孫至歲來獻名馬　錢伯泉職貢圖與南北朝時期的西域云：「題記所載事實極爲簡單，而且爲西漢故事，抄摘漢書西域傳而成，似非蕭繹原作，當是破損以後，唐宋之人採用漢書西域傳補寫而成。梁書所記史實頗多，或與蕭繹的題記原文相近。」此可備一説，然未必是。

〔九〕遣使康石憶丘波郝奉表入朝　按王素梁元帝「職貢圖」龜茲國使題記疏證、米婷婷梁職貢圖摹本源流初探釋文以康石憶、丘波郝爲二人。

倭國使

倭國在帶方東南大海中〔一〕，依山島居〔二〕。自帶方循海水〔三〕，乍南下東〔四〕，對／其北岸，歷三十餘國，可萬餘里。倭王所□〔五〕。大抵在會稽東〔六〕。氣暖地温〔七〕，／出真珠、青玉〔八〕，無牛馬虎豹羊鵲〔九〕。【男子皆黥】面文身〔一〇〕，以木綿帖首，衣／横幅，無縫，【但結束相連〔一一〕。好沈水捕魚蛤〔一二〕。婦人只被髮〔一三〕，衣如單被，穿其中，貫頭衣之。男女徒跣，好以丹塗身〔一四〕。種稻禾、麻苧〔一五〕，蠶桑〔一六〕。出袖布〔一七〕、縑錦。兵用矛、盾、木弓〔一八〕，箭用骨爲鏃〔一九〕。其食以手，器用籩豆〔二〇〕。死有棺無槨〔二一〕。齊建元中，奉表貢獻。】〔二二〕

校證

〔一〕倭國在帶方東南大海中　「在帶方東南大海中」，張庚摹本作「在東南大海中」，三國志卷三〇魏書東夷倭人傳作「在帶方東南大海之中」，後漢書卷八五東夷倭傳作「在韓東南大海中」，御覽卷七八二引南海經作

「在帶方東大海中」。

〔二〕依山島居　「居」，張庚摹本、後漢書卷八五東夷倭人傳作「爲居」，三國志卷三〇魏書東夷倭人傳作「爲國邑」，晉書卷九七四夷倭人傳、漢書卷二八下地理志下顔師古注引魏略作「爲國」，北史卷九四倭傳作「而居」。

〔三〕自帶方循海水　「循海水」，梁書卷五四諸夷倭傳、北史卷九四倭傳作「循海水行」，三國志卷三〇魏書東夷倭人傳作「循海岸水行」。

〔四〕乍南下東　按「下」字疑誤。三國志卷三〇魏書東夷倭人傳、北史卷九四倭傳作「乍南乍東」，梁書卷五四諸夷倭傳作「乍東乍南」。

〔五〕倭王所□　「所」下字，北宋摹本漫漶，梁書卷五四諸夷倭傳作「居」，北史卷九四倭傳作「都」。

〔六〕大抵在會稽東　「大抵」，北宋摹本作「大抾」，「抾」爲「抵」之别字，今改。按梁書卷五四諸夷倭傳亦作「大抵」，後漢書卷八五東夷倭傳作「大較」。

〔七〕氣暖地温　張庚摹本作「地氣温煖」，三國志卷三〇魏書東夷倭人傳作「倭地温暖」，後漢書卷八五東夷倭傳作「土氣温腝」，梁書卷五四諸夷倭傳作「地温暖」，南史卷七九夷貊下倭國傳作「地氣温暖」，晉書卷九七四夷倭人傳作「其地温暖」。

〔八〕出真珠青玉　「真珠」，梁書卷五四諸夷倭傳、南史卷七九夷貊下倭國傳作「黑雉真珠」，後漢書卷八五東夷倭傳作「白珠」。按三國志卷三〇魏書東夷倭人傳亦作「真珠」。

〔九〕無牛馬虎豹羊鵲　「鵲」，太平寰宇記卷一七四四夷三作「雞」。按後漢書卷八五東夷倭傳亦作「無牛馬虎豹羊鵲」，後漢書李賢注：「『鵲』或作『雞』。」三國志卷三〇魏書東夷倭人傳作「其地無牛馬虎豹羊鵲」，晉書卷九七四夷倭人傳作「土無牛馬」。

〔一〇〕男子皆黥面文身　「男子皆黥」四字，北宋摹本缺，據張庚摹本補。按後漢書卷八五東夷倭傳亦作「男子皆黥面文身」，三國志卷三〇魏書東夷倭人傳作「男子無大小皆黥面文身」，晉書卷九七四夷倭人傳作「男子無大小悉黥面文身」。

〔一一〕以木綿帖首衣横幅無縫但結束相連　三國志卷三〇魏書東夷倭人傳作「以木緜招頭。其衣横幅，但結束相連，略無縫」，後漢書卷八五東夷倭傳作「其男衣皆横幅結束相連」，晉書卷九七四夷倭人傳作「其男子衣以横幅，但結束相連，略無縫綴」，御覽卷七八二引南海經作「其俗零結衣服，無針功」。

〔一二〕好沈水捕魚蛤　三國志卷三〇魏書東夷倭人傳作「今倭水人好沈没捕魚蛤」，晉書卷九七四夷倭人傳作「今倭人好沈没取魚」。

〔一三〕婦人只被髮垦貫頭衣之　三國志卷三〇魏書東夷倭人傳作「婦人被髮屈紒，作衣如單被，穿其中央，貫頭衣之」，後漢書卷八五東夷倭傳作「女人被髮屈紒，衣如單被，貫頭而著之」，晉書卷九七四夷倭人傳作「婦人衣如單被，穿其中央以貫頭，而皆被髮徒跣」。

〔一四〕好以丹塗身　三國志卷三〇魏書東夷倭人傳作「以朱丹塗其身體，如中國用粉也」，後漢書卷八五東夷倭傳作「並以丹朱坋身，如中國之用粉也」，御覽卷七八二引南海經作「以丹朱塗身」。

〔一五〕種稻禾麻苧　「稻禾麻苧」，三國志卷三〇魏書東夷倭人傳作「種禾稻紵麻」，後漢書卷八五東夷倭傳作「土宜禾稻麻紵」，梁書卷五四諸夷倭傳作「民種禾稻紵麻」，南史卷七九夷貊下倭國傳作「人種禾稻紵麻」，晉書卷九七四夷倭人傳作「俗種禾稻紵麻」。

〔一六〕蠶桒　三國志卷三〇魏書東夷倭人傳作「蠶桑緝績」，後漢書卷八五東夷倭傳作「蠶桑知織績爲縑布」，梁書卷五四諸夷倭傳、南史卷七九夷貊下倭國傳作「蠶桑織績」，晉書卷九七四夷倭人傳作「而蠶桑織績」。

〔一七〕出袖布　「袖」字疑誤，疑當作「紬」。

〔一八〕兵用矛盾木弓　三國志卷三〇魏書東夷倭人傳作「兵用矛楯木弓」，後漢書卷八五東夷倭傳作「其兵有矛楯木弓」，晉書卷九七四夷倭人傳作「有刀楯弓」。

〔一九〕箭用骨爲鏃　三國志卷三〇魏書東夷倭人傳作「竹箭或鐵鏃或骨鏃」，後漢書卷八五東夷倭傳作「竹矢或以骨爲鏃」，晉書卷九七四夷倭人傳作「箭以鐵爲鏃」。

〔二〇〕其食以手器用籩豆　三國志卷三〇魏書東夷倭人傳作「食飲用籩豆，手食」，後漢書卷八五東夷倭傳作「飲食以手，而用籩豆」，梁書卷五四諸夷倭傳、南史卷七九夷貊下倭國傳作「食飲用籩豆」，晉書卷九七四夷倭人傳作「食飲用俎豆」。

〔二一〕死有棺無槨　三國志卷三〇魏書東夷倭人傳、梁書卷五四諸夷倭傳、南史卷七九夷貊下倭國傳作「其死有棺無槨，封土作冢」，晉書卷九七四夷倭人傳作「死有棺無槨，封土爲冢」。

〔二二〕但結束相連好沈水捕魚蛤婦人只被髮衣如單被穿其中貫頭衣之男女徒跣好以丹塗身種稻禾麻苧蠶桒出袖布縑

錦兵用矛盾木弓箭用骨爲鏃其食以手器用籩豆死有棺無槨齊建元中奉表貢獻　此八十字，北宋摹本缺，據張庚摹本補。「但結束」、「如單被穿其中」九字，北宋摹本殘存字之右半，依稀尚可辨識。

【宕昌國使】〔一〕

【宕昌國，在河南虜東南〔二〕，益州之西北，隴西之地〔三〕。其王曰梁氏。宋孝武世，有宕昌王梁謹忽始】／貢方物〔四〕。齊永明中，有【宕昌王梁彌機，機死，彌顔立，並受中國爵號。天】／監十年〔五〕，梁彌博表獻甘草、當歸〔六〕，詔【爲使持節、都督河涼二】州〔七〕、安西軍〔八〕、／護羌授尉〔九〕、河涼二州刺史、隴西公。衣物風俗與河南國畧同。

校　證

〔一〕宕昌國使　此四字缺，據職貢圖題記文例補。

〔二〕在河南虜東南　梁書卷五四諸夷宕昌國傳作「在河南之東南」，南史卷七九夷貊下宕昌國傳作「在河南國之東」。

〔三〕隴西之地　梁書卷五四諸夷宕昌國傳作「隴西之西羌種也」，南史卷七九夷貊下宕昌國傳作「隴西之地西羌種也」。

〔四〕宕昌國至有宕昌王梁謹忽始貢方物　「宕昌國在河南虜東南益州之西北隴西之地其王曰梁氏宋孝武世有宕昌王梁謹忽始」三十五字，北宋摹本缺，據張庚摹本補。「謹忽」，梁書卷五四諸夷宕昌國傳（殘宋本、百衲本、三朝本甲、南監本、殿本）作「瓘忽」，梁書卷五四諸夷宕昌國傳（北監本、汲本、局本）作「瓘忽」，宋書卷六孝武帝紀作「瑾葱」，南史卷七九夷貊下宕昌國傳作「瑾忽」。按周書卷四九異域上宕昌傳、北史卷九六宕昌傳，魏太武帝時（四二四—四五二）有宕昌王彌忽，通鑑卷一二〇宋紀二文帝元嘉元年作「彌忽」，通典卷一九〇邊防六作「彌忩」。魏太武帝與宋孝武帝（四五四—四六四）時代相近，當即一人。「貢」，張庚摹本、梁書卷五四諸夷宕昌國傳、南史卷七九夷貊下宕昌國傳作「獻」。「物」，北宋摹本漫漶，據張珩木雁齋書畫鑒賞筆記繪畫三上閻立德職貢圖卷釋文及張庚摹本補。按梁書卷五四諸夷宕昌國傳、南史卷七九夷貊下宕昌國傳亦作「物」。

〔五〕齊永明中至天監十年　「宕昌王梁彌機機死彌顔立並受中國爵號天」十八字，北宋摹本缺，據張庚摹本補。「齊永明中有」，張庚摹本作「齊永明中」。「十年」，梁書卷五四諸夷宕昌國傳、南史卷七九夷貊下宕昌國傳作「四年」。余太山梁書西北諸戎傳與梁職貢圖：「天監『十年』乃摹寫致誤。」按梁書卷二武帝紀中，天監四年四月丁巳，「以行宕昌王梁彌博爲安西將軍、河涼二州刺史、宕昌王」；十年，「宕昌國遣使獻方物」。南史卷六梁本紀上略同。

〔六〕梁彌博表獻甘草當歸　「表獻」，張庚摹本作「獻」，梁書卷五四諸夷宕昌國傳、南史卷七九夷貊下宕昌國傳作「來獻」。

〔七〕詔爲使持節都督河涼二州　「爲使持節都督河涼二」九字，北宋摹本筆畫殘缺，據張庚摹本補。「詔爲」，張庚摹本、梁書卷五四諸夷宕昌國傳、南史卷七九夷貊下宕昌國傳作「詔以爲」。

〔八〕安西軍　「安西」下疑脱「將」字。余太山梁書西北諸戎傳與梁職貢圖釋文補一「將」字。米婷婷梁職貢圖摹本源流初探：「北宋本脱『將』字。」按梁書卷五四諸夷宕昌國傳、南史卷七九夷貊下宕昌國傳作「安西將軍」。

〔九〕護羌授尉　張珩木雁齋書畫鑒賞筆記繪畫三上閻立德職貢圖卷：「『授』疑『校』之誤。」陳連慶輯本梁元帝職貢圖序：「安西將軍護羌校尉，誤作安西軍護羌授尉。」余太山梁書西北諸戎傳與梁職貢圖釋文改「授」字作「校」。按梁書卷五四諸夷宕昌國傳、南史卷七九夷貊下宕昌國傳作「東羌校尉」。

狼牙修國使

狼牙修在南海中，去廣州二萬一千里〔一〕。國界東西三十日行，南北二十日行。土/氣恒暖，草木常榮，無雪霜，多金銀、婆律、沉香〔二〕。男女悉袒而被髮，/古貝繞身。國王以雲霞布覆躰〔三〕，貴臣着草屐，罥帶金繩，耳着/金鐶。女子披布，加以瓔絡〔四〕。壘塼爲城〔五〕，重門樓閣，閣有三層。王行駕象，/有幡旄旂皷，罩白蓋〔六〕，兵衛甚設。國人説，自初立國四百餘年，後胤/衰弱，王族有賢者，百姓歸之。王收繫之，而鏁自折。王不敢誅，斥之出境，遂/奔天竺，天竺妻以長女。俄而狼牙修王死，舉國迎立之。二十餘年死，子婆/伽達多立。天監十四年，遣使阿撒多奉表貢獻〔七〕。

校證

〔一〕去廣州二萬一千里　「去」，南史卷七八夷貊上狼牙脩國傳、通典卷一八八邊防四、太平寰宇記卷一七六四夷五、通志卷一九八四夷五、通考卷三三一四裔八作「北去」。按梁書卷五四諸夷狼牙脩國傳亦作「去」。「一千里」，梁書卷五四諸夷狼牙脩國傳、南史卷七八夷貊上狼牙脩國傳、通典卷一八八邊防四、太平寰宇記卷一七六四夷五、通志卷一九八四夷五、通考卷三三一四裔八作「四千里」。

〔二〕多金銀婆律沉香　梁書卷五四諸夷狼牙脩國傳作「偏多⿰禾戔沈婆律香等」，南史卷七八夷貊上狼牙脩國傳作「偏多棧沉婆律香等」。

〔三〕國王以雲霞布覆躰　「躰」，北宋摹本漫漶，此據張珩木雁齋書畫鑒賞筆記繪畫三上閻立德職貢圖卷釋文，徐邦達古書畫僞訛考辨釋文作「體」，按「躰」爲「體」之俗字。米婷婷梁職貢圖摹本源流初探釋文作「臂」，疑非是。按梁書卷五四諸夷狼牙脩國傳、南史卷七八夷貊上狼牙脩國傳、通考卷三三一四裔八作「胛」，通典卷一八八邊防四、太平寰宇記卷一七六四夷五、通志卷一九八四夷五作「髀」。

〔四〕加以纓絡　梁書卷五四諸夷狼牙脩國傳、南史卷七八夷貊上狼牙脩國傳作「以瓔珞繞身」。

〔五〕壘塼爲城　「塼」，梁書卷五四諸夷狼牙脩國傳（殘宋本、百衲本、三朝本甲、南監本、汲本）作「樓」。

按梁書卷五四諸夷狼牙脩國傳（北監本、殿本、局本）、南史卷七八夷貊上狼牙脩國傳、通典卷一八八邊防

四、通考卷三三一四裔八亦作「塼」，太平寰宇記卷一七六四夷五、通志卷一九八四夷五作「磚」。

〔六〕罩白蓋　「白」，梁書卷五四諸夷狼牙脩國傳（殘宋本、百衲本、三朝本甲、南監本、汲本、局本）作「台」。按梁書卷五四諸夷狼牙脩國傳（北監本、殿本）、南史卷七八夷貊上狼牙脩國傳、通典卷一八八邊防四、太平寰宇記卷一七六四夷五、通志卷一九八四夷五、通考卷三三一四裔八亦作「白」。

〔七〕遣使阿撒多奉表貢獻　「阿撒多」，梁書卷五四諸夷狼牙脩國傳、南史卷七八夷貊上狼牙脩國傳、通志卷一九八四夷五作「阿撒多」。按通考卷三三一四裔八亦作「阿撒多」。

鄧至國使

鄧至居西涼州界，善別種也〔一〕。宋文帝世，鄧至王象屈躭，遣其所置里/水鎮將象破羌上書獻駿馬〔二〕。天監五年，國王象舒彭遣屬僧崇獻/黃耆四百斤，馬四疋。其俗呼帽曰突阿〔三〕。其衣服與宕昌畧同。

校證

〔一〕善別種也　「善」爲「善」之俗字。按張庚摹本作「羌」，是。按梁書卷五四諸夷鄧至國傳、南史卷七九夷貊下鄧至國傳作「羌」。

〔二〕遣其所置里水鎮將象破羌上書獻駿馬　「里」字，北宋摹本筆畫殘缺，據張庚摹本補。張珩木雁齋書畫鑒賞筆記繪畫三上閻立德職貢圖卷、徐邦達古書畫僞訛考辨釋文作「黑」，疑是。按水經注卷二〇漾水記羌中有鄧至城、黑水城，「里水鎮」疑當作「黑水鎮」。「象破羌」，張庚摹本作「象破虜」。

〔三〕其俗呼帽曰突阿　「突阿」，梁書卷五四諸夷鄧至國傳、南史卷七九夷貊下鄧至國傳作「突何」。按張庚摹本亦作「突阿」。

周古柯國使

周古柯，滑旁小國。普通元年，隨滑使朝貢〔一〕。其表曰〔二〕：「一切所恭敬〔三〕，一切吉具/足〔四〕，如天静無雲，滿月明曜〔五〕，天子身清静具足亦如此〔六〕。爲四海弘願，以爲舟/舫。楊州閻浮提第一廣大國，人民布滿〔七〕，歡樂莊嚴，如天上不異。周/古柯王頂禮弁拜，問訊天子念我〔八〕。□今上金椀一〔九〕，琉璃椀一，馬一疋。」

校　證

〔一〕隨滑使朝貢　張庚摹本作「使使隨滑使來朝貢」。

〔二〕其表曰　「其」，北宋摹本漫漶，據榎一雄滑国に関する梁職貢図の記事について、錢伯泉職貢圖與南北朝時期的西域、米婷婷梁職貢圖摹本源流初探釋文補。余太山梁書西北諸戎傳與梁職貢圖、金子修一關於宋書蠻夷傳的若干問題釋文作「奉」，據北宋摹本殘存筆畫，「奉」字疑非是。按北宋摹本呵跋檀國使、胡蜜丹國使題記亦作「其」。

〔三〕一切所恭敬　河上麻由子佛教與朝貢的關係——以南北朝時期爲中心注釋引後秦鳩摩羅什譯妙法蓮華經卷六：「在在方世尊，一切所恭敬，愍衆而説法，聞香悉能知。」

〔四〕一切吉具足　河上麻由子佛教與朝貢的關係——以南北朝時期爲中心注釋引北涼曇無讖譯大方等無想經（大正藏卷一二，第二二二頁c11–17）：「一切是吉，究竟必得證一切智，以是義故名一切吉。譬如蓮華未開敷時不名具足，華既開敷則名清浄一切具足。菩薩摩訶薩亦復如是。」按引文係梁曼陀羅仙譯寶雲經卷三（大正藏第十六册，第二二二頁c11–14）文字，河上麻由子誤記出處。

〔五〕如天静無雲滿月明曜　「静」，張庚摹本作「浄」。河上麻由子佛教與朝貢的關係——以南北朝時期爲中心注釋引劉宋求那跋陀羅譯雜阿含經卷四五：「如月停虛空，明浄無雲翳，光炎明暉曜，普照於十方。如來亦如是，慧光照世間，功德善名稱，周遍滿十方。」

〔六〕天子身清静具足亦如此　「静」，張庚摹本作「浄」。

〔七〕人民布滿　「民」，北宋摹本漫漶，據張珩木雁齋書畫鑒賞筆記繪畫三上閻立德職貢圖卷、余太山梁書西北諸戎傳與梁職貢圖、新川登亀男梁職貢図と『梁書』諸夷伝の上表文釋文及張庚摹本補。錢伯泉職貢圖與南北朝時期的西域釋文作「寶」，疑非是。

〔八〕問訊天子念我　「念我」二字，北宋摹本漫漶，據張庚摹本補。

〔九〕□今上金椀一　「今上」上字，北宋摹本漫漶，據殘存字形筆畫，疑作「我」。新川登亀男梁職貢図と『梁書』諸夷伝の上表文釋文作「我」。「椀」，北宋摹本漫漶，張庚摹本作「碗」，據殘存字形筆畫，左偏旁似作「木」，故釋作「椀」。按下文亦有「琉璃椀」云云。

呵跋檀國使

呵跋檀，滑旁小國。普通元年，隨滑使入貢〔一〕。其曰〔二〕：「最所應恭敬吉天/子〔三〕，東方大地。呵跋檀王問訊非一過〔四〕，乃百千萬億〔五〕，天子安隱〔六〕。我今遣/使，手送此書。書不空，故上馬一疋，銀器一故〔七〕。」

校證

〔一〕隨滑使入貢　「入」字漫漶，據張珩木雁齋書畫鑒賞筆記繪畫三上閻立德職貢圖卷、徐邦達古書畫僞訛考辨、錢伯泉職貢圖與南北朝時期的西域、余太山梁書西北諸戎傳與梁職貢圖釋文補。張庚摹本作「使使隨滑使來貢」。

〔二〕其曰　「其」下疑脱「表」字。張庚摹本作「其表曰」。榎一雄滑国に関する梁職貢図の記事について、余太山梁書西北諸戎傳與梁職貢圖釋文已補一「表」字。

〔三〕最所應恭敬吉天子　「應」，北宋摹本漫漶，據張珩木雁齋書畫鑒賞筆記繪畫三上閻立德職貢圖卷、徐邦達古書畫僞訛考辨釋文及張庚摹本補。

〔四〕呵跋檀王問訊非一過　「非」，北宋摹本漫漶，據張庚摹本補。

〔五〕乃百千萬億　「萬」，北宋摹本漫漶，據張庚摹本補。按余太山梁書西北諸戎傳與梁職貢圖釋文亦作「萬」。

〔六〕天子安隱　「隱」，張庚摹本作「穩」。按「隱」同「穩」，爲古今字。

〔七〕銀器一故　「故」，張庚摹本作「枚」，疑是。

胡蜜丹國使

胡蜜丹〔一〕，滑旁小國也。普通元年，使使隨滑使來朝〔二〕。其表曰：「楊州天子，/出處大國聖主〔三〕。胡蜜王名時僕〔四〕，遥長跪合掌，作禮千萬〔五〕。今滑使到聖/國，用附函啓〔六〕，并水精鍾一口，馬一疋。聖主若有所勅〔七〕，不敢有異。」

校證

〔一〕胡蜜丹　張庚摹本作「胡蜜檀國」。

〔二〕使使隨滑使來朝　「朝」，張庚摹本作「朝貢」。

〔三〕出處大國聖主　「出處」，張庚摹本作「日出處」，疑是。按「出處」上，榎一雄滑国に関する梁職貢図の記事について、余太山梁書西北諸戎傳與梁職貢圖釋文已補一「日」字。

〔四〕胡蚤王名時僕　按「蚤」同「蛮」。「時」字，北宋摹本漫漶，據張珩木雁齋書畫鑒賞筆記繪畫三上閻立德職貢圖卷釋文及張庚摹本補。「僕」，張庚摹本作「僕」。按「僕」同「僕」。

〔五〕作禮千萬　「作禮」，張庚摹本作「行禮」。

〔六〕用附函啓　「用」，北宋摹本漫漶，據張珩木雁齋書畫鑒賞筆記繪畫三上閻立德職貢圖卷、徐邦達古書畫僞訛考辨、余太山梁書西北諸戎傳與梁職貢圖、新川登亀男梁職貢図と『梁書』諸夷伝の上表文釋文補。張庚摹本及錢伯泉職貢圖與南北朝時期的西域釋文作「因」。榎一雄滑国に関する梁職貢図の記事について釋文作「同」，疑非是。

〔七〕聖主若有所勑　北宋摹本原作「聖主有若所勑」，而「有」、「若」二字間有倒文符號「∨」，故從之乙正。張庚摹本作「聖國若有所頒勑」。

白題國使

白題，匈奴旁別種胡也〔一〕。漢初灌嬰與匈奴戰〔二〕，斬白題騎一人。今在滑/國東六十日行〔三〕，西極波斯二十日行〔四〕。土地出粟、麥、菓〔五〕，食衣物與滑國/略同〔六〕。國王姓支名使稽毅〔七〕。普通三年，白題道釋氊獨活使安／遠憐伽到京師貢獻〔八〕。

校證

〔一〕匈奴旁別種胡也　張庚摹本作「舊匈奴別種胡也」，按「舊」字疑誤。

〔二〕漢初灌嬰與匈奴戰　「灌嬰」二字，北宋摹本漫漶，據張庚摹本及錢伯泉職貢圖與南北朝時期的西域、余太山梁書西北諸戎傳與梁職貢圖釋文補。梁書卷五四諸夷白題國傳、南史卷七九夷貊下白題國傳亦作「灌嬰」。

〔三〕今在滑國東六十日行　張庚摹本作「今在滑國六日行」，梁書卷五四諸夷白題國傳作「今在滑國東去滑六日行」，南史卷七九夷貊下白題國傳作「在滑國東去滑六日行」。余太山兩漢魏晉南北朝正史西域傳要注七梁書西北諸戎傳要注：「梁書諸夷傳有關白題國的記載，諸如『在滑國東』，『食物略與滑同』（梁職貢圖亦有類似的記述），似乎白題爲滑旁之國，不會遠至『六十日行』。因此，若非梁職貢圖題記衍『十』字，就是梁書諸夷傳作『六日行』別有所據。」余太山梁書西北諸戎傳與梁職貢圖：「當以『六日』爲是。」

〔四〕西極波斯二十日行　「日行」二字，北宋摹本漫漶，據張庚摹本及張珩木雁齋書畫鑒賞筆記繪畫三上閻立德職貢圖卷、錢伯泉職貢圖與南北朝時期的西域、余太山梁書西北諸戎傳與梁職貢圖釋文補。按梁書卷五四諸夷白題國傳、南史卷七九夷貊下白題國傳作「西極波斯」，無「二十日行」四字。

〔五〕土地出粟麥菓　「麥」，北宋摹本作「麦」，當爲「麦（麥）」之訛字，據張庚摹本及錢伯泉職貢圖與南北朝時期的西域、余太山梁書西北諸戎傳與梁職貢圖釋文改。按梁書卷五四諸夷白題國傳、南史卷七九夷貊下白題國傳亦作「麥」。「菓」，張庚摹本、南史卷七九夷貊下白題國傳作「瓜果」，梁書卷五四諸夷白題國傳作「瓜菓」。

〔六〕食衣物與滑國略同　「食衣物」，張庚摹本作「食物衣服」，梁書卷五四諸夷白題國傳、南史卷七九夷貊下白題國傳作「食物」。

〔七〕國王姓支名使稽毅　「使」，張庚摹本、梁書卷五四諸夷白題國傳、南史卷七九夷貊下白題國傳作「史」。「稽」，北宋摹本漫漶，據張庚摹本及錢伯泉職貢圖與南北朝時期的西域、余太山梁書西北諸戎傳與梁職貢圖釋文補。按梁書卷五四諸夷白題國傳、南史卷七九夷貊下白題國傳亦作「稽」。

〔八〕白題道釋氈獨活使安遠憐伽到京師貢獻　「白」，北宋摹本漫漶，據張庚摹本及錢伯泉職貢圖與南北朝時期的西域、余太山梁書西北諸戎傳與梁職貢圖釋文補。「安遠憐伽」，張庚摹本作「安遠惱伽」。

末國使

末國，漢世且末國□□勝兵萬餘户〔一〕。（下缺）／題接，西與波斯接。土人剪髮〔二〕，着□□（下缺）／騾驢。今王姓安名末深盤〔三〕。（下缺）

校證

〔一〕漢世且末國□□勝兵萬餘户　梁書卷五四諸夷末國傳、南史卷七九夷貊下末國傳作「漢世且末國也勝兵萬餘户」。「户」下，梁書卷五四諸夷末國傳、南史卷七九夷貊下末國傳作「北與丁零，東與白題，西與波斯接」。

〔二〕土人剪髮　「剪髮」下，梁書卷五四諸夷末國傳作「著氊帽，小袖衣，爲衫則開頸而縫前。多牛羊騾驢」，南史卷七九夷貊下末國傳同，惟「氊」作「氈」。

〔三〕今王姓安名末深盤　「深」，北宋摹本漫漶，據金維諾職貢圖的時代與作者釋文補。按其字形似作「㴱」，即「深」之別字。張珩木雁齋書畫鑒賞筆記繪畫三上閻立德職貢圖卷、徐邦達古書畫僞訛考辨、余太山梁書西北諸戎傳與梁職貢圖釋文作「𥦗」，疑非是。按梁書卷五四諸夷末國傳、南史卷七九夷貊下末國傳亦作「安末深盤」。「盤」下，梁書卷五四諸夷末國傳作「普通五年，遣使來貢獻」，南史卷七九夷貊下末國傳作「梁普通五年，始通江左，遣使來貢獻」。

貳　清張庚諸番職貢圖卷題記校釋

渴槃陀〔一〕，於闐西小國也〔二〕。在山谷中平地〔三〕。城周圍十餘里〔四〕，國内凡十二城〔五〕。風俗與于闐合〔六〕。衣古貝布，著長身小袁袍，小口袴，深㼦皮靴。種大、小麥〔七〕，資以爲糧。多牛馬〔八〕，出好氊〔九〕。渴槃陀王今姓葛沙氏。大同元年〔一〇〕，遣使史蕃匿奉表貢獻。

校　證

〔一〕渴槃陀　梁書卷五四諸夷渴盤陁國傳、南史卷七九夷貊下渴盤陁國傳作「渴盤陁國」。

〔二〕於闐西小國也　「於闐」，梁書卷五四諸夷渴盤陁國傳、南史卷七九夷貊下渴盤陁國傳作「于闐」。按題記下文亦作「于闐」。

〔三〕在山谷中平地　梁書卷五四諸夷渴盤陁國傳作「所治在山谷中」，南史卷七九夷貊下渴盤陁國傳作「國都在山谷中」。

〔四〕城周圍十餘里　「周圍」，梁書卷五四諸夷渴盤陁國傳作「周迴」，南史卷七九夷貊下渴盤陁國傳作「周回」。

〔五〕國内凡十二城　梁書卷五四諸夷渴盤陁國傳、南史卷七九夷貊下渴盤陁國傳作「國有十二城」。

〔六〕風俗與于闐合　「合」，梁書卷五四諸夷渴盤陁國傳、南史卷七九夷貊下渴盤陁國傳作「相類」。

〔七〕種大小麥　梁書卷五四諸夷渴盤陁國傳、南史卷七九夷貊下渴盤陁國傳作「地宜小麥」。

〔八〕多牛馬　梁書卷五四諸夷渴盤陁國傳作「多牛馬駱駞羊等」，南史卷七九夷貊下渴盤陁國傳同，惟「駞」作「駝」。

〔九〕出好氈　梁書卷五四諸夷渴盤陁國傳作「出好氈金玉」。按南史卷七九夷貊下渴盤陁國傳作「出好氈」。

〔一〇〕大同元年　「大同」，梁書卷五四諸夷渴盤陁國傳作「中大同」，南史卷七九夷貊下渴盤陁國傳作「梁中大同」。按此處「大同」上疑脱一「中」字。梁書卷三武帝紀下、南史卷七梁本紀中：「（中大同元年八月）甲午，渴槃陁國遣使獻方物。」可證。

武興蕃本是仇池國〔一〕，國王姓楊。其國東連秦嶺，西接宕昌，南接梁漢，北接岐州。去長安九百里〔二〕。國有十萬户，世世分減，今已半矣。言語與中國略同。著烏皁突騎帽，長身小袖袍，小口袴，皮靴。種五穀〔三〕。婚姻備六禮。知詩書〔四〕。知慧大同元年〔五〕，遣使符道安、楊璵等送啟，乞歸其國〔六〕。

校證

〔一〕武興蕃本是仇池國　梁書卷五四諸夷武興國傳、南史卷七九夷貊下武興國傳作「武興國本仇池」。

〔二〕去長安九百里　「去」，梁書卷五四諸夷武興國傳作「東去」。

〔三〕種五穀　梁書卷五四諸夷武興國傳、南史卷七九夷貊下武興國傳作「地植九穀」。

〔四〕知詩書　梁書卷五四諸夷武興國傳、南史卷七九夷貊下武興國傳作「知書疏」。

〔五〕知慧大同元年　「知慧」，梁書卷五四諸夷武興國傳、南史卷七九夷貊下武興國傳作「智慧」，周書卷四九異域上氐傳、北史卷九六氐傳作「辟邪」。

〔六〕乞歸其國　梁書卷五四諸夷武興國傳、南史卷七九夷貊下武興國傳：「大同元年，剋復漢中，智慧遣使上表，求率四千户歸國，詔許焉，即以爲東益州。」南史「歸國」作「歸梁」。

高昌國，去益州一萬二千里。國人言語與魏略仝〔一〕。有五經、歷代史、諸子集，往往誦讀〔二〕。面貌類高麗，辮髮爲十條，垂肩項之閒〔三〕。著長身小衷袍，縵襠袴，金鞵靴〔四〕，無裘履。女子頭髮辮而不垂肩〔五〕，著錦纈瓔珞環釧〔六〕。婚姻六禮〔七〕。其地高燥〔八〕，築土爲城，架木爲屋，覆土其上〔九〕。寒暑與益州相似。有水田，備種九穀〔一〇〕，人多噉麨、羊、牛〔一一〕。出良馬、蒲萄酒、石鹽。多草木。交關用布帛〔一二〕。有朝烏〔一三〕，集王殿前地〔一四〕，爲行列，不畏人，日出然後散去。大通中〔一五〕，遣使獻烏鹽枕、蒲萄、良馬、氍毹等物〔一六〕。

校證

〔一〕國人言語與魏略仝　「魏」，梁書卷五四諸夷高昌國傳作「中國」，南史卷七九夷貊下高昌國傳作「華」。太平廣記卷八一梁四公引梁四公記：「高昌國（中略）文字言語，與梁國略同。」

〔二〕往往誦讀　周書卷五〇異域下高昌傳、北史卷九七西域高昌傳：「雖習讀之，而皆爲胡語」。

〔三〕辮髮爲十條垂肩項之間　梁書卷五四諸夷高昌國傳、南史卷七九夷貊下高昌國傳、通考卷三三六四裔一三作「辮髮垂之於背」，通典卷一九一邊防七作「辮髮施之於背」，太平寰宇記卷一八〇四夷九作「辮髮垂之于背」，通志卷一九六四夷三作「男女辮髮垂之於背」。

〔四〕金䩼靴　「䩼」爲皮革之義。集韻鐸韻：「䩼，鞊䩼，皮也。」

〔五〕女子頭髮辮而不垂肩　梁書卷五四諸夷高昌國傳、南史卷七九夷貊下高昌國傳、太平寰宇記卷一八〇四夷九、通志卷一九六四夷三作「女子頭髮辮而不垂」，通典卷一九一邊防七作「女子頭髮辮而垂」，通考卷三三六四裔一三作「辮髮垂之於背，女子亦然」。吴玉貴通典邊防典證誤：「通典奪『不』字。」

〔六〕著錦纈瓔珞環釧　「瓔珞」，梁書卷五四諸夷高昌國傳作「纓珞」，南史卷七九夷貊下高昌國傳作「纓絡」。

〔七〕婚姻六禮　梁書卷五四諸夷高昌國傳作「姻有六禮」，南史卷七九夷貊下高昌國傳作「昏姻有六禮」。

〔八〕其地高燥　北史卷九七西域高昌傳：「地勢高敞，人庶昌盛，因名高昌。亦云其地有漢時高昌壘，故以爲國號。」魏書卷一〇一高昌傳略同。通典卷一七四州郡四：「地形高敞，遂名高昌壘。」元和郡縣圖志卷四〇隴右道下：「以其地勢高敞，人物昌盛，因名高昌。」

〔九〕覆土其上　「覆土」，梁書卷五四諸夷高昌國傳、南史卷七九夷貊下高昌國傳作「土覆」。

〔一〇〕備種九穀　「種」，梁書卷五四諸夷高昌國傳、南史卷七九夷貊下高昌國傳作「植」。

〔一一〕人多噉麨羊牛　梁書卷五四諸夷高昌國傳作「人多噉麨及羊牛肉」，南史卷七九夷貊下高昌國傳作「人多噉麨及牛羊肉」。

〔一二〕交關用布帛　梁書卷五四諸夷高昌國傳、南史卷七九夷貊下高昌國傳作「布甚軟白，交市用焉」。

〔一三〕有朝烏　「朝烏」疑爲「朝烏」之訛。按梁書卷五四諸夷高昌國傳、南史卷七九夷貊下高昌國傳作「朝烏」。通志卷一九六四夷三作「其使人云本國有朝烏」。

〔一四〕集王殿前地　梁書卷五四諸夷高昌國傳、南史卷七九夷貊下高昌國傳作「旦旦集王殿前」。

〔一五〕大通中　「大通」，梁書卷五四諸夷高昌國傳作「大同」，南史卷七九夷貊下高昌國傳作「梁大同」。此處「大通」疑爲「大同」之誤。

〔一六〕遣使獻烏鹽枕蒲萄良馬氍毹等物　「烏鹽枕」，梁書卷五四諸夷高昌國傳、南史卷七九夷貊下高昌國傳、通志卷一九六四夷三作「鳴鹽枕」。北史卷九七西域高昌傳：「出赤鹽，其味甚美。復有白鹽，其形如玉，高昌人取以爲枕，貢之中國。（中略）於後十餘遣使，獻珠像、白黑貂裘、名馬、鹽枕等，款誠備至。」魏書卷一〇一高昌傳同。元和郡縣圖志卷四〇隴右道下：「高昌國，（中略）出赤鹽，其味甚美。（中略）有鹽，其狀如玉，取以爲枕，貢之中國。」御覽卷七〇七引後漢書：「魏高昌有白鹽，其形如玉，高昌人取以爲枕，貢之中國。」按御覽引文出處似誤，疑當作後魏書。「氍毹」，南史卷七九夷貊下高昌國傳作「氍氀」。按梁書卷五四諸夷高昌國傳、通志卷一九六四夷三亦作「氍毹」。

天門蠻者，昔孫休分武林天門郡〔一〕，時有怪石自開，故以「天門」爲稱〔二〕。其種姓白田〔三〕、白覃〔四〕，主簿者最强盛，金銀各數百石，恃其富豪，不肯賓興。梁初以來，方納質款，輸租賦如平民，遣子田慈入質。

校證

〔一〕昔孫休分武林天門郡　「武林」，疑當作「武陵」。按三國志卷四八吴書孫休傳，吴永安六年，「分武陵爲天門郡」。

〔二〕時有怪石自開故以天門爲稱　宋書卷三七州郡志三：「荆州刺史，（中略）天門太守。吴孫休永安六年，分武陵立。充縣有松梁山，山有石，石開處數十丈，其高以努仰射不至其上，名天門，因此名郡。」水經注卷三七澧水：「吴永安六年，武陵郡嵩梁山，高峰孤竦，素壁千尋，望之苕亭，有似香爐。其山洞開，玄朗如門，高三百丈，廣二百丈，門角上各生一竹，倒垂下拂，謂之天帚。孫休以爲嘉祥，分武陵置天門郡。」初學記卷八引吴録：「松梁山，山石間開處容數十丈，其高以弩射之不及其上。」御覽卷四九引盛弘之荆州記：「嵩梁山在澧水之陽，望之如香爐之狀，今名石門。吴永安六年，自然洞開，玄朗如門，三百丈，門角上各生一竹，倒垂下拂，謂之天箒。孫休以爲嘉祥，置縣，因山爲名。」御覽卷一八三引荆州圖記：「臨澧縣南三百里，有高巒特立，素崖千尋，望之有似香鑪。吴永安六年，自然洞開，其朗如門，古老相傳名天門，門兩角上，各生一竹垂下，爲之天箒云。」方輿勝覽卷三〇澧州：「天門山，在慈利縣。寰宇記云：『古嵩梁山也。有十六峰相次，最高爲天門，空明透徹，明貫山頂。其上有泉。門之兩向，有竹罄折垂地，搖拂無塵，人謂天帚。』」按方輿勝覽引寰宇記文字不見於今通行中華書局點校本太平寰宇記，疑爲佚文。

〔三〕其種姓白田「白」字疑爲「曰」字之訛。宋書卷九七夷蠻荆雍州蠻傳：「天門漊中令宗矯之傜賦過重，蠻不堪命。（元嘉）十八年，蠻田向求等爲寇，破漊中，虜略百姓。荆州刺史衡陽王義季遣行參軍曹孫念討破之。」南史卷七九夷貊下荆雍州蠻傳略同，「宗矯之」作「宋矯之」，「曹孫念」作「曾孫念」。據劉美崧建平蠻、天門蠻、臨江蠻興衰述略，天門蠻部族首領以田氏勢力爲最强。

〔四〕白覃「白」字疑爲「曰」字之訛。後漢書卷八六南蠻傳：「（肅宗建初）三年冬，漊中蠻覃兒健等復反，攻燒零陽、作唐、孱陵界中。（中略）五年春，覃兒健等請降，不許。郡因進兵與戰於宏下，大破之，斬兒健首，餘皆弃營走還漊中，復遣乞降，乃受之。（中略）和帝永元四年冬，漊中、澧中蠻潭戎等反，燔燒郵亭，殺略吏民，郡兵擊破降之。」據譚其驤近代湖南人中之蠻族血統，天門蠻田氏、覃氏自東漢時興起於今湖南省西部，歷唐宋至明清皆有活動表現於歷史。

滑者，出自西域，車師之別種也。其土地温煖，多山川，少樹木〔一〕，有五穀。國人以麨及羊肉爲糧。其獸有獅子、兩腳駱駝，野驢有角。人皆善騎射〔二〕，著小東長袍〔三〕，用金玉絡帶〔四〕。女子被裘〔五〕，頭上刻木爲角，長六尺，以金玉銀飾之〔六〕。少女子，兄弟共妻。無城郭，氈屋爲居，東向開户。其王坐金牀，隨太歲〔七〕，與妻並坐〔八〕。無文字，以木爲契，刻之以約物數〔九〕。葬以木爲槨。父母死，其子截一耳〔一〇〕。自魏晉以來〔一一〕，不通中國。天監十五年，奉表獻貢。普通元年，獻黃獅子、白貂裘、波斯獅子錦。

校　證

〔一〕多山川少樹木　北宋摹本作「多山川少林木」。按梁書卷五四諸夷滑國傳作「多山川樹木」，南史卷七九夷貊下滑國傳亦作「多山川少樹木」。

〔二〕人皆善騎射　北宋摹本作「人善騎射」，梁書卷五四諸夷滑國傳作「人皆善射」。按南史卷七九夷貊下滑國傳亦作「人皆善騎射」。

〔三〕著小袖長袍　「長袍」，北宋摹本、梁書卷五四諸夷滑國傳、南史卷七九夷貊下滑國傳作「長身袍」。按通典卷一九三邊防九亦作「長袍」。

〔四〕用金玉絡帶　北宋摹本作「金玉爲絡帶」，梁書卷五四諸夷滑國傳、南史卷七九夷貊下滑國傳、通典卷一九三邊防九作「用金玉爲帶」。

〔五〕女子被裘　「裘」字疑誤，北宋摹本、梁書卷五四諸夷滑國傳、南史卷七九夷貊下滑國傳、通典卷一九三邊防九作「裘」。

〔六〕以金玉銀飾之　北宋摹本作「金銀飾之」，梁書卷五四諸夷滑國傳、南史卷七九夷貊下滑國傳、通典卷一九三邊防九作「以金銀飾之」。

〔七〕隨太歲　「太歲」，北宋摹本、梁書卷五四諸夷滑國傳、南史卷七九夷貊下滑國傳作「太歲轉」。按此處脱一「轉」字。

〔八〕與妻並坐　「並坐」，北宋摹本作「並坐接賓客」，梁書卷五四諸夷滑國傳、南史卷七九夷貊下滑國傳作「並坐接客」。按此處疑有脱誤。

〔九〕刻之以約物數　「以約」，北宋摹本作「約」。

〔一〇〕其子截一耳　「其子」，北宋摹本作「子」。按梁書卷五四諸夷滑國傳、南史卷七九夷貊下滑國傳、通典卷一九三邊防九亦作「其子」。

〔一一〕自魏晉以來　「自魏晉」，北宋摹本作「魏晉」。按梁書卷五四諸夷滑國傳、南史卷七九夷貊下滑國傳、通典卷一九三邊防九亦作「自魏晉」。

波斯國，土産珊瑚樹，遠長丈一二尺〔一〕，又有琥珀、瑪瑙、真珠、玫瑰等寶〔二〕。國中有優鉢曇花，鮮麗可愛〔三〕。市買交關，並是金銀博换〔四〕。俗人婚姻，下聘用金銀、絲帛、奴婢、牛馬、駱駝、騾羊〔五〕。其城周迴三十里〔六〕，城高四丈〔七〕，皆築土爲基，並無磚礫。城上有樓觀〔八〕。内屋宇有數千間〔九〕。西去城十五里有山〔一〇〕，山有鷲鳥噉羊〔一一〕，時時下地銜羊飛去〔一二〕，土人極以爲患〔一三〕。大通三年〔一四〕，貢獻伏牙〔一五〕。

校　證

〔一〕遠長丈一二尺　梁書卷五四諸夷波斯國傳、南史卷七九夷貊下波斯國傳作「長一二尺」。按此處疑有訛誤。

〔二〕又有琥珀瑪瑙真珠玫瑰等寶　「琥珀」，北宋摹本作「虎嵬」。「瑪瑙」，北宋摹本作「馬腦」。「玫瑰」，北宋摹本作「玟瑂」。按梁書卷五四諸夷波斯國傳作「亦有琥珀、馬腦、真珠、玫瑂等」，南史卷七九夷貊下波斯國傳作「亦有武魄、馬腦、真珠、玫瑰等」。

〔三〕鮮麗可愛　「鮮麗」，梁書卷五四諸夷波斯國傳、南史卷七九夷貊下波斯國傳作「鮮華」。

〔四〕市買交關並是金銀博換　北宋摹本作「交易用金銀」，梁書卷五四諸夷波斯國傳、南史卷七九夷貊下波斯國傳作「市買用金銀」。

〔五〕俗人婚姻下聘用金銀絲帛奴婢牛馬駱駝騾羊　北宋摹本作「婚禮以金帛、奴婢、牛馬羊等，以四疋馬爲轝，五彩爲蓋迎婦」。

〔六〕其城周迴三十里　北宋摹本作「城周回三十二里」，梁書卷五四諸夷波斯國傳作「國有城周迴三十二里」，南史卷七九夷貊下波斯國傳同，惟「迴」作「回」。

〔七〕城高四丈　「城高」，北宋摹本作「高」。按梁書卷五四諸夷波斯國傳、南史卷七九夷貊下波斯國傳亦作「城高」。

〔八〕城上有樓觀　北宋摹本作「城門皆有樓觀」，梁書卷五四諸夷波斯國傳、南史卷七九夷貊下波斯國傳作「皆有樓觀」。

〔九〕内屋宇有數千間　北宋摹本作「城内屋宇數百間」，梁書卷五四諸夷波斯國傳、南史卷七九夷貊下波斯國傳作「城内屋宇數百千間」。

〔一〇〕西去城十五里有山　北宋摹本作「西十五里有土山」，梁書卷五四諸夷波斯國傳、南史卷七九夷貊下波斯國傳作「西去城十五里有土山」。

〔一一〕山有鷲鳥啗羊　「山有」，北宋摹本作「山中有」，梁書卷五四諸夷波斯國傳、南史卷七九夷貊下波斯國傳作「中有」。

〔一二〕時時下地銜羊飛去　「飛去」，北宋摹本作「而去」。

〔一三〕土人極以爲患　北宋摹本作「土人患之」。按梁書卷五四諸夷波斯國傳、南史卷七九夷貊下波斯國傳亦作「土人極以爲患」。

〔一四〕大通三年　「三年」，北宋摹本作「二年」。此處疑脱一「中」字。按梁書卷五四諸夷波斯國傳作「中大通二年」，南史卷七九夷貊下波斯國傳作「梁中大通二年」。

〔一五〕貢獻伏牙　「伏牙」，北宋摹本作「佛牙」。此處「伏」字疑誤。按梁書卷五四諸夷波斯國傳、南史卷七九夷貊下波斯國傳並作「佛牙」。

百濟國，舊東夷馬韓之屬也。自晉以來，嘗修蕃貢。義熙中，有百濟王夫餘腆〔一〕；宋元嘉中，有百濟王夫餘毗〔二〕；齊永明中，有百濟王夫餘太〔三〕，皆受中國官爵。梁初以爲征東將軍。其言語衣服，略與高句驪等仝〔四〕。其行不張拱，拜不申足則異〔五〕。帽曰冠〔六〕，襦曰複衫，袴曰褌。普通二年，奉表獻貢。

校證

〔一〕有百濟王夫餘腆　「夫餘腆」，北宋摹本作「餘腆」。按通典卷一八五邊防一亦作「夫餘腆」。

〔二〕有百濟王夫餘毗　「夫餘毗」，北宋摹本作「餘毗」。

〔三〕有百濟王夫餘太　「夫餘太」，北宋摹本作「餘太」。

〔四〕其言語衣服略與高句驪等仝　北宋摹本作「言語衣服畧同高麗」。

〔五〕拜不申足則異　「申足則異」，北宋摹本作「申足」。按梁書卷五四諸夷百濟傳亦作「申足則異」。

〔六〕帽曰冠　北宋摹本作「以帽爲冠」，梁書卷五四諸夷百濟傳、南史卷七九夷貊下百濟傳作「呼帽曰冠」。

龜茲國，西域之舊世〔一〕。所居曰延城。漢時以公主妻烏孫，主遣所産女至漢學鼓琴〔二〕，龜茲靖之妻〔三〕。龜茲王絳賓自以爲漢外孫，願與俱入朝覲。元康元年來朝，王及夫人皆賜印綬，號曰公主，賜以車騎旗鼓。一年。數來朝。樂漢制度，歸其國，治宮室，出入傳呼，撞鐘擊鼓，如漢家儀。成帝、哀帝時，往來尤數〔四〕。光武中。魏初。晉大康中。與中國不通〔五〕。普通二年，龜茲王尼瑞遣使奉表貢獻〔六〕。

校證

〔一〕龜茲國西域之舊世　「世」字疑誤。按梁書卷五四諸夷龜茲傳、南史卷七九夷貊下龜茲傳作「龜茲者，西域之舊國也」。

〔二〕主遣所産女至漢學鼓琴　「主遣所産女」，北宋摹本作「烏孫遣其女」。

〔三〕龜兹靖之妻　「靖之」，北宋摹本作「請爲」。王素梁元帝「職貢圖」龜兹國使題記疏證：「清本『靖之』應爲『請爲』之誤。」

〔四〕龜兹王絳賓自以爲漢外孫至往來尤數　「絳賓」，北宋摹本作「降賓」。「龜兹王絳賓」以下，北宋摹本文字多有異同。按此段題記文字當爲撮録漢書卷九六下西域下龜兹國傳語。

〔五〕光武中至與中國不通　按「光武中」以下，文字多有訛脱。梁書卷五四諸夷龜兹傳：「後漢光武時，其王名弘，爲莎車王賢所殺，滅其族。賢使其子則羅爲龜兹王，國人又殺則羅。匈奴立龜兹貴人身毒爲王，由是屬匈奴。（中略）魏文帝初即位，遣使貢獻。晉太康中，遣子入侍。太元七年，秦主符堅遣將吕光伐西域，至龜兹，龜兹王帛純載寶出奔，光入其城。（中略）光立帛純弟震爲王而歸，自此與中國絶不通。」

〔六〕龜兹王尼瑞遣使奉表貢獻　「尼瑞」，梁書卷五四諸夷龜兹傳作「尼瑞摩珠郍勝」，南史卷七九夷貊下龜兹傳作「尼瑞摩珠那勝」。

倭國在東南大海中〔一〕，依山島爲居。地氣温煖〔二〕，出珍珠、青玉〔三〕，無牛馬虎豹羊鵲。男子皆黥面文身，以木綿帖頭〔四〕，衣横幅，無縫，但結束相連。好沈水捕魚蛤。婦人只被髮，衣如單被，穿其中，貫頭衣之。男女徒跣，好以丹塗身。種稻禾、麻苧〔五〕，蠶桑〔六〕。出紬布、縑錦。兵用矛、盾、木弓，箭用骨爲鏃。

其食以手，器用籩豆。死有棺無槨。齊建元中，奉表貢獻〔七〕。

校證

〔一〕倭國在東南大海中　「東南」，北宋摹本、三國志卷三〇魏書東夷倭人傳作「帶方東南」。

〔二〕地氣温煖　北宋摹本作「氣暖地温」，梁書卷五四諸夷倭傳作「地温暖」，南史卷七九夷貊下倭國傳作「地氣温暖」。

〔三〕出珍珠青玉　「珍珠」，北宋摹本、三國志卷三〇魏書東夷倭人傳作「真珠」，梁書卷五四諸夷倭傳、南史卷七九夷貊下倭國傳作「黑雉真珠」，後漢書卷八五東夷倭傳作「白珠」。

〔四〕以木綿帖頭　「頭」，北宋摹本作「首」。

〔五〕種稻禾麻苧　三國志卷三〇魏書東夷倭人傳作「種禾稻紵麻」，後漢書卷八五東夷倭傳作「土宜禾稻麻紵」，梁書卷五四諸夷倭傳作「民種禾稻紵麻」，南史卷七九夷貊下倭國傳作「人種禾稻紵麻」，晉書卷九七四夷倭人傳作「俗種禾稻紵麻」。

〔六〕蠶桒　三國志卷三〇魏書東夷倭人傳作「蠶桑緝績」，後漢書卷八五東夷倭傳作「蠶桑知織績爲縑布」，梁書卷五四諸夷倭傳、南史卷七九夷貊下倭國傳作「蠶桑織績」，晉書卷九七四夷倭人傳作「而蠶桑織績」。

〔七〕齊建元中奉表貢獻　莫瑩萍等梁元帝「職貢圖」倭國使題記二題：「南齊書等史書中則衹是記載了建元元年齊授予倭王武爲『鎮東大將軍』的事迹，並未提到倭王有派遣使者『奉表貢獻』。（中略）職貢圖題記此處記載應爲訛文。」

高句驪〔一〕，晉東夷夫餘之別種也〔二〕。漢世居玄菟之高驪縣〔三〕，故以號焉。光武初〔四〕，高句驪王遣使朝貢，則始稱王。其俗，人性凶急惡〔五〕，而潔淨自善〔六〕。婦人衣白，而男子衣袺錦，飾以金銀〔七〕。貴者冠幘而無復〔八〕，以金銀爲鹿耳，羽加之幘上〔九〕；賤者冠折風，其形如古之弁〔一〇〕。穿耳以金環〔一一〕。上衣曰表〔一二〕，下衣曰長袴〔一三〕，腰有銀帶〔一四〕，【左佩礪而右佩五子刀，足履豆禮鞜】〔一五〕。頗習書。其使至中國，則多求經史。建武中，奉表貢獻〔一六〕。

校　證

〔一〕高句驪　影印唐鈔本、遼海叢書本翰苑卷三〇注引梁元帝職貢圖作「高驪」。

〔二〕晉東夷夫餘之別種也　「晉」字疑誤，或爲「舊」之訛。按北宋摹本百濟國使條云「舊來夷馬韓之屬」，張庚摹本百濟國使條云「舊東夷馬韓之屬也」，三國志卷三〇魏書東夷高句麗傳云「東夷舊語以爲夫餘別種」，後漢書卷八五東夷高句驪傳云「東夷相傳以爲夫餘別種」。

〔三〕漢世居玄菟之高驪縣　「菟」，原作「莬」，據梁書卷五四諸夷高句驪傳改。按漢書卷二八下地理志下玄菟郡有縣三，其一爲高句驪。後漢書卷八五東夷高句驪傳：「武帝滅朝鮮，以高句驪爲縣，使屬玄菟。」梁書卷五四諸夷高句驪傳：「漢武帝元封四年，滅朝鮮，置玄菟郡，以高句驪爲縣以屬之。」北史卷九四高麗傳同，惟「高句驪」作「高句麗」。

〔四〕光武初　梁書卷五四諸夷高句驪傳作「光武八年」，三國志卷三〇魏書東夷高句麗傳作「漢光武帝八年」，後漢書卷八五東夷高句驪傳作「建武八年」，北史卷九四高麗傳作「光武建武八年」。

〔五〕人性凶急惡　此處疑有訛誤，或衍「惡」字。三國志卷三〇魏書東夷高句麗傳作「其人性凶急喜寇鈔」，後漢書卷八五東夷高句驪傳作「其人性凶急有氣力習戰鬭好寇鈔」，梁書卷五四諸夷高句驪傳作「人性凶急喜寇抄」，南史卷七九夷貊下高句麗傳同，惟「抄」作「鈔」。

〔六〕潔浄自善　三國志卷三〇魏書東夷高句麗傳作「其人絜清自喜」，後漢書卷八五東夷高句驪傳作「皆絜浄自憙」，梁書卷五四諸夷高句驪傳作「其人潔清自喜」，南史卷七九夷貊下高句麗傳作「其人潔浄自喜」，魏書卷一〇〇高句麗傳作「然潔浄自喜」，隋書卷八一東夷高麗傳作「潔浄自喜」，北史卷九四高麗傳作「俗潔浄自喜」。

〔七〕而男子衣袺錦飾以金銀　「袺錦」，影印唐鈔本、遼海叢書本翰苑卷三〇注引梁元帝職貢圖作「結錦」。三國志卷三〇魏書東夷高句麗傳、後漢書卷八五東夷高句驪傳、梁書卷五四諸夷高句驪傳、南史卷七九夷貊下高句麗傳：「其公會衣服皆錦繡，金銀以自飾。」魏書卷一〇〇高句麗傳、北史卷九四高麗傳：「其公會衣服皆錦繡，金銀以爲飾。」建康實録卷一六：「東夷高麗國（中略）重中國綵纈，丈夫衣之。」

〔八〕貴者冠幘而無復　「無復」，遼海叢書本翰苑卷三〇注引梁元帝職貢圖作「無後」，疑是。影印唐鈔本翰苑卷三〇注引梁元帝職貢圖作「貴者冠幘而後」，「而」下疑脱一「無」字。三國志卷三〇魏書東夷高句麗傳作

「大加、主簿頭著幘，如幘而無餘」，「餘」字疑誤。後漢書卷八五東夷高句驪傳作「大加、主簿皆著幘，如冠幘而無後」，梁書卷五四諸夷高句驪傳、南史卷七九夷貊下高句麗傳作「大加、主簿頭所著似幘而無後」。

〔九〕以金銀爲鹿耳羽加之幘上　「鹿耳羽」，影印唐鈔本、遼海叢書本翰苑卷三〇注引梁元帝職貢圖作「鹿耳」。按魏書卷一〇〇高句麗傳云「頭著折風，其形如弁，旁插鳥羽，貴賤有差」，周書卷四九異域上高麗傳云「其冠曰骨蘇，多以紫羅爲之，雜以金銀爲飾。其有官品者，又插二鳥羽於其上，以顯異之」，隋書卷八一東夷高麗傳云「人皆皮冠，使人加插鳥羽。貴者冠用紫羅，飾以金銀」，北史卷九四高麗傳云「人皆頭著折風，形如弁，士人加插二鳥羽。貴者，其冠曰蘇骨，多用紫羅爲之，飾以金銀」，舊唐書卷一九九上東夷高麗傳云「官之貴者，則青羅爲冠，次以緋羅，插二鳥羽，及金銀爲飾」，新唐書卷二二〇東夷高麗傳云「大臣青羅冠，次絳羅，珥兩鳥羽，金銀雜釦」。

〔一〇〕賤者冠折風其形如古之弁　按影印唐鈔本翰苑卷三〇注引梁元帝職貢圖作「賤者冠折風」，遼海叢書本翰苑卷三〇注引梁元帝職貢圖作「賤者冠析風」，並無「其形如古之弁」六字。三國志魏書卷三〇高句麗傳、後漢書卷八五東夷高句驪傳、梁書卷五四諸夷高句驪傳、南史卷七九夷貊下高句麗傳作「其小加著折風，形如弁」，魏書卷一〇〇高句麗傳作「頭著折風，其形如弁」，北史卷九四高麗傳作「人皆頭著折風，形如弁」。南齊書卷五八東南夷高麗傳：「高麗俗服窮袴，冠折風一梁，謂之幘。（中略）使人在京師，中書郎王融戲之曰：『服之不衷，身之災也。頭上定是何物？』答曰：『此即古弁之遺像也。』」

〔一一〕穿耳以金環　「金環」，影印唐鈔本翰苑卷三〇注引梁元帝職貢圖作「金鐶」。按遼海叢書本翰苑卷三〇注引梁元帝職貢圖亦作「金環」。

〔一二〕上衣曰表　「曰表」，影印唐鈔本翰苑卷三〇注引梁元帝職貢圖作「白衫」，疑是。按遼海叢書本翰苑卷三〇注引梁元帝職貢圖作「上白衣衫」。

〔一三〕下衣曰長袴　「下衣」，影印唐鈔本、遼海叢書本翰苑卷三〇注引梁元帝職貢圖作「下」。「曰」，遼海叢書本翰苑卷三〇注引梁元帝職貢圖作「白」，疑是。按影印唐鈔本翰苑卷三〇注引梁元帝職貢圖亦作「曰」。

〔一四〕腰有銀帶　「腰」，影印唐鈔本翰苑卷三〇注引梁元帝職貢圖作「要」。「要」、「腰」字同。按遼海叢書本翰苑卷三〇注引梁元帝職貢圖亦作「腰」。

〔一五〕左佩礪而右佩五子刀足履豆禮鞜　此十四字原缺，據影印唐鈔本、遼海叢書本翰苑卷三〇注引梁元帝職貢圖補。按影印唐鈔本翰苑本條正文標目作「佩刀礪而見等威金羽以明貴賤」，無「飾」字；遼海叢書本翰苑標目作「佩刀礪而見等威飾金羽以明貴賤」。鄭春穎高句麗遺存所見服飾研究：「『韋沓』字，翰苑注引職貢圖寫爲一字，但在其他文獻中，多將其視爲『韋』與『沓』兩字。（中略）『韋沓』可能是兩個字，指用皮革製成的鞋。」急就篇卷二：「履舃鞜裒絨緞紃。」唐顏師古注：「鞜，生革之履也。」鹽鐵論散不足：「韋沓絲履。」王利器鹽鐵論校注卷六：「漢書楊雄傳下：『革鞜不穿。』師古曰：『鞜，革履。音踏。』革鞜，即韋沓。」居延漢簡（甲編一三七四A）有「韋沓」。于豪亮學術論集居延漢簡釋叢：「韋沓的沓讀爲鞜。（中略）韋沓就是皮靴。」

〔一六〕建武中奉表貢獻　按南齊書卷五八東南夷高麗傳「建武三年」下原缺。册府卷九六八外臣部一三：「明帝建武三年，高麗王、樂浪公遣使貢獻。」疑爲南齊書高麗傳佚文。三國史記卷一九高句麗本紀七文咨明王：「五年，齊帝進王爲車騎將軍，遣使入齊朝貢。」按高句麗國文咨明王五年即齊建武三年（四九六）。

于闐，漢西域之舊國也〔一〕。其國水有二源，一出葱嶺，一出于闐〔二〕。地多水潦沙石〔三〕，氣温〔四〕，有稻、麥，多蒲萄〔五〕。有水出玉，名曰玉河〔六〕。國人喜鑄銅器〔七〕。王居室〔八〕，加以朱畫。王冠金幘。婦女皆辮髮，裘袴〔九〕。魏文帝時，獻名馬〔一〇〕。天監九年，獻織成氍毹。十三年，又獻婆羅等障〔一一〕。十八年，又獻琉璃罌〔一二〕。

校證

〔一〕于闐漢西域之舊國也　梁書卷五四諸夷于闐國傳作「于闐國西域之屬也」，南史卷七九夷貊下于闐傳作「于闐者西域之舊國也」。

〔二〕其國水有二源一出葱嶺一出于闐　漢書卷九六上西域傳上：「西域（中略）南北有大山，中央有河，（中略）其河有兩原，一出葱嶺山，一出于闐。于闐在南山下，其河北流，與葱嶺河合，東注蒲昌海。」

〔三〕地多水潦沙石　「地」，梁書卷五四諸夷于闐國傳、通典卷一九二邊防八、太平寰宇記卷一八一四夷一〇作「其地」。「沙石」，通典卷一九二邊防八作「砂石」。

〔四〕氣温　通典卷一九二邊防八、太平寰宇記卷一八一四夷一〇、通志卷一九六四夷三作「氣候温」。按梁書卷五四諸夷于闐國傳亦作「氣温」。

〔五〕有稻麥多蒲萄　梁書卷五四諸夷于闐國傳作「宜稻麥蒲桃」，通典卷一九二邊防八作「宜稻麥多蒲萄」，太平寰宇記卷一八一四夷一〇作「宜稻麥蒲萄」。

〔六〕有水出玉名曰玉河　魏書卷一〇二西域于闐國傳、北史卷九七西域于闐國傳：「于闐城東三十里有首拔河，中出玉石。」

〔七〕國人喜鑄銅器　「喜」，梁書卷五四諸夷于闐國傳、通典卷一九二邊防八、太平寰宇記卷一八一四夷一〇作「善」。

〔八〕王居室　梁書卷五四諸夷于闐國傳、太平寰宇記卷一八一四夷一〇作「王所居室」，通典卷一九二邊防八、通志卷一九六四夷三作「王所居」。

〔九〕婦女皆辮髮裘袴　梁書卷五四諸夷于闐國傳作「國中婦人皆辮髮衣裘袴」。

〔一〇〕魏文帝時獻名馬　梁書卷五四諸夷于闐國傳作「魏文帝時，王山習獻名馬」。

〔一一〕又獻婆羅等障　「婆羅等障」，梁書卷五四諸夷于闐國傳、南史卷七九夷貊下于闐傳作「波羅婆步鄣」。

〔一二〕又獻琉璃罌　「琉璃罌」，梁書卷五四諸夷于闐國傳作「瑠璃罌」，南史卷七九夷貊下于闐傳作「瑠璃罌」。

斯羅國，本東夷辰韓之小國也。魏時曰新羅，宋時曰斯羅〔一〕，其實一也。或屬韓，或屬倭，國王不能自通使聘〔二〕。普通二年，其王姓募名泰〔三〕，始使隨百濟奉表獻方物〔四〕。其國有城，號曰健年〔五〕。其俗與高麗相類〔六〕。無文字，刻木爲範〔七〕，言語待百濟而後通焉〔八〕。

校證

〔一〕斯羅國本東夷辰韓之小國也魏時曰新羅宋時曰斯羅　續高僧傳卷二五釋慈藏傳：「案梁貢職圖，其新羅國，魏曰斯盧，宋曰新羅，本東夷辰韓之國矣。」按梁書卷五四諸夷新羅傳：「新羅者，其先本辰韓種也。（中略）魏時曰新盧，宋時曰新羅，或曰斯羅。」南史卷七九夷貊下新羅傳：「新羅，其先事詳北史，（中略）魏時曰新盧，宋時曰新羅，或曰斯羅。」北史卷九四新羅傳：「新羅者，其先本辰韓種也。」

〔二〕或屬韓或屬倭國王不能自通使聘　梁書卷五四諸夷新羅傳、南史卷七九夷貊下新羅傳：「其國小，不能自通使聘。」丁謙梁書夷貊傳地理攷證：「若當時疆土，蓋有江原一道及慶尚道之大半（西爲伽羅），雖視高句麗、百濟略遜，而勢力足以鼎峙，其不通使聘，因爲二國所間隔，非國小故也。」

〔三〕其王姓募名泰　梁書卷五四諸夷新羅傳（殘宋本、百衲本、三朝本甲、汲本、南監本）作「募名秦」，梁書卷五四諸夷新羅傳（北監本、殿本）作「名募泰」，通典卷一八五邊防一、通考卷三二六四裔三作「姓慕名秦」，太平寰宇記卷一七四四夷三作「姓募名秦」，通志卷一九四四夷一作「姓慕名泰」。南史卷七九夷貊下新羅傳亦作「姓募名泰」。三國史記卷四新羅本紀四稱法興王，諱原宗，注引册府元龜：「姓募名秦。」按册府卷九九六外臣部四一作「募秦」。通典卷一八五邊防一注引隋東蕃風俗記：「金姓相承三十餘葉。」通典卷一八五邊防一注：「其王至今亦姓金。按梁史云姓慕，未詳中間易姓之由。」新唐書卷二二〇東夷新羅傳：「王姓金。」又御覽卷七八一引秦書：「符堅建元十八年，新羅國王樓寒遣使衛頭獻美女。」

李磊蕭梁時期東亞政權間交際網絡的建立與崩壞謂「募秦」或爲「慕韓」、「秦韓」聯稱，疑梁朝將新羅族屬記作國王姓名。

〔四〕始使隨百濟奉表獻方物　「始使」，梁書卷五四諸夷新羅傳作「始使使」，通典卷一八五邊防一、太平寰宇記卷一七四四夷三、通志卷一九四四夷一、通考卷三二六四裔三作「始使人」，册府卷九九六外臣部四一作「始遣使」。按南史卷七九夷貊下新羅傳亦作「始使」。王懋竑讀書記疑卷一三南史存校：「『使』下更當有『使』字。」馬宗霍南史校證卷七九：「按『始使』下梁書疊『使』字，當從之。上『使』上聲，下『使』去聲，『使使』猶言遣使也。」

〔五〕其國有城號曰健年　按此處「年」字疑爲「牟」之訛。梁書卷五四諸夷新羅傳、南史卷七九夷貊下新羅傳作「其俗呼城曰健牟羅」，新唐書卷二二〇東夷新羅傳作「謂城爲侵牟羅」。

〔六〕其俗與高麗相類　「其俗」，梁書卷五四諸夷新羅傳、南史卷七九夷貊下新羅傳作「其拜及行」。

〔七〕刻木爲範　「範」，梁書卷五四諸夷新羅傳、南史卷七九夷貊下新羅傳作「信」。

〔八〕言語待百濟而後通焉　「言語」，梁書卷五四諸夷新羅傳、南史卷七九夷貊下新羅傳作「語言」。

周古柯國，滑旁小國也。普通元年，使使隨滑使來朝貢。表曰〔一〕：「一切所恭敬，吉具足〔二〕，如天淨無雲〔三〕，滿月明耀，天子身清淨具足亦如此〔四〕。四海弘願〔五〕，以爲舟航。揚州閻浮提夷一廣大國〔六〕，人民市滿〔七〕，歡樂莊嚴，如天上不異。周柯王頂禮〔八〕，問許天子念我〔九〕。上金碗一〔一〇〕，琉璃椀一，馬（闕）〔一一〕」

校證

〔一〕表曰　「表」上，北宋摹本有一字漫漶，疑作「其」。按下呵跋檀、胡蜜檀國題記亦作「其表曰」。

〔二〕吉具足　「吉」，北宋摹本作「一切吉」。此處疑有脱誤。

〔三〕如天浄無雲　「浄」，北宋摹本作「静」。

〔四〕天子身清浄具足亦如此　「浄」，北宋摹本作「静」。

〔五〕四海弘願　「四海」，北宋摹本作「爲四海」。

〔六〕揚州閻浮提夷一廣大國　「夷一」，北宋摹本作「第一」，疑是。

〔七〕人民市滿　「市」，北宋摹本作「布」，疑是。

〔八〕周柯王頂禮　北宋摹本作「周古柯王頂禮弁拜」。按此處疑有脱誤。

〔九〕問許天子念我　「問許」，北宋摹本作「問訊」，疑是。

〔一〇〕上金碗一　「碗」，北宋摹本漫漶，據其殘存字形筆畫，左偏旁似作「木」。按下文亦有「琉璃椀」云云。

〔一一〕琉璃椀一馬（闕）　「馬」，北宋摹本作「馬一疋」。

呵跋檀者，滑旁小國也。普通元年，使使隨滑使來貢。其表曰：「君所應恭敬吉天子〔一〕，東方大地。呵跋檀王問許非一過〔二〕，乃百千萬億，天子安穩。我今遣使，手送此書。書不空，故上馬一疋，銀器一枚。」

校證

〔一〕君所應恭敬吉天子　「君」，北宋摹本作「最」，疑是。

〔二〕呵跋檀王問許非一過　「問許」，北宋摹本作「問訊」，疑是。

胡蜜檀國〔一〕，滑旁小國也。普通元年，使使隨滑使來朝貢。其表曰：「揚州天子，日出處大國聖主。胡蜜王名時僕〔二〕，遥長跪合掌，行禮千萬〔三〕。令滑使到聖國〔四〕，因附函啟，并水精鐘一口，馬一疋。聖國若有所須勑〔五〕，不敢有異。」

校證

〔一〕胡蜜檀國　北宋摹本作「胡蜜丹」，梁書卷五四諸夷胡蜜丹國傳作「胡蜜丹國」，南史卷七九夷貊下滑國傳作「胡密丹」。

〔二〕胡蜜王名時僕　「時僕」，北宋摹本作「時儏」。按「儏」同「僕」。

〔三〕行禮千萬　「行禮」，北宋摹本作「作禮」。

〔四〕令滑使到聖國　「令」，北宋摹本作「今」，疑是。

〔五〕聖國若有所須勑　北宋摹本作「聖主若有所勑」。

宕昌國，在河南虜東南〔一〕，益州之西北，隴西之地〔二〕。其王曰梁氏。宋孝武世，有宕昌王梁謹忽始獻方物〔三〕。齊永明中，宕昌王梁彌機，機死，彌顏立〔四〕，並受中國爵號。天監十年，獻甘草、當歸〔五〕，詔以爲使持節、都督河涼二州刺史、隴西公〔六〕。其風俗、衣服〔七〕，與河南仝。

校證

〔一〕在河南虜東南　「河南虜東南」，梁書卷五四諸夷宕昌國傳作「河南之東南」，南史卷七九夷貊下宕昌國傳作「河南國之東」。

〔二〕隴西之地　梁書卷五四諸夷宕昌國傳作「隴西之西羌種也」，南史卷七九夷貊下宕昌國傳作「隴西之地西羌種也」。

〔三〕有宕昌王梁謹忽始獻方物　「謹忽」，梁書卷五四諸夷宕昌國傳（殘宋本、百衲本、三朝本甲、南監本、殿本）作「瓘忽」，梁書卷五四諸夷宕昌國傳（北監本、汲本、局本）作「瓘忽」，宋書卷六孝武帝紀作「瑾葱」，南史卷七九夷貊下宕昌國傳作「瑾忽」。按周書卷四九異域上宕昌傳、北史卷九六宕昌傳，魏太武帝時（四二四—四五二）有宕昌王彌忽，通鑑卷一二〇宋紀二文帝元嘉元年作「彌忽」，通典卷一九〇邊防六作「彌忩」。魏太武帝與宋孝武帝（四五四—四六四）時代相近，當即一人。「獻方物」，北宋摹本作「貢方物」。

〔四〕機死彌顏立　南齊書卷三武帝紀：「（永明元年二月）辛丑，以隴西公宕昌王梁彌機爲河涼二州刺史，（中略）（三年八月）丁巳，以行宕昌王梁彌頡爲河涼二州刺史。（中略）（六年）五月甲午，以宕昌王梁彌承爲河涼二州刺史。」魏書卷七上高祖紀上：「（太和九年七月）癸未，遣使拜宕昌王梁彌機兄子彌承爲其國王。」按魏太和九年即齊永明三年。

〔五〕天監十年獻甘草當歸　「十年」，梁書卷五四諸夷宕昌國傳、南史卷七九夷貊下宕昌國傳作「四年」。按北宋摹本亦作「十年」。

〔六〕詔以爲使持節都督河涼二州刺史隴西公　按此處疑有脱誤。北宋摹本作「詔（殘缺）州、安西軍、護羌授尉、河涼二州刺史、隴西公」。米婷婷梁職貢圖摹本源流初探：「清本『都督河涼二州刺史』應爲『都督河涼二州諸軍事』和『河涼二州刺史』的混稱。」

〔七〕其風俗衣服　北宋摹本作「衣物風俗」，梁書卷五四諸夷宕昌國傳、南史卷七九夷貊下宕昌國傳作「其衣服風俗」。

鄧至國居西涼州𢇛〔一〕，羌別種也。宋文帝世，鄧至王象屈耽，遣其所置里水鎮將象破虜上書獻駿馬〔二〕。天監五年，鄧至王象舒彭遣厲僧崇獻黄耆四百斤，馬四疋。其俗呼帽曰突阿〔三〕。其衣服與宕昌略仝。

校證

〔一〕鄧至國居西涼州𢇛　「𢇛」，北宋摹本作「界」，疑是。按梁書卷五四諸夷鄧至國傳、南史卷七九夷貊下鄧至國傳亦作「界」。

〔二〕遣其所置里水鎮將象破虜上書獻駿馬　「里水鎮」，疑當作「黑水鎮」。按水經注卷二〇漾水記羌中有鄧至城、黑水城。「象破虜」，北宋摹本作「象破羌」。

〔三〕其俗呼帽曰突阿　「突阿」，梁書卷五四諸夷鄧至國傳、南史卷七九夷貊下鄧至國傳作「突何」。

白題國，舊匈奴別種胡也〔一〕。漢初灌嬰與匈奴戰〔二〕，斬白題騎一人。今在滑國六日行〔三〕，西極波斯廿日行〔四〕。土地出粟、麥、瓜果〔五〕，食物、衣服略與滑同〔六〕。王姓支史稽毅〔七〕。普通三年，白題道釋氈獨活使安遠憹伽到京就貢獻〔八〕。

校　證

〔一〕舊匈奴別種胡也　「舊匈奴」，北宋摹本作「匈奴旁」。按此處「舊」字疑誤。梁書卷五四諸夷白題國傳、南史卷七九夷貊下白題國傳作「其先蓋匈奴之別種胡也」。

〔二〕漢初灌嬰與匈奴戰　「漢初」，梁書卷五四諸夷白題國傳、南史卷七九夷貊下白題國傳作「漢」。

〔三〕今在滑國六日行　此處疑有訛脱。北宋摹本作「今在滑國東六十日行」，梁書卷五四諸夷白題國傳作「今在滑國東，去滑六日行」，南史卷七九夷貊下白題國傳作「在滑國東，去滑六日行」。

〔四〕西極波斯廿日行　按梁書卷五四諸夷白題國傳、南史卷七九夷貊下白題國傳作「西極波斯」。

〔五〕土地出粟麥瓜果　「瓜果」，北宋摹本作「菓」，梁書卷五四諸夷白題國傳作「瓜菓」。按南史卷七九夷貊下白題國傳亦作「瓜果」。

〔六〕食物衣服略與滑同　「食物衣服」，北宋摹本作「食衣物」，梁書卷五四諸夷白題國傳、南史卷七九夷貊下白題國傳作「食物」。

〔七〕王姓支史稽毅　此處疑有訛脱。北宋摹本作「國王姓支名使稽毅」，梁書卷五四諸夷白題國傳、南史卷七九夷貊下白題國傳作「王姓支名史稽毅」。

〔八〕白題道釋氈獨活使安遠惱伽到京就貢獻　「安遠惱伽」，北宋摹本作「安遠憐伽」。「京就」，北宋摹本作「京師」，疑是。

叁　職貢圖題記佚文輯校

魯國使〔一〕

本姓托跋〔二〕，鮮卑胡人也。西晉之亂，有托跋盧〔三〕，出居晉樓煩地，晉即封爲代王。於後部落分散，經六十餘年，至盧孫拾翼犍〔四〕，或言涉珪〔五〕。（大唐内典録卷四後魏元氏翻傳佛經録引梁湘東王繹貢職圖）

校證

〔一〕「魯國使」三字原無，據職貢圖題記文例擬。按北宋摹本職貢圖滑國使題記稱元魏爲「索虜」，故此段題記亦當題作「虜國使」。學齋佔畢卷二王會貢職兩圖之異：「而所謂貢職圖者，見於祕府羣玉帖中李公麟所述，云：『梁元帝時，蕭繹鎮荊時，作貢職圖，狀其形而識其土俗，首虜而後蜑，凡三十餘國。（中略）元祐元年六月望日，李公麟書于奏邸竹軒。』」玉海卷五六梁職貢圖：「李公麟有帖云：梁元帝鎮荊州，作職貢圖，首虜而終蠻，凡三十餘國。」可爲佐證。惟據攻媿先生文集卷七三跋傅欽父所藏職貢圖，南宋樓鑰所見職貢圖已題作「魯國使」；又現存職貢圖的其他兩種摹本，即傳爲唐閻立本摹本王會圖、南唐顧德謙摹本梁元帝蕃客入朝圖，其中並有「魯國」國名，當指元魏國使，故從之題作「魯國使」。

〔二〕本姓托跋　南齊書卷五七魏虜傳作「姓托跋氏」，通典卷一九六邊防一二作「拓跋氏」。魏書卷一序紀：「黃帝以土德王，北俗謂土爲托，謂后爲跋，故以爲氏。」

〔三〕有托跋盧　「托跋盧」，魏書卷一序紀、南齊書卷五七魏虜傳、晉書卷五孝懷帝紀、通典卷一九六邊防一二作「猗盧」。

〔四〕至盧孫拾翼鞬　「拾翼鞬」，宋書卷九五索虜傳、廣弘明集卷六作「什翼鞬」，南齊書卷五七魏虜傳、魏書卷一序紀、通典卷一九六邊防一二作「什翼犍」，晉書卷九孝武帝紀、卷一一三苻堅載記上作「涉翼犍」，御覽卷八〇一引宋書、册府卷一〇〇〇外臣部四五作「十翼鞬」。

〔五〕或言涉珪　按此處文字疑有訛脱。宋書卷九五索虜傳：「鞬死，子開字涉珪代立。」南齊書卷五七魏虜傳：「（什翼犍）子珪，字涉圭。」晉書卷一一三苻堅載記上：「（涉翼犍）其子翼圭縛父請降。」三書以涉珪爲什翼犍之子。魏書卷二太祖紀：「太祖道武皇帝諱珪，昭成皇帝（什翼犍）之嫡孫，獻明皇帝之子也。」北史卷一魏本紀一同，惟「獻明皇帝」作「獻明帝」。通典卷一九六邊防一二、通鑑卷一〇四晉紀二六孝武帝太元元年同於魏書、北史，亦謂涉珪爲什翼犍之孫。吕思勉兩晉南北朝史第六章第三節：「魏書記載，自不如中國史籍之可信。疑執昭成者即其大子，魏人諱言其事，乃僞造一獻明，以爲道武父，既諱昭成之俘囚，又諱其元子之悖逆，並諱道武之翦滅舅氏，其彌縫亦可謂工矣。」第七節：「魏書以昭成帝爲子所弒，道武爲昭成之孫，不如晉書及宋、齊二書，以昭成爲苻堅所禽，道武爲昭成之子之可信。」宋書卷九五索虜傳：「索頭虜姓託跋氏，（中略）晉初，索頭種有部落數萬家在雲中。惠帝末，并州刺史東嬴公司馬騰於晉陽爲匈奴所圍，索頭單于猗馳遣軍助騰。懷帝永嘉三年，馳弟盧率部落自雲中入雁門，就并州刺史劉琨求樓煩等五縣，琨不能制，且欲倚盧爲援，乃上言：『盧兄馳有救騰之功，舊勳宜録，請移五縣民於新興，以其地處之。』琨又表封盧爲代郡公。愍帝初，又進盧爲代王，增食常山郡。其後盧國内大亂，盧死，子又幼弱，部落分散。盧孫什翼犍勇壯，衆復附之，號上洛公，北有沙漠，南據陰山，衆數十萬。其後爲苻堅所破，執還長安，後聽北歸。犍死，子開字涉珪代立。」宋書記載，當爲貢職圖史源所在。

白木條國使〔一〕

西方白木條國〔二〕，貢朱駿白馬一疋〔三〕，玉象一軀等。

（五代後唐景霄纂四分律行事鈔簡正記卷一五引貢職圖）

校證

〔一〕白木條國使　此五字原無，據職貢圖題記文例擬。

〔二〕西方白木條國　「西方」，唐釋道宣撰述四分律删繁補闕行事鈔卷下注引貢職圖作「西蕃」。按「白木條」一作「白木調」。姚秦佛陀耶舍共竺佛念等譯四分律卷三九：「東方有國，名白木調國。」法苑珠林卷八九感應緣：「震旦在白木條東二萬七千里。」明釋弘贊在犙輯四分律名義標釋卷二〇：「天竺之東際白木調國，（中略）震旦乃在白木調東二萬七千餘里。」明釋弘贊在犙述比丘受戒録：「中天竺東去至東際，有白木調國，（中略）今此震旦，在白木調東，去天竺五萬七千餘里。」

〔三〕貢朱駿白馬一疋　「朱駿白馬」，唐釋大覺撰四分律行事鈔批卷一二末二衣總别篇一七：「按梁時貢賦圖云者，謂梁朝有白木條國人來此方，貢朱駿馬，云從西來。」按「貢賦圖」之「賦」字誤，當作「職」。唐定賓作四分律疏飾宗義記卷二本：「梁朝時，白木調國從西進馬來。」未注出處，當亦源於梁元帝職貢圖。

肆　序　贊

梁元帝職貢圖序

竊聞職方氏掌天下之圖，四夷八蠻，七閩九貉，其所由來久矣。漢氏以來，南羌旅距，西域憑陵，創金城，開玉關，絶夜郎，討日逐。覩犀申則建朱崖，〔一〕聞蒲陶則通大宛。以德懷遠，異乎是哉！皇帝君臨天下之四十載，垂衣裳而賴兆民，坐巖廊而彰萬國。梯山航海，交臂屈膝，占雲望日，重譯至焉。自塞以西，萬八千里，路之峽者，〔二〕尺有六寸。高山尋雲，深谷絶景。雪無冬夏，與白雲而共色；水無早晚，〔三〕與素石而俱貞。踰空桑而歷昆吾，度青丘而跨丹穴。炎風弱水，〔四〕不革其心；身熱頭痛，不改其節。故以明珠翠羽之珍，

〔一〕「犀申」，金樓子卷五著書篇載職貢圖序、蕭繹集校注職貢圖序作「犀甲」。

〔二〕「峽」，玉海卷一五二梁職貢圖作「陿」。

〔三〕「水」，金樓子卷五著書篇載職貢圖序、蕭繹集校注職貢圖序作「冰」。

〔四〕「炎風」，原作「災風」，據文淵閣四庫全書本及金樓子卷五著書篇載職貢圖序、蕭繹集校注職貢圖序改。

細而弗有，龍文汗血之驥，却而不乘。尼丘乃聖，猶有圖人之法，晉帝君臨，寔聞樂賢之象。〔一〕甘泉寫閼氏之形，後宫玩單于之圖。臣以不佞，推轂上游，夷歌成章，胡人遥集。款開蹶角，〔二〕沿泝荆門，瞻其容貌，訴其風俗。〔三〕如有來朝京輦，不涉漢南，别加訪採，以廣聞見，名爲貢職圖云爾。

（類聚卷五五）

梁元帝職貢圖贊〔四〕

粤若稽古，辨方正位。海外有截，王廷斯洎。曰夏曰殷，質文雖異，胥人象人，設官咸置。天子廷燎，萬方來王，侯服采服，執圭執璋。憬彼聲教，爰被殊方。車懸馬束，山梯海航。不彫之城，不灰之木，魚文騕褭，蒲桃苜蓿，扶拔（以下缺）承我乾行，戒示景福。北通玄兔，南漸朱鳶。交河悠遠，合浦迴邅。〔五〕並海

〔一〕「尼丘乃聖猶有圖人之法晉帝君臨寔聞樂賢之象」，玉海卷一五二梁職貢圖作「尼丘有徒人之法晉帝有樂象之賢」。

〔二〕「款開」，蕭繹集校注職貢圖序作「款關」。

〔三〕「訴」，蕭繹集校注職貢圖序作「訊」。

〔四〕按標題據類聚卷七四。

〔五〕「北通玄兔南漸朱鳶交河悠遠合浦迴邅」十六字，原作「此通元（以下缺）」，據類聚卷七四引梁元帝職貢圖贊改補。「兔」，玉海卷一六梁方國使圖職貢圖、廣川畫跋卷二上王會叙録作「菟」。

無際，〔二〕陰山接天。遐哉烏穴，永矣鶏田。〔三〕青雲入呂，黃星出翼。湖開表瑞，河清呈色。尸臣外相，屢觀殊域。記爾風土，國（旁作圖）茲貢職。

（石渠寶笈卷三二唐閻立德職貢圖）

〔二〕「並海」，類聚卷七四引梁元帝職貢圖贊、廣川畫跋卷二上王會叙録作「兹海」。

〔三〕清黄生撰義府卷下「千字文」條：「千字文（中略）其間故實頗衆，（中略）『雞田赤城』，見梁元帝職貢圖贊（『遐哉烏穴，永矣雞田』），又唐書李光進傳。雞田，西北塞外地名。」

伍　梁職貢圖疑僞一種

清人胡浚撰緑蘿山莊詩集卷二〇病檢本草值朱少亭使來賦藥名八十韻奉寄詩，原注引梁職貢圖一則；緑蘿山莊文集卷二四坤輿賦下，原注引梁職貢圖六則；二者合計七則。[一]兹依胡氏詩賦原注先後録文如次。

（一）

土貢記詹餹。

原注：梁職貢圖：盤盤國在南海大洲。中大通六年，獻菩提子樹、詹餹等香。

（緑蘿山莊詩集，卷二〇，第五葉下）

[一] 胡浚字希張，號竹巖，又號倚堂，浙江會稽人。清康熙五十九年（一七二〇）舉人，雍正三年至五年（一七二五—一七二七）爲河南淯川知縣。工詩文，尤擅駢體。撰有緑蘿山莊詩集三十二卷、緑蘿山莊文集二十四卷（四庫全書總目，卷一八四，第一六七二頁；（雍正）浙江通志，卷一四四，第四十葉上；（雍正）河南通志，卷三七，第九葉上）。按四庫全書總目作緑蘿山房文集二十四卷詩集三十三卷，詩集卷數疑有誤。

鵬按：通典卷一八八邊防四：「槃槃國（中略）在南海大洲中。」梁書卷五四諸夷盤盤國傳：「盤盤國，（中略）（中大通）六年八月，復使送菩提國真舍利及畫塔，并獻菩提樹葉、詹糖等香。」南史卷七八夷貊上槃槃國傳略同，亦作「菩提樹葉」。病檢本草值朱少亭使來賦藥名八十韻奉寄詩原注引梁職貢圖作「菩提子樹」，文字略異。

（二）

戲争握槊。

原注：梁職貢圖：百濟有投壺、樗蒲、弄珠、握槊等雜戲。

（緑蘿山莊文集，卷二四，第六葉下）

鵬按：此文不見於北宋摹本職貢圖百濟國使題記，亦與梁書卷五四諸夷百濟傳、南史卷七九夷貊下百濟傳不合。隋書卷八一東夷百濟傳：「有鼓角、箜篌、箏、竽、箎、笛之樂，投壺、圍棊、樗蒱、握槊、弄珠之戲。」北史卷九四百濟傳：「有鼓角、箜篌、箏、竽、箎、笛之樂，投壺、樗蒲、弄珠、握槊等雜戲。」坤輿賦下原注所引梁職貢圖文字，與北史百濟傳相同。

（三）

吕宋于陀。

原注：梁職貢圖：于陀利在南海洲上，出班布、吉貝。天監元年，獻金芙蓉、雜香藥。普通元年，復獻方物。

（綠蘿山莊文集，卷二四，第十二葉下）

鵬按：梁書卷五四諸夷干陁利國傳：「干陁利國，在南海洲上。（中略）出班布、古貝、檳榔。（中略）天監元年，（中略）仍遣使并畫工奉表獻玉盤等物。（中略）十七年，遣長史毗員跋摩奉表曰：『（上略）奉獻金芙蓉、雜香藥等，願垂納受。』普通元年，復遣使獻方物。」南史卷七八夷貊上干陁利國傳略同。按干陁利國獻金芙蓉、雜香藥在天監十七年，坤輿賦下原注引梁職貢圖作天監元年，疑有誤。

（四）

盤盤種糖而獻葉。

原注：梁職貢圖：盤盤在南海大洲中，自交州船行四十日。大通元年，其王奉表獻沉檀等香數十種。六年，復送菩提國真舍利及畫塔，并獻菩提樹葉、詹糖等香。

（綠蘿山莊文集，卷二四，第十三葉下）

鵬按：通典卷一八八邊防四：「槃槃國，（中略）在南海大洲中。（中略）自交州船行四十日，至其國。」梁書卷五四諸夷盤盤國傳：「盤盤國，（中略）大通元年，其王使使奉表曰：『（上略）今奉薄獻，願垂哀受。』中大通元年五月，累遣使貢牙像及塔，并獻沉檀等香數十種。六年八月，復使送菩提國真舍利及畫塔，并獻菩提樹葉、詹糖等香。」南史卷七八夷貊上槃槃國傳略同。按盤盤國獻沉檀等香數十種，在中大通元年；坤輿賦下原注引梁職貢圖作大通元年，疑誤。

（五）

扶南壯柳葉之壺。

原注：梁職貢圖：扶南國，在日南郡之南，海西大灣口。俗本躶體。以女人爲王，號柳葉，壯健有似男子。有徼國事神者字混潰，入扶南外邑，柳葉懼降之。混潰遂教柳葉穿布貫頭，納爲妻，遂治其國。

（緑蘿山莊文集，卷二四，第十五葉下）

鵬按：梁書卷五四諸夷扶南國傳：「扶南國，在日南郡之南，海西大灣中，（中略）扶南國俗本躶體，（中略）以女人爲王，號曰柳葉。年少壯健，有似男子。其南有徼國，有事鬼神者字混填，（中略）遂入扶南外邑。（中略）柳葉大懼，舉衆降混填。混填乃教柳葉穿布貫頭，（中略）遂治其國，納柳葉爲妻。」南史卷七八夷貊上扶南國傳略同。「混填」，晉書卷九七四夷扶南國傳、通典卷一八八邊防四作「混潰」，建康實録卷一六作「混瑱」，御覽卷三四七引吴時外國傳作「混慎」，御覽卷七八七引康泰扶南土俗作「混滇」。按「混填」諸名皆爲 kaundinya（憍陳如）的對音。〔一〕

〔一〕參見陳顯泗：讓湮没的歷史重現扶南古史雜考，第一一三頁。

（六）

亦復羽蓋幢巃。

原注：梁職貢圖：丹丹國，其王以象駕輿，施羽蓋珠簾。

（緑蘿山莊文集，卷二四，第三十葉下）

鵬按：梁書卷五四諸夷丹丹國傳、南史卷七八夷貊上丹丹國傳不見此記載。梁書卷五四諸夷婆利國傳：「王出，以象駕輿，輿以雜香爲之，上施羽蓋珠簾。」南史卷七八夷貊上婆利國傳同。通典卷一八八邊防四：「婆利國，（中略）王出，以象駕輿，施羽蓋珠簾。」坤輿賦下原注所引梁職貢圖文字略相仿佛，與通典尤爲相似，然作丹丹國，疑誤。

（七）

葦裹薪棚。

原注：梁職貢圖：琉球國死者，輿置庭前，浴其屍，以布纏縛之，裹以葦席，襯土而殯，上不起墳。室韋國部落共爲大棚，人死則置其上。

（緑蘿山莊文集，卷二四，第三十七葉上）

鵬按：梁書卷五四諸夷傳及南史卷七八夷貊傳上、卷七九夷貊傳下，無琉球國傳、室韋國傳。隋書卷八一東夷流求國傳：「其死者氣將絶，舉至庭，（中略）浴其屍，以布帛纏之，裹以葦草，親土而殯，上不起墳。」北史卷九四流求傳：「其死者氣將絶，轝至庭前，（中略）浴其屍，以布帛縛纏之，裹以葦席，襯土而殯，上不起墳。」又隋書卷八四北狄契丹傳附室韋傳：「部落共爲大棚，人死則置屍其上。」北史卷九四室韋傳：「部落共爲大棚，人死則置其上。」坤輿賦下原注所引梁職貢圖文字，與北史流求傳、室韋傳近似。

以上緑蘿山莊詩集、文集原注所引七則梁職貢圖文字，第三則于陀利，第四則盤盤，貢獻年月皆有誤；第七則琉球國、室韋國，文字與北史流求傳、室韋傳近似，而南朝諸史均未載二國朝貢史事；第二則百濟，内容與北史百濟傳相同，而不見於北宋摹本職貢圖百濟國使題記，亦與梁書、南史百濟傳不合，尤爲其文不可信據之明證；第六則丹丹國，内容不見於梁書、南史丹丹國傳，而與梁書、南史婆利國傳文字近似，其拼湊淆亂之迹亦極爲明顯。

綜而言之，胡氏詩文集中所引梁職貢圖，來源不詳，題記内容可疑，並非梁元帝職貢圖原作，應爲後人根據梁書、南史、北史、通典諸書雜湊而就的僞作。

陸　歷代書畫著録題跋資料輯録

（一）

黔川謝師德嘗收梁職貢圖，小筆尤精，後有陶尚書跋尾數百字，開寶時親筆。公甚愛之。公云：「其畫絶妙，世鮮有之。」師德，公之女夫也。

（宋孫升撰孫公談圃卷中）

（二）

梁元帝爲荆州刺史日所畫粉本。魯國而上，三十有五國，皆寫其使者，欲見胡越一家，要荒種落共來王之職。其狀貌各不同，然皆野怪寢陋，無華人氣韻。如丁簡公家凌煙功臣、孔子七十門人小樣，亦唐朝粉本，形性態度，人人殊品，畫家蓋以此爲能事也。此圖題字殊妙，高昌等國，皆注云貞觀某年所滅。又落筆氣韻，閻立本所作職貢圖亦相若，得非立本摹元帝舊本乎？或以謂元帝所作，傳至貞觀，後人因事記於題下，亦未可知。然畫筆神妙，不必較其名氏，或梁元帝，或閻立本，皆數百年前第一品畫也。紙縫有褚長文審定印章。長文鑒畫，有名于古，定然知此不凡也。

（宋李廌撰德隅齋畫品番客入朝圖）

（三）

大道之行，人無斁懷。洎焉相忘，莫往莫來。逮德下衰，親譽畏侮。邇之不能，緊遠是務。招徠不足，求以兵旅。有服斯叛，無得何亡。我觀此圖，掩卷慨慷。宣和乙巳八月，舟行道睢陽，趙叔問攜此圖過河亭共閱，爲題此贊。

（宋程俱撰北山小集卷一六閏唐待詔顧德謙畫入貢圖贊）

（四）

河南，出鮮卑慕容氏，吐谷渾之後。地在河南，古之流沙也。梁天監元年，遣使朝貢，獻馬腦鍾。後或歲再三至，或再歲一至。

中天竺國，一名身毒。天監初，其王屈多遣使獻瑠璃唾壺等。

師子國。大通元年，其王迦葉伽羅訶黎邪使使貢獻。

北天竺國。天監三年，遣使朝貢。

渴盤陀國，于闐中小國也。中大同元年，始通江左，遣獻方物。
武興蕃國，本仇池。天監初，封武都王。後以爲東益州。
滑國，車師之別種。天監十五年，其王厭帶夷栗陁遣使獻方物。
波斯國。中大通五年，始通江左，遣使獻佛牙。
百濟國。東夷三韓，馬韓有五十四國，百濟其一也。天監十一年，遣使朝貢。
龜茲國，西域之舊國。自晉渡江不通。天監元年，遣使朝貢[一]。
倭國。武帝進其王武爲征東大將軍。
因古柯國[二]、呵跋檀國、胡密丹國，並滑國之旁小國也。普通元年，使使隨滑國使來獻方物。
白題國，匈奴之別種胡也。漢灌嬰與匈奴戰，斬白題騎一人。普通三年，遣使獻方物。
末國，漢世且末國也。普通五年，始通江左，遣使來貢獻。
林邑國，古之越裳，漢日南郡象林縣。天監九年，其王范天凱奉獻白猴。
婆利國，去廣州二月日行。天監十年[三]，遣使奉表獻金席。

〔一〕王素梁元帝「職貢圖」龜茲國使題記疏證：「『天監元年』似應爲『天監二年』之誤。」

〔二〕「因古柯」，疑爲「周古柯」之訛。四部叢刊初編景印清武英殿聚珍本攻媿集卷七五校語：「案：梁書及南史竝作周古柯國，此『因』字似誤。」

〔三〕四部叢刊初編景印清武英殿聚珍本攻媿集卷七五校語：「案：梁書及南史竝作天監十六年。」

宕昌國，西羌種〔一〕。天監四年，其王梁彌博來獻甘草、當歸。

狼牙脩國，在南海中，去廣州二萬四千里。天監十四年，遣使阿撤多奉表。

右二十國亦有屢至者，姑紀其略。

正字傅欽父攜職貢圖見示，不惟畫筆精好，其上題字，亦自合作。李龍眠有帖云：「梁元帝蕭繹鎮荆時，作職貢圖，首虜而終繇，凡三十餘國。」今此卷纔二十有二，必有遺脱者。余試考之，其一曰魯國使，龍眠以爲首虜，而此曰魯，豈有誤邪？徧閱南史梁之記傳，及通典、太平御覽，皆無魯國與丙丙國，其下二十國則有之。既列于前，皆曾朝貢於梁者也。武帝紀中又有扶南、鄧至、于闐、蠕蠕、高麗、干陁利、新羅、盤盤、丹丹九國，豈圖之所遺邪？亦不見所謂繇者。按海南諸國，晉代通中國者蓋鮮，故不載史官，及宋、齊至梁，其奉正朔，修職貢，航海往往而至。自晉氏南渡，介居江左，北荒西裔，隔礙莫通。至於南徼東邊，界壤所接，宋元嘉象浦之捷，威震冥海，於是鞮譯相係，無絶歲時，以洎齊、梁，職貢有序。元帝字世誠，武帝第七子也。工書善畫，自圖宣尼像，爲之贊而書，時人謂之「三絶」。江陵城陷，聚圖書十餘萬卷，盡燒之。著書甚多，内有貢職圖一卷〔二〕，此幾是矣。然尚有可疑者。既曰圖書盡燒，何由得傳？使不在煨燼中，去今已六百五十三年，紙之壽雖過於絹素，亦不應尚爾全好。恐是龍眠摹本，前帖即其自跋也，故又云「恨筆墨

〔一〕「種」，原作「鍾」，據四部叢刊初編景印清武英殿聚珍本攻媿集卷七五改。

〔二〕「貢職圖」，四部叢刊初編景印清武英殿聚珍本攻媿集卷七五作「職貢圖」。

凡惡，而未究真」，此蓋其自謙之詞也。標題小楷，與帖字頗類，疑亦龍眠之筆。又帖云「狀其形而識其土俗」，今不見所識，又疑止摹其形也。況龍眠好臨古名畫，如張僧繇善神、李將軍海岸圖、吴道子、韓幹者尤多。晉天福中，胡嚴徵臨道子善神，亦曾榻本。澹巖張公右丞達明，龍眠之甥，亦言伯時於前人遺迹，靡所不叩。則元帝之畫，當是其所臨者。「貞觀」、「開元」等印，高下匀布，如出一時。貞觀既在御府，不應百濟之下書「顯慶四年滅」。又「内殿圖書」、「内合同印」、「集賢院御書」等，雖皆是李後主印，然近世工於臨畫者，僞作古印甚精，玉印至刻滑石爲之，直可亂真也。姑罄所聞，更俟博識之士訂之。噫！龍眠之筆，在今日誠不易遇，欽父寶之，安知它日不獲其餘也。

欽父云：「通鑑：宋元嘉二十七年，將北伐，詔云：『芮芮亦遣間使，遠輸誠款，誓爲掎角。』疑『丙丙』與『芮芮』相類，恐傳寫之誤。」然南史亦無芮芮之名，姑俟詳攷。

梁書西北諸戎傳：「芮芮國，蓋匈奴别種。魏、晉世，匈奴分爲數百千部，各有名號，芮芮其一部也。自元魏南遷，因擅其故地。宋引之共伐魏。天監十四年，遣使獻貂裘。是後數歲一至。」貞觀中，中書舍人裴孝源公私畫録云：「梁元帝畫六卷，並有題印〔二〕。」却不及此。又云：「職貢圖三卷，江僧寶畫。隋朝官本，亦有陳、梁年號。」名畫記云：「元帝畫職貢圖并序，外國貢事。又梁書云：「任荆時〔三〕，畫番客入朝圖。」下元日再書，以助博聞。

〔二〕「題印」，唐裴孝源撰貞觀公私畫史作「題跋印記」。
〔三〕「任荆時」，唐張彦遠撰歷代名畫記卷七作「任荆州刺史日」。

初疑芮芮恐是蠕蠕，北史蠕蠕傳甚詳，考之不見。而南史蠕蠕傳與梁書芮芮傳，首尾止二百餘字，事絶相類，乃知芮芮果蠕蠕也。蠕蠕貢獻已見前跋，在武帝紀中，因併書之。

（宋樓鑰撰攻媿先生文集卷七三跋傳欽父所藏職貢圖）

（五）

東坡有閻立本職貢圖詩，注引譚賓録載：「貞觀三年，東蠻謝元深入朝。顔師古奏：『昔周武王時，遠國歸款，乃集其事爲王會篇。可圖寫遺後，爲王會圖。』詔令閻立本圖之。」及考唐書，亦同謂之王會圖。至武宗時，黠戛斯君長來朝，李德裕上言，有詔爲續王會圖，即無「職貢」之名。而所謂貢職圖者，見於祕府羣玉帖中李公麟所述，云：「梁元帝時，蕭繹鎮荆時[一]，作貢職圖，狀其形而識其土俗，首虜而後蠻，凡三十餘國。唐閻令作西域圖，兼彼土山川，而絶色伽梨凡九國，中有狗頭、大耳、鬼國爲可駭，皆所以盛會同而奢遠覽，亦貢職之流也。元祐元年六月望日，李公麟書于奏邸竹軒。」詳此，則是貢職圖乃蕭繹，而王會及西域圖乃閻立本也。坡指職貢爲閻所圖，誤矣。

（宋史繩祖撰學齋佔畢卷二王會貢職兩圖之異）

[一]「梁元帝時蕭繹鎮荆時」，前一「時」字疑衍，宋樓鑰撰攻媿先生文集卷七三跋傳欽父所藏職貢圖引李龍眠帖作「梁元帝蕭繹鎮荆時」。

（六）

味柳子厚「睢盱萬狀」之辭，益以八荒四極之遠，陰陽奇僻之氣，所産亦猶禹鼎所象之物。古有王會圖，不可得見，此圖南梁蕭繹所作也。當今天下一統，日月所照，悉爲臣民，開闢以來之所未見。殊陬絶域，異服怪形，人所駭慄者，時獲目覩，不待索諸圖也。繹圖僅僅二三十國，奚足多哉。或謂蕭梁無有是事，繹作此以欺後世矣，雖陶穀跋語亦云。斯蓋卑陋蕭梁，臆度立論，未嘗讀史書，考事實而然。

夫梁雖偏霸一隅，然南朝四代，運祚之短者，止二十餘年，而蕭衍一人，享國踰於四十年，元魏擾亂，故三十餘年，魏人不以一矢相加遺，境内小康，多歷年所，爲南北七代之最。遐僻小邦，聞風慕利而來，史不絶書，繹據實而圖之，豈欺也哉。但元魏乃梁敵國，以基業則魏先而梁後，以土地則魏廣而梁狹，以勢力則魏强而梁弱，蕭衍嘗自求和，而元恪不許，魏分東、西之後，元善見始與梁通，以魏列於貢職之首，則欺也。

繹於君臣父子之道俱失，而文藝精麗，能詩能畫。此圖之作，乃在極盛將衰之時。不五六十年，侯景兵入，三主皆不得其死，國遂以亡。其事無足稱，而人寶此圖者，却以其畫之工也。

觀其摹本有缺落，字或謬誤。梁史所載，若扶南，若林邑，若婆利，若于陁利，及蠕蠕、盤盤、丹丹等，並有使至，而此無之。宜借善本，完補改正。陶穀跋語，亦紊前後之次。穀初得於石重貴末年之丙午，其年晉亡而失，再得之於劉知遠初年之丁未，庚戌漢亡再失，復得之於郭威廣順之癸丑，明年甲寅，以侍郎充學士，又有跋語。丙午至甲寅九年之間，三姓五君，穀仕晉爲中書舍人，仕漢爲給事中，視易姓易君如置棊，曾不以爲意，而獨拳拳於此一圖之得喪，不知其孰重孰輕也。

（元吳澄撰吴文正集卷五九題梁湘東王繹貢職圖後）

（七）

梁元帝職貢圖一卷，自且末、中天竺、師子、北天竺、渴槃陀、武興番、高昌及建平蜑、臨江蠻凡九國，前圖使者形狀，後列其土俗、貢獻歲月，而各國咸如之。絹素剥蝕，幾若不可觸。古誠古矣，然猶有可辯者。

據梁元帝即蕭繹，其字世誠，武帝第七子也。梁書稱其任荆日，畫番客入朝圖。名畫記遂因其説，亦云畫職貢圖，并序外國貢事。又據裴孝源公私畫録所載，梁元帝畫六卷，並有題印，而無職貢圖；又云職貢圖三卷，江僧寶畫，乃隋朝官本，上有陳、梁年號。後來議者，謂裴貞觀中人，官爲中書舍人，距繹時尚未遠，其言當可徵。洛陽任子羔一祖裴説，而駁史氏之妄，踰數百言，則此圖已不能定於何人所作矣。況繹以湘東王鎮江陵，與岳陽王詧互相攻戰，曾無寧日，詧遂降魏，魏遣柱國于謹取江陵，繹焚古今圖書十四萬卷，歎曰：「文武之道，今夕盡矣！」繹尋遇害。竊計其時，繹亦何暇娱情於繪畫之事。脱誠有之，亦與十四萬卷同歸灰燼矣，惡能至於今日哉？此濂之所未喻也。

又據李龍眠手帖云：「梁職貢圖，首虜而終蜑，凡三十餘國。」而所謂三十餘國，又皆不與史合。自晉氏渡江，南北分統，北虜豈能越海而來貢耶？嗜古之家，又謂此圖唯傳正字欽父所藏者爲真，首河南而終狼牙脩[二]，凡二十二國，其國與龍眠所言，又有同異。且似疑龍眠首虜之説，而易虜爲魯。魯乃伯禽之裔，東表元侯之國，四夷之中，亦豈有所謂魯耶？今以此卷較之傅本，又絶不同，均號職貢圖，而乃復參差如此。此又濂之所未喻也。

又據此卷題曰「梁元帝畫」，每段所寫土俗貢獻之事，則云「陶學士書」。豈繹畫此時，特留餘地而候陶之書耶？此又姑置之。陶自跋其後，初書「廣順三年」云云，中間字多糜爛，不可屬讀。後復書云：「夏五月二十九日汴上雨中書，北海陶穀，時具位珥貂三載也。」據陶名穀，字秀實，邠之新平郡人。「邠」即「豳」也，古在雍州之域，漢屬安定、北地郡，漢末置新平郡。今易「北地」爲「北海」，亦當有其説也。陶起家校書郎，在周爲翰林學士，入宋歷禮、刑、户部三尚書，遷承旨，年六十八卒，贈右僕射。陶嘗自言頭骨當珥貂，因人笑之，自悔不復言，況在翰林日，初不珥貂，安肯自書以衒人耶？陶博學善記，以辭翰擅一世，今所書字，形體窘束，絶無俊逸之氣，頗類書經手所爲。觀其書「佛」作「仏」，「壻」作「聟」，蓋未能猝變者。此又濂之所未喻也。

然其畫意渾樸，而無世俗纖陋之態，固不得爲真梁物，要亦爲宋代名筆所作。世之粗工塗青抹紅以欺人者，見之必循牆而避矣。

[二]「首」，原作「守」，據文淵閣四庫全書本文憲集卷一二改。

濂與王君子充同觀青溪上[二]，偶因吻創在告，援筆題之，不覺其辭之多也。

（明宋濂撰宋文憲公全集卷四五題梁元帝畫職貢圖）

（八）

自昔興王盛，要荒敢後期。梯航重九譯，冠帶極羣夷。執贄稱周貢，來庭表漢儀。紛然方物備，各爾土風宜。氈罽交揮霍，珊瑚競陸離。象牙來赤徼，犀角出黃支。畢獻俱珍異，咸懷係撫綏。同文斯有象，至治實維時。紀事歸惇史，圖形屬畫師。睢盱真髣髴，駱驛互參差。不藉良工筆，誰窮異域姿。千年觀盛際，允矣在今兹。

（明劉仔肩編雅頌正音卷一王褘奉題王會圖）

（九）

右王會圖一帙，乃新淦崔溪萬石長席氏緝簡所家藏者也。緝簡頃游京師，出以示予。觀斯圖所繪四夷人物，奇形詭狀，被服紋剟飾，人人殊種，凡二十有八，咸有名識。其拳髮深目，或繫帛，或手器，或耳環者，有十類，曰芮芮，曰滑，曰渴盤陀，曰獅子，曰胡密丹，曰白題，曰于闐，曰周古柯，曰呵跋檀，曰龜

〔二〕王褘字子充，義烏人，與宋濂同爲元史總裁，撰有大事記續編，明史卷二八九忠義傳一有傳。

茲。其用帛裹髮，或玄或素者，有五類，曰河南，曰武興，曰靺，曰宕昌，曰鄧正[二]。有加帽戴冠，若蓮花豹尾者，亦五類，曰波斯，曰百濟，曰新羅，曰倭，曰高句驪。其躶而以帛絡臂者，有三類，曰北天竺，中天竺，曰狼牙脩。其被髮者高昌，以花帛掩踝者天門也，以豹皮抹首者建平蜑，以虎皮雙尾飾首者蜒也。

最前一種，冠纓籠巾，朝衣寬博，翼以二侍，類大酋長者，縑素朽敗，失其名識。考之唐貞觀三年閏十二月，天下太平，遠方諸國，降附甚衆，中書侍郎顏師古請如周史集四夷朝事爲王會篇，寫圖以示後，乃命閻立本圖之。當是時，突厥突利可汗入朝，前類大酋長者，豈其人乎？

且太宗之爲君也，削平僭亂，統一華夷，其功固鉅矣。爲師古者，正宜引君當道，夙夜兢惕，以保王業，若周公退遜於越裳，召公戒謹於旅獒，斯爲美耳。奈何以是圖侈蕩君心，而啓其好大喜功之志也耶。卒使十漸之失不克終，而遼海之役，勤兵於遠，師古不得逭其責矣。今去有唐幾千年，要之是圖非當時立本之筆，乃後人模臨無疑。然筆精墨妙，非龍眠居士輩不能作，雖有殘缺，不害其爲可寶也，緝簡尚珍藏之。

（明倪謙撰倪文僖公集卷二四跋王會圖後）

（十）

唐閻立本，總章元年拜右丞相，封博陵縣公，有應務之才，兼能書畫。時天下初定，異國來朝，詔立本

〔二〕「鄧正」，疑爲「鄧至」之訛。

畫外國圖[一]，此圖是也。李嗣真云：「自江左陸、謝云亡，北朝子華長逝，象人之妙，號爲中興。至若萬國來庭，奉塗山之玉帛；百蠻朝貢，接應門之叙位。折旋矩度，端簪奉笏之儀；魁詭譎怪，鼻飲頭飛之俗。盡該毫末，備得神情。」[二] 故朝廷號爲丹青神化，與兄立德同在上品云。臨漢魏泰道輔記。

右圖起武興，止狼牙脩，計國二十六，爲人二十八，具列國狀貌。道輔嘗有東軒筆記行于世。

（明郁逢慶編續書畫題跋記卷一唐閻立本諸夷圖[三]）

（十一）

閻立本王會圖。絹本，大著色。前後凡廿四國，每國標題字頗拙樸，不入真賞。後有康里子山等三跋。

（明張丑撰真蹟日録卷二）

（十二）

虞□□　芮芮國　波斯國　百濟國

[一]「外國圖」，明汪砢玉撰珊瑚網卷二五唐閻立本諸夷圖、清卞永譽撰式古堂書畫彙考卷三八閻立本諸番圖卷作「外邦人物」。

[二] 譚賓録卷七：「又趙郡李嗣真論畫，其上品之第三，序右相博陵子閻立本，洎其兄工部尚書大安公立德之畫曰：『大安博陵，難兄難弟。自江右陸、謝云亡，北朝子華長逝，象人之妙，實爲中興。至萬國來庭，奉塗山之玉帛；百蠻朝貢，接應門之序位。折旋矩規，端簪奉笏之儀；魁詭譎怪，鼻飲頭飛之俗。莫不盡該豪末，備得精神。』」

[三]「唐閻立本諸夷圖」，式古堂書畫彙考卷三八作「閻立本諸番圖卷」。

胡密丹　白題國　靺國　中天竺
獅子國　北天竺　陽槃陀　武興國
龜兹國　倭國　高麗國　于闐國
新羅國　宕昌國　狼牙脩　鄧至國
周古柯　阿跋檀　建平蛋　女蛋國

余觀閻立德所畫王會圖〔一〕，本諸唐貞觀間太宗事，可見古之賢君，以德歸萬國。蓋昔三代盛時〔二〕，化格昆蟲鳥獸，民俗敦美，周之民從之如歸市。夫帝王之治，順之則歸，逆之則去。後至戰國暴秦以下，無可觀者。太宗平定之後，以詩書賜外邦，文化所至，率賓遐荒，其庶幾乎。有國家者，觀此孰無感焉。是圖誠爲後世珍鑑，又非庸常繪畫所能以擬也耶〔三〕！是宜寶也〔四〕。子山記〔五〕。

僧蘭谷得故畫蠻夷二十四國圖以示余〔六〕，傅色沉實，而筆力能各盡其態，誠可珍玩也。按唐貞觀三年，

〔一〕「觀」，大觀録卷一一閻立德王會圖作「今觀」。
〔二〕「昔」，大觀録卷一一閻立德王會圖作「昔我」。
〔三〕「又非」，石渠寶笈卷三二唐閻立德職貢圖一卷作「又豈」。「以擬也耶」，大觀録卷一一閻立德王會圖作「擬議也」，石渠寶笈卷三二唐閻立德職貢圖一卷作「比擬也耶」。
〔四〕「寶也」，大觀録卷一一閻立德王會圖作「寶之」。
〔五〕「子山記」下，清抄本有「子山」、「正齊恕叟」六字，當爲迻録印記。大觀録卷一一閻立德王會圖録子山跋後有「子山」、「正齊恕叟」二印，可證。按康里巎巎，字子山，號正齋、恕叟，元史卷一四三有傳。
〔六〕「故畫」，大觀録卷一一閻立德王會圖作「古畫」。「二十四國」，大觀録卷一一閻立德王會圖作「二十六國」。

東謝蠻酋元深入朝，中書侍郎顏師古請依周太史爲王會圖。會昌中，黠戛斯既破回鶻〔一〕，其君長阿熱遣使者上書言狀〔二〕，宰相李德裕亦請爲圖，以示後世，有詔以鴻臚所得續著之。黠戛斯本堅昆國也〔三〕。唐制，凡蕃客至，鴻臚訊其國山川風土，爲圖奏之御前〔四〕，上于職方，殊俗入朝者，圖其容狀衣服以聞，此所以詔鴻臚也。宣和畫譜則以王會圖爲閻立德之筆云。又按宋祥符間，判鴻臚寺張復亦請以朝貢諸國，繪畫其衣冠，采録其風俗，爲四夷述職圖。注輦國王羅茶羅乍遣使娑里三文貢方物，而張復復圖其衣冠上之。今者有元大德被海内外〔五〕，四夷萬國，莫不尊親，來謳來歌，混處無間，孰得而畢狀哉？於乎盛矣！金華王餘慶〔六〕。

古先哲王，區分中外。重譯來王，厥德乃大。
成周之隆，八方會同。各以其職，來獻鎬宫。
丕承武王，垂拱而治。爰作王會，貽法厥世。

〔一〕「黠戛斯」，大觀録卷一一閻立德王會圖作「詰戛斯」，石渠寶笈卷三二唐閻立德職貢圖一卷作「頡戛斯」。
〔二〕「遣使者」，大觀録卷一一閻立德王會圖作「遣使」。
〔三〕「黠戛斯」，大觀録卷一一閻立德王會圖作「詰戛斯」。
〔四〕「御前」，大觀録卷一一閻立德王會圖作「上前」，石渠寶笈卷三二唐閻立德職貢圖一卷作「前」。
〔五〕「今者」，大觀録卷一一閻立德王會圖、石渠寶笈卷三二唐閻立德職貢圖一卷作「今」。
〔六〕「金華王餘慶」下，清抄本有「叔善」二字，當爲迻録印記。大觀録卷一一閻立德王會圖録王餘慶跋後有「叔善」一印，可證。按王餘慶，字叔善，元史卷一九〇儒學二吳師道傳附有王餘慶傳。

日蜮月蛸〔一〕，桂海冰天。踰沙軼幕，叩閾請前〔二〕。
火齊錯落，浮琛沉羽。道路如織，歸我天府。
春王三朝，九夷賓將。庭燎晰晰，璧玉華光。
削衽解辮，十百其耦。象胥舌人，繽相先後〔三〕。
施于後世，爰及有唐。貞觀之治，洽于要荒。
朝貢紛紜，服章詭異。惟天可汗，是依是庇。
乃詔曲臺，乃命鴻臚。乃命良工，繪王會圖。
咫尺滇池，跬步瀚海。狼居龍堆，滅没揜靄〔四〕。
丹崕礫石〔五〕，墨水流澌〔六〕。一幅之間，氣候屢移。

〔一〕「日蜮月蛸」，石渠寶笈卷三二唐閻立本王會圖一卷、吕祖謙全集東萊吕太史外集卷四祥符四夷述職圖贊、臺北故宫博物院藏唐閻立本王會圖作「日域月䯱」。

〔二〕「叩閾」，清抄本及石渠寶笈卷三二唐閻立本王會圖一卷、吕祖謙全集東萊吕太史外集卷四祥符四夷述職圖贊、臺北故宫博物院藏唐閻立本王會圖作「叩關」。

〔三〕「繽」，清抄本及吕祖謙全集東萊吕太史外集卷四祥符四夷述職圖贊、臺北故宫博物院藏唐閻立本王會圖作「儐」，石渠寶笈卷三二唐閻立本王會圖一卷作「擯」。

〔四〕「揜」，石渠寶笈卷三二唐閻立本王會圖一卷作「掩」，吕祖謙全集東萊吕太史外集卷四祥符四夷述職圖贊作「晻」。按臺北故宫博物院藏唐閻立本王會圖亦作「揜」。

〔五〕「崕」，吕祖謙全集東萊吕太史外集卷四祥符四夷述職圖贊、臺北故宫博物院藏唐閻立本王會圖作「厓」。「礫」，石渠寶笈卷三二唐閻立本王會圖一卷、吕祖謙全集東萊吕太史外集卷四祥符四夷述職圖贊、臺北故宫博物院藏唐閻立本王會圖作「鑠」。

〔六〕「墨水」，清抄本及石渠寶笈卷三二唐閻立本王會圖一卷、吕祖謙全集東萊吕太史外集卷四祥符四夷述職圖贊、臺北故宫博物院藏唐閻立本王會圖作「黑水」。

龜茲之樂，巴渝之舞〔一〕。登于縑素，騫其欲舉〔二〕。
昭揭邃宇，以遠休聲。羣公縱觀，劍佩鏘鳴〔三〕。
維圖之設，有勸有戒。惇德允云〔四〕，蠻夷冠帶。
聖皇鑒此，無怠無荒。日益月增〔五〕，山梯海航。
王會未書，職貢莫紀〔六〕。時而颺之，以對嘉祉。

右余館試王會圖贊。吴君攜此卷請書，聊爲書之。損菴堂〔七〕。

真蹟。廣川畫跋上王會圖叙録當入此。

（明張丑撰真蹟日録卷三閻立德王會圖〔八〕）

〔一〕「渝」，石渠寶笈卷三二唐閻立本王會圖一卷、吕祖謙全集東萊吕太史外集卷四祥符四夷述職圖贊、臺北故宫博物院藏唐閻立本王會圖作「俞」。

〔二〕「騫」，吕祖謙全集東萊吕太史外集卷四祥符四夷述職圖贊作「鶱」。按臺北故宫博物院藏唐閻立本王會圖亦作「鶱」。

〔三〕「佩」，石渠寶笈卷三二唐閻立本王會圖一卷、臺北故宫博物院藏唐閻立本王會圖作「珮」。

〔四〕「惇德允云」，清抄本作「惇治允元」，石渠寶笈卷三二唐閻立本王會圖一卷、吕祖謙全集東萊吕太史外集卷四祥符四夷述職圖贊、臺北故宫博物院藏唐閻立本王會圖作「惇德允元」。

〔五〕「日益月增」，石渠寶笈卷三二唐閻立本王會圖一卷作「日增月益」。按臺北故宫博物院藏唐閻立本王會圖亦作「日益月增」。

〔六〕「職貢」，石渠寶笈卷三二唐閻立本王會圖一卷、臺北故宫博物院藏唐閻立本王會圖作「職會」。

〔七〕「損菴堂」下，清抄本有「王宇泰氏」四字，當爲迻録印記。臺北故宫博物院藏唐閻立本王會圖有此印記。按王肯堂，字宇泰，號損庵，明史卷二二一王樵傳附有王肯堂傳。

〔八〕「閻立德王會圖」下，清抄本有「永保用之」、「餘清堂章」八字，當爲迻録收藏印記。

（十三）

南京内庫有漆毬，守者相踘戲，久而中虛有聲。成化間，豎子從折壘割之[二]，錦凡數十襲，内有三畫卷，一閻立本王會圖，一王維溪山積雪圖，一蘇漢臣高宗瑞應圖，並爲中貴留守者取之。後積雪、瑞應並藏于黄琳之富文堂，弘治壬戌，予往觀焉。王會圖見于一玉工家。琳走京師，二卷皆逋質。

正德戊寅，觀瑞應卷于王舍人宅。嘉靖壬午、甲申，兩從張光禄家見之。總十二幅，其一顯仁皇后初誕康王之異；其二顯仁有神人戒語之夢；其三學射，以二囊貯斛粟，兩臂舉之而行；其四康王欲虜講好，張邦昌副之；其五將使虜，顯仁送之，有小女抱，四神擁出，衆不能見；其六王雲率民謁崔廟，請使虜，衆殺雲；其七康王引兵河北，以寬二聖，顯仁卜碁，占入九宫；其八康王駐磁，虜衆大集，路傍老婦云已過山東，虜返；其九次鄆州，卜射飛仙臺；其十遇白兔二，射皆獲；十一渡大河，及岸冰解；十二兵拔京城，夢欽宗脱袍衣之。盡宮室園池、山河沙塞、城市人馬之妙，綃地若浮埃，而青緑朱粉如新。

尚記王會圖人物長五寸，具貌種種，皆精絶，夷名以八分書。積雪綃長二尺餘，色青緑，頗失神矣。二卷不知所在。

（明黄宗羲編明文海卷三一五陳沂書所觀蘇漢臣瑞應圖）

[二]「折壘割之」，文淵閣四庫全書本作「折壘剖之」。

（十四）

閻立德王會圖絹畫一卷。

絹色白淨，丹墨鮮明。畫王會者，是唐太宗時外蕃來朝，有二十四國，命立德圖之，以彰一時之盛。畫法不媚，古雅有餘，是唐畫無疑。大抵唐畫絹色白淨，丹墨鮮明者，想當時絹中不用膠礬之故，不然何有此種氣色。此圖當時已有臨本，至宋時臨本又多。此圖後面有吴子山[一]、王餘慶、王肯堂跋。

（清吴其貞撰書畫記卷六）

（十五）

閻立德王會圖。

絹本。高八寸，長一丈二尺二寸。大設色，人物高可六寸。繪入朝番客，凡二十六國[二]，冠裳結束，殊俗異製，虬髯碧眼，奇形詭態，國國不同。每一番客後，疏其國名，采録其道里、山川、風土，皆小楷書，端嚴謹重，具唐人法度，字繁不録，止録國名。第一國前已損失，止存後書十四行。第二國爲波斯，三爲百濟國，四爲龜兹，五爲倭國，六爲高句驪，七爲于闐，八爲新羅，九爲宕昌，十爲狼牙脩，十一鄧至國，下

[一] 徐邦達古書畫僞訛考辨（第四〇頁）指出「吴子山」之「吴」字應爲「康里」之誤。按真蹟日録卷二、卷三著録，王會圖卷後有康里子山等三跋。

[二] 按下文所録國名祗有二十五個，疑「六」字誤書。清張照等撰石渠寶笈卷三二著録唐閻立德職貢圖，與此本内容基本相同，亦爲二十五國。

爲周古柯、阿跋檀、胡密丹、白題國、靺國、中天竺、師子國、北天竺、朅盤陀、武興番、高昌國、天門蠻、建平蜑、臨江蠻諸番客，則以次而繪，而采録焉。子容題在絹尾，壓宋印一方。子容者，蘇頌也，有名於宋。康里子山、王叔善二跋並精妙。

王會圖。

熙寧丁巳傳張次律國博本，杭州山堂校過。子容題。

余今觀閻立德所畫王會圖〔一〕，本諸唐貞觀閒太宗事，可見古之賢君，以德歸萬國。蓋昔我三代盛時〔二〕，化格昆蟲鳥獸，民俗敦美〔三〕，周之民從之如歸市。夫帝王之治，順之則歸，逆之則去。後至戰國暴秦以下，無可觀者。太宗平定之後，以詩書賜外邦，文化所至，率賓遐荒，其庶幾乎。有國家者，觀此孰無感焉。是圖誠爲後世珍鑑，又非庸常繪畫所能擬議也〔四〕。是宜寶之〔五〕。子山記〔六〕。

〔一〕「今觀」，真蹟日録卷三閻立德王會圖、石渠寶笈卷三二唐閻立德職貢圖一卷作「觀」。

〔二〕「昔我」，真蹟日録卷三閻立德王會圖、石渠寶笈卷三二唐閻立德職貢圖一卷作「昔」。

〔三〕「俗」，原作「裕」，據真蹟日録卷三閻立德王會圖、石渠寶笈卷三二唐閻立德職貢圖一卷改。

〔四〕「又非」，石渠寶笈卷三二唐閻立德職貢圖一卷作「又豈」。「擬議也」，真蹟日録卷三閻立德王會圖作「以擬也耶」，石渠寶笈卷三二唐閻立德職貢圖一卷作「比擬也耶」。

〔五〕「寶之」，真蹟日録卷三閻立德王會圖、石渠寶笈卷三二唐閻立德職貢圖一卷作「寶也」。

〔六〕按「子山記」下，有「子山」、「正齊恕叟」二印。

僧蘭谷得古畫蠻夷二十六國圖以示余[一]，傅色沈實，而筆力能各盡其態，誠可珍玩也。按唐貞觀三年，東謝蠻酋元深入朝，中書侍郎顔師古請依周太史爲王會圖。會昌中，詰戛斯既破回鶻[二]，其君長阿熱遣使上書言狀[三]，宰相李德裕亦請爲圖，以示後世，有詔以鴻臚所得續著之。詰戛斯本堅昆國也[四]。唐制，凡蕃客至，鴻臚訊其國山川風土，爲圖奏之上前[五]，上於職方[六]，殊俗入朝者，圖其容狀衣服以聞，此所以詔鴻臚也。宣和畫譜則以王會圖爲閻立德之筆云。又按宋祥符間，判鴻臚事張復亦請以朝貢諸國[七]，繪畫其衣冠，采録其風俗，爲四夷述職圖。注輦國王羅茶羅乍遣使娑里三文貢方物[八]，而張復復圖其衣冠上之。今有元大德被海内外[九]，四夷萬國，莫不尊親，來謳來歌，混處無間，孰得而畢狀哉？於乎盛矣！金華王餘慶[一〇]。

（清吴升撰大觀録卷一一）

〔一〕「古畫」，真蹟日録卷三閻立德王會圖、石渠寶笈卷三二唐閻立德職貢圖一卷作「故畫」。「二十六國」，真蹟日録卷三閻立德王會圖作「二十四國」。
〔二〕「詰戛斯」，真蹟日録卷三閻立德王會圖作「黠戛斯」，石渠寶笈卷三二唐閻立德職貢圖一卷作「頡戛斯」。
〔三〕「遣使」，真蹟日録卷三閻立德王會圖、石渠寶笈卷三二唐閻立德職貢圖一卷作「遣使者」。
〔四〕「詰戛斯」，真蹟日録卷三閻立德王會圖、石渠寶笈卷三二唐閻立德職貢圖一卷作「黠戛斯」。
〔五〕「上前」，真蹟日録卷三閻立德王會圖作「御前」，石渠寶笈卷三二唐閻立德職貢圖一卷作「前」。
〔六〕「上」字原脱，據真蹟日録卷三閻立德王會圖、石渠寶笈卷三二唐閻立德職貢圖一卷補。
〔七〕「判鴻臚事」，真蹟日録卷三閻立德王會圖、石渠寶笈卷三二唐閻立德職貢圖一卷作「判鴻臚寺」。按宋會要輯稿職官二五之一亦作「判鴻臚寺」，續資治通鑑長編卷八五真宗大中祥符八年作「權判鴻臚寺」。
〔八〕「羅茶羅乍」，真蹟日録卷三閻立德王會圖、石渠寶笈卷三二唐閻立德職貢圖一卷作「羅茶羅乍」。按宋史卷四八九外國五注輦傳、續資治通鑑長編卷八五真宗大中祥符八年、文獻通考卷三三二四裔九注輦亦作「羅茶羅乍」。
〔九〕「今」，真蹟日録卷三閻立德王會圖作「今者」。
〔一〇〕按「金華王餘慶」下，有「叔善」一印。

（十六）

唐閻立德職貢圖一卷。上等。地一。

素絹本，著色畫。凡二十五段，每段節録職方志一則。無款，姓氏見跋中。後贊曰：

粤若稽古，辨方正位。海外有截，王廷斯洎。曰夏曰殷，質文雖異；胥人象人，設官咸置。天子廷燎，萬方來王，侯服采服，執圭執璋。憬彼聲教，爰被殊方。車懸馬束，山梯海航。不彫之城，不灰之木，魚文騕褭，蒲桃苜蓿，扶拔（以下缺）承我乾行，戒示景福。此通元（以下缺）並海無際[一]，陰山接天。遐哉鳥穴，永矣鷄田。青雲入吕，黄星出翼。湖開表瑞，河清呈色。尸臣外相，屢覲殊域。記爾風土，國（旁作圖）兹貢職。

後有記語「熙寧丁巳傳張次律國博本，杭州山堂（缺）過[二]。子容題」十九字，上鈐一印，並卷中半印，二俱漫漶不可識。前隔水有「蕉林書屋」一印，後隔水押縫有「冶溪漁隱」、「蒼巖子」二印，引首有「蒼巖」、「棠村審定」二印。拖尾康里巎跋云：

[一]「此通元（以下缺）」，類聚卷七四引梁元帝職貢圖贊作「北通玄兔南漸朱鳶交河悠遠合浦迴邅」。「並海」，類聚卷七四引梁元帝職貢圖贊、廣川畫跋卷二上王會叙録作「兹海」。

[二]「山堂」下缺字，大觀録卷一一閻立德王會圖作「校」。

余觀閻立德所畫王會圖〔一〕，本諸唐貞觀間太宗事，可見古之賢君，以德歸萬國。蓋昔三代盛時〔二〕，化格昆蟲鳥獸，民俗敦美，周之民從之如歸市。夫帝王之治，順之則歸，逆之則去。後至戰國暴秦以下，無可觀者。太宗平定之後，以詩書賜外邦，文化所至，率賓遐荒，其庶幾乎。有國家者，觀此孰無感焉。是圖誠爲後世珍鑑，又豈庸常繪畫所能比擬也耶〔三〕！是宜寶也〔四〕。子山記。

前有「新安吴廷」、「江邨」、「長宜子孫廱和百福」諸印。又王餘慶跋云：

僧蘭谷得故畫蠻夷二十（缺）國圖以示余〔五〕，傅色沈實，而筆力能各盡其態，誠可珍玩也。按唐貞觀三年，東謝蠻酋元深入朝，中書侍郎顔師古請依周太史爲王會圖。會昌中，頡戛斯既破回鶻〔六〕，其君長阿熱遣使者上書言狀〔七〕，宰相李德裕亦請爲圖，以示後世，有詔以鴻臚所得續著之。黠戛斯

〔一〕「觀」，大觀録卷一一閻立德王會圖作「今觀」。

〔二〕「昔」，大觀録卷一一閻立德王會圖作「昔我」。

〔三〕「又豈」，真蹟日録卷三閻立德王會圖、大觀録卷一一閻立德王會圖作「又非」。「比擬也耶」，真蹟日録卷三閻立德王會圖作「以擬也耶」，大觀録卷一一閻立德王會圖作「擬議也」。

〔四〕「寶也」，大觀録卷一一閻立德王會圖作「寶之」。

〔五〕「故畫」，大觀録卷一一閻立德王會圖作「古畫」。「二十（缺）國」，真蹟日録卷三閻立德王會圖作「二十四國」，大觀録卷一一閻立德王會圖作「二十六國」。

〔六〕「頡戛斯」，真蹟日録卷三閻立德王會圖作「黠戛斯」，大觀録卷一一閻立德王會圖作「詰戛斯」。

〔七〕「遣使者」，大觀録卷一一閻立德王會圖作「遣使」。

本堅昆國也〔一〕。唐制，凡蕃客至，鴻臚訊其國山川風土，爲圖奏之前〔二〕，上於職方，殊俗入朝者，圖其容狀衣服以聞，此所以詔鴻臚也。宣和畫譜則以王會圖爲閻立德之筆云。又按宋祥符間，判鴻臚寺張復亦請以朝貢諸國，繪畫其衣冠，采録其風俗，爲四夷述職圖。注輦國王羅茶羅乍遣使娑里三文貢方物，而張復復圖其衣冠上之。今有元大德被海内外〔三〕，四夷萬國，莫不尊親，來謳來歌，混處無間，孰得而畢狀哉？於乎盛矣！金華王餘慶。

後有「蒼巖子」、「蕉林」、「觀其大畧」三印，押縫有「蒼巖」一印，合同印二。卷高八寸四分，廣一丈三尺三寸八分。

唐閻立本王會圖一卷。上等。元一。

素絹本，著色畫，凡二十四段，每段楷書署國名於上。卷後一印，漫漶不可識。拖尾王肯堂書贊云：

古先哲王，區分中外。重譯來王，厥德乃大。

成周之隆，八方會同。各以其職，來獻鎬宮。

丕承武王，垂拱而治。爰作王會，貽法厥世。

〔一〕「黠戛斯」，大觀録卷一一閻立德王會圖作「詰戛斯」。

〔二〕「前」，真蹟日録卷三閻立德王會圖作「御前」，大觀録卷一一閻立德王會圖作「上前」。

〔三〕「今」，真蹟日録卷三閻立德王會圖作「今者」。

日域月蝟〔一〕，桂海冰天。踰沙軼幕，叩關請前〔二〕。
火齊錯落，浮琛沉羽。道路如織，歸我天府。
春王三朝，九夷賓將。庭燎晰晰，璧玉華光。
削袓解辮〔三〕，十百其耦。象胥舌人，擯相先後〔四〕。
施于後世，爰及有唐。貞觀之治，洽於要荒。
朝貢紛紜，服章詭異。惟天可汗，是依是庇。
乃詔曲臺，乃命鴻臚。乃命良工，繪王會圖。
咫尺滇池，跬步瀚海。狼居龍堆，滅没掩靄〔五〕。
丹崖鑠石〔六〕，黑水流澌〔七〕。一幅之間，氣候屢移。

〔一〕「日域月蝟」，真蹟日録卷三閻立德王會圖作「日蜮月蝟」。按臺北故宮博物院藏唐閻立本王會圖亦作「日域月蝟」。
〔二〕「叩關」，真蹟日録卷三閻立德王會圖作「叩闗」。按臺北故宮博物院藏唐閻立本王會圖亦作「叩關」。
〔三〕「袓」，真蹟日録卷三閻立德王會圖、臺北故宮博物院藏唐閻立本王會圖作「衽」。
〔四〕「擯」，真蹟日録卷三閻立德王會圖作「繽」，吕祖謙全集東萊吕太史外集卷四祥符四夷述職圖贊、臺北故宮博物院藏唐閻立本王會圖作「儐」。
〔五〕「掩」，真蹟日録卷三閻立德王會圖、臺北故宮博物院藏唐閻立本王會圖作「揜」，吕祖謙全集東萊吕太史外集卷四祥符四夷述職圖贊作「晻」。
〔六〕「崖」，吕祖謙全集東萊吕太史外集卷四祥符四夷述職圖贊、臺北故宮博物院藏唐閻立本王會圖作「厓」。「鑠」，真蹟日録卷三閻立德王會圖作「礫」。按臺北故宮博物院藏唐閻立本王會圖、吕祖謙全集東萊吕太公外集卷四祥符四夷述職圖贊亦作「鑠」。
〔七〕「黑水」，真蹟日録卷三閻立德王會圖作「墨水」。按臺北故宮博物院藏唐閻立本王會圖、吕祖謙全集東萊吕太公外集卷四祥符四夷述職圖贊亦作「黑水」。

龜茲之樂，巴俞之舞〔一〕。登於縑素，鶱其欲舉〔二〕。
昭揭邃宇，以遠休聲。羣公縱觀，劍珮鏘鳴〔三〕。
維圖之設，有勸有戒。惇德允元〔四〕，蠻夷冠帶。
聖皇鑒此，無怠無荒。日增月益〔五〕，山梯海航。
王會未書，職會莫紀〔六〕。時而颺之，以對嘉祉。

後識云：「右余館試王會圖贊。吴君攜此卷請書，聊爲書之。損庵堂。」前有「吴廷私印」、「吴國弼」二印〔七〕，後有「吴廷書畫之印」一印。卷高八寸七分，廣七尺四寸。引首御題「重譯共球」四大字，款署「乾隆御筆」，下有「幾暇鑒賞之璽」、「乾隆宸翰」二璽。御筆題籤，籤上有「乾隆宸翰」一璽。

按此卷無款識，而内府所藏閻立本職貢圖與此正相類，其用筆高古渾厚，亦非後人所能到，故知爲立本

〔一〕「俞」，真蹟日録卷三閻立德王會圖作「渝」。按臺北故宫博物院藏唐閻立本王會圖、吕祖謙全集東萊吕太公外集卷四祥符四夷述職圖贊亦作「俞」。

〔二〕「鶱」，吕祖謙全集東萊吕太史外集卷四祥符四夷述職圖贊作「騫」。按臺北故宫博物院藏唐閻立本王會圖、真蹟日録卷三閻立德王會圖亦作「鶱」。

〔三〕「珮」，真蹟日録卷三閻立德王會圖、吕祖謙全集東萊吕太史外集卷四祥符四夷述職圖贊作「佩」。按臺北故宫博物院藏唐閻立本王會圖亦作「珮」。

〔四〕「允元」，真蹟日録卷三閻立德王會圖作「允云」。按臺北故宫博物院藏唐閻立本王會圖、吕祖謙全集東萊吕太公外集卷四祥符四夷述職圖贊亦作「允元」。

〔五〕「日增月益」，真蹟日録卷三閻立德王會圖、吕祖謙全集東萊吕太史外集卷四祥符四夷述職圖贊、臺北故宫博物院藏唐閻立本王會圖作「日益月增」。

〔六〕「職會」，真蹟日録卷三閻立德王會圖、吕祖謙全集東萊吕太史外集卷四祥符四夷述職圖贊作「職貢」。按臺北故宫博物院藏唐閻立本王會圖亦作「職會」。

〔七〕「吴國弼」，故宫書畫圖録第十五册（第二八頁）作「吴國遜」，是。按吴國遜爲吴廷胞兄，字景伯（參見馬泰來：明代文物大賈吴廷事略，第三一八頁；吴有祥等編著明清西溪南詩詞選附録三希墨寶有其二：明末徽州收藏家吴廷其人其事，第二九〇—二九二頁）。

（清張照等撰石渠寶笈卷三二）

真蹟無疑也。

（十七）

顧德謙摹梁元帝蕃客入朝圖。一卷。

本幅：素牋本。縱八寸四分，横一丈六尺八寸。白描畫各國人物，衣飾各異。標題：一魯國，二芮芮國，三河南，四中天竺[一]，五爲國，六林邑國，七師子國，八北天竺，九渴盤陀國，十武興蕃，十一宕昌國，十二狼牙脩國[二]，十三鄧至國，十四波斯國，十五百濟國，十六龜兹國，十七倭國，十八周古柯，十九呵跋檀國，二十胡密丹國，二十一白題國，二十二臨江蠻[三]，二十三萬麗國[四]，二十四高昌國，二十五天門蠻，二十六建平蠻，二十七滑國，二十八于闐，二十九新羅，三十干陀國，三十一扶南國。無名款。卷首尾有宋理宗題識云：「梁元帝蕃客入朝圖」，「定爲南唐顧德謙所臨」。鈐印二：「御書之寶」、「乾」卦圓印。又瓢印一：「己酉」。

[一] 按臺北故宮博物院藏南唐顧德謙摹梁元帝蕃客入朝圖，中天竺國使者之後有一使者畫像，標題缺失。

[二] 「脩」，臺北故宮博物院藏南唐顧德謙摹梁元帝蕃客入朝圖作「修」。

[三] 按臺北故宮博物院藏南唐顧德謙摹梁元帝蕃客入朝圖，臨江蠻使者之後有一使者畫像，標題缺失。

[四] 「萬麗國」，臺北故宮博物院藏南唐顧德謙摹梁元帝蕃客入朝圖作「高麗國」，是。

引首：

御筆：自文其弱。　鈐寶一：「八徵耄念」。

御題行書：

梁圖顧倣猶津逮，婆利龜茲務遠奇。可笑江南安撮土，魯河南竟入諸夷。

是卷宋理宗題爲南唐顧德謙摹梁元帝蕃客入朝圖。按梁書：武帝時，婆利、龜茲、扶南、高麗等十餘國，有獻方物者，至大同以後全無。且元帝於侯景亂後，已以長江爲限，荆州界北盡武寧，西拒峽口，嶺南爲蕭勃所據，詔令所行，不過千里，民户著籍，不盈三萬，豈尚有番夷朝貢之事〔一〕。未幾魏遣于謹會蕭詧伐梁，如入無人之境，而元帝臨敵聽講，巡城和詩，愚騃之態，可以概見，何暇繪此圖，誇張遠畧哉！圖中所列，乃有魯及河南名目。按吐谷渾居赤水〔二〕，在河之南，寔以爲號，其地近在涼州南可〔三〕，然並非外域也。至于卷中第一人書魯，則梁書諸夷傳更無假借此名者〔四〕，豈以少皞之墟，判爲異國，尤不值一噱矣。因閱是卷，並識詩末。

乾隆癸丑新正，御筆。鈐寶二：「八徵耄念」、「自强不息」〔五〕。

〔一〕「番夷」，清高宗撰御製詩五集卷八〇題顧德謙摹梁元帝蕃客入朝圖作「蕃夷」。按臺北故宫博物院藏南唐顧德謙摹梁元帝蕃客入朝圖亦作「番夷」。

〔二〕「按」，臺北故宫博物院藏南唐顧德謙摹梁元帝蕃客入朝圖作「考」。

〔三〕「南可」，清高宗撰御製詩五集卷八〇題顧德謙摹梁元帝蕃客入朝圖、臺北故宫博物院藏南唐顧德謙摹梁元帝蕃客入朝圖作「尚可」。

〔四〕「假借」，清高宗撰御製詩五集卷八〇題顧德謙摹梁元帝蕃客入朝圖、臺北故宫博物院藏南唐顧德謙摹梁元帝蕃客入朝圖作「假藉」。

〔五〕「强」，臺北故宫博物院藏南唐顧德謙摹梁元帝蕃客入朝圖印文作「彊」。

鑒藏寶璽：八璽全。「五福五代堂古稀天子寶」、「八徵耄念之寶」、「寫心」、「卍有同春」。

收傳印記：「長□」、「封」、「南邑開國」、「步瀛書院」、「廣仁殿」、「内殿書印」、「鄭俠如印」、「鄭熙績懋嘉氏一字有常」、「鄭俠如鑒定」、「希世之寶」、「坦坦生」、「鄭玉珩書畫印」、「真賞」、「將石亭印」。

謹按：悦生古蹟記載梁元帝蕃客入朝圖。今此卷有長脚「封」字，乃賈似道印，或即此卷。顧德謙，南唐時江寧人，善繪人物，後主愛重之，常曰：「古有愷之，今有德謙，二顧相望，繼爲畫絶矣。」見十國春秋。廣仁，金殿名，見王士點禁扁，是此卷曾入明昌御府也。

（欽定石渠寶笈續編養心殿藏二）

（十八）

清張庚諸番職貢圖卷　紙本。高九寸三分，長一丈四尺三寸四分。

白描法，鉤而不染。一國畫一人，人約六七寸長。每人各載一記。統計一十八種。

渴槃陀，於闐西小國也。在山谷中平地。城周圍十餘里，國内凡十二城。風俗與于闐合。衣古貝布，著長身小衷袍，小口袴，深壅皮靴。種大、小麥，資以爲糧。多牛馬，出好氈。渴槃陀王今姓葛沙氏。大同元年，遣使史蕃匿奉表貢獻。

武興蕃本是仇池國，國王姓楊。其國東連秦嶺，西接宕昌，南接梁漢，北接岐州。去長安九百里。國有十萬户，世世分減，今已半矣。言語與中國略同。著烏皁突騎帽，長身小袖袍，小口袴，皮靴。種五穀。婚姻備六禮。知詩書。知慧大同元年，遣使符道安、楊琰等送啟，乞歸其國。

高昌國，去益州一萬二千里。國人言語與魏略仝。有五經、歷代史、諸子集，往往誦讀。面貌類高麗，辮髮爲十條，垂肩項之閒。著長身小衷袍，縵襠袴，金鞵靴〔三〕，無裘履。女子頭髮辮而不垂肩，著錦纈瓔珞環釧。婚姻六禮。其地高燥，築土爲城，架木爲屋，覆土其上。寒暑與益州相似。有水田，備種九穀，人多噉麨、羊、牛。出良馬、蒲萄酒、石鹽。多草木。交關用布帛。有朝烏，集王殿前地，爲行列，不畏人，日出然後散去。大通中，遣使獻烏鹽枕、蒲萄、良馬、氍毹等物。

天門蠻者，昔孫休分武林天門郡，時有怪石自開，故以「天門」爲稱。其種姓白田、白覃，主簿者最强盛，金銀各數百石，恃其富豪，不肯賓興。梁初以來，方納質款，輸租賦如平民，遣子田慈入質。

滑者，出自西域，車師之别種也。其土地温煖，多山川，少樹木，有五穀。國人以麨及羊肉爲糧。其獸有獅子、兩腳駱驼，野驢有角。人皆善騎射，著小衷長袍，用金玉絡帶。女子被裘，頭上刻木爲角，長六尺，以金玉銀飾之。少女子，兄弟共妻。無城郭，氈屋爲居，東向開户。其王坐金牀，隨太歲，與妻並坐。無文字，以木爲契，刻之以約物數。葬以木爲槨。父母死，其子截一耳。自魏晉以來，不通中國。天監十五年，奉表獻貢。普通元年，獻黄獅子、白貂裘、波斯獅子錦。

波斯國，土產珊瑚樹，遠長丈一二尺，又有琥珀、瑪瑙、真珠、玫瑰等寶。國中有優鉢曇花，鮮麗可愛。市買交關，並是金銀博換。俗人婚姻，下聘用金銀、絲帛、奴婢、牛馬、駱駝、騾羊。其城周迴三十里，城高四丈，皆築土爲基，並無磚碟。城上有樓觀。内屋宇有數千間。西去城十五里有山，山有鷲鳥噉羊，時時下地銜羊飛去，土人極以爲患。大通三年，貢獻伏牙。

百濟國，舊東夷馬韓之屬也。自晉以來，嘗修蕃貢。義熙中，有百濟王夫餘腆；宋元嘉中，有百濟王夫餘毗；齊永明中，有百濟王夫餘太，皆受中國官爵。梁初以爲征東將軍。其言語衣服，略與高句驪等仝。其行不張拱，拜不申足則異。帽曰冠，襦曰複衫，袴曰褌。普通二年，奉表獻貢。

龜兹國，西域之舊世。所居曰延城。漢時以公主妻烏孫，主遣所産女至漢學鼓琴，龜兹靖之妻。龜兹王絳賓自以爲漢外孫，願與俱入朝覲。元康元年來朝，王及夫人皆賜印綬，號曰公主，賜以車騎旗鼓。一年。數來朝。樂漢制度，歸其國，治宫室，出入傳呼，撞鐘擊鼓，如漢家儀。成帝、哀帝時，往來尤數。光武中。魏初。晉大康中。與中國不通。普通二年，龜兹王尼瑞遣使奉表貢獻。

倭國在東南大海中，依山島爲居。地氣温煖，出珍珠、青玉，無牛馬虎豹羊鵲。男子皆黥面文身，以木綿帖頭，衣横幅，無縫，但結束相連。好沈水捕魚蛤。婦人只被髪，衣如單被，穿其中，貫頭衣之。男女徒跣，好以丹塗身。種稻禾、麻苧，蠶桒。出䌷布、縑錦。兵用矛、盾、木弓，箭用骨爲鏃。其食以手，器用籩豆。死有棺無槨。齊建元中，奉表貢獻。

高句驪，晉東夷夫餘之别種也。漢世居玄菟之高驪縣，故以號焉。光武初，高句驪王遣使朝貢，則始稱王。其俗，人性凶急惡，而潔浄自善。婦人衣白，而男子衣袺錦，飾以金銀。貴者冠幘而無復，以金銀爲鹿耳，羽加之幘上；賤者冠折風，其形如古之弁。穿耳以金環。上衣曰表，下衣曰長袴，腰有銀帶。頗習書。其使至中國，則多求經史。建武中，奉表貢獻。

于闐，漢西域之舊國也。其國水有二源，一出葱嶺，一出于闐。地多水潦沙石，氣温，有稻、麥，多蒲萄。有水出玉，名曰玉河。國人喜鑄銅器。王居室，加以朱畫。王冠金幘。婦女皆辮髮，裘袴。魏文帝時，獻名馬。天監九年，獻織成氍毹。十三年，又獻婆羅等障。十八年，又獻琉璃罌。

斯羅國，本東夷辰韓之小國也。魏時曰新羅，宋時曰斯羅，其實一也。或屬韓，或屬倭，國王不能自通使聘。普通二年，其王姓募名泰，始使隨百濟奉表獻方物。其國有城，號曰健年。其俗與高麗相類。無文字，刻木爲範，言語待百濟而後通焉。

周古柯國，滑旁小國也。普通元年，使使隨滑使來朝貢。表曰：「一切所恭敬，吉具足，如天浄無雲，滿月明耀，天子身清浄具足亦如此。四海弘願，以爲舟航。揚州閻浮提夷一廣大國，人民市滿，歡樂莊嚴，如天上不異。周柯王頂禮，問許天子念我。上金碗一，琉璃椀一，馬（闕）」

呵跋檀者，滑旁小國也。普通元年，使使隨滑使來貢。其表曰：「君所應恭敬吉天子，東方大地。呵跋檀王問許非一過，乃百千萬億，天子安穩。我今遣使，手送此書。書不空，故上馬一疋，銀器一枚。」

胡蜜檀國，滑旁小國也。普通元年，使使隨滑使來朝貢。其表曰：「揚州天子，日出處大國聖主。胡蜜王名時僕，遥長跪合掌，行禮千萬。令滑使到聖國，因附函啟，并水精鐘一口，馬一疋。聖國若有所頒勑，不敢有異。」

宕昌國，在河南虜東南，益州之西北，隴西之地。其王曰梁氏。宋孝武世，有宕昌王梁謹忽始獻方物。齊永明中，宕昌王梁彌機，機死，彌顏立，並受中國爵號。天監十年，獻甘草、當歸，詔以爲使持節、都督河涼二州刺史、隴西公。其風俗、衣服，與河南仝。

鄧至國居西涼州彔，羌別種也。宋文帝世，鄧至王象屈耽，遣其所置里水鎮將象破虜上書獻駿馬。天監五年，鄧至王象舒彭遣厲僧崇獻黃耆四百斤，馬四疋。其俗呼帽曰突阿。其衣服與宕昌略仝。

白題國，舊匈奴別種胡也。漢初灌嬰與匈奴戰，斬白題騎一人。今在滑國六日行，西極波斯廿日行。土地出粟、麥、瓜果，食物、衣服略與滑同。王姓支史稽毅。普通三年，白題道釋氈獨活使安遠惱伽到京就貢獻。

秀水彌伽居士張庚臨。印二。「張庚」。「浦山」。朱白文連珠方印。

白描諸番圖一卷[一]，無款，亦無題跋，不知何人所作。觀其筆意[二]，類李公麟，然非公麟真蹟，必趙氏之副本。其鬚眉生動，神氣煥發，而衣紋清勁秀逸，洵足寶也。余於潞城李明府處獲觀，愛玩不忍釋手，遂假歸寓齋，臨摹一卷。目力雖花[三]，用水晶七寸光眼鏡取之，故其精微，猶得髣髴一二也。夫白描以公麟爲極致，子昂稍爲緣飾，然猶不失其法，至丁南羽，一變而爲極工細[四]，於是公麟之法，遂不傳矣。今見此卷，深幸清規逸矩，尚在人間，固當急橅[五]，以示來學，目力亦（此「亦」字原本點去）又何惜耶[六]！臨五日乃卒功。

[一]「諸番圖」，清張庚撰圖畫精意識白描職貢圖作「職貢圖」。
[二]「筆意」，清張庚撰圖畫精意識白描職貢圖作「筆」。
[三]「花」，清張庚撰圖畫精意識白描職貢圖作「昏」。
[四]「極工細」，清張庚撰圖畫精意識白描職貢圖作「極細」。
[五]「橅」，清張庚撰圖畫精意識白描職貢圖作「摹」。
[六]按清張庚撰圖畫精意識白描職貢圖亦作「目力又何惜耶」。

乾隆四年冬十月上浣庚識。時年五十有五。印一。「彌伽居士」。白文方印。

是卷原本已見瓜田跋語。瓜田畫不多作，兼以老眼將花，揣其自題語意，藏斯卷者，宜如何珍惜焉！

（葛嗣浵纂愛日吟盧書畫續録卷五）

（十九）

白描職貢圖一卷〔一〕，無款〔二〕，不知何人所作。觀其筆類李公麟〔三〕，然非公麟真蹟，必趙氏之副本。其鬚眉生動，神氣煥發，而衣紋清勁秀逸，洵足寶也。余于李明府處獲觀〔四〕，愛玩不忍釋手，遂假歸寓齋，臨摹一卷。目力雖昏〔五〕，用水晶七寸光眼鏡取之，故其精微，猶得髣髴一二也。夫白描以公麟爲極致，子昂稍爲緣飾，然猶不失其法，至丁南羽，一變而爲極細〔六〕，于是公麟之法，遂不傳矣。今見此卷，深幸清規逸矩，尚在人間，固當急摹〔七〕，以示來學，目力又何惜耶！臨五日乃卒功。

（清張庚撰圖畫精意識白描職貢圖）

〔一〕「職貢圖」，葛嗣浵纂愛日吟盧書畫續録卷五清張庚諸番職貢圖卷作「諸番圖」。

〔二〕「無款」下，葛嗣浵纂愛日吟盧書畫續録卷五清張庚諸番職貢圖卷有「亦無題跋」四字。

〔三〕「筆」，葛嗣浵纂愛日吟盧書畫續録卷五清張庚諸番職貢圖卷作「筆意」。

〔四〕「李明府」，葛嗣浵纂愛日吟盧書畫續録卷五清張庚諸番職貢圖卷作「潞城李明府」。

〔五〕「昏」，葛嗣浵纂愛日吟盧書畫續録卷五清張庚諸番職貢圖卷作「花」。

〔六〕「極細」，葛嗣浵纂愛日吟盧書畫續録卷五清張庚諸番職貢圖卷作「極工細」。

〔七〕「摹」，葛嗣浵纂愛日吟盧書畫續録卷五清張庚諸番職貢圖卷作「橅」。

［附録一］南北朝交聘史事繫年彙證

南北朝時期（四二〇—五八九）近一百七十年的歷史中，南北政權之間頻繁的聘問往來，是中古歷史上一個突出的現象，也是這一時期政治和文化史的重要内容。宋代以來學者已經做過較爲廣泛的研究，其中較爲重要的論著有以下幾種。

（一）宋王欽若等纂册府元龜卷一四二帝王部一四二和好，將魏晉南北朝時期的交聘史料進行彙集，頗便閲覽，但存在較多脱漏。

（二）清趙翼撰廿二史劄記卷一四南北朝通好以使命爲重，是較早對這一歷史現象進行深入研究的學術著作。

（三）清朱銘盤撰南朝宋齊梁陳會要，每朝都有嘉禮交聘一節，根據歷代正史記載，把南北朝交聘活動的記録，作了較爲詳細的摘録。但朱著有條目重出、史實差訛、疏於考證等缺陷，史料取材範圍也較狹窄。書中使用南史最多，其他幾部南朝正史也有使用，但不充分；而北朝幾部正史，則似乎不曾使用。

（四）周春元編著南北朝交聘考（一九四六年），是對本論題進行全面研究的最早的一部學術著作，内容包括南北朝交聘活動的歷史背景、史事特徵、聘使選擇、交聘禮儀等方面，後附南北朝交聘表、南北朝聘使一覽表、南北朝司賓一覽表，相關討論較爲深入，頗具參考價值。

（五）鄭欽仁宋魏交聘表（一九六一年），在史事繫年及史料徵引方面，皆有漏略和錯誤。

（六）黄寳實中國歷代行人考（一九六九年）一書，分專章討論春秋、戰國、兩漢、三國、南北朝時代的行人（使節）活動情形。其中第六章南北朝時代之行人，對南北朝交聘活動進行了較爲全面的研究。不足之處在於，其史料來源以北史爲主，較少使用魏書、北齊書、周書等；論述考證較爲疏略，存在一些史實的錯誤。

（七）日本學者後藤勝聘使交換より見た南北朝関係（一、二）：関係史料の編年整理（上、下）（從聘使交换的角度看南北朝關係：相關史料的編年整理，一九九〇、一九九一年）。此文對南北朝交聘史料作了較爲全面的整理編年。缺點是史事繫年與史料徵引方面都有錯誤，也不够完整詳實。

（八）蔡宗憲博士學位論文南北朝交聘與中古南北互動（三九六—五八九）（二〇〇六年），後修訂改題中古前期的交聘與南北互動（二〇〇八年）出版。此書研究内容全面深入，爲當今相關論題的最佳著作，受到學界普遍好評。但其研究重心在於南、北政權的交聘活動，故於北齊、北周之間的交聘活動未予討論。

又如逯耀東論文北魏與南朝對峙期間的外交關係（一九六六年），附録北魏與宋齊梁使節交聘表；周一良著魏晋南北朝史札記梁書札記中，有「酉陽雜俎」記魏使入梁事一條，揭示了唐人撰著酉陽雜俎中魏、梁的通使記録，並與南北朝時期的正史文獻進行參證；黎虎的著作漢唐外交制度史（一九九八年），中編魏晋南北朝外交制度，也較多地涉及了南北朝時期的外交使節交聘活動；張金龍著北魏政治史（二〇〇八年），全書共九册，其中第五卷第十章、第六卷第四章、第七卷第五章、第八卷第八章，分别討論北魏與劉宋、南齊的通使關係，值得研究者參考。

此外，關於南北朝時期的遣使制度、外交政策、禮制儀式、地理路綫、相關文學活動與宗教文化交流等方面，還有一些

論文值得參看。[二] 總地來説，在既有的研究成果中，還缺少這樣一篇作品，將南北朝時期的交聘活動記録，進行較爲完整確

[二] 略如室町榮夫南北朝「支那」に於ける外交使節の素質（南北朝時期「中國」外交使節的素質），歷史學研究，一卷四號，一九三四年。劉靜夫：南北朝時期的南北和平交往，「史學」論文選，北京：光明日報出版社，一九八四年。萬繩楠：從陳、齊、周三方關係的演變看隋的統一，安徽師大學報，一九八五年第四期。肖黎：北魏孝文帝時期之南北關係，北方論叢，一九八六年第五期。梁滿倉：南北朝通使芻議，漢唐間政治與文化探索，貴陽：貴州人民出版社，二〇〇〇年；原刊北朝研究，一九九〇年上半年刊。黎虎：鄭羲使宋述略，魏晉南北朝史論，北京：學苑出版社，一九九九年；原載文史哲，一九九三年第三期。謝興志：南北朝通使中的兩個問題，北朝研究，一九九三年第三期。劉精誠：魏孝文帝時期的南北關係，北朝研究，一九九三年第三期。張承宗：魏晉南北朝時期的南北交往，中國史研究，一九九四年第四期。牟發松：王融上疏請給虜書考析，武漢大學學報，一九九五年第五期。牟發松：南北朝交聘中所見南北文化關係略論，魏晉南北朝隋唐史資料，第十四輯，武漢：武漢大學出版社，一九九六年。周健、李福蓮：南北邊貿及聘使對佛教交流的作用，許昌師專學報，一九九六年第二期。王友敏：南北朝交聘禮儀考，中國史研究，一九九六年第三期。侯廷生：南北朝時期的北南通和使者身份、地位和作用疏議，邯鄲職業技術學院學報，一九九八年第一期。陳金鳳：北周外交略論，北朝研究，一九九九年第一期。李文才：北周外交二三題，西安教育學院學報，二〇〇一年第四期。李文才：試論北周外交的幾個問題，北朝研究，二〇〇四年第四期。王弢：北齊、北周交聘探析，安慶師範學院學報，二〇〇三年第十一期。堀內淳一：南北朝間の使節よりみた「文化」の多樣性（從南北朝之間的使節來看「文化」的多樣性），六朝學術學會報，第六集，二〇〇五年。堀內淳一：陳書的編纂過程與隋陳關係記事，輔仁歷史學報，第二十八期，二〇一二年三月。蔡宗憲：南北朝交聘使節行進路綫考，中國歷史地理論叢，二〇〇五年第四期。谷川道雄：南北朝士族與禮貌，黎虎教授古稀紀念中國古代史論叢，北京：世界知識出版社，二〇〇六年。洪衛中：南北朝妙簡外交使者簡析，青島大學師範學院學報，二〇〇六年第四期。胡大雷：外交場景中的南北朝詩人詩作，東方叢刊，二〇〇八年第四輯，桂林：廣西師範大學出版社，二〇〇八年。王允亮：南北朝聘使往來略論，語文知識，二〇〇八年第一期。王允亮：南北朝文學交流研究，上海：上海古籍出版社，二〇一〇年。毛振華：侯景亂後南北聘問與文化交流，寧夏大學學報（人文社會科學版），二〇〇九年第二期。于涌：南北朝交聘與文學傳播，文藝評論，二〇一三年第四期。周文俊：南北朝通聘中的政治形勢與文化心理淺析，讀書不肯爲人忙：中山大學歷史學系本科生中國古代史論文選集，廣州：中山大學出版社，二〇一六年。史睿：南北朝交聘記的基礎研究——以「酉陽雜俎」爲中心，中國典籍與文化，二〇一六年第一期；收入湯勤福主編中國禮制變遷及其現代價值研究（東北卷），上海：上海三聯書店，二〇一六年。李廣健：南北朝對峙時期的文化接觸——以媒介人物爲討論中心，香港中文大學碩士學位論文，一九九〇年。蘭福豔：南北朝時期的使臣與南北文化交流，南開大學碩士學位論文，二〇〇七年。陳國祥：隋陳交聘探析，北京師範大學碩士學位論文，二〇〇七年。韓雪松：北魏外交制度研究，吉林大學博士學位論文，二〇〇九年。劉永濤：行人與魏晉南北朝文學研究，暨南大學碩士學位論文，二〇一〇年。金溪：北朝文化對南朝文化的接納與反饋，北京大學博士學位論文，二〇一二年。暫未獲讀者有謝興志：南北朝遣使交聘述論，西華師範大學碩士學位論文，年份不詳；吳仕逵：南北朝交聘活動研究，復旦大學碩士學位論文，一九九九年；姚宏傑：南北朝時期南北政治關係研究，北京大學博士學位論文，二〇〇四年。

切的整理和考索。這無疑是推動相關研究深入進行的基礎工作。

筆者詳參南北朝時期的正史及其他文獻，以繫年彙校合證的方式，將南北朝時期宋、齊、梁、陳與北魏、東魏、西魏、北齊、北周、隋等政權之間交聘活動的記載，進行較爲全面的整理，作爲學者研究中古時期政治文化歷史的參考。需要説明的是，凡附庸政權如後梁、蕭莊與北朝的聘使活動，則不列入。〔二〕這項研究工作的難度很大，因爲南北朝時期幾部正史的相關記録並不完整，在唐宋時期的流傳過程中又有不同程度的殘缺，筆者的時間與學識也很不足，其中的錯誤疏漏一定很多，希望能够獲得方家的批評教正。

再者，清人錢儀吉撰三國晉南北朝會要，其三國志會要五卷已成未刻，晉會要、南北朝會要未成稿。〔三〕朱銘盤擬纂二晉及南北八朝會要，其北朝會要未成。〔三〕二〇世紀三〇年代初，王仲犖先生亦有志補編兩晉會要、南北朝會要，以朱氏已作而輟手。〔四〕二〇世紀八〇年代，繆鉞先生組織四川大學歷史系魏晉南北朝史研究室，主持編纂北朝會要，書稿於一九八九年完成，約二〇〇餘萬字，〔五〕訖未整理出版，據聞成稿頗多散佚，至爲可惜。今草此稿，後來學者纂訂南、北朝會要，其嘉禮交聘一節，或將有所取材焉。

〔二〕由於存世史料的不完整，甄别工作存在很多困難。例如元和姓纂卷五簕耳氏：「簕耳，西羌人，狀云周王季之後，爲虔仁氏，音訛爲簕耳氏。（中略）【馮翊】後魏馮翊太守簕耳静，孫康買，周御伯大夫、聘梁使。」初稿據此列有「北周使簕耳康買聘梁」一條，後來根據通鑑卷一六六梁紀二二敬帝太平元年的相關記載「（七月）魏太師泰遣安州長史鉗耳康買使于王琳」，知簕耳康買所聘爲蕭莊政權，所以應在删汰之列，初稿有誤。本篇中類似的錯誤應該還有一些。

〔三〕梁啓超：中國近三百年學術史，新校本，第三四六頁。

〔三〕方繼孝：王雲五往來書函珍藏的故事之四丁文江奉求商館爲鄉賢出版未刊著作，碎錦零箋：文化名人的墨迹與往事，第一四六頁。

〔四〕方其軍：王仲犖，姚江名人：近現代編，第三三二頁。

〔五〕繆鉞：繆鉞自傳，四川省社會科學手册，第六〇一頁。繆鉞：博學於文，文藻秀出，張岱年、鄧九平主編雲夢生涯，第九三頁。

宋永初二年　魏泰常六年（四二一）

○九月壬申，宋使沈範、索季孫等聘魏。

魏書卷三太宗紀：（泰常六年九月）壬申，劉裕遣使朝貢。

北史卷一魏本紀一：（泰常六年九月）壬申，宋人來聘。

魏書卷九七島夷劉裕傳：裕既僭立，頻請和通，太宗許之。（泰常）六年，裕遣其中軍將軍沈範、索季孫等朝貢。〔一〕

宋書卷九五索虜傳：（義熙）十三年，高祖西伐長安，嗣先娶姚興女，乃遣十萬騎屯結河北以救之，大爲高祖所破，（中略）於是遣使求和，自是使命歲通。高祖遣殿中將軍沈範、索季孫報使，反命已至河，未濟，嗣聞高祖崩問，追執範等，絶和親。太祖即位，方遣範等歸。〔二〕

宋書卷四少帝紀：初虜自河北之敗，請修和親；及聞高祖崩，因復侵擾，河、洛之地騷然矣。

魏書卷三五崔浩傳：會聞劉裕死，太宗欲取洛陽、虎牢、滑臺。浩曰：「陛下不以劉裕歘起，納其使貢，裕亦敬事陛下。不幸今死，乘喪伐之，雖得之不令。（中略）今國家亦未能一舉而定江南，宜遣人弔祭，存其孤弱，恤其凶災，布義風於天下，令德之事也。若此，則化被荆揚，南金象齒羽毛之珍，

〔一〕中華書局點校本魏書（修訂本）校勘記：「中軍將軍」，宋書卷九五索虜傳作「殿中將軍」，疑是。按晉宋中軍將軍乃禁軍主官，名號甚重，無帶此官出使之理。其時宋使北魏者例帶殿中將軍，下文屢見。

〔二〕通鑑卷一一八晉紀四〇安帝義熙十四年：「三月，遣使聘魏。」東晉義熙十四年即魏泰常三年（四一八）。

可不求而自至。（下略）」太宗鋭意南伐，（中略）太宗大怒，不從浩言，遂遣奚斤南伐。

通鑑卷一一九宋紀一武帝永初三年：初，魏主聞高祖克長安，大懼，遣使請和，自是每歲交聘不絶。及高祖殂，殿中將軍沈範等奉使在魏，還，及河，魏主遣人追執之，議發兵取洛陽、虎牢、滑臺。崔浩諫曰：「陛下不以劉裕欻起，納其使貢，裕亦敬事陛下。不幸今死，遽乘喪伐之，雖得之不足爲美。且國家今日亦未能一舉取江南也，而徒有伐喪之名，竊爲陛下不取。臣謂宜遣人弔祭，存其孤弱，恤其凶災，使義聲布於天下，則江南不攻自服矣。（下略）」（中略）魏主不從。

宋元嘉元年　魏始光元年（四二四）

○宋使趙道生聘魏。

魏書卷九七島夷劉裕傳：義隆，號年元嘉。遣使趙道生朝貢。

宋元嘉二年　魏始光二年（四二五）

○四月，魏使步堆、胡覲聘宋。

魏書卷四上世祖紀上：（始光二年）夏四月，詔龍驤將軍步堆、謁者僕射胡覲使於劉義隆。

北史卷二魏本紀二：（始光二年）夏四月，詔龍驤將軍步堆使宋。

通鑑卷一二〇宋紀二文帝元嘉二年：（四月）魏主遣龍驤將軍步堆等來聘，始復通好。

宋元嘉三年　魏始光三年（四二六）

○八月，宋使吉恒聘魏。

魏書卷四上世祖紀上：（始光三年八月）劉義隆遣使朝貢。

北史卷二魏本紀二：（始光三年八月）宋人來聘。

魏書卷九七島夷劉裕傳：（始光三年）八月，義隆使其殿中將軍吉恒朝貢。

通鑑卷一二〇宋紀二文帝元嘉三年：秋八月，（中略）詔殿中將軍吉恒聘于魏。

宋元嘉四年　魏始光四年（四二七）

○四月丁未，魏使步堆、胡覲等聘宋。

魏書卷四上世祖紀上：（始光四年）夏四月丁未，詔員外散騎常侍步堆、謁者僕射胡覲等使於劉義隆。

北史卷二魏本紀二：（始光四年）夏四月丁未，詔員外散騎常侍步堆使於宋。

通鑑卷一二〇宋紀二文帝元嘉四年：夏四月丁未，魏員外散騎常侍步堆等來聘。

宋元嘉六年　魏神䴥二年（四二九）

○四月，魏使聘宋。

北史卷九八蠕蠕傳：（神䴥）二年四月，（中略）會江南使還，稱宋文欲犯河南，謂行人曰：「汝疾還告魏主，歸我河南地，即當罷兵；不然，盡我將士之力。」帝聞而大笑，告公卿曰：「龜鼈小豎，自救不暇，何能爲也？（下略）」〔一〕

○四月，宋使孫横之聘魏。

魏書卷四上世祖紀上：（神䴥二年四月）劉義隆遣使朝貢。

北史卷二魏本紀二：（神䴥）二年夏四月，宋人來聘。

魏書卷九七島夷劉裕傳：神䴥二年，又遣殿中將軍孫横之朝貢。

宋元嘉七年　魏神䴥三年（四三〇）

○三月，宋使田奇聘魏。

魏書卷九七島夷劉裕傳：（神䴥）三年，又遣殿中將軍田奇朝貢。

〔一〕魏書卷一〇三蠕蠕傳略同。

宋書卷九五索虜傳：太祖踐阼，便有志北略。（元嘉）七年三月，詔曰：「河南，中國多故，湮没非所，遺黎荼炭，每用矜懷。今民和年豐，方隅無事，宜時經理，以固疆場。（中略）便速備辦，月内悉發。」先遣殿中將軍田奇銜命告燾：「河南舊是宋土，中爲彼所侵，今當修復舊境，不關河北。」燾大怒，謂奇曰：「我生頭髮未燥，便聞河南是我家地，此豈可得河南。必進軍，今權當斂戍相避，須冬行地凈，河冰合，自更取之。」

宋元嘉八年　魏神䴥四年（四三一）

○閏六月，魏使周紹聘宋。

魏書卷四上世祖紀上：（神䴥四年閏六月）詔散騎侍郎周紹使于劉義隆。

北史卷二魏本紀二：（神䴥四年閏六月）詔散騎侍郎周紹使于宋。

通鑑卷一二二宋紀四文帝元嘉八年：（閏六月）魏主遣散騎侍郎周紹來聘，且求昏，帝依違答之。

宋書卷九五索虜傳：其後燾又遣使通好，并求婚姻，太祖每依違之。

宋元嘉九年　魏延和元年（四三二）

○五月，宋使趙道生聘魏。

魏書卷四上世祖紀上：（延和元年五月）劉義隆遣使朝貢。

北史卷二魏本紀二：（延和元年）夏五月，宋人來聘。

魏書卷九七島夷劉裕傳：延和元年五月，義隆又遣趙道生朝貢。

通鑑卷一二二宋紀四文帝元嘉九年：（五月）帝遣使者趙道生聘于魏。

○六月辛卯，魏使鄧穎聘宋。

魏書卷四上世祖紀上：（延和元年六月）辛卯，兼散騎常侍鄧穎使於劉義隆。

北史卷二魏本紀二：（延和元年六月）辛卯，詔兼散騎常侍鄧穎使於宋。

通鑑卷一二二宋紀四文帝元嘉九年：（六月）辛卯，魏主遣散騎常侍鄧穎來聘。

魏書卷二四鄧淵傳附鄧穎傳：兼散騎常侍，使於劉義隆。

北史卷二一鄧彥海傳附鄧穎傳：兼散騎常侍，使宋。

宋元嘉十年　魏延和二年（四三三）

○二月壬午，魏使宋宣聘宋。

魏書卷四上世祖紀上：（延和二年二月）壬午，行幸河西。詔兼散騎常侍宋宣使於劉義隆。

北史卷二魏本紀二：（延和二年二月）壬午，詔兼散騎常侍宋宣使於宋。

魏書卷九七島夷劉裕傳：（延和）二年二月，詔兼散騎常侍宋宣使於義隆，且爲皇太子結親。

通鑑卷一二二宋紀四文帝元嘉十年：（二月）壬午，魏主如河西，遣兼散騎常侍宋宣來聘，且爲太子晃求婚，帝依違答之。

魏書卷三三宋隱傳附宋宣傳：後與范陽盧玄、勃海高允及從子愔俱被徵，拜中書博士。尋兼散騎常侍，使劉義隆。

○九月，宋使趙道生聘魏。

魏書卷四上世祖紀上：（延和二年）九月，劉義隆遣使朝貢，奉馴象一。

北史卷二魏本紀二：（延和二年）九月，宋人來聘，并獻馴象一。

魏書卷九七島夷劉裕傳：（延和二年）九月，義隆遣趙道生貢馴象一。

○十二月，魏使盧玄聘宋。

魏書卷四上世祖紀上：（延和二年十二月）詔兼散騎常侍盧玄使於劉義隆。

北史卷二魏本紀二：（延和二年十二月）詔兼散騎常侍盧玄使於宋。

通鑑卷一二二宋紀四文帝元嘉十年：（十二月）魏寧朔將軍盧玄來聘。

魏書卷四七盧玄傳：盧玄，字子真，范陽涿人也。曾祖諶，晉司空劉琨從事中郎。（中略）後轉寧朔將軍、兼散騎常侍，使劉義隆。義隆見之，與語良久，歎曰：「中郎，卿曾祖也。」既還，病卒。

北史卷三〇盧玄傳：後賜爵固安子，散騎常侍，使宋。宋文帝與之言，嘉歎良久，曰：「中郎，卿曾祖也！」還，遇疾，歸鄉卒，贈平東將軍、幽州刺史、固安侯，謚曰宣。

魏書卷四八高允傳載徵士頌：「中書侍郎、固安伯范陽盧玄子真，（中略）亹亹盧生，（中略）自東徂南，躍馬馳輪，僭馮影附〔一〕，劉以和親。」〔二〕

宋元嘉十三年　魏太延二年（四三六）

○三月丙辰，宋使會元紹聘魏。

魏書卷四上世祖紀上：（太延二年）三月丙辰，劉義隆遣使朝貢。

北史卷二魏本紀二：（太延二年）三月丙辰，宋人來聘。

魏書卷九七島夷劉裕傳：太延二年三月，義隆遣使會元紹朝貢。

○七月，魏使游雅等聘宋。

魏書卷四上世祖紀上：（太延二年七月）詔散騎侍郎、廣平子游雅等使於劉義隆。

北史卷二魏本紀二：（太延二年七月）詔散騎常侍游雅使於宋。〔三〕

〔一〕中華書局點校本魏書（修訂本）校勘記：「按此數句述盧玄出使事。玄出使劉宋，見本書卷四七盧玄傳、北史卷三〇盧玄傳，又曾出使北燕馮弘，則本書不載，只見於北史盧玄傳。『僭馮』指馮弘，與下『劉以和親』句相對。」

〔二〕北史卷三一高允傳略同。

〔三〕鄭欽仁宋魏交聘表：「常侍」誤。

通鑑卷一二三宋紀五文帝元嘉十三年：（七月）魏散騎侍郎游雅來聘。

魏書卷五四游雅傳：世祖時，與勃海高允等俱知名，徵拜中書博士、東宫内侍長，遷著作郎。使劉義隆，授散騎侍郎，賜爵廣平子，加建威將軍。〔一〕

宋元嘉十四年　魏太延三年（四三七）

○三月丁酉，宋使劉熙伯聘魏。

魏書卷四上世祖紀上：（太延三年三月）丁酉，劉義隆遣使朝貢。

北史卷二魏本紀二：（太延三年三月）丁酉，宋人來聘。

魏書卷九七島夷劉裕傳：（太延）三年三月，義隆遣其散騎常侍劉熙伯朝貢，且論納幣。六月，義隆女死，不果爲婚。

通鑑卷一二三宋紀五文帝元嘉十四年：（三月）帝遣散騎常侍劉熙伯如魏議納幣，會帝女亡而止。

宋元嘉十五年　魏太延四年（四三八）

○十二月，魏使高推聘宋。

〔一〕北史卷三四游雅傳略同。

魏書卷四上世祖紀上：（太延四年十二月）詔兼散騎常侍高推使劉義隆。〔一〕

北史卷二魏本紀二：（太延四年十二月）詔兼散騎常侍高雅使于宋。〔二〕

魏書卷四八高允傳附高推傳：允弟推，字仲讓，小名檀越，早有名譽。太延中，以前後南使不稱，妙簡行人。游雅薦推應選。詔兼散騎常侍使劉義隆，南人稱其才辯。遇疾卒於建業。朝廷悼惜之。喪還，贈輔國將軍、臨邑子，謚曰恭，賜命服衣冠。允爲之作誄。〔三〕

宋元嘉十六年　魏太延五年（四三九）

○十一月乙巳，宋使黃延年聘魏。

魏書卷四上世祖紀上：（太延五年）十有一月乙巳，劉義隆遣使朝獻，并獻馴象一。

北史卷二魏本紀二：（太延五年）十一月乙巳，宋人來聘，并獻馴象一。

魏書卷九七島夷劉裕傳：（太延）五年十一月，義隆遣黃延年獻馴象。

〔一〕中華書局點校本魏書（修訂本）校勘記：「『高推』，原作『高雅』，據册府卷一四二改。按本書卷四八高允傳，弟推，太延中『兼散騎常侍使劉義隆』，即此人無疑。推字仲讓，名字相應，『雅』乃形近而訛。」鵬按：魏書卷五七高祐傳附高雅傳：「顯弟雅，字興賢，（中略）天平中，追贈散騎常侍、平北將軍、冀州刺史。」北史卷三一高允傳附高雅傳略同，皆未載兼散騎常侍使宋事。

〔二〕中華書局點校本北史校勘記：張森楷云：「高允傳（本書卷三一、魏書卷四八）『雅』作『推』。據推字仲讓，名誼相協，則『雅』字誤也。」

〔三〕北史卷三一高允傳附高推傳略同。

宋元嘉十七年　魏太延六年（六月改太平真君元年，四四〇）

○二月己巳，魏使邢穎聘宋。

魏書卷四下世祖紀下：（太延六年）二月己巳，詔假通直常侍邢穎使於劉義隆。

北史卷二魏本紀二：（太延六年）二月己巳，詔假通直常侍邢穎使於宋。

通鑑卷一二三宋紀五文帝元嘉十七年：二月，魏假通直常侍邢穎來聘。

魏書卷六五邢巒傳：巒高祖蓋，（中略）蓋孫穎，字宗敬，以才學知名。世祖時，與范陽盧玄、勃海高允等同時被徵。後拜中書侍郎，假通直常侍、寧朔將軍、平城子〔二〕，銜命使於劉義隆〔三〕。

宋元嘉十八年　魏太平真君二年（四四一）

○四月丁巳，宋使黃延年聘魏。

魏書卷四下世祖紀下：（太平真君二年）夏四月丁巳，劉義隆遣使朝貢。

北史卷二魏本紀二：（太平真君二年）夏四月丁巳，宋人來聘。

〔二〕中華書局點校本北史校勘記：按當時出使南朝者，例假（或兼）通直散騎常侍（或侍郎）。（中略）又「平城」疑當作「城平」。下文邢祐「賜爵城平男」，「城平」即「成平」，屬瀛州章武郡（見魏書地形志上）。邢氏瀛州人，當是以此爲封號。

〔三〕北史卷四三邢巒傳略同。

魏書卷九七島夷劉裕傳：（太平真君二年）四月，義隆遣使黄延年朝貢。

○八月辛亥，魏使張偉聘宋。

魏書卷四下世祖紀下：（太平真君二年）秋八月辛亥，詔散騎侍郎張偉等使劉義隆。

北史卷二魏本紀二：（太平真君二年）秋八月辛亥，詔散騎侍郎張偉使于宋。

通鑑卷一二三宋紀五文帝元嘉十八年：秋八月辛亥，魏遣散騎侍郎張偉來聘。

魏書卷八四儒林張偉傳：遷散騎侍郎，聘劉義隆，還，拜給事中、建威將軍，賜爵成皋子。〔二〕

○十二月丙子，宋使黄延年聘魏。

魏書卷四下世祖紀下：（太平真君二年十二月）丙子，劉義隆遣使朝貢。

北史卷二魏本紀二：（太平真君二年）十二月丙子，宋人來聘。

魏書卷九七島夷劉裕傳：（太平真君二年）十二月，義隆又遣黄延年朝貢。

宋元嘉二十一年　魏太平真君五年（四四四）

○八月壬午，魏使高濟聘宋。

魏書卷四下世祖紀下：（太平真君五年八月）壬午，詔員外散騎常侍高濟使於劉義隆。

〔二〕北史卷八一儒林上張偉傳略同。

北史卷二魏本紀二：（太平真君五年八月）壬午，詔員外散騎常侍高濟使於宋。
通鑑卷一二四宋紀六文帝元嘉二十一年：（八月）魏主使員外散騎常侍高濟來聘。
魏書卷四八高允傳附高濟傳：真君中，假員外常侍，賜爵浮陽子，使於劉義隆。
魏書卷五七高祐傳附高欽傳：幼隨從叔濟使於劉義隆，還爲中書學生，遷祕書中散。

○十一月，宋使聘魏。
魏書卷四下世祖紀下：（太平真君五年）十一月，劉義隆遣使朝貢。
北史卷二魏本紀二：（太平真君五年）十一月，宋人來聘。
魏書卷九七島夷劉裕傳：（太平真君）五年，義隆復遣使朝貢。

宋元嘉二十二年　魏太平真君六年（四四五）

○正月，魏使宋愔聘宋。
魏書卷四下世祖紀下：（太平真君六年正月）詔兼員外散騎常侍宋愔使劉義隆。
北史卷二魏本紀二：（太平真君六年正月）詔兼員外散騎常侍宋愔使于宋。
通鑑卷一二四宋紀六文帝元嘉二十二年：（正月）魏主使散騎常侍宋愔來聘。
魏書卷六三宋弁傳：祖愔，（中略）世祖時，歷位中書博士、員外散騎常侍，使江南，賜爵列人子[二]，還拜廣平太守[三]。

宋元嘉二十五年　魏太平真君九年（四四八）

○正月，宋使聘魏。

魏書卷四下世祖紀下：（太平真君）九年春正月，劉義隆遣使朝貢。

北史卷二魏本紀二：（太平真君）九年春正月，宋人來聘。

魏書卷九七島夷劉裕傳：（太平真君）九年正月，義隆遣使獻孔雀。

宋元嘉二十七年　魏太平真君十一年（四五〇）

○二月，魏使聘宋。

○二月，宋使聘魏。

魏書卷四下世祖紀下：（太平真君十一年二月）車駕遂征懸瓠，益遣使者安慰境外之民，其不服者誅之。

魏書卷九七島夷劉裕傳：（太平真君）十一年二月，世祖欲獵於雲夢，發使告義隆，勿相猜阻，義

[二] 中華書局點校本北史校勘記：按上引高允徵士頌作「列人侯」。錢氏考異卷三九云：「按魏書，隱第三子温，世祖時徵拜中書博士，卒，追贈列人定侯。疑温與愔本一人耳。」

[三] 北史卷二六宋隱傳附宋愔傳略同。

隆請奉詔。

宋書卷九五索虜傳：燾（中略）與太祖書曰：（下略）

○魏使聘宋。

宋書卷九五索虜傳：此後復求通和，聞太祖有北伐意，又與書曰：「（上略）更無餘物可以相與，今送獵白鹿馬十二匹并氈藥等物。（下略）」〔二〕

通鑑卷一二五宋紀七文帝元嘉二十七年：（六月）魏主聞上將北伐，復與上書曰：「（上略）更無餘物可以相與，今送獵馬十二匹并氈藥等物。（下略）」

○魏使王老壽聘宋。

宋書卷九五索虜傳：先是，燾遣員外散騎侍郎王老壽乘驛就太祖乞黃甘，太祖餉甘十簿、甘蔗千挺。并就求馬，（中略）老壽反命，未出境，虜兵深入，乃録還。

○魏使聘宋。

○宋使田奇聘魏。

宋書卷九五索虜傳：燾（中略）遣使餉太祖駱駝名馬，求和請婚。上遣奉朝請田奇餉以珍羞異味。燾得黃甘，即噉之，并大進酃酒。左右有耳語者，疑食中有毒，燾不答，以手指天，而以孫兒示奇曰：

〔二〕張金龍北魏政治史第四卷第七章謂此書送交於當年夏秋之交。

「至此非唯欲爲功名，實是貪結姻援。若能酬酢，自今不復相犯秋毫。」又求嫁女與世祖。

通鑑卷一二五宋紀七文帝元嘉二十七年：（十二月）魏主（中略）餉上橐駝、名馬，并求和請婚。上遣奉朝請田奇餉以珍羞異味。魏主得黄甘，即噉之，并大進酃酒。左右有附耳語者，疑食中有毒，魏主不應，舉手指天，以其孫示奇曰：「吾遠來至此，非欲爲功名，實欲繼好息民，永結姻援。宋若能以女妻此孫，我以女妻武陵王，自今匹馬不復南顧。」

○十二月甲申，宋使黄延年聘魏。

○魏使夏侯野聘宋。

南史卷二宋本紀中：（元嘉二十七年）十二月庚午，魏太武帝率大衆至瓜步，聲欲度江，都下震懼，咸荷擔而立。（中略）甲申，使饋百牢于魏。

魏書卷四下世祖紀下：（太平真君十一年十二月）癸未，車駕臨江，起行宫於瓜步山。（中略）諸軍皆同日臨江，所過城邑，莫不望塵奔潰，其降者不可勝數。甲申，義隆使獻百牢，貢其方物，又請進女於皇孫，以求和好。帝以師婚非禮，許和而不許婚，使散騎侍郎夏侯野報之。詔皇孫爲書，致馬通問焉。

北史卷二魏本紀二：（太平真君十一年十二月）癸未，車駕臨江，起行宫於瓜步山。諸軍同日皆臨江，所過城邑，莫不望塵奔潰，其降附者不可勝數。甲申，宋文帝使獻百牢，貢其方物，又請進女於皇孫，以求和好。帝以師婚非禮，許和而不許婚，使散騎侍郎夏侯野報之。帝詔皇孫爲書，致馬通問焉。

魏書卷九七島夷劉裕傳：車駕登於瓜步，伐葦結筏，示欲渡江。義隆大懼，欲走吴會。建業士女咸荷擔而立。義隆遣黃延年朝於行宮，獻百牢，貢其方物，并請和，求進女於皇孫。世祖以師婚非禮，許和而不許婚。

宋書卷七一江湛傳：索虜至瓜步，領軍將軍劉遵考率軍出江上，以湛兼領軍，軍事處分，一以委焉。虜遣使求婚，上召太子劭以下集議，衆並謂宜許，湛曰：「戎狄無信，許之無益。」劭怒，謂湛曰：「今三王在阨，詎宜苟執異議。」聲色甚厲。坐散俱出，劭使班劍及左右推之，殆將側倒。〔一〕

通鑑卷一二五宋紀七文帝元嘉二十七年：（十二月）（田）奇還，上召太子劭及羣臣議之，衆並謂宜許，江湛曰：「戎狄無親，許之無益。」劭怒，謂湛曰：「今三王在阨，詎宜苟執異議。」聲色甚厲。坐散俱出，劭使班劍及左右排湛，湛幾至僵仆。（中略）魏亦竟不成婚。〔二〕

魏書卷四七盧玄傳附盧度世傳：世祖臨江，劉義隆使其殿中將軍黃延年朝貢。世祖問延年曰：「范陽盧度世坐與崔浩親通，逃命江表，應已至彼？」延年對曰：「都下無聞，當必不至。」〔三〕

宋元嘉二十八年　魏正平元年（四五一）

○十月，宋使孫蓋等聘魏。

〔一〕南史卷三六江夷傳附江湛傳略同。

〔二〕通鑑考異卷五：「魏帝紀云：『甲申，義隆使獻百牢，貢其方物，又請進女於皇孫，以求和好。帝以師昏非禮，許和而不許昏，使散騎侍郎夏侯野報之。詔皇孫爲書，致馬通問焉。』此皆魏史誇辭，今從宋書。」

〔三〕北史卷三〇盧玄傳附盧度世傳略同。

魏書卷四下世祖紀下：（正平元年十月）劉義隆遣使朝貢。
北史卷二魏本紀二：（正平元年十月）宋人來聘。
魏書卷九七島夷劉裕傳：（正平元年）十月，義隆遣其將軍孫蓋等朝貢。
通鑑卷一二六宋紀八文帝元嘉二十八年：（十月）上遣使至魏。

〇十月，魏使郎法祐聘宋。

魏書卷四下世祖紀下：（正平元年十月）詔殿中將軍郎法祐使於義隆。
北史卷二魏本紀二：（正平元年十月）詔殿中將軍郎法祐使於宋。
通鑑卷一二六宋紀八文帝元嘉二十八年：（十月）魏遣殿中將軍郎法祐來脩好。
宋書卷七五顔竣傳：（元嘉）二十八年，虜自彭城北歸，復求互市。

宋大明四年　魏和平元年（四六〇）

〇正月庚午，魏使馮闡聘宋。

魏書卷五高宗紀：（和平元年正月）庚午，詔散騎常侍馮闡使於劉駿。
北史卷二魏本紀二：（和平元年正月）庚午，詔散騎侍郎馮闡使於宋。
通鑑卷一二九宋紀一一孝武帝大明四年：（正月）魏散騎侍郎馮闡來聘。

○七月乙丑，宋使明僧暠聘魏。

魏書卷五高宗紀：（和平元年）秋七月乙丑，劉駿遣使朝貢。

魏書卷九七島夷劉裕傳：和平元年七月，駿使其散騎常侍明僧暠朝貢。

通鑑卷一二九宋紀一一孝武帝大明四年：秋七月，遣使如魏。

南史卷五〇明僧紹傳附明僧暠傳：僧暠亦好學，宋大明中再使魏，于時新誅司空劉誕。孝武謂曰：「若問廣陵之事，何以答之？」對曰：「周之管、蔡，漢之淮南。」帝大悦。及至魏，魏問曰：「卿銜此命，當緣上國無相踰者邪？」答曰：「聰明特達，舉袂成帷，比屋之甿，又無下僕。晏子所謂『看國善惡』，故再辱此庭。」

○十一月，魏使盧度世、朱安興聘宋，十二月至。

魏書卷四五裴駿傳：劉駿遣使明僧暠朝貢，以駿有才學，乃假給事中、散騎常侍，於境上勞接。〔一〕

魏書卷五高宗紀：（和平元年）十有一月，詔散騎侍郎盧度世、員外郎朱安興使於劉駿。

北史卷二魏本紀二：（和平元年）十一月，詔散騎侍郎盧度世使於宋。

宋書卷六孝武帝紀：（大明四年十二月）索虜遣使請和。

南史卷二宋本紀中：（大明四年十二月）魏遣使通和。

〔一〕北史卷三八裴駿傳略同。

通鑑卷一二九宋紀一一孝武帝大明四年：十一月，魏散騎常侍盧度世等來聘。

魏書卷四七盧玄傳附盧度世傳：後除散騎侍郎，使劉駿。遣其侍中柳元景與度世對接，度世應對失衷。還，被禁劾，經年乃釋。[一]

○魏使高州都聘宋。

漢魏六朝碑刻校注〇七一五高廣墓誌：魏故員外郎、散騎常侍、西陽男高府君墓誌。君諱廣，字天德，勃海條人也。（中略）父州都，舉秀才，應對無方。文成皇帝憚之，徵員外郎，俄遷祕書郎，加散騎常侍。于時南僞請和，皇上以才過王朞，器邁伊藉，慇懃簡遣，便充國使。宣揚此化，多非彼僭，而齊主諱過，無理見終。皇上悼惜，世加榮品。[二]

宋大明五年　魏和平二年（四六一）

○三月，宋使尹顯聘魏。

魏書卷五高宗紀：（和平二年）三月，劉駿遣使朝貢。

北史卷二魏本紀二：（和平二年）三月，宋人來聘。

〔一〕北史卷三〇盧玄傳附盧度世傳略同。

〔二〕高州都聘宋事年月不詳，姑繫於此。趙萬里漢魏南北朝墓誌集釋卷五：「文成時，南朝爲宋，誌云『齊主』，非是。」張金龍北魏政治史第六卷第四章謂墓誌「齊主」當爲「宋主」之誤，疑是；張氏又謂高州都與盧度世同行，爲此行使主，似嫌根據不足。

魏書卷九七島夷劉裕傳：（和平）二年三月，又使其散騎常侍尹顯朝貢。

○十月，魏使游明根、和天德聘宋。

魏書卷五高宗紀：（和平二年）冬十月，詔假員外散騎常侍游明根、員外郎昌邑侯和天德使于劉駿。

北史卷二魏本紀二：（和平二年）冬十月，詔假員外散騎常侍游明根使于宋。

通鑑卷一二九宋紀一一孝武帝大明五年：（十月）魏員外散騎常侍游明根等來聘。明根，雅之從祖弟也。

魏書卷五五游明根傳：假員外散騎常侍、冠軍將軍、安樂侯，使於劉駿，直使明僧暠相對。〔一〕

宋大明六年　魏和平三年（四六二）

○三月甲申，宋使嚴靈護聘魏。

魏書卷五高宗紀：（和平三年）三月甲申，劉駿遣使朝貢。

北史卷二魏本紀二：（和平三年）三月甲申，宋人來聘。

魏書卷九七島夷劉裕傳：（和平）三年三月，駿使其散騎常侍嚴靈護朝貢。

○十月，魏使游明根、和天德聘宋。

魏書卷五高宗紀：（和平三年十月）是月，詔員外散騎常侍游明根，員外郎昌邑侯和天德使于劉駿。

〔一〕北史卷三四游雅傳附游明根傳略同。

北史卷二魏本紀二：（和平三年）冬十月，詔員外散騎常侍游明根使于宋。

通鑑卷一二九宋紀一一孝武帝大明六年：（十月）魏員外散騎常侍游明根等來聘。

宋大明七年　魏和平四年（四六三）

○十月，魏使游明根、婁内近、李五鱗聘宋。

魏書卷五高宗紀：（和平四年十月）是月，詔員外散騎常侍游明根，驍騎將軍昌邑子婁内近，寧朔將軍襄平子李五鱗使于劉駿。

北史卷二魏本紀二：（和平四年十月）詔員外散騎常侍游明根使於宋。

通鑑卷一二九宋紀一一孝武帝大明七年：（十月）魏員外散騎常侍游明根等來聘。明根奉使三返，上以其長者，禮之有加。

魏書卷五五游明根傳：前後三返，駿稱其長者，迎送之禮，有加常使。〔一〕

宋大明年間（四五七—四六四）

○宋使崔元孫聘魏。

〔一〕北史卷三四游雅傳附游明根傳略同。

南齊書卷五五孝義崔懷慎傳：大明中，懷慎宗人冀州刺史元孫北使，虜問之曰：「崔邪利、模並力屈歸命，二家子姪，出處不同，義將安在？」元孫曰：「王尊驅驥，王陽回車，欲令忠孝並弘，臣子兩節。」〔二〕

宋泰始三年　魏皇興元年（四六七）

○正月，宋使貝思、崔小白聘魏。

魏書卷六顯祖紀：（皇興元年正月）劉彧遣使朝貢。

北史卷二魏本紀二：（皇興元年正月）宋人來聘。

魏書卷九七島夷劉裕傳：皇興元年正月，彧遣其散騎常侍貝思、散騎侍郎崔小白朝貢。

○二月，魏使聘宋。

魏書卷六顯祖紀：（皇興元年二月）劉彧東平太守申纂戍無鹽，遏絶王使，詔征南大將軍慕容白曜督諸軍以討之。三月甲寅，克之。

魏書卷五〇慕容白曜傳：白曜自瑕丘進攻歷城。白曜乃爲書以喻之曰：「（上略）彼無鹽戍主申纂，敢縱姧慝，劫奪行人，官軍始臨，一時授首。（下略）」

〔二〕南史卷七三孝義上崔懷順傳略同，「懷慎」作「懷順」。「順」是本字，梁時避梁武帝父順之諱，故改「順」爲「慎」。

宋泰始四年　魏皇興二年（四六八）

○三月戊午，宋使李豐聘魏。

魏書卷六顯祖紀：（皇興二年三月）戊午，劉彧遣使朝貢。

北史卷二魏本紀二：（皇興二年三月）戊午，宋人來聘。

魏書卷九七島夷劉裕傳：（皇興二年）彧遣其員外散騎常侍李豐朝貢。

魏書卷五九劉昶傳：皇興中，劉彧遣其員外郎李豐來朝，顯祖詔昶與彧書，爲兄弟之戒〔一〕。

通鑑卷一三二宋紀一四明帝泰始三年：冬十月辛巳，詔徙義陽王昶爲晉熙王。使員外郎李豐以金千兩贖昶於魏。魏人弗許，使昶與上書，爲兄弟之儀。上責其不稱臣，不答。魏主復使昶與上書，昶辭曰：「臣本實彧兄，未經爲臣。若改前書，事爲二敬；苟或不改，彼所不納。臣不敢奉詔。」乃止。〔二〕

宋泰始五年　魏皇興三年（四六九）

○四月壬辰，宋使王希涓聘魏。

〔一〕中華書局點校本魏書（修訂本）校勘記：「戒」，北史卷二九劉昶傳作「式」，疑是。北史卷二九劉昶傳略同。

〔二〕通鑑考異卷五：「宋帝紀在十一月，今從宋略。」宋書卷八明帝紀：泰始三年十一月，「改封義陽王昶爲晉熙王」。李豐使魏在泰始四年三月，通鑑繫於泰始三年十月下，疑爲連帶書之。蔡宗憲中古前期的交聘與南北互動附表一南北朝交聘編年表，重出泰始三年十月李豐聘魏一條，云：「此處據資治通鑑繫年，它史未見年代，因皇興二年（四六八）李豐又使北魏，或許同指一事，但兩者相距六個月，也不能排除李豐兩度出使的可能性。」可備一說。

魏書卷六顯祖紀：（皇興三年）夏四月壬辰，劉彧遣使朝貢。
北史卷二魏本紀二：（皇興三年）夏四月壬辰，宋人來聘。
魏書卷九七島夷劉裕傳：彧遣其員外散騎常侍王希涓朝貢。

○十一月丁未，魏使聘宋。

宋書卷八明帝紀：（泰始五年）十一月丁未，索虜遣使獻方物。
南史卷三宋本紀下：（泰始五年）十一月丁未，魏人來聘。
建康實録卷一四：（泰始五年）十一月丁未，魏人來聘。
通鑑卷一三二宋紀一四明帝泰始五年：十一月丁未，魏復遣使來脩和親，自是信使歲通。

宋泰始六年　魏皇興四年（四七〇）

○六月，宋使劉航聘魏。

魏書卷六顯祖紀：（皇興四年）六月，劉彧遣使朝貢。
北史卷二魏本紀二：（皇興四年）六月，宋人來聘。
魏書卷九七島夷劉裕傳：（皇興）四年六月，彧又遣員外散騎常侍劉航朝貢。

宋泰始七年　魏皇興五年（八月改延興元年，四七一）

○二月，魏使邢祐聘宋，三月辛酉至。

魏書卷六顯祖紀：（皇興）五年春三月乙亥，（中略）詔假員外散騎常侍邢祐使於劉彧。〔一〕

北史卷二魏本紀二：（皇興）五年春二月乙亥，詔假員外散騎常侍邢祐使于宋。〔二〕

宋書卷八明帝紀：（泰始七年）三月辛酉，索虜遣使獻方物。

南史卷三宋本紀下：（泰始七年）三月辛酉，魏人來聘。

通鑑卷一三三宋紀一五明帝泰始七年：三月辛酉，魏假員外散騎常侍邢祐來聘。

魏書卷六五邢巒傳附邢祐傳：後假員外散騎常侍，使於劉彧。以將命之勤，除建威將軍、平原太守，賜爵城平男。〔三〕

○八月丁未，宋使田廉、祖德聘魏。

〔一〕中華書局點校本魏書（修訂本）校勘記：此承上文則是三月乙亥事，北史卷二魏本紀二記此事於是年二月乙亥，按是年二月己丑朔，無乙亥，三月己未朔，乙亥十七日，似作「三月」是。然宋書卷八明帝紀泰始七年（魏皇興五年）稱「三月辛酉，索虜遣使獻方物」，通鑑卷一三三宋紀一五泰始七年三月載邢祐使宋從宋書繫日。然辛酉乃初三日，則無邢祐尚未出使而先已至宋之理。若謂宋書所載是魏另一次使節，亦不合情理。疑北史作「二月」不誤，誤在記日干支。

〔二〕中華書局點校本北史校勘記：魏書「二」作「三」。按是年二月己丑朔，無乙亥；三月己未朔，乙亥是十七日。但宋書卷八明帝紀泰始七年（即魏皇興五年，公元四七一年）稱：「三月辛酉，索虜遣使獻方物。」通鑑卷一三三（四一五八頁）從宋書。而辛酉是三月三日。若魏於乙亥（十七日）遣使，豈能於辛酉（三日）到達？疑「二月」不誤，誤在「乙亥」。

〔三〕北史卷四三邢巒傳附邢祐傳略同。

魏書卷七上高祖紀上：（皇興）五年秋八月丙午，即皇帝位於太華前殿，大赦，改元延興元年。丁未，劉彧遣使朝貢。

北史卷三魏本紀三：延興元年秋八月丙午，皇帝即位於太華前殿，改皇興五年爲延興。丁未，宋人來聘。

魏書卷九七島夷劉裕傳：（延興元年）遣員外散騎侍郎田廉、員外散騎侍郎祖德朝貢。〔一〕

宋泰豫元年　魏延興二年（四七二）

○正月，魏使邢祐聘宋。

魏書卷七上高祖紀上：（延興二年正月）詔假員外散騎常侍邢祐使於劉彧。

北史卷三魏本紀三：（延興二年正月）詔假員外散騎常侍邢祐使於宋。

○四月辛亥，宋使田廉、劉惠秀聘魏。

魏書卷七上高祖紀上：（延興二年四月）辛亥，劉彧遣使朝貢。

北史卷三魏本紀三：（延興二年四月）辛亥，宋人來聘。

〔一〕中華書局點校本魏書（修訂本）校勘記：上「散騎侍郎」，疑是「散騎常侍」之訛。按自宋孝武帝始，宋魏遣使，正使例帶散騎常侍，副使例帶散騎侍郎，此傳下文所記皆然，無正副並爲散騎侍郎之例。

魏書卷九七島夷劉裕傳：改年爲泰豫。又遣田廉及員外散騎侍郎劉惠秀朝貢。

南齊書卷五七魏虜傳：宋明帝末年，始與虜和好。

宋元徽元年　魏延興三年（四七三）

○正月庚辰，魏使崔演聘宋。

魏書卷七上高祖紀上：（延興）三年春正月庚辰，詔員外散騎常侍崔演使於劉昱。

北史卷三魏本紀三：（延興）三年春正月庚辰，詔員外散騎常侍崔演使於宋。

南史卷三宋本紀下：（元徽元年正月）魏人來聘。〔一〕

建康實録卷一四：（元徽元年正月）魏人來聘。

通鑑卷一三三宋紀一五蒼梧王元徽元年：（正月）庚辰，魏員外散騎常侍崔演來聘。

○九月乙亥，宋使田惠紹、劉惠秀聘魏。

魏書卷七上高祖紀上：（延興三年九月）乙亥，劉昱遣使朝貢。〔二〕

〔一〕南朝宋會要嘉禮交聘作「五月」，疑誤。

〔二〕中華書局點校本魏書（修訂本）校勘記：乙亥　殿本北史卷三魏本紀三作「丁亥」，考證云：「據上文云『九月辛巳，車駕還宫』，下文云『己亥，詔囚死不得暴露』，則此十九日内，定應作『丁』。」按辛巳、己亥間不得有乙亥，「乙亥」定有誤，但也可能誤在「亥」字。

北史卷三魏本紀三：（延興三年九月）乙亥，宋人來聘。〔一〕

通鑑卷一三三宋紀一五蒼梧王元徽元年：（九月）遣使如魏。

魏書卷九七島夷劉裕傳：或死，子昱僭立，改爲元徽。昱遣員外散騎常侍田惠紹、員外散騎侍郎劉惠秀朝貢。

南齊書卷二八劉善明傳：（泰始）五年，青州没虜，善明母陷北，虜移置桑乾。善明布衣蔬食，哀戚如持喪。明帝每見，爲之歎息，時人稱之。轉寧朔將軍、巴西梓潼二郡太守。善明以母在虜中，不願西行，涕泣固請，見許。朝廷多哀善明心事。元徽初，遣北使，朝議令善明舉人，善明舉州鄉北平田惠紹使虜，贖得母還。〔二〕

宋元徽二年　魏延興四年（四七四）

○三月丁亥，魏使許赤虎聘宋。

魏書卷七上高祖紀上：（延興四年）三月丁亥，詔員外散騎常侍許赤虎使於劉昱。

〔一〕中華書局點校本北史校勘記：各本及魏書並同，殿本據上有辛巳下有己亥其間不得有乙亥，改作「丁亥」。按此「乙亥」必誤，但也可能是誤在「亥」而不在「乙」，故不從殿本。

〔二〕南史卷四九劉懷珍傳附劉善明傳略同。

北史卷三魏本紀三：（延興四年）三月丁亥，詔員外散騎常侍許赤武使於宋。〔一〕

通鑑卷一三三宋紀一五蒼梧王元徽二年：三月丁亥，魏員外散騎常侍許赤虎來聘。

魏書卷四六許彥傳附許赤虎傳：延興中，著作佐郎，（中略）後使江南，應對敏捷，雖言不典故，而南人頗稱機辯滑稽焉。

○十月庚子，宋使明曇徽、江山圖聘魏。

魏書卷七上高祖紀上：（延興四年）冬十月庚子，劉昱遣使朝貢。

北史卷三魏本紀三：（延興四年）冬十月庚子，宋人來聘。

魏書卷九七島夷劉裕傳：昱遣其員外散騎常侍明曇徽、員外散騎侍郎江山圖朝貢。

宋元徽三年　魏延興五年（四七五）

○五月丙午，魏使許赤虎聘宋，六月癸未至。

魏書卷七上高祖紀上：（延興五年五月）丙午，詔員外散騎常侍許赤虎使於劉昱。

北史卷三魏本紀三：（延興五年）五月丙午，詔員外散騎常侍許赤武使於宋。

宋書卷九後廢帝紀：（元徽三年）六月癸未，北國使至。

〔一〕中華書局點校本北史校勘記：魏書「武」作「虎」，北史避唐諱改。

南史卷三宋本紀下：（元徽三年）夏六月，魏人來聘。

建康實録卷一四：（元徽三年）六月，魏人來聘。

通鑑卷一三三宋紀一五蒼梧王元徽三年：夏五月丙午，魏主使員外散騎常侍許赤虎來聘。

○十二月庚寅，宋使李祖、魚長耀（一作虞長耀）聘魏。

魏書卷七上高祖紀上：（延興五年十二月）庚寅，劉昱遣使朝貢。

北史卷三魏本紀三：（延興五年十二月）庚寅，宋人來聘。

魏書卷九七島夷劉裕傳：（延興）五年，又遣員外散騎常侍李祖、員外散騎侍郎魚長耀朝貢。

南齊書卷二六王敬則傳：初爲散騎使虜，於北館種楊柳。後員外郎虞長耀北使還，敬則問：「我昔種楊柳樹，今若大小？」長耀曰：「虜中以爲甘棠。」敬則笑而不答。〔二〕

建康實録卷一五王敬則傳：初爲散輩使虜，於北館種楊柳。後員外郎虞長曜北使還，敬則曰：「我昔種楊柳，今若大小？」長曜曰：「北人以爲甘棠。」

○宋使王敬則聘魏。〔三〕

〔二〕南史卷四五王敬則傳略同，「散騎」作「散輩」，「虞長耀」之「耀」作「曜」。魚長耀、虞長耀當即同一人，疑爲北朝史書記録人名音訛之故。虞長耀聘魏事，蔡宗憲中古前期的交聘與南北互動附表一南北朝交聘編年表繫於齊永明十一年，注出南齊書卷二六，然王敬則傳未記出使年月，疑誤。

〔三〕王敬則聘魏事，年代在虞長耀聘魏之前，然於此前無所屬，姑繫於此。

宋昇明元年　魏太和元年（四七七）

○八月戊寅，宋使李祖、陶貞寶聘魏。

魏書卷七上高祖紀上：（太和元年八月）戊寅，劉準遣使朝貢。

北史卷三魏本紀三：（太和元年八月）戊寅，宋人來聘。

魏書卷九七島夷劉裕傳：準改年爲昇明。遣其員外散騎常侍李祖、員外散騎侍郎陶貞寶赴國訃，并貢方物。

雲笈七籤卷一〇七陶翊華陽隱居先生本起録：父諱貞寶，字國重，（中略）元徽四年冬，銜使虜庭[一]，通鄰國之好，甚得雅稱。昇平元年還都[二]，具撰遊歷記并詩數千字，及所造文章等，劉秉索看，仍值石頭事亡失，無復別本，不得傳世。[三]

○閏十一月庚午，魏使李長仁聘宋。

魏書卷七上高祖紀上：（太和元年閏十一月）庚午[四]，詔員外散騎常侍李長仁使於劉準。

北史卷三魏本紀三：（太和元年閏十一月）閏月庚午，詔員外散騎常侍李長仁使於宋。

[一]「銜使虜庭」，原作「御使膚庭」，據文淵閣四庫全書本、華陽陶隱居内傳卷上引本起録改。歷世真仙體道通鑑卷二四陶弘景作「奉使虜庭」。

[二]按南朝宋無昇平年號，「昇平」當作「昇明」，歷世真仙體道通鑑卷二四陶弘景作「昇明」。

[三]歷世真仙體道通鑑卷二四陶弘景略同。

[四]中華書局點校本魏書（修訂本）校勘記：庚午　原作「庚子」，據北史卷三魏本紀三改。按是年閏十一月庚戌朔，無庚子，前記癸亥十四日事，庚午二十一日，日序合。

魏書卷七二李叔虎傳附李長仁傳：徵拜員外散騎常侍，使於劉準。

宋昇明二年　魏太和二年（四七八）

○四月己丑，宋使何僩、孔逷聘魏。

魏書卷七上高祖紀上：（太和二年四月）己丑，劉準遣使朝貢。

北史卷三魏本紀三：（太和二年）夏四月己丑，宋人來聘。

魏書卷九七島夷劉裕傳：準遣員外散騎常侍何僩、員外散騎侍郎孔逷朝貢。

南齊書卷三四虞玩之傳：玩之於人物好臧否，宋末，王儉舉員外郎孔逷使虜，玩之言論不相饒，逷、儉並恨之。〔一〕

○十月壬辰，魏使鄭羲聘宋。

魏書卷七上高祖紀上：（太和二年）冬十月壬辰，詔員外散騎常侍鄭羲使於劉準。

北史卷三魏本紀三：（太和二年）冬十月壬辰，詔員外散騎常侍鄭羲使於宋。

通鑑卷一三四宋紀一六順帝昇明二年：（十月）魏員外散騎常侍鄭羲來聘。

〔一〕南史卷四七虞玩之傳略同。

魏書卷五六鄭羲傳：高祖初，兼員外散騎常侍，假寧朔將軍、陽武子，使於劉準。〔一〕

漢魏六朝碑刻校注〇四七〇鄭羲下碑：以才望見陟，遷中書侍郎。又假員外散騎常侍、陽武子，南使宋國。宋主客郎孔道均，就邸設會，酒行樂作，均謂公曰：「樂其何如？」公答曰：「哀楚有餘，而雅正不足，其細已甚矣，而能久乎？」均嘿然而罷。移年而蕭氏滅宋。雖延陵之觀昔詩，鄭公之聽宋樂，其若神明矣。朝廷以公使協皇華，原隰斯光，遷給事中、中書令。〔二〕

宋昇明三年（四月禪齊，改建元元年）　魏太和三年（四七九）

○四月壬申，宋使殷靈誕、苟昭先聘魏。

魏書卷七上高祖紀上：（太和三年）夏四月壬申，劉準遣使朝獻。

北史卷三魏本紀三：（太和三年）夏四月壬申，宋人來聘。

魏書卷九七島夷劉裕傳：（太和）三年正月，準遣其員外散騎常侍殷靈誕、員外散騎侍郎苟昭先朝貢。〔三〕

〔一〕北史卷三五鄭羲傳略同。

〔二〕又見全後魏文卷五八中書令秘書監兗州刺史鄭羲碑。拓片載北京圖書館藏中國歷代石刻拓本匯編第三册，題作鄭羲上碑（軸九〇一）。

〔三〕蔡宗憲中古前期的交聘與南北互動附表一南北朝交聘編年表：島夷劉裕傳中的年月可能是遣使時，也就是説，太和三年正月宋遣使至北魏，宋使在四月壬申時到達。

南齊書卷五七魏虜傳：元徽昇明之世，虜使歲通。（中略）昇明中，北使殷靈誕、苟昭先在虜，聞太祖登極，靈誕謂虜典客曰：「宋魏通好，憂患是同。宋今滅亡，魏不相救，何用和親？」及虜寇豫州，靈誕因請爲劉昶司馬，不獲。

魏書卷九八島夷蕭道成傳：先是，劉準遣使殷靈誕、苟昭先，未反而道成僭立。

魏書卷五四高閭傳：高祖謂閭曰：「（上略）昔劉準使殷靈誕，每禁下人不爲非禮之事，及其還國，果被譖愬，以致極刑。（下略）」〔一〕

通鑑卷一三五齊紀一高帝建元三年：宋昇明中，遣使者殷靈誕、苟昭先如魏，聞上受禪，靈誕謂魏典客曰：「宋魏通好，憂患是同。宋今滅亡，魏不相救，何用和親！」及劉昶入寇，靈誕請爲昶司馬，不許。

齊建元三年　魏太和五年（四八一）

○七月甲子，齊使車僧朗聘魏。

魏書卷七上高祖紀上：（太和五年）秋七月甲子，蕭道成遣使朝貢。（中略）九月庚午，閱武於南郊，大饗羣臣。蕭道成使車僧朗，以班在劉準使殷靈誕之後，辭不就席。劉準降人解奉君，刃僧朗於會

〔一〕北史卷三四高閭傳略同。

中。詔誅奉君等。

北史卷三魏本紀三：（太和五年七月）甲子，齊人來聘。九月庚午，閲武於南郊，大饗羣臣。齊使車僧朗，以班在宋使殷靈誕後，辭不就席。宋降人解奉君，刃僧朗於會中。詔誅奉君等。

魏書卷九八島夷蕭道成傳：道成遣後軍參軍車僧朗朝貢。先是，劉準遣使殷靈誕、苟昭先，未反而道成僭立。及僧朗至，朝廷處之靈誕之下，僧朗與靈誕競前後，降人解奉君遂於朝會刃僧朗。詔加殯斂，送喪令還。

南齊書卷五七魏虜傳：（建元）三年，（中略）上未遑外略，以虜既摧破，且欲示以威懷，遣後軍參軍車僧朗北使。虜問僧朗曰：「齊輔宋日淺，何故便登天位？」僧朗曰：「虞、夏登庸，親當革禪；魏、晉匡輔，貽厥子孫。豈二聖促促於天位，兩賢謙虚以獨善？時宜各異，豈得一揆？苟曰事宜，故屈己應物。」虜又問：「齊主悉有何功業？」僧朗曰：「主上聖性寬仁，天識弘遠。少爲宋文皇所器遇，入參禁旅。泰始之初，四方寇叛，東平劉子房、張淹，北討薛索兒，兼掌軍國，豫司顧命。宋桂陽、建平二王阻兵内侮，一麾殄滅。蒼梧王反道敗德，有過桀、紂，遠遵伊、霍，行廢立之事。袁粲、劉秉、沈攸之同惡相濟，又秉旄杖鉞，大定凶黨。戮力佐時，四十餘載，經綸夷險，十五六年，此功此德，可謂物無異議。」虜又問：「南國無復齊土，何故封齊？」僧朗曰：「營丘表海，實爲大國。宋朝光啓土宇，謂是呂尚先封。今淮海之間，自有青、齊，非無地也。」又問：「蒼梧何故遂加斬戮？」僧朗曰：「蒼梧暴虐，書契未聞，武王斬紂，懸之黄鉞，共是所聞，何傷於義？」昇明中，北使殷靈誕、苟昭先在虜，聞太祖登極，靈誕謂虜典客曰：「宋魏通好，憂患是同。宋今滅亡，魏不相救，何用和親？」（中略）僧朗至北，虜置之靈誕下，僧朗立席言曰：「靈誕昔是宋使，今成齊民。實希魏主以禮見處。」靈誕交言，遂相忿詈，謂虜曰：「使臣不能立節本朝，誠自慙恨。」劉昶賂客解奉君，於會刺殺僧朗，虜即收奉君誅之，殯斂僧朗，送喪隨靈誕等南歸，厚加贈賻。世祖踐阼，昭先具以啓聞，靈誕下獄死，贈僧朗散騎侍郎。

建康實録卷一六魏虜傳：齊使車僧朗使北虜。虜問僧朗曰：「齊輔宋日淺，何故促登天位？」僧朗曰：「虞、夏登庸，親當革禪；魏、晉匡輔，貽厥子孫。豈二聖促促于天位，兩賢謙謙以獨善？事宜各異，寧得一揆？苟曰事宜，故以應物。」虜又問曰：「齊王有何功業？」僧朗曰：「主上聖性寬仁，天識弘遠。大定凶黨，戮力佐朝，三十餘年，經綸夷險，十五六載，此功可謂極矣。」

通鑑卷一三五齊紀一高帝建元三年：（七月）上使後軍參軍車僧朗使於魏。甲子，僧朗至平城。魏主問曰：「齊輔宋日淺，何故遽登大位？」對曰：「虞、夏登庸，身陟元后；魏、晉匡輔，貽厥子孫，時宜各異耳。」（中略）九月庚午，魏閲武於南郊，因宴羣臣。置車僧朗於靈誕下，僧朗不肯就席，曰：「靈誕昔爲宋使，今爲齊民。乞魏主以禮見處。」靈誕遂與相忿詈。劉昶賂宋降人解奉君，於會刺殺僧朗，魏人收奉君誅之，厚送僧朗之喪，放靈誕等南歸。及世祖即位，昭先具以靈誕之語啓聞，靈誕坐下獄死。

南史卷七三孝義上丘冠先傳：建元四年，車僧朗銜使不異，抗節是同，詔贈正員外郎。（中略）今僧朗反葬冢塋（下略）。

齊永明元年　魏太和七年（四八三）

○七月甲申，魏使李彪、蘭英聘齊，八月壬申至。

魏書卷七上高祖紀上：（太和七年七月甲申）詔假員外散騎常侍李彪、員外郎蘭英使於蕭賾。

北史卷三魏本紀三：（太和七年）秋七月甲申，詔假員外散騎常侍李彪使於齊。

南史卷四齊本紀上：（永明元年）秋八月壬申，魏人來聘。

通鑑卷一三五齊紀一武帝永明元年：（七月甲申）魏使假員外散騎常侍頓丘李彪來聘。

魏書卷一〇五之三天象志三：（太和六年）十月己酉，有流星入翼，尾長五丈餘。七星，中州之羽儀；翼，南國也。天象若曰：將擇文明之士，使于楚邦焉。明年，員外散騎常侍李彪使齊，始通二國之好焉。

魏書卷六二李彪傳：李彪，字道固，（中略）高祖初，爲中書教學博士，後假員外散騎常侍、建威將軍、衞國子，使於蕭賾。（中略）（李）沖又表曰：「臣與彪相識以來，垂二十載。彪始南使之時，見其色厲辭辯、才優學博，臣之愚識，謂是拔萃之一人。（下略）」[一]

魏書卷七九成淹傳：（裴）昭明言：「（上略）齊高帝崩，魏遣李彪通弔，於時初不素服，齊朝亦不

[一] 北史卷四〇李彪傳略同。

以爲疑（下略）」（成）淹言：「彪通弔之日，朝命以弔服自隨，而彼不遵高宗追遠之慕，乃踰月即吉，彪行弔之時，齊之君臣皆已鳴玉盈庭，貂璫曜日，百寮内外，朱服焕然，彪行人，不被主人之命，復何容獨以素服間衣冠之中？（下略）」〔一〕

魏書卷五三李孝伯傳：孝伯美名，聞於遐邇，李彪使於江南，蕭賾謂之曰：「孝伯於卿遠近？」其爲遠人所知若此。〔二〕

南齊書卷四一張融傳：虜中聞融名，上使融接北使李道固，就席，道固顧之而言曰：「張融是宋彭城長史張暢子不？」融嚬蹙久之，曰：「先君不幸，名達六夷。」〔三〕

建康實録卷一六張融傳：北虜聞融名，上使融往對北使李道固，曰：「張融是宋彭城長史張暢子否？」融嚬蹙久之，曰：「先君不幸，名播六夷。」

魏書卷九一術藝蔣少游傳：高祖時，有范寧兒者善圍碁。曾與李彪使蕭賾，賾令江南上品王抗與寧兒〔四〕，制勝而還〔五〕。

高僧傳卷八釋僧鍾傳：後南遊京邑，止于中興寺。永明初，魏使李道固來聘，會于寺内。帝以鍾有

〔一〕南齊書卷二高帝紀下，齊高帝崩於建元四年三月壬戌。
〔二〕北史卷三三李孝伯傳略同。
〔三〕南史卷三二張邵傳附張融傳略同。此條不記年月，姑繫於此。
〔四〕中華書局點校本魏書校勘記：張森楷云：「『兒』下當有脱文。」
〔五〕北史卷九〇藝術下蔣少游傳略同。中華書局點校本北史校勘記：按「寗兒」下當脱「奕」字。

德聲，勅令酬對，往復移時，言無失厝。日影小晚，鍾不食，固曰：「何以不食？」鍾曰：「古佛道法，過中不飡。」固曰：「何爲聲聞耶？」鍾曰：「應以聲聞得度者，故現聲聞。」時人以爲名答。

南齊書卷五八東南夷高麗國傳：永明七年，平南參軍顔幼明、冗從僕射劉思斆使虜。虜元會，與高麗使相次。（中略）思斆謂僞南部尚書李思沖曰：「我聖朝處魏使，未嘗與小國列，卿亦應知。」思沖曰：「實如此。但主副不得升殿耳。此間坐起甚高，足以相報。」思斆曰：「李道固昔使，正以衣冠致隔耳。魏國必纓冕而至，豈容見黜。」

○十月丙寅，齊使劉纘、張謨聘魏，十一月辛丑至。

南齊書卷五七魏虜傳：永明元年冬，遣驍騎將軍劉纘、前軍將軍張謨使虜。

南史卷四齊本紀上：（永明元年）冬十月丙寅，使驍騎將軍劉纘聘于魏。

魏書卷七上高祖紀上：（太和七年）十有一月辛丑，蕭賾遣使朝貢。

北史卷三魏本紀三：（太和七年）十一月辛丑，齊人來聘。

魏書卷九八島夷蕭道成傳：道成死，子賾僭立，改年爲永明。賾遣其驍騎將軍劉纘、前將軍張謨朝貢。

通鑑卷一三五齊紀一武帝永明元年：冬十月丙寅，遣驍騎將軍劉纘聘於魏，魏主客令李安世主之。魏人出内藏之寶，使賈人鬻之於市。纘曰：「魏金玉大賤，當由山川所出。」安世曰：「聖朝不貴金玉，故賤同瓦礫。」纘初欲多市，聞其言，内慚而止。纘屢奉使至魏，馮太后遂私幸之。

魏書卷五三李孝伯傳附李安世傳：累遷主客令。蕭賾使劉纘朝貢，安世美容貌，善舉止，纘等自相謂曰：「不有君子，其能國乎？」纘等呼安世爲典客，安世曰：「三代不共禮，五帝各異樂，安足以亡秦之官，稱於上國。」纘曰：「世異之號，凡有幾也？」安世曰：「周謂掌客，秦改典客，漢名鴻臚，今曰主客。君等不欲影響文武，而殷勤亡秦。」纘又指方山曰：「此山去燕然遠近？」安世曰：「亦由石頭之於番禺耳。」國家有江南使至，多出藏内珍物，令都下富室好容服者貨之，令使任情交易。使至金玉肆問價，纘曰：「北方金玉大賤，當是山川所出？」安世曰：「聖朝不貴金玉，所以賤同瓦礫。又皇上德通神明，山不愛寶，故無川無金，無山無玉。」纘初將大市，得安世言，慚而罷。遷主客給事中。〔一〕

魏書卷五五劉芳傳：會蕭賾使劉纘至，芳之族兄也，擢芳兼主客郎，與纘相接。〔二〕

南齊書卷四〇武十七王竟陵文宣王子良傳：世祖好射雉，子良諫曰：「（上略）昔宋氏遣使，舊列階下，劉纘銜使，始登朝殿。（下略）」

齊永明二年　魏太和八年（四八四）

○五月甲申，魏使李彪、蘭英聘齊。

魏書卷七上高祖紀上：（太和八年五月）甲申，詔員外散騎常侍李彪、員外郎蘭英使於蕭賾。

〔一〕北史卷三三李孝伯傳附李安世傳略同。
〔二〕北史卷四二劉芳傳略同。

北史卷三魏本紀三：（太和八年五月）甲申，詔員外散騎常侍李彪使於齊。

通鑑卷一三六齊紀二武帝永明二年：五月甲申，魏遣員外散騎常侍李彪等來聘。

○九月甲午，齊使司馬憲、庾習聘魏。

魏書卷七上高祖紀上：（太和八年）九月甲午，蕭賾遣使朝貢。

北史卷三魏本紀三：（太和八年）九月甲午，齊人來聘。

魏書卷九八島夷蕭道成傳：（太和）八年，又遣兼員外散騎常侍司馬憲、兼員外散騎侍郎庾習朝獻。

南史卷七二文學丘巨源傳附司馬憲傳：至殿中郎，口辯有才地，使魏見稱於北。

○十一月乙未，魏使李彪、蘭英聘齊，十二月庚申至。

魏書卷七上高祖紀上：（太和八年）十有一月乙未，詔員外散騎常侍李彪、員外郎蘭英使於蕭賾。

北史卷三魏本紀三：（太和八年）冬十一月乙未，詔員外散騎常侍李彪使于齊。

南史卷四齊本紀上：（永明二年）冬十二月庚申，魏人來聘。

通鑑卷一三六齊紀二武帝永明二年：（十一月）乙未，魏員外散騎常侍李彪等來聘。〔一〕

南齊書卷五七魏虜傳：明年冬，虜使李道固報聘，世祖於玄武湖水步軍講武，登龍舟引見之。自此歲使往來，疆埸無事。

〔一〕通鑑考異卷六：齊紀：十二月庚申，虜使李道固至。今從魏帝紀。

建康實録卷一六魏虜傳：世祖即位，虜使李道固報聘〔一〕，世祖于玄武湖水步軍講武，登龍舟引見之。自此歲使來〔二〕，疆場無事。

齊永明三年　魏太和九年（四八五）

○三月甲寅，齊使劉纘、裴昭明聘魏，五月至。

南史卷四齊本紀上：（永明三年）三月甲寅〔三〕，使輔國將軍劉纘聘于魏。

魏書卷七上高祖紀上：（太和九年）五月，高麗國及蕭賾並遣使朝貢。

北史卷三魏本紀三：（太和九年）夏五月，齊人來聘。

魏書卷九八島夷蕭道成傳：（太和）九年，遣輔國將軍劉纘、通直郎裴昭明朝貢。

南齊書卷五七魏虜傳：先是劉纘再使虜，太后馮氏悦而親之。

南齊書卷五三良政裴昭明傳：歷祠部、通直郎。永明三年，使虜，世祖謂之曰：「以卿有將命之才，使還，當以一郡相賞。」還爲始安内史。〔四〕

〔一〕中華書局點校本建康實録校勘記：道固爲彪字，避唐高祖祖名諱改。
〔二〕「來」，文淵閣四庫全書本作「來往」。
〔三〕中華書局點校本南史校勘記：按永明三年三月戊辰朔，是月無甲寅。
〔四〕南史卷三三裴松之傳附裴昭明傳略同。

魏書卷四二薛辯傳附薛驎駒傳：太和九年，蕭賾使至，乃詔驎駒兼主客郎以接之。〔一〕

魏書卷六八甄琛傳：琛，高祖時兼主客郎，迎送蕭賾使彭城劉纘。琛欽其器貌，常歎詠之。〔二〕

○十月，魏使李彪、公孫阿六頭聘齊，十月丙辰至。

魏書卷七上高祖紀上：（太和九年十月）詔員外散騎常侍李彪、尚書郎公孫阿六頭使蕭賾。

北史卷三魏本紀三：（太和九年十月）詔員外散騎常侍李彪使於齊。

南史卷四齊本紀上：（永明三年）冬十月丙辰，魏人來聘。〔三〕

通鑑卷一三六齊紀二武帝永明三年：（十月）魏員外散騎常侍李彪等來聘。

南齊書卷三四庾杲之傳：杲之風範和潤，善音吐。世祖令對虜使。〔四〕

南史卷四九庾杲之傳：杲之嘗兼主客郎對魏使，使問杲之曰：「百姓那得家家題門帖賣宅？」答曰：「朝廷既欲掃蕩京洛，剋復神州，所以家家賣宅耳。」魏使縮鼻而不答。〔五〕

〔一〕北史卷三六薛辯傳附薛驎駒傳略同。

〔二〕北史卷四〇甄琛傳略同。

〔三〕中華書局點校本南史校勘記：「冬十月」各本作「冬十一月」。按十一月甲子朔，無丙辰，據通志訂正。

〔四〕建康實録卷一五庾杲之傳同。

〔五〕金溪北朝文化對南朝文化的接納與反饋附表一：「南齊書本傳載齊武帝以杲之兼主客郎對魏使，未詳載其年。按其時王儉尚在，王儉以永明七年五月卒，早於同年八月北魏遣使，故暫將接使事繫於此年（永明三年）。」南齊書庾杲之傳不言兼主客郎。

齊永明四年　魏太和十年（四八六）

○二月壬午，齊使裴昭明、司馬迪之聘魏，三月庚申（一作庚戌）至。

南史卷四齊本紀上：（永明四年二月）壬午，使通直郎裴昭明聘于魏。

魏書卷七下高祖紀下：（太和十年三月）庚申，蕭賾遣使朝貢。

北史卷三魏本紀三：（太和十年）三月庚戌，齊人來聘。

魏書卷九八島夷蕭道成傳：（太和）十年，又遣（裴）昭明與冠軍參軍司馬迪之朝貢。

齊永明七年　魏太和十三年（四八九）

○八月乙亥，魏使邢產、侯靈紹聘齊，九月壬寅至。

魏書卷七下高祖紀下：（太和十三年）八月乙亥，詔兼員外散騎常侍邢產、兼員外散騎侍郎侯靈紹使於蕭賾。

北史卷三魏本紀三：（太和十三年）八月乙亥，詔兼員外散騎常侍邢產使於齊。

南史卷四齊本紀上：（永明七年）秋九月壬寅，魏人來聘。

南齊書卷五七魏虜傳：至（永明）七年，遣使邢產、侯靈紹復通好。

通鑑卷一三六齊紀二武帝永明七年：八月乙亥，遣兼員外散騎常侍邢產等來聘。

魏書卷六五邢巒傳附邢產傳：假員外常侍、鄭縣子，使於蕭賾。產仍世將命，時人美之。〔二〕

魏書卷五五游明根傳：詔以與蕭賾絕使多年，今宜通否，羣臣會議。尚書陸叡曰：「先以三吴不靖，荆梁有難，故權停之，將觀釁而動。今彼方既靖，宜還通使。」明根曰：「中絕行人，是朝廷之事，深築醴陽，侵彼境土，二三之理，直在蕭賾。我今遣使，於理爲長。」高祖從之。

南齊書卷四〇武十七王竟陵文宣王子良傳：世祖好射雉，子良諫曰：「（上略）狡虜玩威，甫獲款關，二漢全富，猶加曲待。如聞使臣，頻亦怨望，前會東宮，遂形言色。昔宋氏遣使，舊列階下，劉纘銜使，始登朝殿。今既反命，宜賜優禮。（下略）」〔三〕

南齊書卷四七王融傳：尋遷丹陽丞，中書郎。虜使遣求書，朝議欲不與。融上疏曰：「臣側聞僉議，疑給虜書，如臣愚情，切有未喻。夫虜人面獸心，狼猛蜂毒，暴悖天經，虧違地義，逋竄燭幽，去來豳朔，綿周、漢而不悛，歷晉、宋其踰梗。豈有愛敬仁智，恭讓廉脩，懟犬馬之馴心，同鷹虎之反目。設稟秣有儲，筋竿足用，必以草竊關燧，寇擾邊疆；寧容款塞卑辭，承衣請朔。陛下務存遵養，不時侮亡，許其膜拜之誠，納裘之費。況復願同文軌，儻見款遣，思奉聲教，方致猜拒。將使舊邑遺逸，未知所寘，衰胡餘噍，或能自推。一令蔓草難鉏，涓流泛酌，豈直疥癢輕痾，容爲心腹重患。抑孫武之言也，困則數罰，窘則多賞，先暴而後畏其衆者，虜之謂乎？前中原士庶，雖淪懾殊俗，至於婚葬之晨，猶巾褠爲

〔二〕北史卷四三邢巒傳附邢產傳略同。邢產父祐，於魏皇興五年（八月改延興元年，四七一）、延興二年（四七二）兩度聘宋。

〔三〕南齊書竟陵文宣王子良傳上文記永明五年事，下文又有「先是六年」云云，子良諫言云「甫獲款關」，當指永明七年魏使聘齊事，故繫於此。

禮。而禁令苛刻，動加誅轘。于時獯粥初遷，犬羊尚結，即心徒怨，困懼成逃。自其將卒奔離，資待銷闕，北畏勍蠕，西逼南胡，民背如崩，勢絶防斷。於是曲從物情，僞竊章服，歷年將絶，隱蔽無聞。既南向而泣者，日夜以覬；北顧而辭者，江淮相屬。凶謀歲窘，淺慮無方，於是稽顙郊門，問禮求樂。若來之以文德，賜之以副書，漢家軌儀，重臨畿輔，司隸傳節，復入關河，無待八百之師，不期十萬之衆，固其提漿佇俟，揮戈願倒，三秦大同，六漢一統。又虜前後奉使，不專漢人，必介以匈奴，備諸覘獲。且設官分職，彌見其情，抑退舊苗，扶任種戚。師保則后族馮晉國，總録則邽姓直勒渴侯，台鼎則丘頽、苟仁端，執政則目凌、鉗耳。至於東都羽儀，西京簪帶，崔孝伯、程虞虬久在著作，李元和、郭季祐上于中書，李思沖飾虜清官，游明根泛居顯職。今經典遠被，詩史北流，馮、李之徒，必欲遵尚；直勒等類，居致乖阻。何則？匈奴以氈騎爲帷牀，馳射爲糇糧，冠方帽則犯沙陵雪，服左衽則風驤鳥逝。若衣以朱裳，戴之玄頍，節其揖讓，教以翔趨，必同艱桎梏，等懼冰淵，婆娑蹴蹐，困而不能前已。及夫春草水生，阻散馬之適，秋風木落，絶驅禽之歡，息沸脣於桑墟，别醍乳於冀俗，聽韶雅如聾聵，臨方丈若爰居，馮、李之徒，固得志矣，虜之凶族，其如病何？於是風土之思深，愎戾之情動，拂衣者連裾，抽鋒者比鏃，部落争于下，酋渠危於上，我一舉而兼吞，卞莊之勢必也。且棘寶薦虞，晉疆彌盛，大鍾出智，宿氏以亡。帝略遠乎，無思不服，鑾光幸岱，匪暮斯朝。臣請收籍伊瀍，兹書復掌，猶取之内府，藏之外篋，於理有愜，即事何損。若狂言足採，請決敕施行。」世祖答曰：「吾意不異卿。今所啓，比相

見更委悉。」事竟不行。[二]

隋書卷三二經籍志一：後魏始都燕、代，南略中原，粗收經史，未能全具。孝文徙都洛邑，借書於齊，祕府之中，稍以充實。

漢魏六朝碑刻校注〇五八七李璧墓誌：十八舉秀才，對策高第，入除中書博士。譽溢一京，聲輝二國。昔晉人失馭，羣書南徙，魏因沙鄉，文風北缺。高祖孝文皇帝，追悅淹中，遊心稷下，觀書亡落，恨閱不周，與爲連和，規借完典。而齊主昏迷，孤違天意。爲中書郎王融，思狎淵雲，韻乘琳瑀，氣轢江南，聲蘭岱北，聳調孤遠，鑒賞絶倫。遠服君風，遥深紵縞。啓稱在朝，宜借副書。轉授尚書南主客郎。[三]

〇十一月戊申，齊使顏幼明、劉思效（一作劉思斆）聘魏，十二月甲午至。

南史卷四齊本紀上：（永明七年）冬十一月戊申，詔平南參軍顏幼明聘于魏。

魏書卷七下高祖紀下：（太和十三年十二月）甲午，蕭賾遣使朝貢。

北史卷三魏本紀三：（太和十三年十二月）甲午，齊人來聘。

[二] 牟發松王融上疏請給虜書考析：王融上疏的上限在永明五年以後，下限在永明八年。魏、齊兩國在永明五年、六年間，因桓天生起事而爆發戰争，使節斷絶，直到永明七年即魏太和十三年秋纔恢復通使。而在永明七年十二月，疏中提到的荀頹病逝。北魏遣使求書南齊、王融上疏之事，祇能在永明七年即魏太和十三年。

[三] 拓片載北京圖書館藏中國歷代石刻拓本匯編第四册（誌一二一一）。

魏書卷九八島夷蕭道成傳：（太和）十三年，遣平南參軍顔幼明、冗從僕射劉思效朝貢。

通鑑卷一三六齊紀二武帝永明七年：（十二月）平南參軍顔幼明等聘於魏。

魏書卷四五裴駿傳附裴宣傳：高祖初，徵爲尚書主客郎，與蕭賾使顔幼明、劉思效、蕭琛、范雲等對接。

南齊書卷五八東南夷高麗國傳：虜置諸國使邸，齊使第一，高麗次之。永明七年，平南參軍顔幼明、冗從僕射劉思斅使虜[二]。虜元會，與高麗使相次。幼明謂僞主客郎裴叔令曰：「我等銜命上華，來造卿國。所爲抗敵，在乎一魏。自餘外夷，理不得望我鑣塵。况東夷小貊，臣屬朝廷，今日乃敢與我躡踵。」思斅謂僞南部尚書李思沖曰：「我聖朝處魏使，未嘗與小國列，卿亦應知。」思沖曰：「實如此。但主副不得升殿耳。此間坐起甚高，足以相報。」思斅曰：「李道固昔使，正以衣冠致隔耳。魏國必纓冕而至，豈容見黜。」幼明又謂虜主曰：「二國相亞，唯齊與魏。邊境小狄，敢躡臣蹤。」[三]

南齊書卷五七魏虜傳：先是（永明）八年北使顔幼明、劉思斅反命，僞南部尚書李思沖曰：「二國之和，義在庇民。如聞南朝大造舟車，欲侵淮、泗，推心相期，何應如此？」幼明曰：「主上方弘大信於天下，不失臣妾。既與輯和，何容二三其德？壃埸之言，差不足信。且朝廷若必赫怒，使守在外，亦不近相淮瀆。」思沖曰：「我國之彊，經略淮東，何患不蕩海東岳，政存於信誓耳。且和好既結，豈可復

[二] 姜維東正史高句麗傳校注南齊書：劉思斅與劉思效之名，音同，字不同，思效其人之才學、聲望、地位又均與思斅相符，疑爲一人。

[三] 魏書卷四五裴駿傳附裴宣傳：宣，字叔令。

有不信？昔華元、子反，戰伐之際，尚能以誠相告，此意良慕也。」幼明曰：「卿未有子反之急，詎求登床之請？」

賈思伯墓誌：魏故散騎常侍、尚書右僕射、使持節、鎮東將軍、青州使君賈君墓誌銘。君諱思伯，字士休，齊郡益都縣鈞臺里人也。其先乃武威之冠族。（中略）君之生也，海岱萃靈，含章式載。十歲能誦書詩，成童敦悦禮傳，備閲流略之書，多識前古之載。工草隸，善辭賦，文苑儒宗，遐邇歸屬。學優來士，遊宦北都。年廿一，釋褐奉朝請。時齊使繼好，來聘上國，以君造次清機，有端木之辨，命對南客，應西華之選。[一]

齊永明八年　魏太和十四年（四九〇）

○四月甲午，魏使邢產、蘇季連聘齊，六月己巳至。

魏書卷七下高祖紀下：（太和十四年四月）甲午，詔兼員外散騎常侍邢產、兼員外散騎侍郎蘇季連使於蕭賾。

北史卷三魏本紀三：（太和十四年四月）甲午，詔兼員外散騎常侍邢產使於齊。

[一] 賈思伯墓誌拓片及釋文載「中華石刻數據庫」，亦載漢魏六朝碑刻校注〇六八九，釋文多有不同。誌云思伯卒於孝昌元年（五二五）七月，年五十八，則當生於皇興二年（四六八）；年廿一時當太和十二年（齊永明六年，四八八）。然齊永明六年未遣使聘魏，姑繫於此。

南史卷四齊本紀上：（永明八年）六月己巳，魏人來聘。

通鑑卷一三七齊紀三武帝永明八年：（四月）甲午，魏遣兼員外散騎常侍邢產等來聘。

○十一月丁巳，齊使聘魏。

魏書卷七下高祖紀下：（太和十四年十一月）丁巳，蕭賾遣使朝貢。

北史卷三魏本紀三：（太和十四年十一月）丁巳，齊人來聘。

齊永明九年　魏太和十五年（四九一）

○正月戊午，齊使裴昭明、謝竣聘魏，二月己丑至。

南史卷四齊本紀上：（永明九年正月）戊午，詔射聲校尉裴昭明聘于魏。

魏書卷七下高祖紀下：（太和十五年二月）己丑，蕭賾遣使朝貢。

北史卷三魏本紀三：（太和十五年）二月己丑，齊人來聘。

魏書卷九八島夷蕭道成傳：（太和）十五年二月，遣員外散騎常侍裴昭明、員外散騎侍郎謝竣朝貢。

南齊書卷五三良政裴昭明傳：遷射聲校尉。（永明）九年，復遣北使。〔一〕

魏書卷七九成淹傳：太和中，文明太后崩，蕭賾遣其散騎常侍裴昭明、散騎侍郎謝竣等來弔，欲以

〔一〕南史卷三三裴松之傳附裴昭明傳略同。

朝服行事。主客執之，云：「弔有常式，何得以朱衣入山庭！」昭明等言：「本奉朝命，不容改易。」如此者數四，執志不移。高祖敕尚書李沖，令選一學識者更與論執，沖奏遣淹。昭明言：「未解魏朝不聽朝服行禮，義出何典？」淹言：「吉凶不同，禮有成數，玄冠不弔，童孺共聞。昔季孫將行，請遭喪之禮，千載之下，猶共稱之。卿遠自江南奉慰，不能式遵成事，方謂議出何典，行人得失，何其異哉！」昭明言：「二國交和既久，南北皆須準望。齊高帝崩，魏遣李彪通弔，於時初不素服，齊朝亦不以爲疑，那得苦見要逼。」淹言：「彪通弔之日，朝命以弔服自隨，而彼不遵高宗追遠之慕，乃踰月即吉，彪行弔之時，齊之君臣皆已鳴玉盈庭，貂璫曜日，百寮內外，朱服煥然。彪行人，不被主人之命，復何容獨以素服間衣冠之中？來責雖高，未敢聞命。我皇帝仁孝之性，侔於有虞，處諒闇以來，百官聽於冢宰，卿豈得以此方彼也。」昭明乃摇膝而言：「三皇不同禮，亦安知得失所歸。」淹言：「若如來談，卿以虞舜、高宗爲非也？」昭明遂相顧而笑曰：「非孝者，宣尼有成責，行人亦弗敢言。希主人裁以弔服，使人唯齎袴褶，比既戎服，不可以弔，幸借緇衣帢，以申國命。今爲魏朝所逼，違負指授，還南之日，必得罪本朝。」淹言：「彼有君子也，卿將命折中，還南之日，應有高賞；若無君子也，但令有光國之譽，雖復非理見罪，亦復何嫌。南史、董狐，自當直筆。」既而高祖遣李沖問淹昭明所言，淹以狀對。高祖詔沖曰：「我所用得人。」仍敕送衣帢給昭明等，賜淹果食。明旦引昭明等入，皆令文武盡哀。〔二〕

〔二〕北史卷四六成淹傳略同。

太平廣記卷一七三朱淹引談藪：後魏太皇太后馮氏崩，齊使散騎常侍裴昭明來弔，欲以朝服行事。主客問之，昭明曰：「不聽朝服行禮，義出何典？」著作佐郎朱淹接對，謂之曰：「吉凶不同，禮有成數，玄冠不弔，童孺共知。昔季孫將行，請遭喪之禮，千載之後，猶共稱之。卿遠自江南奉慰，不能式遵成事，乃云義出何典，行人得失，何甚異哉！」昭明曰：「齊帝昔崩，李彪通弔，於時初不素服，齊朝不以爲報，那見苦得邀迫〔二〕。」淹曰：「彼朝不遵高宗追遠之慕，乃逾月即吉，李彪行弔之時，齊之君臣皆以鳴玉盈廷，朱紫照日。彪既不被主人之命，何容獨以素服間廁衣冠之中哉？來責雖高，未敢聞命。我皇帝仁孝之性，侔於有虞，諒闇已來，百官聽於冢宰，卿豈得以此方彼也。」明乃摇手而言曰：「三皇不同禮，亦知得失所歸。」淹曰：「若如來談，卿以虞舜、高宗非邪？」明對曰：「非孝無親，請裁弔服。今爲魏朝所逼，必獲罪於本邦。」淹曰：「彼有君子，卿將命抗中，應有高賞。若無君子，但令有光國之譽，雖復非理得罪，亦復何嫌。南史、董狐，自當直筆。」高祖賞之，轉著作郎。

通鑑卷一三七齊紀三武帝永明九年：（二月）散騎常侍裴昭明、散騎侍郎謝竣如魏弔，欲以朝服行事，魏主客曰：「弔有常禮，何得以朱衣入凶庭！」昭明等曰：「受命本朝，不敢輒易。」往返數四，昭明等固執不可。魏主命尚書李沖，選學識之士與之言，沖奏遣著作郎上谷成淹。昭明等曰：「魏朝不聽使者朝服，出何典禮？」淹曰：「吉凶不相厭。羔裘玄冠不以弔，此童稚所知也。昔季孫如晉，求遭喪

〔二〕「那見苦得」，文淵閣四庫全書本作「那得苦見」，疑是。

之禮以行。今卿自江南遠來弔魏，方問出何典禮，行人得失，何其遠哉！」昭明曰：「二國之禮，應相準望。齊高皇帝之喪，魏遣李彪來弔，初不素服，齊朝亦不以爲疑，何至今日獨見要逼。」淹曰：「齊不能行亮陰之禮，踰月即吉。彪奉使之日，齊之君臣，鳴玉盈庭，貂璫曜目。彪不得主人之命，敢獨以素服廁其間乎？皇帝仁孝，侔於有虞，執親之喪，居廬食粥，豈得以此方彼乎。」昭明曰：「三王不同禮，孰能知其得失。」淹曰：「然則虞舜、高宗皆非邪？」昭明、竣相顧而笑曰：「非孝者無親，何可當也。」乃曰：「使人之來，唯齎袴褶，此既戎服，不可以弔，唯主人裁其弔服。然違本朝之命，返必獲罪。」淹曰：「使彼有君子，卿將命得宜，且有厚賞。若無君子，卿出而光國，得罪何傷。自當有良史書之。」乃以衣帢給昭明等，使服以致命。己丑，引昭明等入見，文武皆哭盡哀。魏主嘉淹之敏，遷侍郎，賜絹百匹。昭明，駰之子也。

○四月甲戌，魏使李彪、公孫阿六頭聘齊，五月丁未至。

魏書卷七下高祖紀下：（太和十五年四月）甲戌，詔員外散騎常侍李彪、尚書郎公孫阿六頭使於蕭賾。

北史卷三魏本紀三：（太和十五年四月）甲戌，詔員外散騎常侍李彪使於齊。

南史卷四齊本紀上：（永明九年五月）丁未，魏人來聘。

通鑑卷一三七齊紀三武帝永明九年：（四月）甲戌，魏員外散騎常侍李彪等來聘，爲之置燕設樂。彪辭樂，且曰：「主上孝思罔極，興墜正失。去三月晦，朝臣始除衰絰，猶以素服從事。是以使臣不敢承奏樂之賜。」朝廷從之。彪凡六奉使，上甚重之。將還，上親送至琅邪城，命羣臣賦詩以寵之。

○八月己亥，齊使蕭琛、范縝聘魏，九月辛巳至。

南史卷四齊本紀上：（永明九年）秋八月己亥，使司徒參軍蕭琛聘于魏。

梁書卷二六蕭琛傳：永明九年，魏始通好，琛再銜命至桑乾。〔二〕

魏書卷七下高祖紀下：（太和十五年）九月辛巳，蕭賾遣使朝貢。

北史卷三魏本紀三：（太和十五年）九月辛巳，齊人來聘。

魏書卷九八島夷蕭道成傳：（太和十五年）九月，又遣司徒參軍蕭琛、范縝朝貢。

魏書卷一〇八之三禮志四之三：（太和十五年）九月丙戌，有司上言求卜祥日。詔曰：「便及此期，覽以摧絶。敬祭卜祥，乃古之成典。但世失其義，筮日求吉，既乖敬事之志，又違永慕之心。今將屈禮厲衆，不訪龜兆。已企及此晦，寧敢重違册旨，以異羣議。尋惟永往，言增崩裂。」丁亥，高祖宿於廟。至夜一刻，引諸王、三都大官、駙馬、三公、令僕已下，奏事中散已上，及刺史、鎮將，立哭於廟庭，三公、令僕升廟。既出，監御令陳服笥於廟陛南，近侍者奉而升列於垩室前席。侍中、南平王馮誕跽奏請易服，進縞冠、皂朝服、革帶、黑屨，侍臣各易以黑介幘、白絹單衣、革帶、烏履，遂哀哭至乙夜，盡戊子。質明薦羞，奏事中散已上，冠服如侍臣，刺史已下無變。高祖薦酌，神部尚書王諶讚祝訖，哭拜遂出。有司陽祥服如前。侍中跽奏，請易祭服，進縞冠素紕、白布深衣、麻繩履。侍臣去幘易幍，羣

〔二〕南史卷一八蕭思話傳附蕭琛傳略同。

官易服如侍臣，又引入如前。儀曹尚書游明根升廟跽慰，復位哭，遂出。引太守外臣及諸部渠帥入哭，次引蕭賾使并雜客入。至甲夜四刻，侍御、散騎常侍、司衛監以上升廟哭，既而出。帝出廟，停立哀哭，久而乃還。

梁書卷四八儒林范縝傳：永明年中，與魏氏和親，歲通聘好，特簡才學之士，以爲行人，縝及從弟雲、蕭琛、琅邪顔幼明、河東裴昭明相繼將命，皆著名隣國。〔一〕

○十一月，魏使李彪、蔣少遊聘齊。

魏書卷七下高祖紀下：（太和十五年十一月）詔假通直散騎常侍李彪、假散騎侍郎蔣少遊使蕭賾。

北史卷三魏本紀三：（太和十五年十一月）詔假通直散騎常侍李彪聘於齊。

南史卷四齊本紀上：（永明九年）冬十月甲寅，魏人來聘。〔二〕

通鑑卷一三七齊紀三武帝永明九年：（十一月）魏假通直散騎常侍李彪等來聘。

南齊書卷五七魏虜傳：（永明）九年，遣使李道固、蔣少游報使。少游有機巧，密令觀京師宮殿楷式。清河崔元祖啓世祖曰：「少游，臣之外甥，特有公輸之思。宋世陷虜，處以大匠之官。今爲副使，必欲模範宮闕。豈可令氈鄉之鄙，取象天宮？臣謂且留少游，令使主反命。」世祖以非和通意，不許。少游，安樂人。虜宮室制度，皆從其出。

〔一〕 南史卷五七范雲傳附范縝傳略同。
〔二〕 中國歷代行人考第六章：「所繫月日，與此未合。」此次魏使聘齊，魏書、北史在十一月，而南史繫於十月，南、北史籍記載時間不合。

南史卷四七崔祖思傳附崔元祖傳：永明九年，魏使李道固及蔣少游至。元祖言：「臣甥少游有班、倕之功，今來必令模寫宫掖，未可令反。」上不從。少游果圖畫而歸。

建康實録卷一六魏虜傳：仍使蔣少遊窺京師宫殿楷式而去。

北史卷九〇藝術下蔣少游傳：後爲散騎侍郎，副李彪使江南。〔二〕

魏書卷六二李彪傳：其年，加員外散騎常侍，使於蕭賾。賾遣其主客郎劉繪接對，并設讌樂。彪辭樂。及坐，彪曰：「齊主既賜讌樂，以勞行人，向辭樂者，卿或未相體。自喪禮廢替，於茲以久，我皇孝性自天，追慕罔極，故有今者喪除之議。去三月晦，朝臣始除衰裳，猶以素服從事。裴、謝在此，固應具此，我今辭樂，想卿無怪。」繪答言：「辭樂之事，向以不異。請問魏朝喪禮，竟何所依？」彪曰：「高宗三年，孝文踰月，今聖上追鞠育之深恩，感慈訓之厚德，執於殷漢之間，可謂得禮之變。」繪復問：「若欲遵古，何爲不終三年？」彪曰：「萬機不可久曠，故割至慕，俯從羣議。服變不異三年，而限同一朞，可謂亡禮之禮。」繪言：「汰哉叔氏！專以禮許人。」彪曰：「聖朝自爲曠代之制，何關許人。」繪言：「百官總己聽於冢宰，萬機何慮於曠？」彪曰：「我聞載籍：五帝之臣，臣不若君，故君親攬其事；三王君臣智等，故共理機務；五霸臣過於君，故事決於下。我朝官司皆五帝之臣，主上親攬，蓋遠軌軒唐。」彪將還，賾親謂曰：「卿前使還日，賦阮詩云『但願長閑暇，後歲復來遊』，果如今日〔三〕。卿

〔二〕 魏書卷九一術藝蔣少游傳同。

〔三〕 中華書局點校本魏書（修訂本）校勘記：「果如」下册府卷六五八有「言」字，「今日」屬下讀，疑是。御覽卷七七八引後魏書亦作「果如言今日」。

此還也，復有來理否？」彪答言：「使臣請重賦阮詩曰『宴衎清都中，一去永矣哉』。」賾惘然曰：「清都可爾，一去何事？觀卿此言，似成長闊，朕當以殊禮相送。」賾遂親至琅邪城，登山臨水，命羣臣賦詩以送別，其見重如此。彪前後六度銜命，南人奇其謇諤。（中略）史臣曰：李彪（中略）見擢太和之世，輶軒驟指，聲駭江南（下略）〔二〕

南齊書卷四八劉繪傳：後北虜使來，繪以辭辯，敕接虜使。事畢，當撰語辭。繪謂人曰：「無論潤色未易，但得我語亦難矣。」〔三〕

梁書卷二六蕭琛傳：時魏遣李道固來使，齊帝讌之，琛於御筵舉酒勸道固，道固不受，曰：「公庭無私禮，不容受勸。」琛徐答曰：「詩所謂『雨我公田，遂及我私』。」座者皆服，道固乃受琛酒。〔三〕

太平廣記卷一七三蕭琛引談藪：琛嘗於御座飲酒於北使員外常侍李道固，不受，曰：「公庭無私禮，不容受卿勸。」衆皆失色，恐無以酬。琛徐曰：「詩所謂『雨我公田，遂及我私』。」道固乃屈狀受酒〔四〕。

魏書卷四四薛野豬傳附薛虎子傳：除開府、徐州刺史。（中略）民得安堵。高祖曾從容問祕書丞李彪曰：「卿頻使江南，徐州刺史政績何如？」彪曰：「綏邊布化，甚得其和。」高祖曰：「朕亦知之。」

〔一〕北史卷四〇李彪傳略同。

〔二〕南史卷三九劉勔傳附劉繪傳略同。

〔三〕南史卷一八蕭思話傳附蕭琛傳略同。

〔四〕「狀」，文淵閣四庫全書本作「伏」，疑是。

南齊書卷二二豫章文獻王傳：上謀北伐，以虜所獻氈車賜嶷。〔一〕

齊永明十年　魏太和十六年（四九二）

○三月，齊使庾華、何憲、邢宗慶聘魏。

魏書卷七下高祖紀下：（太和十六年三月）蕭賾遣使朝貢。

北史卷三魏本紀三：（太和十六年三月）齊人來聘。

通鑑卷一三七齊紀三武帝永明十年：（正月）散騎常侍庾華等聘於魏，魏主使侍郎成淹引華等於館南瞻望行禮。

南齊書卷三四虞玩之傳附何憲傳：永明十年，使于虜中。〔二〕

梁書卷五三良吏庾蓽傳：齊永明中，與魏和親，以蓽兼散騎常侍報使。〔三〕

魏書卷九八島夷蕭道成傳：（太和）十六年，復遣（蕭）琛與司徒參軍范雲朝貢，又遣車騎功曹庾華、南豫州別駕何憲朝貢。

魏書卷七九成淹傳：（太和）十六年，蕭賾遣其散騎常侍庾華、散騎侍郎何憲、主書邢宗慶朝貢。

〔一〕此條叙事約在永明八年之後、十年之前，姑繫於此。

〔二〕南史卷四九王諶傳附何憲傳略同。

〔三〕南史卷四九庾杲之傳附庾蓽傳略同。

值朝廷有事明堂，因登靈臺以觀雲物。高祖敕淹引華等館南矚望行禮，事畢，還外館，賜酒食。宗慶語淹言：「南北連和既久，而比棄信絶好，爲利而動，豈是大國善隣之義？」淹言：「夫爲王者，不拘小節。中原有菽，工採者獲多，豈眷眷守尾生之信。且齊先主歷事宋朝，荷恩積世，當應便爾欺奪？」宗慶、庾華及行者皆相顧失色。何憲知淹昔從南入，而以手掩目曰：「卿何爲不作于禁，而作魯肅？」淹言：「我捨危効順，欲追蹤陳、韓，何于禁之有！」憲亦不對。[二]

魏書卷一九中景穆十二王中任城王雲傳附元澄傳：蕭賾使庾華來朝，華見澄音韻遒雅，風儀秀逸，謂主客郎張彝曰：「往魏任城以武著稱，今魏任城乃以文見美也。」[三]

太平廣記卷一七三朱淹引談藪：齊又使員外郎何憲、主客邢宗慶來朝，遣淹接對。宗慶謂淹曰：「南北連和既久，而比棄信絶好，爲利而動，豈是大國善鄰之義？」淹曰：「夫爲王者，不拘小節。中原有菽，工採者獲多，豈得眷眷守尾生之信。且齊先王歷事宋朝，荷恩積世，豈應便爾篡奪？」慶等相顧失色。何憲知淹昔從南入北，謂淹曰：「卿何不作于禁，而作魯肅？」淹曰：「我捨危就順，欲追蹤陳、韓，何于禁之有！」憲不能答。

○七月甲戌，魏使宋弁、房亮聘齊。

魏書卷七下高祖紀下：（太和十六年七月）甲戌，詔兼員外散騎常侍宋弁、兼員外散騎侍郎房亮使

[二] 北史卷四六成淹傳略同。

[三] 北史卷一八景穆十二王下任城王雲傳附元澄傳略同。

於蕭賾。

北史卷三魏本紀三：（太和十六年七月）甲戌，詔兼員外散騎常侍宋弁使於齊。

通鑑卷一三七齊紀三武帝永明十年：（七月）甲戌，魏遣兼員外散騎常侍廣平宋弁等來聘。及還，魏主問弁：「江南何如？」弁曰：「蕭氏父子無大功於天下，既以逆取，不能順守。政令苛碎，賦役繁重，朝無股肱之臣，野有愁怨之民，其得沒身幸矣，非貽厥孫謀之道也。」

魏書卷六三宋弁傳：遷中書侍郎，兼員外常侍，使於蕭賾。賾司徒蕭子良、祕書丞王融等皆稱美之，以爲志氣謇烈不逮李彪，而體韻和雅、舉止閑邃過之。（中略）高祖曾論江左事，因問弁曰：「卿比南行，入其隅隩，彼政道云何？興亡之數可得知不？」弁對曰：「蕭氏父子無大功於天下，既以逆取，不能順守。德政不理，徭役滋劇，內無股肱之助，外有怨叛之民，以臣觀之，必不能貽厥孫謀，保有南海。若物憚其威，身免爲幸。」[一]

魏書卷七二房亮傳：房亮，字景高，（中略）拜祕書郎，又兼員外散騎侍郎，副中書侍郎宋弁使於蕭賾。

南齊書卷四七王融傳：上以融才辯，十一年[二]，使兼主客，接虜使房景高、宋弁。弁見融年少，

[一] 北史卷二六宋隱傳附宋弁傳略同。

[二] 丁福林南齊書校議卷四七：「頗疑王融兼主客以接魏使宋弁、房亮，乃在永明十年秋末冬初，而不在十一年也。」中華書局點校本南齊書（修訂本）校勘記：「魏書卷七下高祖紀下記房景高、宋弁聘齊事在太和十六年，時當齊永明十年，疑是。」

問：「主客年幾？」融曰：「五十之年，久踰其半。」因問：「在朝聞主客作曲水詩序。」景高又云：「在北聞主客此製，勝於顏延年，實願一見。」融乃示之。後日，宋弁於瑤池堂謂融曰：「昔觀相如封禪，以知漢武之德；今覽王生詩序，用見齊王之盛。」融曰：「皇家盛明，豈直比蹤漢武；更慙鄙製，無以遠匹相如。」上以虜獻馬不稱，使融問曰：「秦西冀北，實多駿驥。而魏主所獻良馬，乃駑駘之不若。求名檢事，殊爲未孚。將旦旦信誓，有時而爽，駉駉之牧，不能復嗣？」宋弁曰：「不容虛僞之名，當是不習土地。」融曰：「周穆馬跡，徧於天下。若騏驥之性，因地而遷，則造父之策，有時而躓。」弁曰：「王主客何爲勤勤於千里？」融曰：「卿國既異其優劣，聊復相訪。若千里日至，聖上當駕鼓車。」弁曰：「向意既須，必不能駕鼓車也。」融曰：「買死馬之骨，亦郭隗之故。」弁不能答。〔一〕

太平廣記卷一七三王融引談藪：魏使宋弁至，敕王融兼主客郎中。融問弁曰：「秦西冀北，實多駿驥，而彼所獻，乃駑駘之不若。求名檢事，殊爲未知。且將信誓，有時而爽，而駉駉牧馬，或未能嗣。」弁曰：「不容虛爲之名，當是不習水土。」融曰：「周穆馬跡，遍周天下。若騏驥之性，因地而遷，則造父之策，有時而躓。」弁曰：「卿何勤勤於千里？」融曰：「卿國既名其優劣，聊以相訪。若於千里必至，聖主將駕之鼓車。」弁不能答。

○十二月乙巳，齊使蕭琛、范雲聘魏。

〔一〕南史卷二一王弘傳附王融傳略同。

南史卷四齊本紀上：（永明十年）十二月乙巳，使司徒參軍蕭琛聘于魏〔二〕。

魏書卷七下高祖紀下：（太和十六年十二月）是月，蕭賾遣使朝貢。

北史卷三魏本紀三：（太和十六年十二月）齊人來聘。

魏書卷九八島夷蕭道成傳：（太和）十六年，復遣（蕭）琛與司徒參軍范雲朝貢，又遣車騎功曹庾華、南豫州别駕何憲朝貢。

通鑑卷一三七齊紀三武帝永明十年：十二月，司徒參軍蕭琛、范雲聘於魏。魏主甚重齊人，親與談論。顧謂羣臣曰：「江南多好臣。」侍臣李元凱對曰：「江南多好臣，歲一易主；江北無好臣，百年一易主。」魏主甚慙。

南齊書卷五七魏虜傳：（永明）十年，上遣司徒參軍蕭琛、范雲北使。宏西郊，即前祠天壇處也。宏與僞公卿從二十餘騎戎服繞壇，宏一周，公卿七匝，謂之蹋壇。明日，復戎服登壇祠天，宏又繞三匝，公卿七匝，謂之繞天。以繩相交絡，紐木枝棖，覆以青繒，形制平圓，下容百人坐，謂之爲「繖」，一云「百子帳」也。於此下宴息。次祠廟及布政明堂，皆引朝廷使人觀視。每使至，宏親相應接，申以言義。甚重齊人，常謂其臣下曰：「江南多好臣。」僞侍臣李元凱對曰：「江南多好臣，歲一易主；江北無好臣，而百年一主。」宏大慙，出元凱爲雍州長史，俄召復職。

〔二〕中華書局點校本南史校勘記：「十二月」各本脱「十」字，據通鑑補。

建康實録卷一六魏虜傳：（永明）十年，世祖使司徒參軍范雲、蕭琛北使，宏在西郊祠天壇處，以繩相交絡[一]，紐木袚帳[二]，覆以青繒，形製平圓，下容百人坐，謂之爲「繖」，一云「百子帳」。于此下宴引朝臣。及齊使，宏皆自應接，甚重齊人。宏謂左右曰：「江南多好臣。」宏侍中李元凱對曰：「江南多好臣，數歲一易主；江北無好臣，百年不易主。」宏大慚。

南史卷五七范雲傳：永明十年使魏，魏使李彪宣命，至雲所，甚見稱美。彪爲設甘蔗、黄甘、粽，隨盡復益。彪笑謂曰：「范散騎小復儉之，一盡不可復得。」

魏書卷三六李順傳附李憲傳：拜祕書中散，雅爲高祖所賞。稍遷散騎侍郎，接對蕭衍使蕭琛、范雲[三]。

魏書卷四五裴駿傳附裴宣傳：高祖初，徵爲尚書主客郎，與蕭賾使顔幼明、劉思效、蕭琛、范雲等對接。

魏書卷五六崔辯傳附崔景儁傳：以經明行修，徵拜中書博士。歷侍御史、主文中散。受敕接蕭頤使蕭琛、范雲，高祖賜名爲逸。

類聚卷八范雲度黄河詩：河流迅且濁，湯湯不可陵。檜檝難爲榜，松舟纔自勝。空亭偃舊木，荒疇

[一]「絡」，文淵閣四庫全書本作「結絡」。

[二]「袚帳」，文淵閣四庫全書本作「枝棖」。

[三]蕭琛、范雲聘魏在齊代，此處「蕭衍」誤書，當作「蕭賾」，魏書卷四五裴駿傳附裴宣傳即作「蕭賾」。參見曹道衡、沈玉成：中古文學史料叢考卷四蕭琛生卒年與使魏。

餘故塍。不覿行人跡，但見狐兔興。寄言河上老，此水何當澄。〔一〕

類聚卷二七范雲述行詩：振策出燕代，驅車背朔并。翩翩朱蓋轉，蕭蕭良馬鳴。

齊永明十一年　魏太和十七年（四九三）

○正月，魏使邢巒、劉承叔聘齊，四月癸未至。

魏書卷七下高祖紀下：（太和十七年正月）詔兼員外散騎侍郎劉承叔使於蕭賾。〔二〕

北史卷三魏本紀三：（太和十七年正月）詔兼員外散騎常侍邢巒使於齊。

南史卷四齊本紀上：（永明十一年）夏四月癸未，魏人來聘。

通鑑卷一三八齊紀四武帝永明十一年：（正月）魏遣員外散騎侍郎邢巒等來聘。巒，穎之孫也。

魏書卷六五邢巒傳：遷員外散騎侍郎，爲高祖所知賞。兼員外散騎常侍，使於蕭賾。〔三〕

○九月壬子，魏使高聰、賈禎聘齊，十一月庚戌至。

〔一〕詩又載文苑英華卷一六三，題作渡黃河，「河流」作「河邊」。

〔二〕中華書局點校本魏書（修訂本）校勘記：北史卷三魏本紀三作「詔兼員外散騎常侍邢巒使於齊」。按趙翼陔餘叢考卷八：「按遣使必兩人，魏書凡遣使皆兩人並書，北史上書正使一人，此次魏書只書劉承叔，蓋脱落正使邢巒也。」邢巒出使事見本書卷六五本傳。魏遣使南朝通例，正使兼散騎常侍，副使兼散騎侍郎。劉承叔官銜説明他是副使，「詔」下疑脱去「兼員外散騎常侍邢巒」九字。

〔三〕北史卷四三邢巒傳略同。

魏書卷七下高祖紀下：（太和十七年）九月壬子，詔兼員外散騎常侍高聰、兼員外散騎侍郎賈禎使於蕭昭業。

北史卷三魏本紀三：（太和十七年）九月壬子，詔兼員外散騎常侍高聰聘於齊。

南史卷五齊本紀下：（永明十一年）十一月庚戌，魏人來聘。

通鑑卷一三八齊紀四武帝永明十一年：九月壬子，魏遣兼員外散騎常侍勃海高聰等來聘。

魏書卷六八高聰傳：太和十七年，兼員外散騎常侍，使於蕭昭業。高祖定都洛陽，追詔聰等曰：「比於河陽敕卿，仍居瀍洛，周視舊業，依然有懷，固欲先之營之，後乃薄伐。且以賾喪甫爾，使通在昔，乘危幸凶，君子弗取。是用輟茲前圖，遠期來會，爰息六師，三川是宅，將底居成周，永恢皇宇。今更造璽書，以代往詔，比所敕授，隨宜變之，善勗皇華，無替指意。」使還，遷通直散騎常侍、兼太府少卿，轉兼太子左率。〔一〕

魏書卷三三賈彝傳附賈禎傳：太和中，爲中書博士，副中書侍郎高聰使於江左。〔二〕

元和姓纂卷七賈氏：璣曾孫國，後燕代郡太守。曾孫叔願，後魏散騎常侍、聘齊使。〔三〕

南齊書卷五七魏虜傳：（永明）十一年，遣露布并上書，稱當南寇。（中略）會世祖崩，宏聞關中危

〔一〕北史卷四〇高聰傳較略。

〔二〕北史卷二七賈彝傳附賈禎傳略同。

〔三〕岑仲勉校記：「羅校云：『案魏書賈彝傳作潤曾孫禎，字叔願。』余按彝傳亦稱彝兄代郡太守潤。」陶敏元和姓纂新校證：「『國』疑爲『潤』之訛。」

急，乃稱聞喪退師：「太和十七年八月，使持節、安南大將軍、都督徐青齊三州諸軍事、南中郎將、徐州刺史、廣陵侯府長史、帶淮陽太守鹿樹生移齊兗州府長史，府奉被行所尚書符騰詔：『皇師雷舉，摇旆南指，誓清江祲，志廓衡靄。以去月下旬，濟次河洛。會前使人邢巒等至，審知彼有大艾。以春秋之義，聞喪寢伐。爰勑有司，輟鑾止軔，休馬華陽，戢戈嵩北。便肇經周制，光宅中區，永皇基于無窮，恢盛業乎萬祀。辰居重正，鴻化增新，四海承休，莫不銘慶。』故以往示，如律令。」并遣使弔國諱。

建康實録卷一六魏虜傳：（永明）十一年，宏遣露布并遺世祖書，稱南入。（中略）會世祖崩，宏聞，乃退師。「太和十七年八月，使持節、安南大將軍，行尚書符騰詔[一]：『皇師電擊，旌旗南指，誓清江祲，志廓衡靄。會行人審知彼有大故。以春秋之義，聞哀寢伐。爰敕有司，輟鑾止輅。』故以往示。」并遣使弔齊問諱。

南齊書卷四五宗室始安貞王道生傳附蕭遥昌傳：（建武）二年，虜主元宏寇壽春，（中略）宏又曰：「雲羅所掩，六合宜一。故往年與齊武有書，言今日之事，書似未達齊主，命也。南使反，情有愴然，朕亦保兵。（下略）」

梁書卷二六范岫傳：永明中，魏使至，有詔妙選朝士有詞辯者，接使於界首，以岫兼淮陰長史迎焉。[二]

[一] 中華書局點校本建康實録校勘記：行尚書　徐鈔本無「行」字，另作「府長史鹿樹生移行在所」十字。

[二] 南史卷六〇范岫傳略同。

梁書卷一九宗夬傳：永明中，與魏和親，敕夬與尚書殿中郎任昉同接魏使，皆時選也。〔一〕

南齊書卷五六倖臣劉係宗傳：永明中，虜使書常令係宗題答，祕書書局皆隸之。〔二〕

南齊書卷二七劉懷珍傳附劉靈哲傳：嫡母崔氏及兄子景焕，泰始中没虜，靈哲爲布衣，不聽樂。及懷珍卒，當襲爵，靈哲固辭以兄子在虜中，存亡未測，無容越當茅土，朝廷義之。靈哲傾産私贖嫡母及景焕，累年不能得。世祖哀之，令北使告虜主，虜主送以還南，襲懷珍封爵。〔三〕

水經注卷一一滱水：滱水又屈而東，合兩嶺溪水，水出恒山北阜，東北流，歷兩嶺間。北嶺雖層陵雲舉，猶不若南巒峭秀。自水南步遠峰，石磴逶迆，沿途九曲，歷睇諸山，咸爲劣矣，抑亦羊腸、邛崍之類者也。齊、宋通和，路出其間〔四〕。其水東北流，注于滱水。

齊隆昌元年（七月改延興元年，十月改建武元年）　魏太和十八年（四九四）

○正月甲戌，齊使劉斅、沈宏聘魏，二月癸卯至。

南史卷五齊本紀下：（隆昌元年正月）甲戌，使司徒參軍劉斅聘于魏。

〔一〕南史卷三七宗慤傳附宗夬傳略同。曹道衡、沈玉成著中古文學史料叢考卷四任昉永明天監間仕歷、宗夬仕歷謂宗夬、任昉同接魏使，當在永明三年。然永明元年、二年魏使李彪等亦曾聘齊，疑曹、沈説非是。

〔二〕南史卷七七恩倖劉係宗傳略同。

〔三〕南史卷四九劉懷珍傳附劉靈哲傳略同。此條年代不詳，傳云靈哲卒於隆昌元年，姑繫於此。

〔四〕水經注疏熊會貞按語：北魏太和以前都平城，江左使臣來往，此爲必由之路。

南齊書卷五七魏虜傳：隆昌元年，遣司徒參軍劉斅、車騎參軍沈宏報使。至北，宏稱字玄覽。
魏書卷七下高祖紀下：（太和十八年二月癸卯）蕭昭業遣使朝貢。
北史卷三魏本紀三：（太和十八年二月）癸卯，齊人來聘。
通鑑卷一三九齊紀五明帝建武元年：（二月）司徒參軍劉斅等聘于魏。
建康實録卷一六魏虜傳：隆昌元年，齊遣使劉斅等聘宏。
魏書卷七九成淹傳：時遷都，高祖以淹家無行資，敕給事力，送至洛陽，并賜假日與家累相隨。行次靈丘，屬蕭鸞遣使，敕驛馬徵淹。〔一〕

〇六月己巳，魏使盧昶、王清石聘齊，八月壬辰至。
魏書卷七下高祖紀下：（太和十八年）六月己巳，詔兼員外散騎常侍盧昶、兼員外散騎侍郎王清石使於蕭昭業。
北史卷三魏本紀三：（太和十八年）六月己巳，詔兼員外散騎常侍盧昶使於齊。
南史卷五齊本紀下：（延興元年）八月壬辰，魏人來聘。〔二〕
通鑑卷一三九齊紀五明帝建武元年：六月己巳，魏遣兼員外散騎常侍盧昶、兼員外散騎侍郎王清石

〔一〕北史卷四六成淹傳略同。
〔二〕中華書局點校本南史校勘記：按八月癸卯朔，無壬辰及下之「甲午」、「辛丑」；七月癸酉朔，則有此諸日辰，然「壬辰」（二十日）、「甲午」（二十二日）又不當繫在上文「丁酉」（二十五日）後。

來聘。祉，度世之子也。清石世仕江南，魏主謂清石曰：「卿勿以南人自嫌。彼有知識，欲見則見，欲言則言。凡使人以和爲貴，勿迭相矜夸，見於辭色，失將命之體也。」

通鑑卷一四〇齊紀六明帝建武二年：魏之入寇也，盧昶等猶在建康，齊人恨之，飼以蒸豆。昶怖懼，食之，淚汗交横。謁者張思寧辭氣不屈，死於館下。及還，魏主讓昶曰：「人誰不死，何至自同牛馬，屈身辱國？縱不遠慙蘇武，獨不近愧思寧乎！」乃黜爲民。

魏書卷四七盧玄傳附盧昶傳：太和初，爲太子中舍人、兼員外散騎常侍，使於蕭昭業。高祖詔昶曰：「卿使至彼，勿存彼我。密邇江揚，不早當晚，會是朕物。卿等欲言便言，無相疑難。」又敕副使王清石曰：「卿莫以本是南人，言語致慮。若彼先有所知所識，欲見便見，須論即論。盧昶正是寬柔君子，無多文才，或主客命卿作詩，可率卿所知，莫以昶不作，便復罷也。凡使人之體，以和爲貴，勿遞相矜誇，見於色貌，失將命之體。卿等各率所知，以相規誨。」及昶至彼，值蕭鸞僭立，於是高祖南討之，昶兄淵爲别道將。而蕭鸞以朝廷加兵，遂酷遇昶等。昶本非骨鯁，聞南人云兄既作將，弟爲使者，乃大恐怖，淚汗交横。鸞以腐米臭魚莝豆供之。而謁者張思寧辭氣謇諤，曾不屈撓，遂以壯烈死於館中。昶還，高祖責之曰：「銜命之禮，有死無辱，雖流放海隅，猶宜抱節致殞。卿不能長纓羈首，已是可恨。何乃俛眉飲啄，自同犬馬。有生必死，修短幾何。卿若殺身成名，貽之竹素，何如甘彼芻菽，以辱君父乎？縱不遠慚蘇武，寧不近愧思寧！」昶對曰：「臣器乏陸、隨，忝使閩越。屬蕭鸞昏狂，誅戮無道，恐不得仰奉明時，歸養老母，苟存尺蠖，屈以求伸。負辱朝命，罪宜萬死，乞歸司寇，伏聽斧鉞。」遂

見罷黜。〔一〕

南齊書卷四七謝朓傳：尋以本官兼尚書殿中郎。隆昌初，敕朓接北使，朓自以口訥，啓讓不當，不見許〔二〕。

年月不詳（齊朝，四七九—五〇二）

○魏使楊鈞聘齊。

楊鈞墓誌：魏故使持節、侍中、司空公、都督雍州諸軍事、車騎大將軍、雍州刺史、臨貞縣開國伯楊公墓誌銘。君諱鈞，字季孫，弘農人也。（中略）年廿，起家除散騎侍郎，仍舉齊使。於時江吳縣俎，風俗清夷。皇華之授，匪賢莫寄。公允應茲選，議士以爲美談。〔三〕

梁普通元年　魏正光元年（五二〇）

○本年，魏使劉善明聘梁。

〔一〕北史卷三〇盧玄傳附盧昶傳略同。此魏太和十八年事，北史盧昶傳作「太和中」，而魏書盧昶傳云「太和初」，不確。王允亮南北朝文學交流研究：以太和十八年而云「太和初」顯誤。

〔二〕中華書局點校本南齊書（修訂本）校勘記：「啓讓不當不見許　南監本、南史卷一九謝裕傳附謝朓傳無『不當不』三字，北監本、殿本無下『不』字。」南史卷一九謝裕傳附謝朓傳略同，「啓讓不當不見許」作「啓讓見許」。

〔三〕拓片及釋文載「中華石刻數據庫」。此條年代不詳，姑繫於此。

通鑑卷一四九梁紀五武帝普通元年：魏遣使者劉善明來聘，始復通好。〔二〕

梁書卷二一王份傳附王錫傳：普通初，魏始連和，使劉善明來聘，敕使中書舍人朱异接之，預讌者皆歸化北人。善明負其才氣，酒酣謂异曰：「南國辯學如中書者幾人？」异對曰：「异所以得接賓宴者，乃分職是司。二國通和，所敦親好；若以才辯相尚，則不容見使。」善明乃曰：「王錫、張纘，北間所聞，云何可見？」异具啓，敕即使於南苑設宴，錫與張纘、朱异四人而已。善明造席，遍論經史，兼以嘲謔。錫、纘隨方酬對，無所稽疑，未嘗訪彼一事，善明甚相歎揖。佗日謂异曰：「一日見二賢，實副所期，不有君子，安能爲國！」

南史卷二三王彧傳附王錫傳：普通初，魏始連和，使劉善明來聘，敕中書舍人朱异接之。善明彭城

〔二〕通鑑胡三省注：「自齊明帝建元二年盧昶北歸之後，魏不復遣使南聘，至是復通。」鵬按：通鑑胡三省注「建元二年」誤，當作「建武二年」。魏書卷七九董紹傳：「豫州城人白早生以城南叛，詔紹慰勞。至上蔡，爲賊所襲，囚送江東，仍被鏁禁。蕭衍領軍將軍吕僧珍暫與紹言，便相器重。衍聞之，遣使勞紹云：『忠臣孝子，不可無人。今當聽卿還國。』紹對曰：『老母在洛，無復方寸，既奉恩貸，實若更生。』衍又遣主書霍靈超謂紹曰：『今放卿還，令卿通兩家之好，彼此息民，豈不善也。』對曰：『通好息民，乃兩國之事，既蒙命及，輒當聞奏本朝。』衍賜紹衣物，引入見之，令其舍人周捨慰勞，并稱：『戰争多年，民物塗炭，是以不恥先言，與魏朝通好。比亦有書，都無報旨。卿宜備申此意，故遣傳詔周靈秀送卿至國，遲有嘉問。』又令謂紹曰：『卿知所以得不死不？今者獲卿，乃天意也。夫千人之聚，不散則亂，故須立君以治天下，不以天下養一人。凡在民上，胡不思此？若欲通好，今以宿豫還彼，彼當以漢中見歸。』先是，詔有司以所獲衍將齊苟兒等十人欲以换紹，事在司馬悦傳。及紹還，世宗愍之，永平中，除給事中，仍兼舍人。紹雖陳説和計，朝廷不許。」魏書卷九八島夷蕭衍傳：「永平元年十月，懸瓠城民白早生據州反叛，（中略）初，早生之反也，世宗遣主書董紹銜詔宣慰，紹爲早生所執，送之於衍。衍乃厚資遣紹，令奉書朝廷，請割宿豫内屬，以求和好。時朝議或有異同，世宗以衍辭雖款順，而不稱藩，詔有司不許。」據梁書卷二武帝紀中、魏書卷八世宗紀，魏白早生降梁事在天監七年（魏永平元年，五〇八）。又梁書卷三四張緬傳附張纘傳：魏使劉善明詣梁與張纘相見，「纘時年二十三」。張纘卒於梁太清三年（五四九），年五十一，可以推知生於齊永元元年（四九九），與劉善明會見似當在普通二年（五二一）。此處姑從通鑑。參見吴光興：蕭綱蕭繹年譜卷一。

舊族，氣調甚高，負其才氣，酒酣謂异曰：「南國辯學如中書者幾人？」异曰：「异所以得接賓宴，乃分職是司，若以才辯相尚，則不容見使。」善明乃曰：「王錫、張纘，北間所聞，云何可見？」异具啓聞，敕即使南苑設宴，錫與張纘、朱异四人而已。善明造席，遍論經史，兼以嘲謔。錫、纘隨方酬對，無所稽疑，善明甚相歎挹。他日謂异曰：「一日見二賢，實副所期，不有君子，安能爲國。」引宴之日，敕使左右徐僧權於坐後，言則書之。

梁書卷三四張緬傳附張纘傳：纘與琅邪王錫齊名。普通初，魏遣彭城人劉善明詣京師請和，求識纘。纘時年二十三，善明見而嗟服。[二]

梁書卷四〇劉顯傳：時魏人獻古器，有隱起字，無能識者，顯案文讀之，無有滯礙，考校年月，一字不差，高祖甚嘉焉。[三]

輿地紀勝卷一七引宫苑記：國館六：一曰顯仁，處高麗使；二曰集雅，處百濟使；三曰顯信，處吐

[二] 南史卷五六張弘策傳附張纘傳略同。

[三] 南史卷五〇劉瓛傳附劉顯傳略同。此事年代不詳。梁書劉顯傳下文云「遷尚書左丞，除國子博士。出爲宣遠岳陽王長史，行府國事，未拜，遷雲麾邵陵王長史、尋陽太守」；據梁書卷三武帝紀下、周書卷四八蕭詧傳，蕭詧於中大通三年封岳陽郡王；梁書卷三武帝紀下、卷二九高祖三王邵陵攜王綸傳，蕭綸於大同元年爲雲麾將軍，三年爲江州刺史。然則劉顯識讀魏人所獻古器，當在中大通三年之前，疑爲普通年間事。

蕃使〔一〕；四曰來遠，處蠕蠕使；五曰職官〔二〕，處千陀使〔三〕；六曰行人，處北方使。五館並相近，而行人在籬門外。

至正金陵新志卷四下引宮苑記：顯仁在青溪中橋。五館並相近，惟行人在婁湖籬門外。

禁扁卷丁館：顯仁，高麗使居之。集雅，百濟使居之。顯信，土蕃使居之。職方，尉佗使居之〔四〕。行人，北方使居之。來遠，蠕蠕使居之。六館並梁作。

梁中大通元年　魏永安二年（五二九）

○本年，魏使陰道方、王暉聘梁，中道追還。

魏書卷五二陰仲達傳附陰道方傳：永安二年，詔道方與儀曹郎中王元旭使於蕭衍。至南兗州，有詔追還。〔五〕

〔一〕「吐蕃」，吕博梁四公記與梁武帝時代的文化交流圖景（第九三頁注二）謂似當作「吐谷渾」。按梁書、職貢圖北宋摹本殘卷及清張庚摹本題記，國名稱河南，不作吐谷渾，疑吕説非是。

〔二〕「職官」，禁扁卷丁館作「職方」，疑是。

〔三〕「千陀」，至正金陵新志卷四下引宮苑記作「于陀利」，疑是。

〔四〕「尉佗」，至正金陵新志卷四下引宮苑記作「于陀利」，疑是。

〔五〕北史卷二四王憲傳附王暉傳：暉字元旭。

北史卷二四王憲傳附王晞傳：魏永安初，第二兄暉聘梁。〔二〕

梁大同二年　東魏天平三年　西魏大統二年（五三六）

○十二月壬申，東魏與梁互申通和之意。

梁書卷三武帝紀下：（大同二年）十二月壬申，魏請通和，詔許之。

南史卷七梁本紀中：（大同二年）十二月壬申，與東魏通和。

魏書卷一二孝靜紀：先是，蕭衍因益州刺史傅和請通好。

魏書卷九八島夷蕭衍傳：先是，益州刺史傅和以城降衍，衍資送和，令申意於齊獻武王，求通交好，王志綏邊遠，乃請許之。

魏書卷七〇傅豎眼傳附傅敬和傳：孝莊時，復爲益州刺史，朝廷以其父有遺惠故也。至州，聚斂無已，好酒嗜色，遠近失望。仍爲蕭衍將樊文熾攻圍，敬和以城降，送於江南。後衍以齊獻武王威德日廣，令敬和還國，以申和通之意。〔三〕

〔二〕北齊書卷三一王昕傳附王晞傳同。

〔三〕北史卷四五傅豎眼傳附傅敬和傳略同。

文苑英華卷六五〇元世俊爲東魏與梁請和移文：侍中、大驃騎、同尚書令〔二〕、武陽子元世俊移梁執事：乃眷江漢，襟帶南土，疆埸相望，交錯如繡。輶軒未通，革車屢起，一彼一此，或利或鈍。亡載得輿，所獲蓋寡；争鶏失牛，所損更大。空使干戈未戢，戎馬生郊，髓腦塗於原野，骸骨暴於草澤。二國不和，百姓何罪，静言思之，良所未悟。我皇帝以聖明啓運，禮樂惟新，澤漏淵泉，道光日月。方欲寢榆關之高烽，罷輪臺之遠戍，鑄劍戟爲農器，納蒼生於仁壽。而前益州刺史傅和，往處西蕃，逢時多難，歸途多阻，流寓江濱。亦既來朝，具陳彼意，知以止戈在念，去殺爲心，留情灌瓜，遲存通樂。風期所望，實協虚想，猶恐失詞，或乖其實。眷言在兹，佇聞良信。至彼假節、開遠軍李稜〔三〕，昔經垂翅，遂掛天網。矜是南冠，捨之還故，因其致書，用宣朝旨。若覆前言，共敦隣好，當拂逆旅，以待行人。

文苑英華卷六五〇何敬容梁報東魏移文：侍中、宣惠將軍、尚書左僕射何敬容報魏執事：成湯二十七征，志唯静難；軒轅五十二戰，義在拯民。既異時而同致，信殊政而一揆，豈其黷武以窮兵，寧爲仗威而尊大。我皇帝降兹仁聖，承彼百王。負扆君臨，不以四海爲貴；冕旒日昃，常以百姓爲心。同二儀以覆載，一六合而光宅。德踰羲昊，道邁唐虞。諒開闢之一君，信典謨而莫擬。均心彼我，等悦怨親，

〔二〕「同」上疑脱「儀」字。按魏書卷一一廢出三帝出帝平陽王紀：太昌元年五月「驃騎大將軍、吏部尚書元世儁儀同三司」。魏書卷一九中景穆十二王中任城王雲傳附元世儁傳：「前廢帝世，爲驃騎將軍，仍加尚書，（中略）出帝初，加儀同三司，改封武陽縣開國子，（中略）孝静初，加侍中、尚書右僕射，遷尚書令。」

〔三〕按隋書卷二六百官志上，梁有開遠將軍，此處「開遠」下疑脱「將」字。

物有常懷，人無異念。自北國紛擾，河洛沸騰，牝鷄索家，蕭牆起釁，事以譚尚，義以（疑衍）類闕沉，競尋干戈，民無定主。侯馬泣師，月陳庭廡，裹糧請救，日塡闕下。單民有徽禹之望，遺黎興徯后之悲。誠感仁恕，理惻皇慈。任好瓅瓅，納二晉君；小白區區，存三亡國。況我朝廷，寧忘拯救。是以命師薄伐，至于伊川；雲旗屢張，非爲黷武。鉦鼓載陳，豈衒威力。湯伐不祀，周有義兵，疋夫是讎，尺土非利。百戰百勝，非善之善，九拒九攻，終勞率土。納隍之慮，無忘寢食。李稜失律，摧身晉陽，獲彼來移，聞見委曲。知魏當璧得主，龜兆有人，作相惟賢，棟梁克室。欲偃兵戈，式敦隣好。九皋既響，嗅天已聞；銅山一啓，靈鍾斯應。矧乃出其言善，千里莫違，嘉言孔昭，良以攸納。且敵怨敵惠，不在後嗣，亡羊補牢，亦所未失。移至之日，輒以奏聞，即蒙詔可，不爽來意。行符緣邊，偃兵解甲，庶烽火不警，邊亭息候。征夫捨刁斗之勤，處婦無憤望之至。尋常不争，農桑是務，分災恤患，繼好息民。稜在北歲久，情無疑難，還使賫移，報彼來懷。〔一〕

梁大同三年　東魏天平四年　西魏大統三年（五三七）

○七月甲辰，東魏使李諧、盧元明、李鄴（一作李業興）聘梁，七月癸卯至。

魏書卷一二孝静紀：（天平四年）秋七月甲辰，遣兼散騎常侍李諧、兼吏部郎中盧元明、兼通直散

〔一〕文苑英華卷六五〇任孝恭答魏初和移文、藝文類聚卷五八梁任孝恭答魏初和移文略同。

騎常侍李鄴使于蕭衍。

北史卷五魏本紀五：（天平四年）秋七月甲辰，遣兼散騎常侍李諧聘于梁。

梁書卷三武帝紀下：（大同三年）秋七月癸卯，魏遣使來聘。[一]

南史卷七梁本紀中：（大同三年七月）癸卯，東魏人來聘。

建康實録卷一七：（大同三年）七月，東魏遣人來聘。

通鑑卷一五七梁紀一三武帝大同三年：（六月）東魏遣兼散騎常侍李諧來聘，以吏部郎盧元明、通直侍郎李業興副之。諧，平之孫；元明，昶之子也。秋七月，諧等至建康，上引見，與語，應對如流。諧等出，上目送之，謂左右曰：「朕今日遇勍敵。卿輩嘗言北間全無人物，此等何自而來？」是時鄴下言風流者，以諧及隴西李神儁、范陽盧元明、北海王元景、弘農楊遵彦、清河崔贍爲首。神儁名挺，寶之孫；元景名昕，憲之曾孫也，皆以字行。贍，㥄之子也。時南北通好，務以俊乂相誇，銜命接客，必盡一時之選，無才地者不得與焉。每梁使至鄴，鄴下爲之傾動，貴勝子弟盛飾聚觀，禮贈優渥，館門成市。宴日，高澄常使左右覘之，一言制勝，澄爲之拊掌。魏使至建康亦然。

魏書卷四七盧玄傳附盧元明傳：天平中，兼吏部郎中，副李諧使蕭衍，南人稱之。[二]

北史卷四三李崇傳附李諧傳：天平末，魏欲與梁和好，朝議將以崔㥄爲使主。㥄曰：「文采與識，㥄

[一] 是年七月甲午朔，十日癸卯，十一日甲辰。甲辰在癸卯後一日，受命日不應後於抵達日，疑南北史籍紀日有訛誤。

[二] 北史卷三〇盧玄傳附盧元明傳略同。

不推李諧；口頰顧顧，諧乃大勝。」於是以諧兼常侍，盧元明兼吏部郎，李業興兼通直常侍聘焉。梁武使朱异覘客，异言諧、元明之美。諧等見，及出，梁武目送之，謂左右曰：「朕今日遇勍敵，卿輩常言北間都無人物，此等何處來？」謂异曰：「過卿所談。」是時鄴下言風流者，以諧及隴西李神儁、范陽盧元明、北海王元景、弘農楊遵彦、清河崔贍爲首。初通梁國，妙簡行人，神儁位已高，故諧等五人繼踵，而遵彦遇疾道還，竟不行。既南北通好，務以俊乂相矜，銜命接客，必盡一時之選，無才地者不得與焉。梁使每入，鄴下爲之傾動，貴勝子弟盛飾聚觀，禮贈優渥，館門成市。宴日，齊文襄使左右覘之，賓司一言制勝，文襄爲之拊掌。魏使至梁，亦如梁使至魏，梁武親與談説，甚相愛重。

魏書卷六五李平傳附李諧傳：蕭衍求通和好，朝廷盛選行人，以諧兼散騎常侍，爲聘使主。諧至石頭，蕭衍遣其主客郎范胥當接。諧問胥曰：「主客在郎官幾時？」胥答曰：「我本訓冑虎門，適復今任。」諧言：「國子博士不應左轉爲郎。」胥答曰：「特爲應接遠賓，故權兼耳。」諧言：「屈己濟務，誠得事宜。由我一介行人，令卿左轉。」胥答曰：「自顧菲薄，不足對揚盛美，豈敢言屈。」胥問曰：「今猶尚暖，北間當小寒於此？」諧答曰：「地居陰陽之正，寒暑適時，不知多少。」胥曰：「所訪鄴下，豈是測影之地？」諧答曰：「皆是皇居帝里，相去不遠，可得統而言之。」胥曰：「洛陽既稱盛美，何事遷鄴？」諧答曰：「不常厥邑，于兹五邦，王者無外，所在關河，復何所怪？」胥曰：「殷人否危，故遷相耿，貴朝何爲而遷？」諧答：「聖人藏往知來，相時而動，何必俟於隆替？」胥曰：「金陵王氣，兆於先代，黄旗紫蓋，本出東南，君臨萬邦，故宜在此。」諧答曰：「帝王符命，豈得與中國比隆？紫蓋黄旗，終於入洛，無乃自害也？有口之説，乃是俳諧，亦何足道！」蕭衍親問諧曰：「魏朝人士，德行四科之徒，凡有幾人？」諧對曰：「本朝多士，義等如林，文武賢才，布在列位，四科之美，非無其人，庸短造次，無以備咨。」衍曰：「武王有亂臣十人，魏雖人物之盛，豈得頓如卿言？」諧曰：「愚謂周稱十人，本舉佐命，至於『濟濟多士』，實是文王之詩。皇朝廊廟之才，足與周人有競。」衍曰：「若爾，文足標異、武有冠絶者，便可指陳。」諧曰：「大丞相勃海王秉文經武，左右皇極，晝一九州，懸衡四海。録尚書汝陽王元叔昭、尚書令元世儁，宗室之秀，綰政朝端。左僕射司馬子如、右僕射高隆之，並時譽民英，勠力匡輔。侍中高岳、侍中孫騰，勳賢忠亮，宣讚王猷。自餘才美，不可具悉。」衍曰：「故宜輔弼幼主，永固基業，深不可言。」江南稱其才辯。

魏書卷八四儒林李業興傳：（天平）四年，與兼散騎常侍李諧、兼吏部郎盧元明使蕭衍。衍散騎常侍朱异問業興曰：「魏洛中委粟山是南郊邪？」業興曰：「委粟是圓丘，非南郊。」异曰：「北間郊、丘異所，是用鄭義。我此中用王義。」業興曰：「然，洛京郊、丘之處專用鄭解。」异曰：「若然，女子逆降傍親，亦從鄭以不？」業興曰：「此之一事，亦不專從。若卿此間用王義，除禫應用二十五月，何以王儉喪禮禫用二十七月也？」异遂不答。業興曰：「我昨見明堂，四柱方屋，都無五九之室，當是裴頠所制。明堂上圓下方，裴唯除室耳。今此上不圓何也？」异曰：「圓方之説，經典無文，何怪於方？」業興曰：「圓方之言，出處甚明，卿自不見。見卿録梁主孝經義亦云上圓下方，卿言豈非自相矛楯！」异曰：「若然，圓方竟出何經？」業興曰：「出孝經援神契。」异曰：「緯候之書，何用信也！」業興曰：

「卿若不信，靈威仰、叶光紀之類，經典亦無出者，卿復信不？」异不答。蕭衍親問業興曰：「聞卿善於經義，儒、玄之中，何所通達？」業興曰：「少爲書生，止讀五典，至於深義，不辨通釋。」衍問：「詩周南，王者之風，繫之周公；邵南，仁賢之風，繫之邵公。何名爲繫？」業興對曰：「鄭注儀禮云：昔大王、王季居于岐陽，躬行邵南之教，以興王業。及文王行今周南之教以受命。作邑於酆，分其故地，屬之二公。名爲繫。」衍又問：「若是故地，應自統攝，何由分封二公？」業興曰：「文王爲諸侯之時所化之本國，今既登九五之尊，不可復守諸侯之地，故分封二公。」衍又問：「乾卦初稱『潛龍』，二稱『見龍』，至五『飛龍』。初可名爲虎。」問意小乖。業興對：「學識膚淺，不足仰酬。」衍又問：「尚書『正月上日受終文祖』，此是何正？」業興對：「此是夏正月。」衍言：「何以得知？」業興曰：「案尚書中候運行篇云『日月營始』，故知夏正。」衍又問：「堯時以何月爲正？」業興對：「自堯以上，書典不載，實所不知。」衍又云：「『寅賓出日』，即是正月。『日中星鳥，以殷仲春』，即是二月。此出堯典，何得云堯時不知用何正也？」業興對：「雖三正不同，言時節者，皆據夏時正月。周禮：仲春二月，會男女之無夫家者。雖自周書，月亦夏時。堯之日月，亦當如此。但所見不深，無以辨析明問。」衍又曰：「禮，原壤之母死，孔子助其沐椁。原壤叩木而歌曰：『久矣不託音。狸首之班然，執女手之卷然。』孔子聖人，而與原壤爲友？」業興對：「孔子即自解，言親者不失其爲親，故者不失其爲故。」又問：「原壤何處人？」業興對曰：「鄭注云：原壤，孔子幼少之舊故。是魯人。」衍又問：「孔子聖人，所存必可法。原壤不孝，有逆人倫，何以存故舊之小節，廢不孝之大罪？」業興對曰：「原壤所行，事自彰著。

幼少之交，非是今始，既無大故，何容棄之？孔子深敦故舊之義，於理無失。」衍又問：「孔子聖人，何以書原壤之事，垂法萬代？」業興對曰：「此是後人所録，非孔子自制。猶合葬於防，如此之類，禮記之中，動有百數。」衍又問：「易曰太極，是有無？」業興對：「所傳太極是有，素不玄學，何敢輒酬。」〔一〕

北史卷八一儒林上李業興傳：業興家世農夫，雖學殖，而舊音不改。梁武問其宗門多少，答曰：「薩四十家。」使還，孫騰謂曰：「何意爲吴兒所笑！」對曰：「業興猶被笑，試遣公去，當着被罵。」

北史卷五六魏收傳：先是，南北初和，李諧、盧元明首通使命，二人才器，並爲鄰國所重。〔二〕

周書卷四二蕭撝傳：東魏遣李諧、盧元明使於梁，梁武帝以撝辭令可觀，令兼中書侍郎，受幣於賓館。〔三〕

梁書卷四八儒林范縝傳附范胥傳：胥有口辯，大同中，常兼主客郎，對接北使。〔四〕

北齊書卷四二陽斐傳：興和中，除起部郎中，兼通直散騎常侍，聘於梁。梁尚書羊侃，魏之叛人也，與斐有舊，欲請斐至宅，三致書，斐不答。梁人曰：「羊來已久，經貴朝遷革，李、盧亦詣宅相見，卿

〔一〕北史卷八一儒林上李業興傳略同。
〔二〕魏書卷一〇四自序、北齊書卷三七魏收傳略同。隋書卷三三經籍志二載李諧行記一卷。
〔三〕北史卷二九蕭撝傳同。
〔四〕南史卷五七范雲傳附范胥傳略同。

何致難？」斐曰：「柳下惠則可，吾不可。」〔二〕

御覽卷六九引郡國志：潤州長命洲，梁武放生處。後魏使李諧來聘，武帝問曰：「彼國亦放生否？」諧曰：「不取亦不放。」帝大慙。〔三〕

南史卷五〇劉瓛傳附劉顯傳：帝因忌其能，出之。後爲雲麾邵陵王長史、尋陽太守。魏使李諧至聞之，恨不相識，歎曰：「梁德衰矣。善人國之紀也，而出之，無乃不可乎。」

太平廣記卷一七三李諧引談藪：除散騎常侍，爲聘梁使。至梁，遣主客范胥迎接。胥問曰：「今猶可暖，北間當少寒於此？」諧答曰：「地居陰陽之正，寒暑適時，不知多少。」胥曰：「所訪鄰下〔三〕，豈是側景之地？」〔四〕諧曰：「是皇居帝里，相去不遠，可得統而言之。」胥曰：「洛陽既稱盛美，何事遷鄴？」諧曰：「不常厥邑，於茲五遷，王者無外，所在關河，復何怪？」胥曰：「殷人毀厄，故遷相圮耿，貴朝何爲而遷？」諧曰：「聖人藏往知來，相時而動，何必候於隆替？」胥曰：「金陵王氣，肇於先

〔二〕北史卷四七陽尼傳附陽斐傳略同。

〔三〕太平寰宇記卷九〇江南東道二「昇州江寧縣長命洲」條引輿地志：「梁武帝遣人放生于此洲，仍置十户在洲中，掌穀粟以飼之，故呼爲長命洲。魏使李恕來朝，帝正放生，問恕曰：『北主頗知此乎？』恕對曰：『本國不取亦不放。』帝無以應之。」太平寰宇記引輿地志作李恕事，未知孰是。李恕之「恕」字訛，當作「庶」。北史卷四三李崇傳附李諧傳：「諧長子岳，（中略）岳弟庶（下略）」北史卷五六魏收傳：「頓丘李庶者，故大司農諧之子也，以華辯見稱（下略）」

〔三〕「鄰」，文淵閣四庫全書本作「鄴」，是。

〔四〕「側」，文淵閣四庫全書本作「測」，是。

代，黄旗紫蓋，本出東南，君臨萬邦，故宜在此。」諧曰：「帝王符命，豈得與中國比隆？紫蓋黄旗，終於入洛。」胥默而無答。江南士子莫不嗟尚。事畢，江浦賦詩曰：「帝獻二儀合，黄華千里清。邊笳城上響，寒月浦中明。」

太平廣記卷二九六盧元明引北史：北齊盧元明聘于梁，其妻乘車送至河濱，忽聞水有香氣異常，顧見水神湧出波中，牛乃驚奔，曳車入河，其妻溺死。兄子十住尚幼，與同載，投下獲免。〔一〕

○九月，梁使張皋、崔曉聘東魏，十二月甲寅至。

南史卷七梁本紀中：（大同三年）九月，使兼散騎常侍張皋聘于東魏。

建康實録卷一七：（大同三年）閏九月，使散騎常侍張皋報聘東魏。

魏書卷一二孝静紀：（天平四年）十有二月甲寅，蕭衍遣使朝貢。

北史卷五魏本紀五：（天平四年）十二月甲寅，梁人來聘。

通鑑卷一五七梁紀一三武帝大同三年：（十一月）司農張樂皋等聘于東魏。〔二〕

魏書卷九八島夷蕭衍傳：（天平）四年冬，衍遣其散騎常侍張皋、通直常侍劉孝儀、通直常侍崔曉朝貢。〔三〕

〔一〕盧元明爲東魏使，此處「北齊」誤書。又此條似未見於今本李延壽撰北史。

〔二〕通鑑胡三省注：「『司農』之下，恐有脱字。」通鑑繫於十一月，疑誤。又「張樂皋」，「樂」字疑衍。

〔三〕南史卷七梁本紀中、建康實録卷一七、通鑑卷一五八梁紀一四武帝大同四年並載劉孝儀聘魏在大同四年（即東魏元象元年），疑魏書島夷蕭衍傳有誤。

魏書卷六九崔休傳附崔長謙傳：天平中，被徵兼主客郎，接蕭衍使張皐等。

北史卷三八裴佗傳附裴讓之傳：梁使至，常令讓之攝主客郎〔二〕。

北史卷八三文苑温子昇傳：梁使張皐寫子昇文筆，傳於江外。梁武稱之曰：「曹植、陸機，復生於北土。恨我辭人，數窮百六。」〔三〕

北齊書卷四一元景安傳：世宗入朝，景安隨從在鄴。于時江南款附，朝貢相尋，景安妙閑馳騁，雅有容則，每梁使至，恒令與斛律光、皮景和等對客騎射，見者稱善。世宗嗣事（下略）〔三〕

魏書卷六一畢衆敬傳附畢義遠傳：義遠弟義顯、義儁，性並豪率。天平已後，蕭衍使人還往，經歷兖城，前後州將以義儁兄弟善營鮭膳，器物鮮華，常兼長史，接宴賓客。〔四〕

北齊書卷四三李稚廉傳：天平中，高祖擢爲泰州開府長史、平北將軍。（中略）轉爲世宗驃騎府長史。詔以濟州控帶川陸，接對梁使，尤須得人，世宗薦之，除濟州儀同長史。

北史卷三二崔挺傳附崔暹傳：魏、梁通和，要貴皆遣人隨聘使交易，暹唯寄求佛經。梁武帝聞之，繕寫，以幡花寶蓋贊唄送至館焉。然好大言，調戲無節。嘗密令沙門明藏著佛性論而署己名〔五〕，

〔一〕北齊書卷三五裴讓之傳略同，「常」作「帝」。

〔二〕魏書卷八五文苑温子昇傳略同。

〔三〕北史卷五三元景安傳略同。北史卷六齊本紀上：「世宗文襄皇帝諱澄，（中略）（天平）三年，入輔朝政。」知此爲天平三年以後事，姑繫於此。

〔四〕北史卷三九畢衆敬傳附畢義遠傳略同。

〔五〕中華書局點校本北史校勘記：諸本脱「性」字，據北齊書、通志補。

傳諸江表。〔二〕

初學記卷二〇奉使第五引隋江總辭行李賦：維大梁三十有六載〔三〕，神功懋乎開闢。垂恩儲祉，壓子代之盤盂；盛德形容，陋周年之弇石。月窟向風，日域仰澤。要荒款塞，諸戎重譯。輶軒巡履，聲芳亥步。旌節經過，事高禹跡。舉皇華之盡美，馳珽玉之多事。或江夏之无雙，匹洛陽之才子。訪羽儀於廊廟，旌秀異於杞梓。引强學之三端，賞彫文於四始。顧偬侗於罕志，奉朝章於信次。天鳳舉而張旃，濟龍沙而通賮。敏異季札之聽歌，譬乘屬國之銜使。懷蘇子之抵掌，憶千秋之畫地。願自勵而飲水，揆无庸而案轡。嗟負恩之无力，每若寘於蓁棘。倏辭東平之樂善，再踐承明而遊息。豈異千里之奔踶，寧辭一錢之不直。諒无期於鴻漸，忝有似於蟬翼。荷德澤之霈然，鑒丹愚之匪飾。慙借譽於瑟柱，免長徭於葱極。聊暇日以須臾，每長吟以鬱紆。異金石之能固，若草木之分區。進學慙於枝葉，綿力謝於康衢。構伯休之蓬户，狎仲憲之桑樞。徒悦水而非智，庶因谷以爲愚。恥矯名於周客，寧濫響於齊竽。奉棲遲以偃仰，願太素之不汙。

〔二〕北齊書卷三〇崔暹傳略同。

〔三〕賦云「維大梁三十有六載」，則當在梁大同三年（五三七）前後，姑繫於此。時江總年约二十歲（參見馬海英陳代詩歌研究陳代詩文作年考、鍾翠紅江總年譜及作品紀年、王娜娜江總詩歌校注、楊文婷江總文考論及箋注），年輩及資歷尚淺，不必爲使節之合適人選。陳書卷二七江總傳：「及魏國通好，勑以總及徐陵攝官報聘，總以疾不行。」此事似與辭行李賦意義相合，然徐陵等聘東魏在太清二年（五四八），梁朝開國已四十六七載，亦有牴牾之處。或「三十有六載」之「三」字有誤，存疑待考。

梁大同四年　東魏元象元年　西魏大統四年（五三八）

○二月丙辰，東魏使鄭伯猷、宇文忠之聘梁，五月甲戌至。

魏書卷一二孝静紀：（元象元年二月）丙辰，遣兼散騎常侍鄭伯猷使于蕭衍。

北史卷五魏本紀五：（元象元年）二月丙辰，遣兼散騎常侍鄭伯猷聘于梁。

梁書卷三武帝紀下：（大同四年）五月甲戌，魏遣使來聘。

南史卷七梁本紀中：（大同四年）夏五月甲戌，東魏人來聘。

建康實録卷一七：（大同四年）東魏人來聘。

通鑑卷一五八梁紀一四武帝大同四年：五月甲戌，東魏遣兼散騎常侍鄭伯猷來聘。〔一〕

北史卷五〇宇文忠之傳：元象初，兼通直散騎常侍，副鄭伯猷使梁。〔二〕

魏書卷五六鄭羲傳附鄭伯猷傳：元象初，以本官兼散騎常侍使於蕭衍。前後使人，蕭衍令其侯王於馬射之日宴對申禮。伯猷之行，衍令其領軍將軍臧盾與之相接。議者以此貶之。〔三〕

○七月戊辰，梁使劉孝儀聘東魏，十月至。

南史卷七梁本紀中：（大同四年七月）戊辰，使兼散騎常侍劉孝儀聘于東魏。

〔一〕通鑑考異卷七：「魏帝紀在二月丙辰，蓋始受命時也。今從梁帝紀。」
〔二〕魏書卷八一宇文忠之傳同。
〔三〕北史卷三五鄭羲傳附鄭伯猷傳略同。

建康實録卷一七：（大同四年）七月，散騎常侍劉孝儀聘東魏。

魏書卷一二孝静紀：（元象元年）冬十月，蕭衍遣使朝貢。

北史卷五魏本紀五：（元象元年）冬十月，梁人來聘。

通鑑卷一五八梁紀一四武帝大同四年：（十月）散騎常侍劉孝儀等聘于東魏。

梁書卷四一劉潛傳：劉潛字孝儀，（中略）大同三年，遷中書郎，以公事左遷安西諮議參軍，兼散騎常侍使魏，還復除中書郎。

北史卷四三邢巒傳附邢昕傳：時梁使兼散騎常侍劉孝儀等來聘，詔昕兼正員郎，迎於境上。〔一〕

北史卷二四崔逞傳附崔子約傳：長八尺餘，姿神儁異，潛觀梁使劉孝儀，賓從見者駭目。

類聚卷五三引梁劉孝儀北使還與永豐侯書：足踐寒地，身犯朔風。暮宿客亭，晨炊謁舍。飄飖辛苦，迄届氈鄉。雜種覃化，頗慕中國。兵傳李緒之法，樓擬衛律所治。而毳幕難淹，酪漿易饜。王程有限，時及玉關〔二〕。射鹿胡奴，乃共歸國。刻龍漢節，還持入塞。馬銜苜蓿，嘶立故墟；人獲蒲萄，種歸舊里。稚子出迎，善鄰相勞。倦握蟹螯，亟覆蝦椀。未改朱顔〔三〕，略多自醉。用此終日，亦以自娱。〔四〕

〔一〕魏書卷八五文苑邢昕傳同。

〔二〕「及」，太平御覽卷七七九作「反」。

〔三〕「未改」，太平御覽卷七七九作「每取」。

〔四〕書又載初學記卷二〇、御覽卷七七九。

○十一月庚寅，東魏使李同軌、陸操聘梁。

魏書卷一二孝靜紀：（元象元年）十有一月庚寅，遣陸操使于蕭衍。[一]

北史卷五魏本紀五：（元象元年）十二月庚寅，遣陸操聘于梁。

魏書卷三六李順傳附李同軌傳：興和中，兼通直散騎常侍，使蕭衍。衍深耽釋學，遂集名僧於其愛敬、同泰二寺，講涅槃大品經，引同軌預席，衍兼遣其臣並共觀聽。同軌論難久之，道俗咸以爲善。[二]

北史卷二八陸俟傳附陸操傳：操仕魏，兼散騎常侍聘梁。

酉陽雜俎前集卷一禮異：魏使李同軌、陸操聘梁，入樂遊苑西門内青油幕下。梁主備三仗，乘輿從南門入，操等東面再拜，梁主北入林光殿。未幾，引臺使入。梁主坐皂帳，南面。諸賓及羣官俱坐定，遣中書舍人殷靈宣旨慰勞，具有辭答。其中庭設鍾懸及百戲。殿上流杯池中行酒具，進梁主者題曰「御杯」，自餘各題官姓之杯，至前者即飲。又圖像舊事，令隨流而轉，始至訖於座罷，首尾不絶也。

酉陽雜俎前集卷三貝編：魏使陸操至梁，梁王坐小輿，使再拜，遣中書舍人殷炅宣旨勞問。至重雲殿，引昇殿。梁主著菩薩衣，北面。太子已下，皆菩薩衣，侍衛如法。操西向以次立，其人悉西廂東面。

〔一〕中華書局點校本魏書（修訂本）校勘記：「『十有一月』，北史卷五魏本紀五作『十二月』。按本年十一月丙辰朔，無庚寅，十二月丙戌朔，庚寅初五日，似北史是。但此處若作『十二月』，則下文不應又出『十有二月甲辰』。且梁書卷三武帝紀下大同五年（東魏元象元年）記『十一月乙亥，魏遣使來聘』，乙亥二十日。豈有十二月遣使，十一月已抵梁朝之理，則北史作『十二月』亦可疑。」大同五年即元象二年，不應與次年聘使紀事相混，魏書（修訂本）校勘記有誤。

〔二〕魏書卷八四儒林李同軌傳、北史卷三三李義深傳附李同軌傳略同。李同軌、陸操聘梁在東魏元象元年，此處云「興和中」，疑誤。

一道人贊禮佛詞，凡有三卷，其贊第三卷中，稱爲魏主、魏相高，并南北二境女士[二]。禮佛訖，臺使與其羣臣俱再拜矣。

酉陽雜俎前集卷一禮異：梁正旦，使北使乘車至闕下，入端門，其門上層題曰朱明觀。次曰應門，門下有一大畫鼓。次曰太陽門，左有高樓，懸一大鍾，門右有朝堂，門闢，左右亦有二大畫鼓。北使入門，擊鍾磬，至馬道北、懸鍾内道西北立。引其宣城王等數人後入，擊磬，道東北面立。其鍾懸外東西廂，皆有陛臣。馬道南、近道東有茹茹、崑崙客[三]，道西近道有高句麗、百濟客，及其升殿之官三千許人。位定，梁主從東堂中出，云齋在外宿，故不由上閤來。擊磬鼓，乘輿警蹕，侍從升東階，南面幄内坐。幄是緑油天皂裙，甚高。用繩係著四柱。憑黑漆曲几。坐定，梁諸臣從西門入，著具服，博山遠遊冠，纓末以翠羽、真珠爲飾，雙雙佩帶劍，黑舄。初入，二人在前導引，次二人並行，次一人擎牙箱班劍箱，別二十人具省服，從者百餘人。至宣城王前數步，北面有重席爲位，再拜，便次出。引王公登獻玉，梁主不爲興。

酉陽雜俎前集卷一禮異：梁主常遣傳詔童賜羣臣歲旦酒、辟惡散、卻鬼丸三種。

隋書卷九禮儀志四：梁元會之禮，未明，庭燎設，文物充庭。臺門闢，禁衛皆嚴，有司各從其事。

[二]「女士」，文淵閣四庫全書本作「士女」。

[三]酉陽雜俎校箋：「茹茹：原作『茹』一字，與下『崑崙』連讀，於史無説，蓋闕一『茹』字，今據北齊書、周書、隋書補。」周一良魏晉南北朝史札記南齊書札記「崑崙」條：「茹，當作茹茹。」魏晉南北朝史札記梁書札記「酉陽雜俎記魏使入梁事」條：「茹當是茹茹之脱落。」

太階東置白獸樽。羣臣及諸蕃客並集，各從其班而拜。侍中奏中嚴，王公卿尹各執珪璧入拜。侍中乃奏外辦，皇帝服袞冕，乘輿以出。侍中扶左，常侍扶右，黄門侍郎一人，執曲直華蓋從。至階，降輿，納舄升坐。有司御前施奉珪藉。王公以下，至阼階，脱舄劍，升殿，席南奉贄珪璧，禮畢下殿，納舄佩劍，詣本位。主客郎徙珪璧於東箱。帝興，入，徙御坐於西壁下，東向。設皇太子王公已下位。又奏中嚴，皇帝服通天冠，升御坐。王公上壽禮畢，食。食畢，樂伎奏。太官進御酒，主書賦黄甘，逮二品已上。尚書騶騎引計吏，郡國各一人，皆跪受詔。侍中讀五條詔，計吏每應諾訖，令陳便宜者，聽詣白獸罇，以次還坐。宴樂罷，皇帝乘輿以入。皇太子朝，則遠遊冠服，乘金輅，鹵簿以行。預會則劍履升坐。會訖，先興。天監六年詔曰：「頃代以來，元日朝畢，次會羣臣，則移就西壁下，東向坐。求之古義，王者讌萬國，唯應南面，何更居東面？」於是御坐南向，以西方爲上。皇太子以下，在北壁坐者，悉西邊東向。尚書令以下在南方坐者，悉東邊西向。舊元日，御坐東向，酒壺在東壁下。御坐既南向，乃詔壺於南蘭下。又詔：「元日受五等贄，珪璧並量付所司。」周捨：「案周禮冢宰，大朝覲，贊玉幣。尚書，古之冢宰。頃王者不親撫玉，則不復須冢宰贊助。尋尚書主客曹郎，既冢宰隷職，今元日五等奠玉既竟，請以主客郎受。鄭玄注覲禮云：『既受之後，出付玉人於外。』漢時少府，職掌珪璧，請主客受玉，付少府掌。」帝從之。又尚書僕射沈約議：「正會儀注，御出，乘輿至太極殿前，納舄升階。尋路寢之設，本是人君居處，不容自敬宮室。案漢氏，則乘小車升殿。請自今元正及大公事，御宜乘小輿至太極階，仍乘版輿升殿。」制：「可。」

梁大同五年　東魏元象二年（十一月改興和元年）　西魏大統五年（五三九）

○六月丁酉，梁使沈山卿、劉研聘東魏。

魏書卷一二孝靜紀：（元象二年）六月丁酉，蕭衍遣使朝貢。

北史卷五魏本紀五：（元象二年六月）丁酉，梁人來聘。

魏書卷九八島夷蕭衍傳：（元象）二年夏[二]，又遣散騎常侍沈山卿、通直常侍劉研朝貢。

北齊書卷二三崔肇傳附崔肇師傳：元象中，數以中舍人接梁使。

○八月壬辰，東魏使王元景（王昕）、魏收聘梁，十一月乙亥至。

魏書卷一二孝靜紀：（元象二年）八月壬辰，兼散騎常侍王元景、兼通直散騎常侍魏收使于蕭衍。[三]

北史卷五魏本紀五：（元象二年）秋八月壬辰，遣兼散騎常侍王元景聘于梁。

梁書卷三武帝紀下：（大同五年）冬十一月乙亥，魏遣使來聘。

南史卷七梁本紀中：（大同五年）冬十一月乙亥，東魏人來聘。

建康實録卷一七：（大同五年）十一月，魏人來聘。

[二] 中華書局點校本魏書（修訂本）校勘記：「此句上疑脱『元象』二字。按前記天平四年，下記興和二年，則此處所謂『二年』乃『元象二年』。元象二年十一月改號興和，此在夏，尚未改號，故仍稱『二年』。」

[三] 北史卷二四王憲傳附王昕傳：「昕字元景。」

通鑑卷一五八梁紀一四武帝大同五年：十一月乙亥，東魏使散騎常侍王元景、魏收來聘。

北史卷二四王昕傳：元象元年〔一〕，兼散騎常侍，聘梁，魏收爲副，並爲朝廷所重。使還，高隆之求貨不得，諷憲臺劾昕、收在江東，大將商人市易，並坐禁止。齊文襄營救之。

北史卷五六魏收傳：收兼通直散騎常侍，副王昕聘梁。昕風流文辯，收辭藻富逸，梁主及其羣臣咸加敬異。先是，南北初和，李諧、盧元明首通使命，二人才器，並爲鄰國所重。至此，梁主稱曰：「盧、李命世，王、魏中興，未知後來，復何如耳。」收在館，遂買吴婢入館；其部下有買婢者，收亦唤取，遍行奸穢。梁朝館司，皆爲之獲罪。人稱其才，而鄙其行。在途作聘游賦，辭甚美盛。使還，尚書右僕射高隆之求南貨於昕、收，不能如志，遂諷御史中尉高仲密禁止昕、收於其臺，久之得釋。（中略）自魏、梁和好，書下紙每云：「想彼境内寧静，此率土安和。」梁後使其書乃去「彼」字，自稱猶著「此」，欲示無外之意。收定報書云：「想境内清晏，今萬國安和。」梁人復書，依以爲體。（中略）收先副王昕使梁，不相協睦。〔二〕

紺珠集卷三：王元景使梁，劉孝綽送之泣下，元景無淚，謝曰：「卿勿怪我，别後當闌干。」〔三〕

北齊書卷二三崔㥄傳：及收聘梁，過徐州，㥄備刺史鹵簿而送之，使人相聞魏曰：「勿怪儀衛多，稽

〔一〕王昕、魏收聘梁在元象二年，疑此處「元年」誤書。
〔二〕魏書卷一〇四自序、北齊書卷三七魏收傳略同。
〔三〕類説卷五三引談藪同。

古之力也。」收報曰：「白崔徐州，建義之勳，何稽古之有！」㥄自以門閥素高，特不平此言。收乘宿憾，故以挫之。〔一〕

北史卷四三邢巒傳附邢卲傳：卲，字子才，（中略）于時與梁和，妙簡聘使，卲與魏收及從子子明被徵入朝。當時文人，皆卲之下，但以不持威儀，名高難副，朝廷不令出境。南人曾問賓司：「邢子才故應是北間第一才士，何爲不作聘使？」答云：「子才文辭實無所愧，但官位已高，恐非復行限。」南人曰：「鄭伯猷，護軍猶得將命，國子祭酒何爲不可？」卲既不行，復請還故郡。

春秋左傳正義卷三〇昭公二十一年：二十一年春，天王將鑄無射。正義曰：（上略）此無射之鐘，在王城鑄之。敬王居洛陽，蓋移就之也。秦滅周，其鐘徙於長安。歷漢、魏、晉，常在長安。及劉裕滅姚泓，又移於江東，歷宋、齊、梁、陳，其鐘猶在。東魏使魏收聘梁，收作聘遊賦，云「珍是淫器，無射高縣」是也。及開皇九年平陳，又遷於西京，置大常寺，時人悉共見之。至十五年，勑毀之。

能改齋漫録卷七無射大鐘：魏收集有聘遊賦，其曰「珍是淫器，無射高懸」者，人多不解。蓋收仕東魏，嘗聘蕭梁，作此賦耳。按周語，景王二十三年，鑄大鐘名無射，伶州鳩諫之而不聽者也。秦滅周，其鐘徙於長安，歷漢、魏、晉，常在長安。及劉裕滅姚泓，又移於江東。歷宋、齊、梁、陳，其鐘猶在，故收賦得而載之。及開皇九年平陳，又遷於西京，置太常寺。至十五年，敕毀之。隋志不言其詳，惟高

〔一〕北史卷二四崔逞傳附崔㥄傳略同。

祖紀云：「十一年春正月丁酉，以平陳所得古器多爲妖變，悉命毀之。」

○十二月，梁使柳豹、劉景彦聘東魏，次年三月乙卯至。

南史卷七梁本紀中：（大同五年）十二月，使兼散騎常侍柳豹聘于東魏。

建康實録卷一七：（大同五年）十一月，魏人來聘。遣侍中柳豹聘之。

梁大同六年　東魏興和二年　西魏大統六年（五四〇）

○三月乙卯，梁使柳豹、劉景彦至東魏。

魏書卷一二孝静紀：（興和二年）三月乙卯，蕭衍遣使朝貢。〔一〕

北史卷五魏本紀五：（興和二年）三月乙卯，梁人來聘。

魏書卷九八島夷蕭衍傳：興和二年春，又遣散騎常侍柳豹、通直常侍劉景彦朝貢。

○五月壬子，東魏使李象、邢昕聘梁，七月丁亥至。

魏書卷一二孝静紀：（興和二年五月）壬子，遣兼散騎常侍李象使于蕭衍。

北史卷五魏本紀五：（興和二年五月）壬子，遣兼散騎常侍李象聘于梁。

梁書卷三武帝紀下：（大同六年）秋七月丁亥，魏遣使來聘。

〔一〕中華書局點校本魏書（修訂本）校勘記：「乙卯」，原作「己卯」，據北史卷五魏本紀五改。按是月己酉朔，無己卯，乙卯爲初七日。

南史卷七梁本紀中：（大同六年）秋七月丁亥，東魏人來聘。

建康實録卷一七：（大同六年）七月，東魏人來聘。

通鑑卷一五八梁紀一四武帝大同六年：秋七月丁亥，東魏使兼散騎常侍李象等來聘。

魏書卷七二李叔虎傳附李象傳：興和二年，兼散騎常侍，使於蕭衍。〔二〕

北史卷四三邢巒傳附邢昕傳：興和中，以本官副李象使於梁。昕好忤物，人謂之牛。是行也，談者謂之牛象鬬於江南。〔三〕

○七月，梁使陸晏子、沈景徽（一作沈警）聘東魏，十月丁未至。

南史卷七梁本紀中：（大同六年）秋七月丁亥，東魏人來聘。遣散騎常侍陸晏子報聘。

魏書卷一二孝静紀：（興和二年）冬十月丁未，蕭衍遣使朝貢。

北史卷五魏本紀五：（興和二年）冬十月丁未，梁人來聘。

魏書卷九八島夷蕭衍傳：（興和二年）其年冬，又遣散騎常侍陸晏子、通直常侍沈景徽朝貢。

北齊書卷四三封述傳：梁散騎常侍陸晏子、沈警來聘，以述兼通直郎使梁。

册府卷六二一卿監部：梁使陸晏來聘，諸郊勞。過朝歌，晏曰：「殷之頑民，正在此。」諧曰：「永

〔二〕北史卷四五李叔彪傳附李象傳較略。

〔三〕魏書卷八五文苑邢昕傳略同。

嘉南遷，盡歸江東。」〔二〕

太平廣記卷二四六李諧引談藪：梁陸晏子聘魏，魏遣李諧郊勞。過朝歌城，晏子曰：「殷之餘人，正應在此。」諧曰：「永嘉南渡，盡在江外。」

○十二月乙卯，東魏使崔長謙（崔愍）、陽休之聘梁，次年四月戊申至。

魏書卷一二孝静紀：（興和二年）十有二月乙卯，遣兼散騎常侍崔長謙使於蕭衍。

北史卷五魏本紀五：（興和二年）十二月乙卯，遣兼散騎常侍崔長謙聘於梁。

北齊書卷四二陽休之傳：興和二年，兼通直散騎常侍，副清河崔長謙使於梁。

梁大同七年　東魏興和三年　西魏大統七年（五四一）

○四月戊申，東魏使崔長謙（崔愍）、陽休之至梁。

梁書卷三武帝紀下：（大同七年）夏四月戊申，魏遣使來聘。

南史卷七梁本紀中：（大同七年）夏四月戊申，東魏人來聘。

廣弘明集卷一九梁陸雲御講波若經序：爰以大同七年三月十二日〔三〕，講金字波若波羅蜜三慧經於華

〔二〕册府卷六六〇奉使部六略同，「正在此」作「正應在此」。

〔三〕「陸雲」下疑脱「公」字，疑當作「陸雲公」。又，是年四月壬寅朔，七日戊申。此處記三月十二日魏使崔長謙、陽休之聽講，與梁書、南史記魏使四月七日來聘，時間有抵牾，存疑待考。

林園之重雲殿。（中略）凡聽衆自皇太子王侯宗室外戚，及尚書令何敬容百辟卿士，虜使主崔長謙、使副陽休之，及外域雜使一千三百六十人，皆路逾九驛，途遥萬里。仰皇化以載馳，聞天華而踊躍。頭面伸其盡禮，讚歎從其下陳。

魏書卷六九崔休傳附崔長謙傳：後兼散騎常侍，使蕭衍。還，卒於宿豫，時人歎惜之。以死王事，贈驃騎將軍、南青州刺史。

北史卷二四崔逞傳附崔愍傳：愍，字長謙，（中略）後兼散騎常侍，使梁。將行，謂人曰：「我㞍在吴國，忌在酉年，今恐不免。」及還，未入境，卒。年二十八。〔二〕

太平廣記卷八一梁四公引梁四公記：後魏天平之歲，當大同之際，彼此俗阜時康，賢才鼎盛。其朝廷專對，稱人物士流，及應對禮賓，則胷公獨預之爲問答，皆得先鳴，所以出使外郊，宴會賓客，使彼落其術内，動挫詞鋒，機不虚發，舉無遺策，胷公之力也。魏興和二年，遣崔敏、陽休之來聘。敏字長謙，清河東武城人，博學贍文，當朝第一，與太原王延業齊名，加以天文、律曆、醫方、藥品、卜筮。既至，帝選碩學沙門十人於御對百寮與之談論，多屈於敏。帝賜敏書五百餘卷，他物倍之。四公進曰：「崔敏學問疎淺，不足上軫沖襟，命臣胷敵之，必死。」帝從之。初，江東論學，有十二沙門論，以條疏徵覈；有中觀論，以乘寄蕭然。言名理者，宗仰其術。北朝有如實論，質定宗禮；有迴諍論，借機破義。

〔二〕梁大同七年（東魏興和三年）歲次辛酉。

敏總南、北二業皆精。又桑門所專，唯在釋氏，若儒之與道，蔽於未聞，敏兼三教而擅之，頗有德色。晉公嘗於五天竺國，以梵語精理，問論中分別論、大無畏論、因明論，皆窮理盡妙。晉公貌寢形陋，而聲氣清暢。敏既頻勝群僧，而乃傲形於物。其日，帝於浄居殿，命晉公與敏談論，至若三光四氣、五行十二支、十干八宿、風雲氣候、金丹玉液、藥性針道、六性五藴、陰陽曆數、韜略機權、飛伏孤虛、鬼神情狀，始自經史，終於老釋，凡十餘日，辯揚六藝百氏，與敏互爲主客，立談絶倒，觀者莫不盈量忘歸。然敏詞氣既沮於晉，不自得，因而成病，輿疾北歸，未達中路而卒。

梁書卷三九元樹傳：子貞，大同中，求隨魏使崔長謙至鄴葬父，還拜太子舍人。

北史卷一九獻文六王咸陽王禧傳附元樹傳：孝静時，其子貞自建業求隨聘使崔長謙赴鄴葬樹，梁武許之。（中略）貞既葬，還江南，位太子舍人。[一]

○四月，梁使明少遐、謝藻聘東魏，六月乙丑至。

南史卷七梁本紀中：（大同七年）夏四月戊申，東魏人來聘。遣兼散騎常侍明少遐報聘。

魏書卷一二孝静紀：（興和三年）六月乙丑，蕭衍遣使朝貢。

北史卷五魏本紀五：（興和三年）六月乙丑，梁人來聘。

通鑑卷一五八梁紀一四武帝大同七年：夏五月，遣兼散騎常侍明少遐等聘于東魏。

[一] 魏書卷二一上獻文六王上咸陽王傳附元樹傳略同。

魏書卷九八島夷蕭衍傳：（興和）三年夏，又遣散騎常侍明少遐、通直郎謝藻朝貢。

北史卷四七陽尼傳附陽休之傳：太子中庶子平原明少遐，風流名士也，梁亡奔鄴，昔因通聘，與休之同游。

魏書卷四九李靈傳附李系傳：蕭衍遣使朝貢，侍中李神儁舉系爲尚書南主客郎。系前後接對凡十八人，頗爲稱職。〔一〕

北史卷三三李靈傳附李緯傳：梁使至，侍中李神儁舉緯爲尚書南主客郎。緯前後接對凡十八人，頗爲稱職。鄴下爲之語曰：「學則渾、繪、緯，口則繪、緯、渾。」〔二〕

○八月甲子，東魏使李騫、崔劼聘梁，十二月壬寅至。

魏書卷一二孝静紀：（興和三年）八月甲子，遣兼散騎常侍李騫使于蕭衍。

北史卷五魏本紀五：（興和三年）八月甲子，遣兼散騎常侍李騫聘於梁。

梁書卷三武帝紀下：（大同七年十二月壬寅）魏遣使來聘。

南史卷七梁本紀中：（大同七年）十二月壬寅，東魏人來聘。〔三〕

〔一〕中華書局點校本魏書（修訂本）校勘記：「系」，北史卷三三李靈傳附李渾傳作「緯」，北齊書卷二九李渾傳作「偉」。按本名「緯」，避北齊後主諱改作「系」，「偉」乃「緯」字之形訛。

〔二〕魏書卷三九李寶傳附李神儁傳：「入爲侍中。興和二年薨。」中華書局點校本魏書（修訂本）校勘記：「『二年』，疑爲『三年』之訛。按李挺（神儁）墓誌稱『以興和三年六月十七日薨於位』。」是知李神儁卒於侍中，在興和三年六月。其舉李緯接對梁使事，姑繫於此。

〔三〕南朝梁會要嘉禮交聘日期誤作丙寅。

通鑑卷一五八梁紀一四武帝大同七年：十二月，東魏遣兼散騎常侍李騫來聘。

魏書卷三六李順傳附李騫傳：尋加散騎常侍、殷州大中正，鎮南將軍、尚書左丞，仍以本官兼散騎常侍使蕭衍。〔一〕

墨香閣藏北朝墓誌八六李騫墓誌：齊故侍中、使持節、都督殷滄二州諸軍事、車騎大將軍、儀同三司、殷州刺史謚曰文惠李公銘。君諱騫，字希義，趙郡柏仁人。（中略）轉鎮南將軍、尚書左丞。（中略）既玉帛未巡，銅柱猶闕，欲先文德，必有羈縻。顧懷終賈，實應其選。復除散騎常侍，爲聘梁使主。眷彼東南，非唯竹箭，國不可小，彼有人焉。而君辭擅翰林，言窮辯囿，莫不心醉神駭，懷我好音。

唐代墓誌彙編元和〇九九唐故譙郡永城縣令趙郡李府君墓誌：府君趙郡贊皇人也，諱崗，姓李氏。（中略）五代祖諱希騫，有盛名於元魏世，仕至黄門侍郎，滄、冀等四州刺史，侍中，聘梁使主，謚文憲公。〔二〕

北齊書卷四二崔劼傳：興和三年，兼通直散騎常侍，使于梁。〔三〕

〔一〕北史卷三三李順傳附李騫傳略同。

〔二〕魏書卷三六李順傳附李騫傳：「希仁弟騫，字希義。」中華書局點校本魏書（修訂本）校勘記：「『希義』，元象元年李憲墓誌作『景讓』。按誌載憲諸子，均爲名『希』某、字『景』某。疑騫本名希義，字景讓，同諸兄弟。後改名『騫』，即以原名爲字。此種情形當時常見，非傳必誤而誌必是。」

〔三〕北史卷四四崔光傳附崔劼傳同。

酉陽雜俎前集卷一二語資：梁遣黃門侍郎明少遐、秣陵令謝藻、信威長史王纘沖、宣城王文學蕭愷、兼散騎常侍袁狎、兼通直散騎常侍賀文發，宴魏使李騫、崔劼。溫涼畢，少遐詠騫贈其詩曰：「蕭蕭風簾舉，依依然可想。」騫曰：「未若『燈花寒不結』，最附時事。」少遐報詩中有此語。劼問少遐曰：「今歲奇寒，江淮之間，不乃冰凍？」少遐曰：「在此雖有薄冰，亦不廢行，不似河冰一合，便勝車馬。」狎曰：「河冰上有狸跡，便堪人渡。」劼曰：「狸當爲狐，應是字錯。」少遐曰：「是狐性多疑，鼬性多預，狐疑猶預，因此而傳耳。」劼曰：「鵲巢避風，雉去惡攻[一]，乃是鳥之一長；狐疑鼬預，可謂獸之一短也。」

酉陽雜俎前集卷一二語資：梁宴魏使李騫、崔劼。樂作，梁舍人賀季曰：「音聲感人深也。」劼曰：「昔申喜聽歌愴然，知是其母，理實精妙然也。」梁主客王克曰：「聽音觀俗，轉是精者。」劼曰：「延陵昔聘上國，實有觀風之美。」季曰：「卿發此言，乃欲挑戰？」騫曰：「請執鞭弭，與君周旋。」季曰：「未敢三舍。」劼曰：「數奔之事，久已相謝。」季曰：「車亂旗靡，恐有所歸。」劼曰：「平陰之役，先鳴已久。」克曰：「吾方欲館穀而旌武功。」騫曰：「王夷師熸，將以誰屬？」遂共大笑而止。樂欲訖，有馬數十匹馳過，未有閹人。騫曰：「巷伯乃同趣馬，詎非侵官？」季曰：「此乃貌似。」劼曰：「若值袁紹，恐不能免。」

[一]「攻」，四部叢刊初編景印明趙氏脈望館刊本作「政」。

酉陽雜俎前集卷三貝編：魏李騫、崔劼至梁同泰寺，主客王克、舍人賀季及三僧迎門引接[一]。至浮圖中，佛傍有執板筆者，僧謂騫曰：「此是尸頭，專記人罪。」騫曰：「便是僧之董狐。」復入二堂，佛前有銅鉢，中燃燈。劼曰：「可謂『日月出矣，爝火不息』。」

酉陽雜俎前集卷七酒食：梁劉孝儀食鯖鮓，曰：「五侯九伯，令盡征之。」魏使崔劼、李騫在坐，劼曰：「中丞之任，未應已得分陜。」騫曰：「若然，中丞四履，當至穆陵。」孝儀曰：「鄴中鹿尾，乃酒殽之最。」劼曰：「生魚熊掌，孟子所稱；雞跖猩脣，吕氏所尚。鹿尾乃有奇味，竟不載書藉，每用爲怪。」孝儀曰：「實自如此，或是古今好尚不同。」梁賀季曰：「青州蟹黄，乃爲鄭氏所記。此物不書，未解所以。」騫曰：「鄭亦稱益州鹿尾，但未是珍味。」

○十二月，梁使袁狎、賀文發聘魏，次年正月丙辰至。

南史卷七梁本紀中：（大同七年）十二月壬寅，東魏人來聘。遣兼散騎常侍袁狎報聘。[二]

梁大同八年　東魏興和四年　西魏大統八年（五四二）

○正月丙辰，梁使袁狎、賀文發至東魏。

[一] 酉陽雜俎校箋：「賀季」，原作「賀季友」，「友」字當涉下「及三僧」之「及」字而誤衍，按本書前集卷七酒食「劉孝儀」條稱「梁賀季」可證，今據梁書刪。

[二] 南朝梁會要嘉禮交聘日期誤作丙寅。

魏書卷一二孝靜紀：（興和）四年春正月丙辰，蕭衍遣使朝貢。〔一〕

北史卷五魏本紀五：（興和）四年春正月丙辰，梁人來聘。

魏書卷九八島夷蕭衍傳：（興和）四年春，又遣散騎常侍袁狎、通直常侍賀文發朝貢。

○四月丙寅，東魏使李繪、封述聘梁。

魏書卷一二孝靜紀：（興和四年）夏四月丙寅，遣兼散騎常侍李繪使于蕭衍。〔二〕

北史卷五魏本紀五：（興和四年）夏四月丙寅，遣兼散騎常侍李繪聘于梁。

通鑑卷一五八梁紀一四武帝大同八年：夏四月丙寅，東魏使兼散騎常侍李繪來聘。

北齊書卷四三封述傳：封述，字君義，（中略）梁散騎常侍陸晏子、沈警來聘，以述兼通直郎使梁。

酉陽雜俎續集卷四貶誤：李繪封君義聘梁記曰〔三〕：「梁主客賀季指馬上立射，嗟美其工。繪曰：『養由百中，楚恭以爲辱。』季不能對。又有步從射版，版記射的，中者甚多。繪曰：『那得不射麞？』季

〔一〕中華書局點校本魏書（修訂本）校勘記：按是年正月戊辰朔，無丙辰。北史卷五魏本紀五同誤。

〔二〕中華書局點校本魏書（修訂本）校勘記：按四月丙申朔，此「丙寅」及下同月所列「乙酉」、「丁亥」、「辛卯」諸日並無。北史卷五魏本紀五、通鑑卷一五八梁紀一四大同八年四月同誤。吴玉貴資治通鑑疑年録據通鑑此年四月之後即接六月事，云：「或此『四月』爲『五月』之誤。五月丙寅朔，乙酉爲五月二十日，丁亥二十二日，辛卯二十六日。」然本紀下自有「五月辛巳」，其説亦有未安之處。

〔三〕酉陽雜俎校箋：「李繪」，原作「李績」，今據隋志改。隋書經籍志二：「封君義行記一卷，李繪撰。」按，封君義聘梁記當即封君義行記。

曰：『上好生行善，故不爲麞形。』自麞而鹿，亦不差也。」〔二〕

北齊書卷二九李渾傳附李繪傳：武定初，兼常侍，爲聘梁使主。梁武帝問繪：「高相今在何處？」繪曰：「今在晉陽，肅遏邊寇。」梁武曰：「黑獺若爲形容？高相作何經略？」繪曰：「黑獺遊魂關右，人神厭毒，連歲凶災，百姓懷土。丞相奇略不世，畜鋭觀釁，攻昧取亡，勢必不遠。」梁武曰：「如卿言極佳。」與梁人汎言氏族。袁狎曰：「未若我本出自黄帝，姓在十四之限。」繪曰：「兄所出雖遠，當共車千秋分一字耳。」一坐大笑。前後行人，皆通啓求市，繪獨守清尚，梁人重其廉潔。〔三〕

春秋左傳正義卷三〇昭公二十年：齊侯疥遂痁。注：痁，瘧疾。正義曰：後魏之世，嘗使李繪聘梁，梁人袁狎與繪言及春秋，説此事云：「疥當爲痎。痎是小瘧，痁是大瘧。疥患積久，以小致大，非疥也。」狎之所言，梁主之説也。

元和姓纂卷一封氏：君義，聘梁副使、五兵尚書。

○十月甲寅，梁使劉孝勝、謝景聘東魏。

魏書卷一二孝静紀：（興和四年）冬十月甲寅，蕭衍遣使朝貢。

〔二〕金溪北朝文化對南朝文化的接納與反饋附表二：「封述使梁時爲兼通直郎，依例當爲使副，而李繪爲使主兼散騎侍郎使梁之年，史書未載其使副之名。（中略）封述應是以使副身份與李繪同時赴梁。」史睿南北朝交聘記的基礎研究：「封君義聘梁在興和二年，李繪聘梁在興和四年。推測封述聘梁是與崔長謙、陽休之同行。」鵬按：疑北齊書封述傳記述不確，以金溪説近是。

〔三〕北史卷三三李靈傳附李繪傳略同。李繪聘梁在興和四年，北齊書李繪傳、北史李繪傳謂在武定初，不確。姚振宗隋書經籍志考證卷二一：「李繪傳載武定初爲聘梁使主者，爲其兄渾事，非繪事，繪爲使猶在其前一年，傳當云興和末也。」

北史卷五魏本紀五：（興和四年）冬十月甲寅，梁人來聘。

魏書卷九八島夷蕭衍傳：（興和四年）其年冬，又遣散騎常侍劉孝勝、通直常侍謝景朝貢。

梁書卷四一劉潛傳附劉孝勝傳：久之，復爲尚書右丞，兼散騎常侍聘魏。〔一〕

○十二月辛亥，東魏使陽斐、崔子侃聘梁。

魏書卷一二孝靜紀：（興和四年）十有二月辛亥，遣兼散騎常侍陽斐使于蕭衍。〔二〕

北史卷五魏本紀五：（興和四年）十二月辛亥，使兼散騎常侍陽斐使于梁。

通鑑卷一五八梁紀一四武帝大同八年：（十二月）辛亥，東魏遣兼散騎常侍楊斐來聘。〔三〕

魏書卷六九崔休傳附崔子侃傳：後兼通直常侍，使於蕭衍，還，路病卒。

北齊書卷二三崔㥄傳：子侃，魏末兼通直常侍，聘梁使。

北史卷二四崔逞傳附崔子侃傳：後兼通直散騎常侍，使梁，爲陽斐副。恥居斐下，自負才地，呼斐爲陽子，語輒折之。還，卒於路。

北齊書卷四二陽斐傳：興和中，除起部郎中，兼通直散騎常侍，聘於梁。梁尚書羊侃，魏之叛人也，與斐有舊，欲請斐至宅，三致書，斐不答。梁人曰：「羊來已久，經貴朝遷革，李、盧亦詣宅相見，卿

〔一〕南史卷三九劉勔傳附劉孝勝傳同。

〔二〕中華書局點校本魏書（修訂本）校勘記：「『陽斐』，原作『楊斐』。（中略）按陽斐，北齊書卷四二有傳，記使梁事。『楊』字訛，今據改。」

〔三〕通鑑考異卷七：典略作「陽斐」，今從魏書紀。

何致難？」斐曰：「柳下惠則可，吾不可。」梁主乃親謂斐曰：「羊侃極願相見，今二國和好，天下一家，安得復論彼此？」斐終辭焉。〔一〕

梁書卷三九羊侃傳：大同中，魏使陽斐，與侃在北嘗同學，有詔令侃延斐同宴。賓客三百餘人，器皆金玉雜寶，奏三部女樂，至夕，侍婢百餘人，俱執金花燭。〔二〕

梁大同九年　東魏武定元年　西魏大統九年（五四三）

○六月乙亥，梁使沈衆、殷德卿聘東魏。

魏書卷一二孝静紀：（武定元年）六月乙亥，蕭衍遣使朝貢。

北史卷五魏本紀五：（武定元年）六月乙亥，梁人來聘。

魏書卷九八島夷蕭衍傳：武定元年夏，又遣散騎常侍沈衆、通直常侍殷德卿朝貢。

陳書卷一八沈衆傳：遷太子中舍人。兼散騎常侍，聘魏。〔三〕

魏書卷五五劉芳傳附劉鷟傳：武定初，轉中書舍人，加安東將軍。於時與蕭衍和通，鷟前後受敕接對其使十六人。

〔一〕北史卷四七陽尼傳附陽斐傳略同。
〔二〕南史卷六三羊侃傳略同。
〔三〕南史卷五七沈約傳附沈衆傳同。

○八月壬午，東魏使李渾聘梁。

魏書卷一二孝静紀：（武定元年八月）壬午，遣兼散騎常侍李渾使于蕭衍。

北史卷五魏本紀五：（武定元年八月）壬午，遣兼散騎常侍李渾聘于梁。

通鑑卷一五八梁紀一四武帝大同九年：（八月）東魏遣兼散騎常侍李渾等來聘。

北齊書卷二九李渾傳：後除禄大夫，兼常侍，聘使至梁。梁武謂之曰：「伯陽之後，久而彌盛，趙李人物，今實居多。常侍曾經將領，今復充使，文武不墜，良屬斯人。」

北史卷三三李靈傳附李渾傳：武定初，兼散騎常侍、聘梁使主。梁武謂曰：「伯陽之後，久而彌盛，趙李人物，今實居多。」

北齊書卷二三崔㥄傳：趙郡李渾嘗讌聚名輩，詩酒正驩譁，㥄後到，一坐無復談話者。鄭伯猷歎曰：「身長八尺，面如刻畫，謦欬爲洪鍾響，胸中貯千卷書，使人那得不畏服！」

北史卷二四崔逞傳附崔㥄傳：趙郡李渾將聘梁，名輩畢萃，詩酒正讙，㥄後到，一坐無復談話。鄭伯猷歎曰：「身長八尺，面如刻畫，謦欬爲洪鍾響，胸中貯千卷書，使人那得不畏服！」

○本年，東魏使邢亢聘梁。

魏書卷六五邢巒傳附邢亢傳：兼通直散騎常侍，使於蕭衍，時年二十八。〔一〕

〔一〕北史卷四三邢巒傳附邢亢傳略同。魏書邢亢傳下文又云：「武定七年，坐事死於晉陽，年三十四。」知邢亢聘梁當在武定元年，疑爲李渾副使。

○本年冬，梁使蕭確、陸緬聘東魏。

魏書卷九八島夷蕭衍傳：（武定元年）其年冬，又遣散騎常侍蕭確、通直常侍陸緬朝貢。

酉陽雜俎前集卷一一廣知：梁主客陸緬謂魏使尉瑾曰：「我至鄴，見雙闕極高，圖飾甚麗（下略）」

魏書卷八五文苑温子昇傳：齊文襄王引子昇爲大將軍府諮議參軍。子昇前爲中書郎，嘗詣蕭衍客館受國書，自以不脩容止，謂人曰：「詩章易作，逋峭難爲。」文襄館客元瑾曰：「諸人當賀。」[二]推子昇合陳辭。子昇久忸怩，乃推陸操焉。[三]

梁大同十年　東魏武定二年　西魏大統十年（五四四）

○三月，梁使聘東魏。

魏書卷一二孝靜紀：（武定二年）三月，蕭衍遣使朝貢。

北史卷五魏本紀五：（武定二年）三月，梁人來聘。

○五月甲午，東魏使魏季景聘梁。

魏書卷一二孝靜紀：（武定二年）五月甲午，遣散騎常侍魏季景使于蕭衍。

[二] 中華書局點校本魏書校勘記：按何事當賀，叙述不明，疑「文襄」下有脱文。

[三] 北史卷八三文苑温子昇傳略同。魏書卷一二孝靜紀、北史卷五魏本紀五，高澄爲大將軍在武定二年（五四四）三月壬子；北齊書卷三文襄帝紀作興和二年（五四〇），誤。此條年月不詳，姑繫於此。中華書局點校本北史校勘記：此處文意不明，李慈銘云：「『文襄』下有脱文，魏書亦同。」

北史卷五魏本紀五：（武定二年）夏五月甲午，遣散騎常侍魏季景聘于梁。

通鑑卷一五八梁紀一四武帝大同十年：（五月）甲午，東魏遣散騎常侍魏季景來聘。季景，收之族叔也。

北史卷五六魏季景傳：元象初，兼給事黄門侍郎，後兼散騎常侍，使梁。

○十一月辛丑，梁使聘東魏。

魏書卷一二孝静紀：（武定二年十一月）辛丑，蕭衍遣使朝貢。

北史卷五魏本紀五：（武定二年十一月）辛丑，梁人來聘。

梁大同十一年　東魏武定三年　西魏大統十一年（五四五）

○正月丙申，東魏使李獎聘梁，四月至。

魏書卷一二孝静紀：（武定）三年春正月丙申，遣兼散騎常侍李獎使于蕭衍。

北史卷五魏本紀五：（武定）三年春正月丙申，遣兼散騎常侍李獎聘于梁。

梁書卷三武帝紀下：（大同十一年）夏四月，魏遣使來聘。

南史卷七梁本紀中：（大同十一年）夏四月，東魏人來聘。

通鑑卷一五九梁紀一五武帝大同十一年：春正月丙申，東魏遣兼散騎常侍李獎來聘。

北史卷一〇〇序傳：（李）奬以戚里恩澤，賜爵廣平侯。歷中書侍郎、兼散騎常侍，聘梁使主、黄門郎、司徒左長史，行瀛州事。

〇七月庚子，梁使徐君房、庾信聘東魏。

魏書卷一二孝静紀：（武定三年）秋七月庚子，蕭衍遣使朝貢。

北史卷五魏本紀五：（武定三年）秋七月庚子，梁人來聘。

魏書卷九八島夷蕭衍傳：（武定）三年秋，又遣散騎常侍徐君房、通直常侍庾信朝貢。

周書卷四一庾信傳：尋兼通直散騎常侍，聘于東魏。文章辭令，盛爲鄴下所稱。〔一〕

北史卷四七祖瑩傳附祖孝隱傳：魏末爲兼散騎常侍，迎梁使，時徐君房、庾信來聘，名譽甚高，魏朝聞而重之，接對者多取一時之秀，盧元景之徒，並降階攝職，更遞司賓。孝隱少處其中，物議稱美。〔二〕

文苑英華卷六九九宇文逌庾信集序：兼通直常侍，使于魏土。接對有才辯，雖子貢之旗鼓陳説，仲山之專對智謀，無以加也。

朝野僉載卷六：梁庾信從南朝初至北方，文士多輕之。信將枯樹賦以示之，於後無敢言者。時温子昇作韓陵山寺碑，信讀而寫其本，南人問信曰：「北方文士何如？」信曰：「唯有韓陵山一片石堪共語。

〔一〕北史卷八三文苑庾信傳略同。

〔二〕北齊書卷三九祖珽傳附祖孝隱傳同。金溪北朝文化對南朝文化的接納與反饋附表二：然北朝諸史中均未載「盧元景」其人，當時北朝名望甚重且曾南使者，有盧元明與王元景。史中既稱「盧元景之徒並降階攝職」，從語義上看應非一人，故疑本爲二人同列，因其名相似而漏「元明」二字，誤作一人。

薛道衡、盧思道少解把筆，自餘驢鳴犬吠，聒耳而已。」

酉陽雜俎前集卷一八廣動植之三：庾信謂魏使尉瑾曰：「我在鄴，遂大得蒲萄，奇有滋味。」陳昭曰：「作何形狀？」徐君房曰：「有類軟棗。」信曰：「君殊不體物，何得不言似生荔枝？」

類聚卷二七周庾信將命使北始渡瓜步江詩：校尉始辭國，樓船欲渡河。軸軒臨磧岸，旌節映江沱。觀濤想帷蓋，争長憶干戈。雖同燕市泣，猶聽趙津歌。

類聚卷二七周庾信入彭城館詩：襄君前建國，項氏昔威稜。鶂飛傷楚戰，鷄鳴悲漢圍。年代殊氓俗，風雲更盛衰。水流浮磬動，山深喧狖飛。夏餘花欲盡，秋近燕將稀。槐庭垂緑穗，蓮浦落紅衣。〔二〕

文苑英華卷三〇六庾肩吾經陳思王墓詩：公子獨憂生，丘壟擅餘名。樵採枯樹盡，犁田荒隧平。寧追晏平樂，詎想謁承明。且余來錫命，兼言事結成。飄飖河朔遠，颭（一作飈）颸風郊鳴。鴈與雲俱陣，沙將蓬共驚。枯葉落古（一作故）社，寒鴉歸（一作思）孤城。隴水哀葭曲，漁陽慘鼓聲。離家未遠客，安得不傷情。〔三〕

類聚卷五三庾信將命至鄴詩：大國脩聘禮，親鄰自此敦。張旝事原隰，負扆報成言。西過犯風露，北指度轘轅。交歡值公子，展禮覿王孫。何以譽嘉樹，徒欣賦采蘩。四牢盈折俎，三獻滿罍樽。人臣無

〔二〕詩又載文苑英華卷二九七、庾子山集注卷三，「紅衣」下有「徒知日云暮不見舞雩歸」十字。

〔三〕先秦漢魏晉南北朝詩梁詩卷二三庾肩吾：「逯按：梁書及南史，肩吾終生未嘗奉使河朔，自無由經陳思王墓而題詩。」北周詩卷二庾信：「此當是子山之作。」疑是。

境外，何由欣此言。風俗既險阻，山河不復論。無因旅南館，空欲祭西門。眷然惟此別，夙期幸共存。〔二〕

類聚卷五三庾信酬祖正員詩：我皇臨九有，聲教洎無隄。興文盛禮樂，偃武息民黎。承乏驅騏馬，旌旃事鼓鞞。古碑文字盡，荒城年代迷。被隴文瓜熟，交塍香穗低。投瓊實有意，報李更無蹊。〔三〕

類聚卷二七周庾信反命河朔始入武州詩：輕車飛逐李，定遠未隨班。受詔祁連反，申威疎勒還。飛蓬損腰帶，秋鬢落容顏。寄言舊相識，知余生入關。

○十月，東魏使尉瑾、崔肇師聘梁。

魏書卷一二孝静紀：（武定三年）冬十月，遣中書舍人尉瑾使于蕭衍。

北史卷五魏本紀五：（武定三年）冬十月，遣中書舍人尉瑾聘于梁。

通鑑卷一五九梁紀一五武帝大同十一年：（十月）東魏遣中書舍人尉瑾來聘。

北齊書卷二三崔㥄傳附崔肇師傳：武定中，復兼中正員郎，送梁使徐州。（中略）尋兼通直散騎常侍、聘梁副使。轉中書舍人。天保初，參定禪代禮儀。〔三〕

北史卷二〇尉古真傳附尉瑾傳：初，瑾爲聘梁使，梁人陳昭善相，謂瑾曰：「二十年後當爲宰相。」瑾出，私謂人曰：「此公宰相後，不過三年，當死。」昭後爲陳使主，兼散騎常侍，至齊。瑾時兼右僕

〔一〕詩又載初學記卷二〇、文苑英華卷二九六、庾子山集注卷三。

〔二〕詩又載庾子山集注卷三，詩題作將命至鄴酬祖正員。清倪璠注：「酬祖孝隱也。」

〔三〕中華書局點校本北齊書校勘記：按「中正員郎」不可解。「正」字上疑有脱文。

射，鳴騶鐃吹。昭復謂人曰：「二年當死。」果如言焉。〔二〕

文苑英華卷九〇〇李華唐贈太子太師崔公神道碑：孫曰肇師，以令望爲中書侍郎，以才辯爲聘梁使。

酉陽雜俎前集卷一一廣知：梁主客陸緬謂魏使尉瑾曰：「我至鄴，見雙闕極高，圖飾甚麗，此間石闕亦爲不下。我家有荀勖所造尺，以銅爲之，金字成銘，家世所寶此物。往昭明太子好集古器，遂將入内。此闕既成，用銅尺量之，其高六丈。」瑾曰：「我京師象魏，固中天之華闕。此間地勢過下，理不得高。」魏肇師曰：「荀勖之尺，是積黍所爲，用調鍾律，阮咸譏其聲有湫隘之韻，後得玉尺度之，過短。」

酉陽雜俎前集卷一二語資：庾信作詩用西京雜記事，旋自追改，曰：「此吴均語，恐不足用也。」魏肇師曰：「古人託曲者多矣，然鸚鵡賦，禰衡、潘尼二集並載。弈賦，曹植、左思之言正同。古人用意，何至於此？」君房曰：「詞人自是好相採取，一字不異，良是後人莫辯。」魏尉瑾曰：「九錫或稱王粲，六代亦言曹植。」信曰：「我江南才士，今日亦無舉世所推。如温子昇獨擅鄴下，常見其詞筆，亦足稱是遠名。近得魏收數卷碑，製作富逸，特是高才也。」

酉陽雜俎前集卷一二語資：梁徐君房勸魏使尉瑾酒，一吸即盡。笑曰：「奇快！」瑾曰：「鄉鄴飲酒，未嘗傾巵。武州已來，舉無遺滴。」君房曰：「我飲實少，亦是習慣。微學其進，非有由然。」庾信

〔二〕御覽卷七三〇引北齊書略同。

曰：「庶子之高卑[一]，酒之多少，與時升降，便不可得而度。」魏肇師曰：「徐君年隨情少，酒因境多，未知方十復作，若爲輕重？」

酉陽雜俎前集卷一二語資：梁宴魏使，魏肇師舉酒勸陳昭曰：「此席已後，便與卿少時阻闊，念此甚以悽眷。」昭曰：「我欽仰名賢，亦何已也。路中都不盡深心，便復乖隔，泫歎如何！」俄而酒至鸚鵡杯，徐君房飲不盡，屬肇師，肇師曰：「海蠡蜿蜒，尾翅皆張。非獨爲玩好，亦所以爲罰，卿今日真不得辭責。」信曰：「庶子好爲術數。」遂命更滿酌。君房謂信曰：「相持何乃急。」肇師曰：「此謂直道而行，乃非豆萁之喻。」君房乃覆椀。信謂瑾、肇師曰：「適信家餉致濡醁酒數器，泥封全，但不知其味若爲。必不敢先嘗，謹當奉薦。」肇師曰：「每有珍旨，多相費累，顧更以多慚。」

酉陽雜俎前集卷一八廣動植之三：庾信謂魏使尉瑾曰：「我在鄴，遂大得蒲萄，奇有滋味。」陳昭曰：「作何形狀？」徐君房曰：「有類軟棗。」信曰：「君殊不體物，何得不言似生荔枝？」魏肇師曰：「魏武有言：『朱夏涉秋[二]，尚有餘暑，酒腥宿酲[三]，掩露而食，甘而不飴，酸而不酢。道之固以流沫稱奇，況親食之者。』」瑾曰：「此物實出於大宛，張騫所致。有黃、白、黑三種。成熟之時，子實逼側，星編珠聚。西域多釀以爲酒，每來歲貢。在漢西京，似亦不少。杜陵田五十畝，中有蒲萄百樹。今在京

[一]「庶子」，四部叢刊初編景印明趙氏脈望館刊本作「庶子年」。
[二]「朱夏」，四部叢刊初編景印明趙氏脈望館刊本作「末夏」。
[三]「腥」，四部叢刊初編景印明趙氏脈望館刊本作「醉」。

兆，非直止禁林也。」信曰：「乃園種户植，接蔭連架。」昭曰：「其味何如橘柚？」信曰：「津液奇勝，芬芳減之。」瑾曰：「金衣素裹，見苞作貢。向齒自消，良應不及。」

梁書卷四二傅岐傳：岐美容止，博涉能占對。大同中，與魏和親，其使歲中再至，常遣岐接對焉。〔二〕

梁中大同元年　東魏武定四年　西魏大統十二年（五四六）

○五月壬寅，梁使蕭瑳、賀德瑒聘東魏。

魏書卷一二孝静紀：（武定）四年夏五月壬寅，蕭衍遣使朝貢。

北史卷五魏本紀五：（武定）四年夏五月壬寅，梁人來聘。

魏書卷九八島夷蕭衍傳：（武定）四年夏，又遣散騎常侍蕭瑳、通直常侍賀德瑒朝貢。

○七月壬寅，東魏使元廓聘梁。

魏書卷一二孝静紀：（武定四年）秋七月壬寅，遣兼散騎常侍元廓使于蕭衍。

北史卷五魏本紀五：（武定四年）秋七月壬寅，遣兼散騎常侍元廓聘于梁。

通鑑卷一五九梁紀一五武帝中大同元年：秋七月壬寅，東魏遣散騎常侍元廓來聘。

〔二〕南史卷七〇循吏傳琰傳附傅岐傳同。此條無所屬，姑繫於此。

梁太清元年　東魏武定五年　西魏大統十三年（五四七）

○正月乙丑，梁使謝藺、鮑至聘東魏。

魏書卷一二孝静紀：（武定五年正月）乙丑，蕭衍遣使朝貢。

北史卷五魏本紀五：（武定五年正月）乙丑，梁人來聘。

魏書卷九八島夷蕭衍傳：（武定）五年春，又遣散騎常侍謝藺、通直常侍鮑至朝貢。朝廷亦遣使報之。十餘年間，南境寧息。

梁書卷四七孝行謝藺傳：太清元年，遷散騎侍郎，兼散騎常侍，使於魏。會侯景舉地入附，境上交兵，藺母慮不得還，感氣卒。及藺還入境，爾夕夢不祥，旦便投劾馳歸。〔一〕

梁書卷五六侯景傳：（景）乃抗表曰：「（上略）陛下與高氏通和，歲踰一紀，舟車往復，相望道路，必將分災卹患，同休等戚；寧可納臣一介之服，貪臣汝、潁之地，便絶好河北，檄詈高澄，聘使未歸，陷之獸口，揚兵擊鼓，侵逼彭、宋。（下略）」

北史卷三三李靈傳附李緯傳：梁謝藺來聘，緯勞之。藺問安平諸崔，緯曰：「子玉以還，彫龍絶矣。」崔暹聞之怒，緯詣門謝之，暹上馬不顧。緯語人曰：「雖失要人意，聘梁使不得捨我。」

北齊書卷四一綦連猛傳：（武定）五年，梁使來聘，云有武藝，求訪北人，欲與相角。世宗遣猛就

〔一〕南史卷七四孝義下謝藺傳略同。

館接之，雙帶兩鞬，左右馳射。兼共試力，挽强，梁人引弓兩張，力皆三石，猛遂併取四張，疊而挽之，過度。梁人嗟服之。[一]

御覽卷三四七引三國典略：齊綦連猛有勇力。梁使來聘，有武藝人，求欲相角。猛帶兩鞬，左右馳射，併取四弓，疊而挽之。梁人嗟服。

○四月甲午，東魏使李緯、王松年聘梁。

魏書卷一二孝靜紀：（武定五年四月）甲午，遣兼散騎常侍李緯使于蕭衍。

北史卷五魏本紀五：（武定五年四月）甲午，遣兼散騎常侍李緯聘于梁。

通鑑卷一六〇梁紀一六武帝太清元年：（四月）甲午，東魏遣兼散騎常侍李系來聘。系，繪之弟也。[二]

魏書卷四九李靈傳附李系傳：武定五年，兼散騎常侍，使蕭衍。與其二兄前後將命，時人稱之。[三]

北史卷三五王慧龍傳附王松年傳：累遷通直散騎常侍，副李緯使梁。[四]

梁太清二年　東魏武定六年　西魏大統十四年（五四八）

○二月己卯，梁使羊珍孫聘東魏。

[一] 北史卷五三綦連猛傳略同。

[二] 通鑑考異卷七：魏帝紀作「李緯」，今從本傳。

[三] 北史卷三三李靈傳附李緯傳略同。金溪北朝文化對南朝文化的接納與反饋附表二：李系即李緯，蓋避北齊後主高緯諱而改。

[四] 北齊書卷三五王松年傳同。

魏書卷一二孝静紀：（武定六年）二月己卯，蕭衍遣使款闕乞和，并修書弔齊文襄王。

北史卷五魏本紀五：（武定六年）二月己卯，梁遣使求和，許之。

北史卷六齊本紀上：（武定六年）二月己卯，梁遣使慰文襄，并請通和。文襄許其和而不答書。

通鑑卷一六一梁紀一七武帝太清二年：（二月）己卯，上遣使弔澄。

魏書卷九八島夷蕭衍傳：其年又改爲太清。是歲，司徒侯景反，遣使通衍，請其拯援。衍惑景遊説，遂絶貢使。衍子綱及朝臣並切諫以爲不可，衍不從。（中略）衍既慚悔，（武定）六年，復遣使羊珍孫款闕乞和，并脩弔書於齊文襄王。文襄王欲以威德懷之，許其通而不復其書。

梁書卷五六侯景傳：先是，豫州刺史貞陽侯淵明督衆軍圍彭城，兵敗没于魏，至是遣使還，述魏人請追前好。二年二月，高祖又與魏連和。景聞之懼，馳啓固諫，高祖不從。

南史卷八〇賊臣侯景傳：是時貞陽侯明遣使還梁，述魏人請追前好，許放之還。武帝覽之流涕，乃報明啓當別遣行人。帝亦欲息兵，乃與魏和通。景聞之懼，馳啓固諫，帝不從。

梁書卷三八朱异傳：及貞陽敗没，自魏使還，述魏相高澄欲更申和睦，敕有司定議，异又以和爲允，高祖果從之。〔一〕

梁書卷四二傅岐傳：此年冬，豫州刺史貞陽侯蕭淵明率衆伐彭城，兵敗陷魏。二年，淵明遣使還，

〔一〕南史卷六二朱异傳略同。

述魏人欲更通和好，敕有司及近臣定議。左衞朱异曰：「高澄此意，當復欲繼好，不爽前和；邊境且得靜寇息民，於事爲便。」議者並然之。岐獨曰：「高澄既新得志，其勢非弱，何事須和？此必是設間，故令貞陽遣使，令侯景自疑當以貞陽易景。景意不安，必圖禍亂。今若許澄通好，正是墮其計中。且彭城去歲喪師，渦陽新復敗退，令便就和，益示國家之弱。若如愚意，此和宜不可許。」朱异等固執，高祖遂從异議。及遣和使，侯景果有此疑，累啓請追使，敕但依違報之。

北齊書卷三三蕭明傳：世宗禮明甚重，謂之曰：「先王與梁主和好十有餘年，聞彼禮佛文，常云奉爲魏主，並及先王，此甚是梁主厚意。不謂一朝失信，致此紛擾。自出師薄伐，無戰不克，無城不陷，今自欲和，非是力屈。境上之事，知非梁主本心，當是侯景違命扇動耳。侯可遣使諮論，若猶存先王分義，重成通和者，吾不敢違先王之旨，侯及諸人並即放還。」於是使人以明書告梁主，梁主乃致書以慰世宗。

○七月，梁使謝挺（一作謝班、謝珽）、徐陵聘東魏，九月乙酉至。

南史卷七梁本紀中：（太清二年）秋七月，使兼散騎常侍謝班聘于東魏結和。

魏書卷一二孝靜紀：（武定六年）九月乙酉，蕭衍遣使朝貢。

北史卷五魏本紀五：（武定六年）九月乙酉，梁人來聘。

魏書卷九八島夷蕭衍傳：衍於是遣其散騎常侍謝珽、通直常侍徐陵詣闕朝貢。〔二〕

〔二〕中華書局點校本魏書（修訂本）校勘記：「『謝珽』，原作『謝班』。按本書卷一〇四自序、北史卷五六及北齊書卷三七魏收傳並作『謝珽』，此處『班』乃『珽』字之訛，今據改。」鵬按：疑以避宋諱「珽」字，缺筆而誤作「班」。

通鑑卷一六一梁紀一七武帝太清二年：（五月）上遣建康令謝挺、散騎常侍徐陵等聘于東魏，復脩前好。〔一〕

梁書卷三八朱异傳：其年六月，遣建康令謝挺、通直郎徐陵使北通好。是時，侯景鎮壽春，累啓絶和，及請追使。又致書與异，辭意甚切，异但述敕旨以報之。〔二〕

南史卷八〇賊臣侯景傳：又聞遣伏挺、徐陵使魏，不知所爲。〔三〕

陳書卷二六徐陵傳：太清二年，兼通直散騎常侍，使魏。魏人授館宴賓，是日甚熱，其主客魏收嘲陵曰：「今日之熱，當由徐常侍來。」陵即答曰：「昔王肅至此，爲魏始制禮儀；今我來聘，使卿復知寒暑。」收大慙。

南史卷六二徐摛傳附徐陵傳：太清二年，兼通直散騎常侍，使魏。魏人授館宴賓，是日甚熱，其主客魏收謿陵曰：「今日之熱，當由徐常侍來。」陵即答曰：「昔王肅至此，爲魏始制禮儀；今我來聘，使卿復知寒暑。」收大慚。齊文襄爲相，以收失言，囚之累日。

建康實録卷二〇：累遷通直散騎常侍，使魏。魏人館宴之日甚熱，魏之主客魏收謂陵曰：「今日之熱，當由徐公。」陵答曰：「昔王肅至此，爲魏始制禮儀；今僕來聘，使卿復知寒暑。」收大慚。

〔一〕通鑑繫於五月，疑誤。
〔二〕南史卷六二朱异傳略同。
〔三〕曹道衡、沈玉成著中古文學史料叢考卷四梁書侯景傳記伏挺使魏爲謝挺之誤：「伏挺」爲「謝挺」之誤。

太平廣記卷二四六徐摛引談藪：摛子陵，通直散騎常侍，聘魏。魏主客魏收曰：「今日之熱，當猶徐常侍來。」陵答曰：「昔王肅至此，爲魏始制禮儀；今我來聘，使卿復知寒暑。」收不能對。

北史卷五六魏收傳：又敕兼主客郎，接梁使謝珽、徐陵。〔二〕

魏書卷六五李平傳附李庶傳：嶽弟庶，尚書南主客郎。

北史卷四三李崇傳附李庶傳：常攝賓司，接對梁客，梁客徐陵深歎美焉。

御覽卷六〇〇引三國略：高澄嗣渤海王。聞謝挺、徐陵來聘，遣中書侍郎陸卬於滑臺迎勞。於席賦詩，卬必先成，雖未能盡工，亦以敏速見美。〔三〕

北齊書卷三五陸卬傳：歷文襄大將軍主簿，中書舍人，兼中書侍郎，以本職兼太子洗馬。自梁、魏通和，歲有交聘，卬每兼官燕接，在帝席賦詩，卬必先成，雖未能盡工，以敏速見美。〔三〕

御覽卷三七四引三國典略：李庶，黎陽人，魏大司農諧之子也。以清卞，每接梁客。徐陵謂其徒曰：「江北唯有李庶可語耳。」

陳書卷二六徐陵傳附徐儉傳：侯景亂，陵使魏未反。〔四〕

〔二〕北齊書卷三七魏收傳同，魏書卷一〇四自序略同。

〔三〕三國略當即三國典略，疑御覽脱「典」字。

〔三〕北史卷二八陸俟傳附陸卬傳略同。

〔四〕儉，徐陵長子。

梁書卷五元帝紀：（大寶三年八月）兼通直散騎常侍、聘魏使徐陵於鄴奉表曰（下略）

北齊書卷四五文苑顏之推傳載觀我生賦：反季子之觀樂，釋鍾儀之鼓琴。原注：梁武聘使謝挺、徐陵始得還南，凡厥梁臣，皆以禮遣。

御覽卷五九九引國朝傳記：梁常侍徐陵聘於齊。時魏收文學，北朝之秀，收録其文集以遺陵，令傳之江左。陵濟江而沉之，從者以問，陵曰：「吾爲魏公藏拙。」〔一〕

陳書卷二七江總傳：及魏國通好，勑以總及徐陵攝官報聘，總以疾不行。

陳書卷二六徐陵傳：陵累求復命，終拘留不遣，陵乃致書於僕射楊遵彦曰：「（上略）謝常侍今年五十有一，吾今年四十有四，（中略）吾以圭璋玉帛，通聘來朝，屬世道之屯期，鍾生民之否運，兼年累載，無申元直之祈，銜泣吞聲，長對公閭之怒。（下略）」〔二〕

文苑英華卷六八五徐陵報尹義尚書〔三〕：弟居（一無此字）三秦世胄，六輔良家，文武兼能，志懷開遠。谷永之筆，無慚古人；蓋延之弓，高視前彦。而淹留趙魏，亟歷寒暄，企（一作延）望鄉關，理多悲切。（中略）追惟疇昔，共備行人，室家安危，賓禮升降。懸壺代哭，俱歷春冬，移館于箕，同茲辛苦。鳴蜩抱樹，亟見藏冰；歸鴈銜蘆，多經寒食。（中略）伊昔梁朝，共奉嘉聘，張兹大帛，處彼高閎，

〔一〕隋唐嘉話卷下略同。
〔二〕文苑英華卷六九一徐陵使東魏值侯景亂與北齊尚書令求還書略同。
〔三〕書節載於類聚卷三〇，題作陳徐陵答尹義尚書。

庭奏歌鍾，座延僑、肸。賓客之致（一作叙），方於阼階；田獵之禽，同於君膳。正以鄉關阻亂，致爾拘留，家國隆平，義應旋及[一]。況復韓宣屢至，宰孔頻還，翻爾遲迴，□之隣睦[二]。

文苑英華卷六八五尹義尚與徐僕射書：日者謬忝後車（一作陣），陪遊上國。曾觀禮樂，見季子之知音；經奉侍言，嗟鄭僑之博物。如軍書愈疾之製，碑文妙絶之詞，猶貴紙於鄴中，尚傳聲於許下。逮乎百六之年，仍離再三之酷，吉凶禮數，綿歷歲時，嘗膽茹辛，備同艱險。每冀穹蒼有感，大國矜憐，以禮言歸，馭駟俱反。何期毳毛湮淪，墜灑漳濱之水；逸翮摩霄，輕託蓬萊之頂。信知有幸無幸，見生死之殊倫；才與不才，驗沉浮之異趣。（中略）自國祚中絶，行李不通，等避世於桃源，同流寓于仙嶺。每瞻牛侯馬，想金陵之聖人；今覩皇華，知有熊之建國。

類聚卷五三北齊裴讓之公館讌酬南使徐陵詩：嵩山表京邑，鍾嶺對江津。方域殊風壤，分野居星辰。出境君圖事，尋盟我恤鄰。有才稱竹箭，無用忝絲綸。列樂歌鍾響，張旃玉帛陳。皇華徒受命，延譽本無因。韓宣將聘楚，申胥欲去秦。方期飲河朔，飜屬卧漳濱。禮酒盈三獻，賓筵盛八珍。歲稔鳴銅雀，兵戢坐金人。雲來朝起蓋，日落晚催輪。異國猶兄弟，相知無舊新。[三]

類聚卷五三北齊裴訥之鄴館公宴詩：晉楚敦盟好，喬禮同心賞。禮成罇俎陳，樂和金石響。朝雲駕

[一]「及」，類聚卷三〇陳徐陵答尹義尚書作「反」。

[二]「□之」，類聚卷三〇陳徐陵答尹義尚書作「豈云」。

[三]詩又載初學記卷二〇。

馬進，曉日乘龍上。雙闕表皇居，三臺映仙掌。當階篁篠密，約岸荷蕖長。束帶盡欣娛，誰言鶩歸兩。〔一〕

北史卷四七陽休之傳：尚書僕射崔暹爲文襄所親任，勢傾朝列，（中略）暹子達拏幼而聰敏，年十餘，已作五言詩。時梁國通和，聘使在館，暹持達拏數首詩示諸朝士有才學者，又欲示梁客。餘人畏暹，皆隨宜應對，休之獨正言：「郎子聰明，方成偉器。但小兒文藻，恐未可以示遠人。」其方直如此。〔二〕

大唐故魏州長史李君墓誌銘并序：君諱延嗣，字續，趙州贊皇人。（中略）高祖希禮，魏通直散騎常侍，迎接梁使，魏尹，贈大鴻臚、瀛州刺史，謚曰文，魏史有傳。〔三〕

年月不詳［東魏（五三四—五五〇）初年］

○東魏使楊愔聘梁，中道以疾還。

北史卷四一楊播傳附楊愔傳：愔字遵彥，（中略）又兼散騎常侍，爲聘梁使主。至碻磝，州內有愔家舊佛寺。入精廬禮拜，見太傅容像，悲感慟哭，嘔血數升，遂發病不成行，輿疾還鄴。〔四〕

〔一〕詩又載文苑英華卷二九六，題作奉使至鄴館，「喬禮」作「僑札」。
〔二〕此下二條無所屬，姑繫於此。
〔三〕拓片及釋文載「中華石刻數據庫」。魏書卷三六李順傳附李希禮傳云：「騫弟希禮，字景節。武定末，通直散騎常侍。」
〔四〕北齊書卷三四楊愔傳略同。

北史卷四三李崇傳附李諧傳：天平末，魏欲與梁和好，（中略）是時鄴下言風流者，以諧及隴西李神儁、范陽盧元明、北海王元景、弘農楊遵彦、清河崔贍爲首。初通梁國，妙簡行人，神儁位已高，故諧等五人繼踵，而遵彦遇疾道還，竟不行。

年月不詳［東魏（五三四—五五〇）末年］

○東魏使穆子容（一作穆子客）聘梁。

北史卷二〇穆崇傳附穆子容傳：魏末，爲兼通直散騎常侍聘梁。齊受禪，卒於司農卿。

太平廣記卷二四七穆子客引談藪：魏使穆子客聘梁，主客范胥謂之曰：「卿名子客，思歸之傳，一何太速？」客曰：「吾名子客，所以將命四方。禮成告返，那得言速。」〔二〕

北京圖書館藏中國歷代石刻拓本匯編第六册吕望表：通直散騎常侍、聘梁使、平東將軍、中書侍郎、恒州大中正、脩左史、汲郡太守穆子容山行之文。大魏武定八年四月庚辰朔十二日辛卯建造。

○東魏使裴讓之聘梁。

〔二〕梁書卷四八儒林范縝傳附范胥傳云：「胥有口辯，大同中，常兼主客郎，對接北使。（中略）出爲鄱陽内史，卒於郡。」據梁書卷二七陸襄傳，陸襄於中大通七年出爲鄱陽内史，在政六年，徵爲吏部郎。范胥出爲鄱陽内史，當在大同六年（興和二年，五四〇）之前。穆子容聘梁，疑在大同六年以後。中華書局點校本梁書（修訂本）卷二七校勘記：「『七年』承上文似爲中大通七年，按中大通只六年，其明年正月改元大同，不得有七年。此处疑有訛誤。」

北史卷三八裴佗傳附裴讓之傳：歷文襄大將軍主簿，兼中書舍人。後兼散騎常侍聘梁。〔一〕

御覽卷二一八引三國典略：裴讓之十七舉秀才，爲屯田郎中。與祖珽俱聘宋〔二〕。邢劭省中語曰：「多奇多能祖孝徵，能賦能詩裴讓之。」

○東魏使李庶聘梁。

御覽卷六五五引談藪：魏李恕聘梁，沙門重公接恕，曰：「向來全無菹䐑（户佳切）。」恕父名諧，以爲犯諱。恕曰：「短髮粗疎。」重公曰：「貧道短髮，沙門種類，以君交聘二國，不辨䐑諧。」〔三〕

太平寰宇記卷九〇江南東道二「昇州江寧縣長命洲」條引輿地志：梁武帝遣人放生于此洲，仍置十户在洲中，掌穀粟以飼之，故呼爲長命洲。魏使李恕來朝，帝正放生，問恕曰：「北主頗知此乎？」恕對曰：「本國不取亦不放。」帝無以應之。〔四〕

○東魏使李概聘梁。

北史卷三三李靈傳附李概傳：爲齊文襄大將軍府行參軍，進側集，題云「富春公主撰」。閑緩不任

〔一〕北齊書卷三五裴讓之傳同。

〔二〕「聘宋」之「宋」字誤，疑當作「梁」。又北史卷四七祖瑩傳附祖珽傳、北齊書卷三九祖珽傳未載祖珽聘梁。

〔三〕「魏李恕」，太平廣記卷二四七僧重公引談藪作「魏使主客郎李恕」；「菹䐑」，太平廣記作「菹酢䐑乎」。又李恕之「恕」字訛，當作「庶」。參見八代談藪校箋正編卷下九七少門重公辨對二則。

〔四〕御覽卷六九引郡國志：「潤州長命洲，梁武放生處。後魏使李諧來聘，武帝問曰：『彼國亦放生否？』諧曰：『不取亦不放。』帝大慙。」御覽引郡國志作李諧事，未知孰是。

事，每被譏訶。除殿中侍御史，修國史。後爲太子舍人，爲副使聘于江南。江南多以僧寺停客，出入常袒露。還，坐事解。[二]

梁大寶元年　東魏武定八年（五月禪北齊，改天保元年）　西魏大統十六年（五五〇）

○正月，梁湘東王使蕭方畧（一作蕭方晷、蕭方平）聘西魏。

南史卷八梁本紀下：及簡文帝即位，改元爲大寶元年。帝以簡文制于賊臣，卒不遵用。正月，使少子方晷質于魏，魏不受質而結爲兄弟。

周書卷二文帝紀下：及楊忠擒仲禮，繹懼，復遣其子方平來朝。

周書卷一九楊忠傳：梁元帝遣使送子方畧爲質，并送載書，請魏以石城爲限，梁以安陸爲界。[三]

通鑑卷一六三梁紀一九簡文帝大寶元年：（二月）（湘東王）繹遣舍人王孝祀等送子方略爲質以求和，魏人許之。繹與（楊）忠盟曰：「魏以石城爲封，梁以安陸爲界，請同附庸，并送質子，貿遷有無，永敦鄰睦。」忠乃還。

南史卷五四元帝諸子始安王方略傳：始安王方略，元帝第十子，（中略）侯景亂，元帝結好于魏，

[二] 據魏書卷一二孝静紀、北史卷五魏本紀五，高澄爲大將軍在武定二年（五四四）三月壬子；北齊書卷三文襄帝紀作興和二年（五四〇），誤。此條年月不詳，姑繫於此。

[三] 北史卷一一隋本紀上略同。

方略年數歲便遣入關。元帝親送近畿，執手歔欷，既而旋駕憶之，賦詩曰：「如何吾幼子，勝衣已別離，十日無由宴，千里送遠垂。」至長安即得還，贈遺甚厚。

周書卷二〇賀蘭祥傳：（大統）十四年，除都督三荆南襄南雍平信江隨二郢淅十二州諸軍事、荆州刺史，（中略）祥雖太祖密戚，性甚清素。州境南接襄陽，西通岷蜀，物産所出，多諸珍異。時既與梁通好，行李往來，公私贈遺，一無所受。[二]

○十一月甲寅，梁湘東王使聘北齊。

北齊書卷四文宣帝紀：（天保元年十一月）甲寅，梁湘東王蕭繹遣使朝貢。

北史卷七齊本紀中：（天保元年十一月）甲寅，梁湘東王蕭繹遣使朝貢。

陳書卷二六徐陵傳：會齊受魏禪，梁元帝承制於江陵，復通使於齊。陵累求復命，終拘留不遣。[三]

酉陽雜俎前集卷一禮異：北齊迎南使，太學博士、監舍迎使。傳詔二人騎馬荷信在前，羊車二人捉刀在傳詔後。監舍一人，典客令一人，並進賢冠。生朱衣騎馬罩纖十餘，絳衫一人，引從使車前。又絳衫騎馬、平巾幘六人，使主、副各乘車，但馬在車後。鐵甲者百餘人，儀仗百餘人，剪綵如衣帶，白羽間爲矟，髦髮絳袍，帽凡五色，袍隨髦色，以木爲矟、刃、戟，畫綵爲蝦蟆幡。

○北齊使杜孝績聘梁。

[二] 北史卷六一賀蘭祥傳略同。

[三] 南史卷六二徐摛傳附徐陵傳同。

墨香閣藏北朝墓誌一七〇杜孝績墓誌：齊故驃騎大將軍、東徐州刺史杜君墓誌銘。君諱孝績，字子達，京兆杜陵人。（中略）皇齊革命，乃復除尚書屯田郎中，仍攝起部事，兼員外散騎常侍，再爲聘梁使主，又除驃騎大將軍，許昌太守，仍除都水使者，尋轉司州別駕從事史，俄遷博陵太守。〔一〕

墨香閣藏北朝墓誌一五二杜子達妻乙女休墓誌：驃騎大將軍、都水使者京兆杜君妻齊故乙夫人墓誌之銘。夫人諱女休，河南洛陽人。（中略）適華州使君第四子尚書屯田、起部二曹郎中，許昌太守，兼通直散騎常侍、聘梁使，驃騎大將軍，都水使者京兆杜子達爲妻。〔二〕

梁大寶二年　北齊天保二年　西魏大統十七年（五五一）

○正月丁未，梁湘東王使聘北齊。

北齊書卷四文宣帝紀：（天保）二年春正月丁未，梁湘東王蕭繹遣使朝貢。

北史卷七齊本紀中：（天保）二年春正月丁未，梁湘東王蕭繹遣使朝貢。

通鑑卷一六四梁紀二〇簡文帝大寶二年：（二月）齊遣散騎常侍曹文皎使于江陵，湘東王繹使兼散騎常侍王子敏報之。〔三〕

〔一〕此條年代不詳，姑繫於此。

〔二〕墓誌云乙女休卒於天保五年五月。

〔三〕通鑑考異卷七：「齊遣曹文皎使于江陵。典略在正月丙午朔，今從太清紀。」

○二月己亥，北齊使聘梁湘東王。

梁書卷五元帝紀：（大寶二年）二月己亥，魏遣使來聘。〔一〕

○四月壬辰，梁湘東王使聘北齊。

北齊書卷四文宣帝紀：（天保二年）夏四月壬辰，梁王蕭繹遣使朝貢。〔二〕

北史卷七齊本紀中：（天保二年）夏四月壬辰，梁王蕭繹遣使朝貢。

○十月庚申，梁湘東王使聘北齊。

北齊書卷四文宣帝紀：（天保二年十月）庚申，蕭繹遣使朝貢。

北史卷七齊本紀中：（天保二年十月）庚申，蕭繹遣使朝貢。

○梁湘東王使王固聘西魏。

陳書卷二一王固傳：侯景之亂，奔于荆州，梁元帝承制以爲相國户曹屬，掌管記。尋聘于西魏，魏人以其梁氏外戚，待之甚厚。（中略）嘗聘于西魏，因宴饗之際，請停殺一羊，羊於固前跪拜。又宴於昆明池，魏人以南人嗜魚，大設罟網，固以佛法呪之，遂一鱗不獲。〔三〕

建康實録卷一九：（王固）性信佛法，嘗禪坐誦經。又妙于玄言。使聘魏國，宴饗請救一羊，羊于

〔一〕梁書卷五元帝紀「魏」字多混用，兼指北齊與西魏，此處所指當爲北齊。

〔二〕是年四月甲辰朔，無壬辰。册府卷二一五閏位部三四和好作四月十日。

〔三〕南史卷二三王彧傳附王固傳略同。據梁書卷五元帝紀，湘東王繹於太清三年四月爲司徒承制，大寶元年十一月進位相國，王固聘西魏當在大寶二年。

固前跪足而拜。又宴昆明池，魏朝以固南人嗜魚，大設罔罟于水中，固以佛法咒之，一無所獲。

梁大寶三年（十一月改承聖元年）　北齊天保三年　西魏廢帝元年（五五二）

○五月，北齊使曹文皎等聘梁湘東王。

○五月，梁湘東王使柳暉等聘北齊，七月二十日（一作二十四日）至。

梁書卷五元帝紀：（大寶三年五月）是月，魏遣使賀平侯景[一]。

南史卷八梁本紀下：（大寶三年五月）齊人賀平侯景。

通鑑卷一六四梁紀二〇元帝承聖元年：（五月）齊主使其散騎常侍曹文皎等來聘。湘東王使散騎常侍柳暉等報之，且告平侯景。

北史卷二九蕭祗傳：時梁元帝平侯景，復與齊通好。[二]

梁書卷五元帝紀：（大寶三年八月）兼通直散騎常侍、聘魏使徐陵於鄴奉表曰：「（上略）去月二十日[三]，兼散騎常侍柳暉等至鄴，伏承聖旨謙沖，爲而弗宰。或云涇陽未復，函谷無泥，旋駕金陵，方膺天睠。（下略）」

[一] 此處「魏」字所指當爲北齊。
[二] 北齊書卷三三蕭祗傳同。
[三] 「去月二十日」，文苑英華卷六〇〇徐陵勸進梁元帝表作「去七月二十四日」。

○六月，北齊使謝季卿聘梁湘東王。

通鑑卷一六四梁紀二〇元帝承聖元年：（六月）齊遣散騎常侍謝季卿來賀平侯景。

○十一月辛巳，梁湘東王使聘北齊。

北齊書卷四文宣帝紀：（天保三年）十一月辛巳，梁王蕭繹即帝位於江陵，是爲元帝，遣使朝貢。

北史卷七齊本紀中：（天保三年）十一月辛巳，梁主蕭繹即位於江陵，是爲元帝，遣使來聘。

○十一月，梁湘東王使魏彦聘西魏。

北史卷五魏本紀五：（廢帝）元年冬十一月，梁湘東王蕭繹討侯景，禽之，遣其舍人魏彦來告，仍嗣位於江陵。

周書卷二文帝紀下：歲餘，綱弟繹討（侯）景，擒之，遣其舍人魏彦來告，仍嗣位於江陵，是爲元帝。

通鑑卷一六四梁紀二〇元帝承聖元年：齊主使其散騎常侍曹文皎等來聘。湘東王使散騎常侍柳暉等報之，且告平侯景。亦遣舍人魏彦告于魏。

梁承聖二年　北齊天保四年　西魏廢帝二年（五五三）

○十一月丙寅，梁使王琛聘西魏。

通鑑卷一六五梁紀二一元帝承聖二年：（十一月）丙寅，上使侍中王琛使於魏。

史通卷一八雜説下原注引裴政梁太清實録：元帝使王琛聘魏，長孫儉謂宇文曰：「王琛眼睛全不

轉。」公曰：「瞎奴使癡人來，豈得怨我？」[二]

○閏十一月壬寅，梁使聘北齊。

北齊書卷四文宣帝紀：（天保四年閏十一月）閏月壬寅，梁帝遣使來聘。

北史卷七齊本紀中：（天保四年閏十一月）閏月壬寅，梁人來聘。

顔氏家訓勉學：梁世有蔡朗者諱純，既不涉學，遂呼蓴爲露葵。面牆之徒，遞相倣效。承聖中，遣一士大夫聘齊，齊主客郎李恕問梁使曰：「江南有露葵否？」答曰：「露葵是蓴，水鄉所出。卿今食者，緑葵菜耳。」李亦學問，但不測彼之深淺，乍聞無以覈究。[三]

梁承聖三年　北齊天保五年　西魏恭帝元年（五五四）

○三月己酉，西魏使宇文仁恕聘梁。

○三月，北齊使聘梁。

南史卷八梁本紀下：先是，魏使宇文仁恕來聘，齊使又至江陵，帝接仁恕有闕，魏相安定公憾焉。

通鑑卷一六五梁紀二一元帝承聖三年：（三月）己酉，魏侍中宇文仁恕來聘。會齊使者亦至江陵。

[二] 史通下文云：「此言與王、宋所載相類，可謂真宇文之言，無愧於實録矣。」

[三] 此條年代不詳，姑繫於此。王利器顔氏家訓集解卷三引李慈銘曰：「案：李恕之『恕』當作『庶』。」

帝接仁恕不及齊使，仁恕歸，以告太師泰。

類聚卷九十三梁元帝答齊國饟馬書〔二〕：名重桂條，形圖柳谷。襄陽地穴，近求未易；滇池水裏，遠訪猶難。價疋龍媒，聲齊驥子。河精曜采，似伏波之鑄銅；震象飛文，笑東瀛之刻玉。加以控斯銀勒，利此金銜。鞍揭鏤衢，光含兩月；纓縈紫縷，色麗雙絲。方嗤晉后，恒乘鄭國之駟；更鄙曹君，經餉蜀王之馬。又書曰：於戲！馬之爲用，遠矣大矣。斯所以乾爲脊馬，震爲馵足。有是哉，有是哉！何則？半漢而馳〔三〕，可以及日；躊躇而蹀，可以追風。赤菜之騰聲〔三〕，的顱之濟主。陳王有炤羈之説，班生有纆絆之談。抑聞斯美，遠勞此費。懷哉懷哉！老生不云乎？「雖有拱璧，以先駟馬」，良用此道。中心藏之，何日忘之。〔四〕

○四月丙寅，梁使庾信等聘西魏。

通鑑卷一六五梁紀二一元帝承聖三年：帝又請據舊圖定疆境，辭頗不遜。泰曰：「古人有言『天之所棄，誰能興之』，其蕭繹之謂乎。」（中略）（四月）丙寅，上使散騎常侍庾信等聘於魏。

周書卷二文帝紀下：（魏恭帝元年七月）梁元帝遣使請據舊圖以定疆界，又連結於齊，言辭悖慢。

〔二〕「饟馬」，文淵閣四庫全書本作「雙馬」。
〔三〕「半漢」，文淵閣四庫全書本作「泮渙」。
〔三〕「赤菜」，文淵閣四庫全書本作「赤兔」。
〔四〕此二書年代不詳，姑繫於此。

太祖曰：「古人有言『天之所棄，誰能興之』，其蕭繹之謂乎。」〔二〕

周書卷四一庾信傳：梁元帝承制，除御史中丞。及即位，轉右衛將軍，封武康縣侯，加散騎常侍，來聘于我。屬大軍南討，遂留長安。〔三〕

御覽卷三〇六引三國典略：周遣常山郡公于謹，率中山公宇文護、大將軍楊忠等步騎五萬南伐，太祖餞於青泥谷。時庾信來聘未返，太祖問之曰：「我遣此兵馬，縛取湘東關西作博士，卿以爲得不？」信曰：「必得之，後王勿以爲不忠。」太祖笑而頷之。

文苑英華卷六九九宇文逌庾信集序：即以本官奉使大國。光華重出，原隰再來。

○十月癸亥，梁使王琛聘西魏。

通鑑卷一六五梁紀二一元帝承聖三年：（十月）癸亥，武寧太守宗均告魏兵且至，帝召公卿議之。領軍胡僧祐、太府卿黄羅漢曰：「二國通好，未有嫌隙，必應不爾。」侍中王琛曰：「臣揣宇文容色，必無此理。」乃復使琛使魏。（中略）王琛至石梵，未見魏軍，馳書報黄羅漢曰：「吾至石梵，境上帖然，前言皆兒戲耳。」帝聞而疑之。

〔二〕北史卷九周本紀上略同。西魏恭帝元年即梁承聖三年。

〔三〕北史卷八三文苑庾信傳略同，「散騎常侍」作「散騎侍郎」。周書卷二文帝紀下：「（魏恭帝元年）冬十月壬戌，遣柱國于謹、中山公護、大將軍楊忠、韋孝寬等步騎五萬討之。」通鑑卷一六五梁紀二一元帝承聖三年：「（九月）乙巳，魏遣柱國常山公于謹、中山公宇文護、大將軍楊忠將兵五萬入寇。冬十月壬戌，發長安。」

○梁使柳裘聘西魏。

隋書卷三八柳裘傳：在梁仕歷尚書郎、駙馬都尉。梁元帝爲魏軍所逼，遣裘請和於魏。俄而江陵陷，遂入關中。〔一〕

梁承聖四年（五月貞陽侯蕭淵明僭位改天成元年；九月敬帝蕭方智復辟，十月改紹泰元年） 北齊天保六年 西魏恭帝二年（五五五）

○六月戊寅，梁貞陽侯使蕭章、袁泌、楊裕聘北齊。

北齊書卷四文宣帝紀：（天保六年）六月壬子，詔曰：「梁國遘禍，主喪臣離，逷彼炎方，盡生荆棘。興亡繼絶，義在於我，納以長君，拯其危弊，比送梁主，已入金陵。藩禮既修，分義方篤。越鳥之思，豈忘南枝，凡是梁民，宜聽反國，以禮發遣。」（中略）戊寅，梁主蕭明遣其子章、兼侍中袁泌、兼散騎常侍楊裕奉表朝貢。〔二〕

〔一〕北史卷七四柳裘傳略同。

〔二〕梁書卷六敬帝紀：「（承聖四年）七月辛丑，王僧辯納貞陽侯蕭深明，自採石濟江。甲辰，入于京師。以帝爲皇太子。」南史卷八梁本紀下：「（承聖四年）七月辛丑，僧辯納貞陽侯蕭明，自采石濟江。甲辰，入建鄴。丙午，即僞位。年號天成，以帝爲皇太子。」陳書卷一高祖紀上：「（承聖）四年五月，齊送貞陽侯深明還主社稷，王僧辯納之，即位，改元曰天成，以晉安王爲皇太子。」南史卷九陳本紀上：「（承聖）四年五月，齊送貞陽侯明還主社稷，王僧辯納之。明即位，改元天成，以晉安王爲皇太子。」北齊書卷四文宣帝紀：「（天保六年五月）蕭明入于建鄴。」北史卷七齊本紀中：「（天保六年）夏五月，蕭明入于建業。」按蕭淵明僭位，梁書、南史梁本紀下在七月，陳書、南史陳本紀上、北齊書、北史在五月，似當以五月爲是。

陳書卷一八袁泌傳：貞陽侯僭位，以泌爲侍中，奉使於齊。〔二〕

南史卷五一梁宗室上長沙宣武王懿傳附蕭明傳：及稱尊號，改承聖四年爲天成元年，大赦境內。（中略）遣其子章馳到齊拜謝。齊遇明及僧辯使人，在館供給宴會豐厚，一同武帝時使。

梁紹泰二年（九月改太平元年）　北齊天保七年　西魏恭帝三年（十二月禪周　五五六）

○二月，北齊使聘梁。

○二月，梁使王廓聘北齊。

南史卷八梁本紀下：（紹泰二年二月）是月，齊人來聘，使侍中王廓報聘。

○梁使徐陵聘北齊。

陳書卷二六徐陵傳：紹泰二年，又使于齊。〔三〕

年月不詳〔梁朝（五〇二—五五七）末年〕

○北齊使辛德源聘梁。

〔二〕南史卷二六袁湛傳附袁泌傳略同。

〔三〕南史卷六二徐摛傳附徐陵傳同。

隋書卷五八辛德源傳：後爲兼員外散騎侍郎、聘梁使副。

北史卷五〇辛雄傳附辛德源傳：後爲兼員外散騎侍郎、聘梁使副。德源本貧素，因使，薄有資裝，遂餉執事，爲父求贈，時論鄙之。

○北周使劉偉聘梁。

元和姓纂卷五劉氏：【弘農】漢高兄代王喜後。漢司徒琦始居弘農；生寬，太尉。十二代孫偉，爲周刺史、聘梁使。

梁太平二年（十月禪陳，改永定元年）　北齊天保八年　北周孝閔帝元年（九月廢，明帝嗣位　五五七）

○四月，北齊使聘梁。

梁書卷六敬帝紀：（太平二年四月）齊遣使請和。

南史卷八梁本紀下：（太平二年四月）齊遣使通和。

○十月乙亥，陳使王瑜、袁憲聘北齊。

北齊書卷四文宣帝紀：（天保八年）冬十月乙亥，陳霸先弑其主方智自立，是爲陳武帝，遣使稱藩朝貢。

北史卷七齊本紀中：（天保八年）冬十月乙亥，梁主蕭方智遜位於陳。陳武帝遣使稱藩朝貢。

陳書卷二三王瑒傳附王瑜傳：永定元年，使於齊，以陳郡袁憲爲副。齊以王琳之故，執而囚之。齊文宣帝每行，載死囚以從，齊人呼曰「供御囚」，每有他怒，則召殺之，以快其意。瑜及憲並危殆者數矣，齊僕射楊遵彦憫其無辜，每救護之。天嘉二年還朝。[一]

陳書卷二四袁憲傳：永定元年，授中書侍郎。兼散騎常侍，與黄門侍郎王瑜使齊。數年不遣，天嘉初乃還。[二]

○十一月，陳使周弘正聘北周。

文苑英華卷六六七徐陵爲陳高祖與周宰相書：昔有天地，便立帝王。革昊唯農，遷虞斯夏。莫不三靈所依，五運相推。梁德不造，固天攸棄。雖復東漢之末，區宇沸騰，西晉之亡，生民蕩覆，未足以方其禍亂，譬彼虔劉者也。吾謬以庸薄，屬當興運，自昔登庸，清諸百越。徐聞浪泊，靡不征行；銀洞珠官，所在清乂。自還麾南極（一作拯），伐逆東都，宣力驅馳，亟淹寒暑。六延梁社（一作祀），十剪强寇，黄帝與蚩尤七十戰，魏祖在軍中三十年，方厥劬勞，未爲勤苦。加以百神所感，明靈應期；萬里徂征，虬龍表瑞。於是中軍勇鋭，上將横行，承此休符，遂興王業。梁氏以天禄斯改，期運永終，欽若唐風，推其鼎命。吾驚惶三讓（一作周惶固讓），拜手陳辭，盈廷公卿，稽顙敦偪。眷言潁水，徒抱素

[一] 南史卷二一王弘傳附王瑜傳略同。
[三] 南史卷二六袁湛傳附袁憲傳略同。

心；尚想汾陽，無因高蹈。猥以庸薄，遂膺天寵。去月乙亥，昇禮大壇，言念遷坰〔二〕，但有慙懼。昔賓門之始，境外無交，雖遣行人，未申嘉好。今上天有命，光膺寶曆，永與周室，方同斷金。我運惟新，宜修朝聘。今遣侍中、都官尚書周弘正等銜使長安，故指有白。陳某白。〔三〕

年月不詳［北齊天保年間（五五〇—五五九）］

○北齊使魏愷聘陳。

北齊書卷二三魏蘭根傳附魏愷傳：天保中，聘陳使副。

陳天嘉元年　北齊乾明元年（八月改皇建元年）　北周武成二年（五六〇）

○三月，陳使周弘正聘北周。

〔二〕中華書局點校本陳書校勘記：按此用伊尹放太甲於桐故事，坰與桐形近而訛。

〔三〕書云「去月乙亥，昇禮大壇」，當指永定元年十月乙亥陳高祖即位事（並參陳書卷二高祖紀下載永定元年十月己卯勑州郡之璽書），知周弘正聘北周在是年十一月。陳書卷二四周弘正傳：「太平元年，授侍中，領國子祭酒，遷太常卿、都官尚書。高祖受禪，授太子詹事。天嘉元年，遷侍中、國子祭酒，往長安迎高宗。」周弘正於梁陳之際任都官尚書，亦可爲證。樊榮徐孝穆年譜、中古作家年譜彙考輯要卷三周建渝徐陵年譜彙考將此書繫於天嘉元年，並謂題目應作爲陳文帝與周宰相書，誤。

陳書卷二四周弘正傳：天嘉元年，遷侍中、國子祭酒，往長安迎高宗。三年，自周還。〔一〕

陳書卷二九毛喜傳：世祖即位，喜自周還，進和好之策，朝廷乃遣周弘正等通聘。〔二〕

建康實録卷一九：（天嘉元年）是歲，以侍中、國子祭酒周弘正使長安，迎帝弟安成王頊，周人并留之。

建康實録卷二〇：天嘉元年，（弘正）遷侍中、國子祭酒，使長安迎安成王。三年還。

通鑑卷一六八陳紀二文帝天嘉元年：（三月）初，高祖遣滎陽毛喜從安成王頊詣江陵，梁世祖以喜爲侍郎，没於長安，與昌俱還，因進和親之策。上乃使侍中周弘正通好於周。

北史卷六四韋孝寬傳附韋夐傳：陳遣其尚書周弘正來聘，素聞夐名，請與相見。朝廷許之。弘正乃造夐，談讌盡日，恨相遇之晚。後請夐至賓館，夐不時赴。弘正乃贈詩曰：「德星猶未動，真車詎肯來？」其爲當時所欽挹如此。〔三〕

周書卷四一王褒傳：初，褒與梁處士汝南周弘讓相善。及弘讓兄弘正自陳來聘，高祖許褒等通親知音問。褒贈弘讓詩，并致書曰：「（上略）賢兄入關，敬承款曲。（下略）」〔四〕

〔一〕南史卷三四周朗傳附周弘正傳略同。
〔二〕南史卷六八毛喜傳略同。
〔三〕周書卷三一韋夐傳同。
〔四〕北史卷八三文苑王褒傳同。

陳書卷二六徐陵傳：（太建）三年，遷尚書左僕射，陵抗表推周弘正、王勱等，高宗召陵入内殿，曰：「卿何爲固辭此職而舉人乎？」陵曰：「周弘正從陛下西還，舊藩長史，王勱太平相府長史，張種帝鄉賢戚，若選賢與舊，臣宜居後。」固辭累日，高宗苦屬之，陵乃奉詔。〔一〕

續高僧傳卷八釋曇延傳：有陳聘使周弘正者，博考經籍，辯逸懸河，遊説三國，抗敘無礙，以周建德中年〔二〕，銜命入秦。帝訝其機捷，舉朝恧彩，勑境内能言之士，不限道俗，及搜採巖穴遁逸高世者，可與弘正對論，不得墜於國風。時蒲州刺史中山公宇文氏，夙承令範，乃表上曰：「曇延法師，器識弘偉，風神爽拔，年雖未立，而英辯難繼者也。」帝乃總集賢能，期日釋奠，帝躬御法筵，朝宰畢至。時周國僧望二人，輪次登座，發言將訖，尋被正難，徵據重疊，救解莫通。帝及群僚，一朝失色。延座居末第，未忍斯慙，便不次而起。帝曰：「位未至，何事輒起？」延曰：「若是他方大士，可藉大德相臨。今乃遠國微臣，小僧足堪支敵。」延徑昇高座，帝又曰：「何爲不禮三寶？」答曰：「自力兼擬，未假聖賢加助。」帝大悦。正遂搆情陳難，延乃引義開關。而正頗挾機調，用前殿後，延乘勢挫拉，事等摧枯。因即頂拜伏膺，慨知歸之晚，自陳云：「弟子三國履歷，訪可師之師，不言今日，乃遇於此矣。」即請奉而受戒，晝夜諮問，永用宗之。及返陳之時，延所著義門并其儀貌，並録以歸國，每夕北禮，以爲曇延菩薩焉。初正辭延日，預構風雲山海詩四十首，並抽拔奇思，用上於延。以留後别。及一經目，竟不重

〔一〕南史卷六二徐摛傳附徐陵傳略同。
〔二〕周弘正聘北周在天嘉元年，三年還，此云「以周建德中年，銜命入秦」，疑誤。

尋，命筆和之，題如宿誦，酬同本韻，意寔弘通。正大服焉，更無陳對，乃跪而啓曰：「願示一言，緘諸胸臆。」延曰：「爲賓設席賓不坐，離人極遠熱如火，規矩之用皮中裹。」正曰：「斯則常存意矣。」帝以延悟發天真，五衆傾則，便授爲國統，使夫周壤導達，延又有功。

類聚卷六陳周弘正入武關詩：武關設地險，遊客好邅迴。將軍天上落，童子棄繻來。揮汗成雲雨，車馬漾塵埃。鷄鳴不可信，未曉莫先開。[二]

類聚卷二九周庾信别周弘正詩：扶風石橋北，函谷故關前。此中一分手，相逢知幾年。黄鵠一反顧，徘徊戀愴然。自知悲不已，徒勞減瑟絃。

庾子山集注卷四送周尚書弘正二首詩：交河望合浦，玄菟想朱鳶。共此無期别，知應復幾年。離期定已促，别淚轉無從。惟愁郭門外，應足數株松。

文苑英華卷二六六庾信重别周尚書詩：陽關萬里道，不見一人歸。唯有河邊鴈，秋來南向飛。[三]

○陳使沈孝軌聘北周。

陳書卷三三儒林沈洙傳：高祖受禪，加員外散騎常侍，歷揚州别駕從事史，大匠卿。有司奏：「前寧遠將軍、建康令沈孝軌門生陳三兒牒稱主人翁靈柩在周，主人奉使關内，因欲迎喪，久而未返。

[二] 詩又載初學記卷七。
[三] 詩又載庾子山集注卷四。

（下略）」〔二〕

○陳使徐報聘北周。

庾子山集注卷四徐報使來止得一見：一面還千里，相思那得論。更尋終不見，無異桃花源。〔三〕

陳天嘉二年　北齊皇建二年（十一月改大寧元年）　北周保定元年（五六一）

○六月己亥，北齊使聘陳。

南史卷九陳本紀上：（天嘉二年）夏六月己亥，齊人通好。

陳書卷一四南康愍王曇朗傳：天嘉二年，齊人結好，（中略）世祖詔曰：「（上略）齊使始至（下略）」

建康實録卷一九：（天嘉二年）六月，齊人通好。

○六月乙酉，北周使殷不害等聘陳。

周書卷五武帝紀上：（保定元年）六月乙酉，遣治御正殷不害等使於陳。

〔二〕此條無所屬，姑繫於此。

〔三〕清倪璠注：「徐陵也。」吉定庾信研究第六章第二節庾信詩中「徐報」考論：「據北齊書顏之推傳觀我生賦注，梁元帝時有金部郎中徐報。南史徐陵傳，陵子儉，一名報。陳書徐陵傳：儉一名衆，周弘正妻以女。周弘正出使北周，徐報可能擔任隨行。徐陵徐孝穆集中答族人梁東海太守長孺書亦有『恩（當作息）報近歲奉使來歸，辱彼河清年中告行』云云。」鵬按：吉氏説疑是。此條年代不詳，姑繫於此。

北史卷一〇周本紀下：（保定元年）六月乙酉，遣御正殷不害使於陳。
通鑑卷一六八陳紀二文帝天嘉二年：六月乙酉，周使御正殷不害來聘。
文苑英華卷六七九徐陵與李那書：吾栖遲茂陵之下，卧病漳水之濱，迫以崦嵫，難爲砭藥。平生壯意，竊愛篇章，忽覿高文，載懷勞佇。此後殷儀同至止，王人授館，用阻班荆，常在公筵，敬祈名作。獲殷公所借陪駕終南、入重陽閣（一作閣）詩，及荆州大乘寺、宜陽石像碑四首。（中略）循環□□[一]，用忘飢渴。握之不置，恒如趙璧；翫之不足，同於玉枕。京師長者，好事才人，争造蓬門，請觀高製。軒車滿路，如看太學之碑；街巷相填，無異華陰之市。

〇十一月乙巳，陳使聘北周。

周書卷五武帝紀上：（保定元年十一月乙巳）陳遣使來聘。
北史卷一〇周本紀下：（保定元年）十一月乙巳，陳人來聘。

〇十一月，北周使杜杲聘陳。

通鑑卷一六八陳紀二文帝天嘉二年：（十一月）周人許歸安成王頊，使司會上士杜杲來聘。上悦，即遣使報之，并賂以黔中地及魯山郡。
周書卷三九杜杲傳：入爲司會上士。初，陳文帝弟安成王頊爲質於梁，及江陵平，頊隨例遷長

[一]「循環」下缺二字，徐陵集校箋卷八與李那書作「省覽」。

安。陳人請之，太祖許而未遣。至是，帝欲歸之，命杲使焉。陳文帝大悅，即遣使報聘，并賂黔中數州之地。仍請畫野分疆，永敦隣好。以杲奉使稱旨，進授都督，治小御伯，更往分界焉。陳人於是以魯山歸我。〔二〕

○北周使元暉、崔睦聘北齊。

隋書卷四六元暉傳：保定初，大冢宰宇文護引爲長史，會齊人來結盟好，以暉多才辯，與千乘公崔睦俱使于齊。

○陳使袁泌聘北周。

陳書卷一八袁泌傳：除通直散騎常侍，兼侍中，領豫州大中正。聘于周。〔三〕

陳天嘉三年　北齊河清元年　北周保定二年（五六二）

○正月丁未，北周使杜杲聘陳，三月丙子至。

周書卷五武帝紀上：（保定二年正月）丁未，以陳主弟頊爲柱國，送還江南。

陳書卷三世祖紀：（天嘉三年）三月景子，安成王頊至自周。

〔二〕北史卷七〇杜杲傳略同。

〔三〕南史卷二六袁湛傳附袁泌傳略同。陳書卷一八袁泌傳云「光大元年卒」，知其聘北周當在天嘉年間。南朝陳會要繫於天嘉二年。

陳書卷五宣帝紀：天嘉三年，自周還。

南史卷九陳本紀上：（天嘉三年）三月丙子，安成王頊至自周。

建康實録卷一九：（天嘉三年）二月，安成王頊自後周還，帝見之大喜，以功進周弘正位金紫光禄大夫，以安成王頊爲司空。

通鑑卷一六八陳紀二文帝天嘉三年：（正月）丁未，周以安成王頊爲柱國大將軍，遣杜杲送之南歸。（中略）二月丙子，安成王頊至建康，詔以爲中書監、中衛將軍。上謂杜杲曰：「家弟今蒙禮遣，實周朝之惠，然魯山不返，亦恐未能及此。」杲對曰：「安成，長安一布衣耳，而陳之介弟也，其價豈止一城而已哉。本朝敦睦九族，恕己及物，上遵太祖遺旨，下思繼好之義，是以遣之南歸。今乃云以尋常之土，易骨肉之親，非使臣之所敢聞也。」上甚慙，曰：「前言戲之耳。」待杲之禮有加焉。[一]

周書卷三九杜杲傳：帝乃拜頊柱國大將軍，詔杲送之還國。陳文帝謂杲曰：「家弟今蒙禮遣，實是周朝之惠。然不還彼魯山，亦恐未能及此。」杲答曰：「安成之在關中，乃咸陽一布衣耳。然是陳之介弟，其價豈止一城。本朝親睦九族，恕己及物，上遵太祖遺旨，下思繼好之義。所以發德音者，蓋爲此也。若知止侔魯山，固當不貪一鎮。況魯山梁之舊地，梁即本朝蕃臣，若以始末言之，魯山自合歸國。云以尋常之土，易己骨肉之親，使臣猶謂不可，何以聞諸朝廷。」陳文帝慚恧久之，乃曰：「前言戲之

[一] 通鑑章鈺校記：十二行本「二」作「三」；乙十一行本同；張校同。

耳。」自是接遇有加常禮。及杲還，命引升殿，親降御座，執手以別。朝廷嘉之，授大都督、小載師下大夫，治小納言，復聘於陳。[一]

○二月，北齊使崔瞻（一作崔贍）聘陳，四月乙巳至。

北齊書卷七武成帝紀：（河清元年二月）詔散騎常侍崔瞻聘于陳。

北史卷八齊本紀下：（河清元年二月）詔散騎常侍崔瞻聘于陳。

陳書卷三世祖紀：（天嘉三年四月）乙巳，齊遣使來聘。

南史卷九陳本紀上：（天嘉三年四月）乙巳，齊人來聘。

通鑑卷一六八陳紀二文帝天嘉三年：上遣移書壽陽，欲與齊和親。（盧）潛以其書奏齊朝，仍上啓請且息兵。齊主許之，遣散騎常侍崔瞻來聘，且歸南康愍王曇朗之喪。（中略）（四月）乙巳，齊遣使來聘。

北齊書卷四二盧潛傳：肅宗作相，以潛爲揚州道行臺左丞。先是梁將王琳爲陳兵所敗，擁其主蕭莊歸壽陽，朝廷以琳爲揚州刺史，敕潛與琳爲南討經略。（中略）王琳鋭意圖南，潛以爲時事未可。屬陳遣移書至壽陽，請與國家和好。潛爲奏聞，仍上啓且願息兵。依所請。

北齊書卷二三崔瞻傳：尋兼散騎常侍、聘陳使主。瞻詞韻温雅，南人大相欽服，乃言：「常侍前朝

[一] 北史卷七〇杜杲傳略同。

通好之日，何意不來？」其見重如此。

北史卷二四崔逞傳附崔贍傳：尋兼散騎常侍、聘陳使主。行過彭城，讀道旁碑文未畢而絶倒，從者遥見，以爲中惡。此碑乃贍父徐州時所立，故哀感焉。贍經熱病，面多瘢痕，然雍容可觀，辭韻温雅，南人大相欽服。陳舍人劉師知見而心醉，乃言：「常侍前朝通好之日，何意不來？今日誰相對揚者！」其見重如此。

類聚卷二九陳陰鏗廣陵岸送北使詩：行人引去節，送客艤歸艫。即是觀濤處，仍爲郊贈衢。汀洲浪已息，邦江路不紆。亭嘶背櫪馬，檣轉向風烏。海上春雲雜，天際晚帆孤。離舟對零雨，别渚望飛鳧。定知能下淚，非但一楊朱。[一]

○七月，陳使江德藻、劉師知聘北齊。

北齊書卷七武成帝紀：（河清元年七月）陳人來聘。

北史卷八齊本紀下：（河清元年七月）陳人來聘。

通鑑卷一六八陳紀二文帝天嘉三年：（七月）上遣使聘齊。

陳書卷一四南康愍王曇朗傳：天嘉二年，齊人結好，（中略）乃遣兼郎中令隨聘使江德藻、劉師知迎曇朗喪柩，以三年春至都。[二]

[一] 詩又載文苑英華卷二九六，「邦江」作「邗江」，疑是。趙以武陰鏗與近代詩第三章：陰鏗所送爲北齊使者崔贍。

[二] 南史卷六五陳宗室諸王南康愍王曇朗傳略同。

陳書卷三四文學江德藻傳：天嘉四年〔一〕，兼散騎常侍，與中書郎劉師知使齊，著北征道理記三卷〔二〕。

酉陽雜俎續集卷四貶誤：相傳江淮間有驛，呼露筋。嘗有人醉止其處，一夕，白鳥咕嘬，血滴筋露而死。據江德藻聘北道記云：「自邵伯埭三十六里，至鹿筋，梁先有邏。此處多白鳥，故老云有鹿過此，一夕爲蚊所食，至曉見筋，因以爲名。」〔三〕

太平寰宇記卷一三〇淮南道八「泰州海陵縣露筋驛」條：江德藻聘北道記云：「江淮間有露筋驛，今有祠存，一名鹿筋驛。云昔有孝女，爲蚊蚋所食，惟存筋骸而已。」

酉陽雜俎續集卷四貶誤：又今士大夫家昏禮，露施帳，謂之入帳，新婦乘鞍，悉北朝餘風也。聘北道記云：「北方婚禮，必用青布幔爲屋，謂之青廬，於此交拜。迎新婦，夫家百餘人，挾車俱呼曰：『新婦子！』催出來，其聲不絕，登車乃止。今之催粧是也。以竹杖打壻爲戲，乃有大委頓者。」江德藻記此爲異，明南朝無此禮也。

酉陽雜俎前集卷一禮異：北朝婚禮，青布幔爲屋，在門内外，謂之青廬，於此交拜。迎婦，夫家領百餘人，或十數人，隨其奢儉，挾車俱呼：「新婦子！」催出來，至新婦登車乃止。壻拜閤日，婦家親

〔一〕「天嘉四年」，南史江德藻傳作「天嘉中」。中華書局點校本陳書校勘記：按南康愍王曇朗傳，江德藻與劉師知奉使至齊迎曇朗喪柩，以天嘉三年春還都，則德藻等使齊當在天嘉三年前，「四年」疑「二年」之誤。

〔二〕南史卷六〇江革傳附江德藻傳略同，「道理」作「道里」。隋書卷三三經籍志二載江德藻撰聘北道里記三卷，劉師知撰聘遊記三卷。

〔三〕大戴禮記卷二夏小正：白鳥者，謂蚊蚋也。

賓婦女畢集，各以杖打聳爲戲樂，至有大委頓者。

北户録卷三無名花：聘北道里記云：木龍寺，寺有三層塼塔，側生一大樹，縈繞至塔頂，枝榦交横。上平，容十餘人坐。枝杪四向下垂，團團如柏子帳[一]，經過莫有辨者。梁武帝曾遣人圖寫樹形還都。大抵屈盤似龍，因呼爲木龍寺。

北户録卷三相思子蔓注：聘北道里記引許有韓憑冢、宋王史也。

隋書卷五七薛道衡傳：武成作相，召爲記室，及即位，累遷太尉府主簿。歲餘，兼散騎常侍，接對周、陳二使。[二]

○九月，陳使毛喜聘北周[三]。

周書卷五武帝紀上：（保定二年）九月戊辰朔，日有蝕之。陳遣使來聘。

北史卷一〇周本紀下：（保定二年）秋九月戊辰朔，日有蝕之。陳人來聘。

陳書卷二九毛喜傳：及高宗反國，喜於郢州奉迎。又遣喜入關，以家屬爲請。周冢宰宇文護執喜手曰：「能結二國之好者，卿也。」仍迎柳皇后及後主還。天嘉三年至京師。[四]

[一]「柏子帳」，文淵閣四庫全書本作「百子帳」。

[二]北史卷三六薛辯傳附薛道衡傳同。此當爲北齊河清元年以後事，姑繫於此。

[三]參見曹道衡、沈玉成：中古文學史料叢考卷四毛喜入關迎陳宣帝家屬。

[四]南史卷六八毛喜傳略同。

建康實録卷二〇：及高宗還，（毛）喜自郢州奉迎。高宗遣入關，以家屬爲請。周冢宰宇文護執喜手曰：「能結二國之好者，卿也。」遂將柳皇后及後主還。

通鑑卷一六八陳紀二文帝天嘉三年：項妃柳氏及子叔寶猶在穰城，上復遣毛喜如周請之，周人皆歸之。

○十一月丁丑，北齊使封孝琰聘陳。

北齊書卷七武成帝紀：（河清元年）冬十一月丁丑，詔兼散騎常侍封孝琰使於陳。

北史卷八齊本紀下：（河清元年）冬十一月丁丑，詔兼散騎常侍封孝琰使於陳。

通鑑卷一六八陳紀二文帝天嘉三年：（十一月）丁丑，齊遣兼散騎常侍封孝琰來聘。

北齊書卷二一封隆之傳附封孝琰傳：皇建初，司空掾，祕書丞、散騎常侍、聘陳使主，已發道途，遥授中書侍郎。還，坐事除名。

北史卷二四封懿傳附封孝琰傳：位祕書丞、散騎常侍、聘陳使主，在道遥授中書侍郎。還，坐受魏收囑，牒其門客從行事發，付南都獄，決鞭二百，除名。

北史卷五六魏收傳：其年，又以託附陳使封孝琰，牒令其門客與行，遇崐崙舶至，得奇貨猓然褥表、美玉盈尺等數十件，罪當流，以贖論。〔二〕

〔二〕北齊書卷三七魏收傳同。

新出魏晋南北朝墓誌疏證一一四封孝琰墓誌：兼散騎常侍、聘陳使主。龍節浮江，輶軒去國，巨骨能辨，長纓可羈。

陳天嘉四年　北齊河清二年　北周保定三年（五六三）

○四月戊午，陳使聘北齊。

北齊書卷七武成帝紀：（河清二年四月）戊午，陳人來聘。

北史卷八齊本紀下：（河清二年四月）戊午，陳人來聘。

○六月乙卯，北齊使崔子武聘陳。

北齊書卷七武成帝紀：（河清二年六月）乙卯，詔兼散騎常侍崔子武使于陳。

北史卷八齊本紀下：（河清二年六月）乙卯，詔兼散騎常侍崔子武使于陳。

通鑑卷一六九陳紀三文帝天嘉四年：（六月）乙卯，齊主使兼散騎常侍崔子武來聘。

續高僧傳卷七釋洪偃傳：會齊使通和，舟車相接，崔子武等，擅出境之才，議其瞻對，衆莫能舉。世祖文皇，以偃内外優敏，可與抗言，勑令統接賓禮。樞機温雅，容止方稜，敷述皇猷，光宣帝德，才詞宏逸，辯論旁馳，潤以真文，引之慈寄。子武等頂受誥命，銜佩北蕃。帝嗟賞厚惠，更倍恒度，皆推以還公，一無所納。

○七月庚午，陳使聘北周。

周書卷五武帝紀上：（保定三年七月）庚午，陳遣使來聘。

北史卷一〇周本紀下：（保定三年七月）庚午，陳人來聘。

○十月庚戌，陳使聘北周。

周書卷五武帝紀上：（保定三年十月）庚戌，陳遣使來聘。

北史卷一〇周本紀下：（保定三年）冬十月庚戌，陳人來聘。

○十二月癸巳，陳使聘北齊。

北齊書卷七武成帝紀：（河清二年）冬十二月癸巳，陳人來聘。

北史卷八齊本紀下：（河清二年）冬十二月癸巳，陳人來聘。

陳天嘉五年　北齊河清三年　北周保定四年（五六四）

○四月辛卯，北齊使皇甫亮聘陳，五月至。

北齊書卷七武成帝紀：（河清三年）夏四月辛卯〔一〕，詔兼散騎常侍皇甫亮使於陳。

北史卷八齊本紀下：（河清三年）夏四月辛卯，詔兼散騎常侍皇甫亮使於陳。

〔一〕是年四月己丑朔，三日辛卯。

陳書卷三世祖紀：（天嘉五年五月）是月，周、齊並遣使來聘。

南史卷九陳本紀上：（天嘉五年）夏五月，周、齊並遣使來聘。

通鑑卷一六九陳紀三文帝天嘉五年：夏四月辛卯，齊主使兼散騎常侍皇甫亮來聘。

北史卷三八裴佗傳附皇甫亮傳：以兼散騎常侍、聘陳使主，以不稱免官。

道光輝縣志卷一四碑碣志：北齊。元極寺碑，八分書，在縣西七十里白鹿山元極寺內。碑四面皆有字，右面載大齊河清四年四月八日邑人敬造，殘蝕不完。（中略）又碑右載寺主有安東將軍、秘書丞、梁州大中正、榆縣開國男、兼散騎常侍、聘南使主皇甫亮。

繆全孫全集金石四金石分地編目卷一〇河南一：輝縣。北齊。安東將軍、聘南使皇甫亮造像（四面刻）。正書。河清四年四月八日。在縣西七十里白鹿山元極寺）。

○四月庚子，北周使聘陳。

陳書卷三世祖紀：（天嘉五年）夏四月庚子[二]，周遣使來聘。

通鑑卷一六九陳紀三文帝天嘉五年：（四月）庚子，周主遣使來聘。

○五月，北周使聘陳。

陳書卷三世祖紀：（天嘉五年五月）是月，周、齊並遣使來聘。

[二] 是年四月己丑朔，十二日庚子。

南史卷九陳本紀上：（天嘉五年）夏五月，周、齊並遣使來聘。

○九月，陳使聘北齊。

北齊書卷七武成帝紀：（河清三年九月）陳人來聘。

北史卷八齊本紀下：（河清三年九月）陳人來聘。

北齊書卷三九祖珽傳：會江南使人入聘，爲中勞使〔二〕。

北史卷四七祖瑩傳附祖珽傳：會南使入聘，爲申勞使。

○九月，陳使蕭允聘北周。

周書卷五武帝紀上：（保定四年九月）陳遣使來聘。

北史卷一〇周本紀下：（保定四年九月）陳人來聘。

陳書卷二一蕭允傳：（天嘉）五年，兼侍中，聘于周。

梁書卷四一蕭介傳：第三子允，初以兼散騎常侍聘魏。〔三〕

○十一月戊戌，北齊使劉逖、盧士游聘陳，十二月癸未至。

北齊書卷七武成帝紀：（河清三年十一月）戊戌，詔兼散騎常侍劉逖使於陳。

北史卷八齊本紀下：（河清三年十一月）戊戌，詔兼散騎常侍劉逖使於陳。

〔二〕中華書局點校本北齊書校勘記：「北史卷四七『中』作『申』。疑『中』字訛。」鵬按：此下二條年代不詳，姑繫於此。

〔三〕曹道衡、沈玉成著中古文學史料叢考卷四蕭允事迹：「按：此全係陳時事，載於梁書而不言乃入陳後事，又以聘周爲『聘魏』，尤誤。」

陳書卷三世祖紀：（天嘉五年十二月）癸未，齊遣使來聘。

南史卷九陳本紀上：（天嘉五年十二月）癸未，齊人來聘。

通鑑卷一六九陳紀三文帝天嘉五年：（十一月）戊戌，齊主遣兼散騎常侍劉逖來聘。

北史卷四二劉芳傳附劉逖傳：尋兼散騎常侍、聘陳使主。逖欲獨擅文藻，不願與文士同行。時黄門侍郎王松年妹夫盧士游，性沈密，逖求以爲副。〔二〕

陳天嘉六年　北齊河清四年（四月改天統元年）　北周保定五年（五六五）

○四月乙亥，陳使聘北齊。

北齊書卷七武成帝紀：（河清四年四月）乙亥，陳人來聘。

北史卷八齊本紀下：（河清四年四月）乙亥，陳人來聘。

○六月，北周使聘陳。

陳書卷三世祖紀：（天嘉六年四月）辛酉〔三〕，有彗星見。周遣使來聘。

南史卷九陳本紀上：（天嘉六年）六月辛酉，彗星見于上台北。周人來聘。

〔二〕北齊書卷四五文苑劉逖傳較略。

〔三〕中華書局點校本陳書（修訂本）校勘記：「辛酉」上南史卷九陳本紀上有「六月」二字。按隋書卷二一天文志下載，陳天嘉六年六月辛酉，「有彗長可丈餘」。

建康實録卷一九：（天嘉六年）六月，周人來聘。

〇六月己巳，北齊使王季高（王晧）聘陳，十月辛亥至。

北齊書卷八後主紀：（天統元年六月）己巳，太上皇帝詔兼散騎常侍王季高使於陳。

北史卷八齊本紀下：（天統元年六月）己巳，太上皇帝詔兼散騎常侍王季高使於陳。

通鑑卷一六九陳紀三文帝天嘉六年：六月己巳，齊主使兼散騎常侍王季高來聘。

陳書卷三世祖紀：（天嘉六年）冬十月辛亥，齊遣使來聘。

南史卷九陳本紀上：（天嘉六年）冬十月辛亥，齊人來聘。

北史卷二四王憲傳附王晧傳：晧字季高，（中略）大寧初〔二〕，兼散騎常侍，聘陳使主。

大唐故洛州汜水縣令王府君墓誌銘并序〔三〕：君諱正因，字悰師，北海劇人也。（中略）曾祖雲，後魏祠部郎、中書舍人、衛尉卿、兗州刺史、文昭公。（中略）王父晧，北齊太子舍人、散騎常侍聘陳、文貞公。專對之敏，辯捷稱吴，曜隰之華，詞高折楚。

〇十一月丁未，陳使聘北周。

周書卷五武帝紀上：（保定五年十一月）丁未，陳遣使來聘。

北史卷一〇周本紀下：（保定五年）十一月丁未，陳人來聘。

〔二〕王季高聘陳在天統元年，此處「大寧初」疑誤。

〔三〕拓片及釋文載「中華石刻數據庫」。

年月不詳［陳天嘉年間（五六〇—五六五）］

○陳使褚玠聘北齊。

陳書卷三四文學褚玠傳：天嘉中，兼通直散騎常侍，聘齊。〔一〕

○陳使王厚、陸琰聘北齊。

陳書卷三四文學陸琰傳：世祖嗟賞久之，賜衣一襲。俄兼通直散騎常侍，副琅邪王厚聘齊，及至鄴下而厚病卒，琰自爲使主。時年二十餘，風神韶亮，占對閑敏，齊士大夫甚傾心焉。〔二〕

○北周使崔彦穆聘陳。

周書卷三六崔彦穆傳：入爲御正中大夫。陳氏請敦鄰好，詔彦穆使焉。彦穆風韻閑曠，器度方雅，善玄言，解談謔，甚爲江陵所稱〔三〕。

大周故中大夫行并州盂縣令崔府君墓誌銘并序〔四〕：公諱哲，字能仁，清河東武城人也。（中略）曾祖彦穆，周金紫光禄大夫，聘齊、陳二國大使，金、安、襄三州刺史，千乘公。

〔一〕南史卷二八褚裕之傳附褚玠傳略同。
〔二〕南史卷四八陸慧曉傳附陸琰傳略同。
〔三〕中華書局點校本周書校勘記：「北史本傳、册府卷六五四（七八三六頁）『陵』作『表』。按彦穆乃出使於陳，作『表』是。」此條，北史卷六七崔彦穆傳略同。
〔四〕拓片及釋文載「中華石刻數據庫」。

陳天康元年　北齊天統二年　北周天和元年（五六六）

○正月，北周使杜杲聘陳。

周書卷五武帝紀上：（天和元年正月）遣小載師杜杲使於陳。

北史卷一〇周本紀下：（天和元年正月）遣小載師杜杲使於陳。

通鑑卷一六九陳紀三文帝天康元年：（正月）周遣小載師杜杲來聘。

○二月壬子，陳使聘北齊。

北齊書卷八後主紀：（天統二年二月）壬子，陳人來聘。

北史卷八齊本紀下：（天統二年二月）壬子，陳人來聘。

文館詞林卷六九一北齊武成帝命韋道孫兼正員迎陳使勑一首：太上皇帝勑旨：伏波將軍、侍御史、前太尉府中兵參軍事韋道孫，理識温敏，詞藝清華，迎勞遠賓，僉論斯在。可兼散騎侍郎，至境道迎接陳使。〔一〕

○六月，北齊使韋道儒聘陳。

北齊書卷八後主紀：（天統二年）六月，太上皇帝詔兼散騎常侍韋道儒聘於陳。

〔一〕此條無所屬，姑繫於此。北史卷八齊本紀下：「（河清四年四月丙子）傳位於皇太子。大赦，改元爲天統元年。（中略）天統四年十二月辛未，太上皇帝崩於鄴宫乾壽堂，時年三十二。謚曰武成皇帝，廟號世祖。」又舊唐書卷四七經籍志下、新唐書卷五九藝文志三有韋道孫撰新略十卷，北齊書卷四五文苑顔之推傳後附韋道遜傳，疑即一人。

北史卷八齊本紀下：（天統二年）六月，太上皇帝詔兼散騎常侍韋道儒聘於陳。

通鑑卷一六九陳紀三文帝天康元年：六月，齊遣兼散騎常侍韋道儒來聘。

○十一月乙亥，北周使聘陳。

陳書卷四廢帝紀：（天康元年）十一月乙亥，周遣使來弔。

南史卷九陳本紀上：（天康元年）十一月乙亥，周人來弔。

建康實録卷一九：（天康元年）十一月乙亥，周人來弔。

通鑑卷一六九陳紀三文帝天康元年：十一月乙亥，周遣使來弔。

○十二月乙丑，陳使聘北齊。

北齊書卷八後主紀：（天統二年）十二月乙丑，陳人來聘。

北史卷八齊本紀下：（天統二年）十二月乙丑，陳人來聘。

○陳使陳昭聘北齊。

北史卷二〇尉古真傳附尉瑾傳：初，瑾爲聘梁使，梁人陳昭善相，謂瑾曰：「二十年後當爲宰相。」瑾出，私謂人曰：「此公宰相後，不過三年，當死。」昭後爲陳使主，兼散騎常侍，至齊。瑾時兼右僕射，嗚騶鐃吹。昭復謂人曰：「二年當死。」果如言焉。〔二〕

〔二〕御覽卷七三〇引北齊書略同。北史卷八齊本紀下：「（天統二年正月）丙申，以吏部尚書尉瑾爲尚書右僕射。」北齊書卷八後主紀同。尉瑾聘梁在東魏武定三年（五四五），至北齊天統二年（五六六），合於二十年之數。陳昭聘北齊年代不詳，姑繫於此。

文苑英華卷三〇六陳昭聘齊經孟嘗君墓：薛城觀舊跡，征馬屢徘徊。盛德今何在，唯餘長夜臺。蒼茫空隴墓，頷頹古松栽。悲隨白楊起，淚想雍門來。泉户無關吏，鷄鳴誰爲開。

陳光大元年　北齊天統三年　北周天和二年（五六七）

○四月癸丑，北齊使司馬幼之聘陳。

北齊書卷八後主紀：（天統三年）夏四月癸丑，太上皇帝詔兼散騎常侍司馬幼之使於陳。

北史卷八齊本紀下：（天統三年）夏四月癸丑，太上皇帝詔兼散騎常侍司馬幼之使於陳。

通鑑卷一七〇陳紀四臨海王光大元年：夏四月癸丑，齊遣散騎常侍司馬幼之來聘。

類聚卷五三引盧師道贈司馬幼之南聘詩：故交忽千里，輶車莅遠盟。幽人重離别，握手送行行。晚霞浮極浦，落景照長亭。拂霧揚龍節，乘風遡鳥旌。楚山百重映，吴江萬仞清。夏雲樓閣起，秋濤帷蓋生。陸侯持寶劍，終子繫長纓。前脩亦何遠，君其勗令名。[一]

陳光大二年　北齊天統四年　北周天和三年（五六八）

○正月癸亥，北齊使鄭大護聘陳。

[一] 詩又載文苑英華卷二九六。

北齊書卷八後主紀：（天統四年正月）癸亥，太上皇帝詔兼散騎常侍鄭大護使於陳。

北史卷八齊本紀下：（天統四年正月）癸亥，太上皇帝詔兼散騎常侍鄭大護使於陳。

通鑑卷一七〇陳紀四臨海王光大二年：（正月）癸亥，齊主使兼散騎常侍鄭大護來聘。

○八月，北齊使聘北周。

○八月，北周使陸逞、尹公正聘北齊。

周書卷五武帝紀上：（天和三年八月）齊請和親，遣使來聘，詔軍司馬陸逞、兵部尹公正報聘焉。

北史卷一〇周本紀下：（天和三年八月）齊人來聘，請和親，詔軍司馬陸逞報聘。

通鑑卷一七〇陳紀四臨海王光大二年：八月，齊請和於周，周遣軍司馬陸程聘于齊。

周書卷四五儒林熊安生傳：時朝廷既行周禮，公卿以下多習其業，有宿疑磧滯者數十條，皆莫能詳辨。天和三年，齊請通好，兵部尹公正使焉。與齊人語及周禮，齊人不能對，乃令安生至賓館，與公正言。公正有口辯，安生語所未至者，便撮機要而驟問之。安生曰：「禮義弘深，自有條貫。必欲昇堂覩奥，寧可汩其先後。但能留意，當爲次第陳之。」公正於是具問所疑，安生皆爲一一演説，咸究其根本。公正深所嗟服，還，具言之於高祖。高祖大欽重之。〔一〕

北齊書卷四一皮景和傳：天統元年，遷殿中尚書。二年，除侍中。景和於武職之中，兼長吏事，又

〔一〕北史卷八二儒林下熊安生傳略同。

性識均平，故頻有美授。周通好之後，冠蓋往來，常令景和對接，每與使人同射，百發百中，甚見推重。〔二〕

庾子山集注卷一三周太子太保步陸逞神道碑：公諱逞，字季明，本姓陸，吴郡（一有吴字）人也。（中略）齊國通和，封人受使。以公有出境之才，見命張旜之禮。既珠盤歃血，定楚國之連名；匕首登壇，反齊人之侵地。是謂使乎，固稱光國。〔三〕

○九月丙申，北齊使斛斯文略、劉逖聘北周。

北齊書卷八後主紀：（天統四年）秋九月丙申，周人來通和，太上皇帝詔侍中斛斯文略報聘于周。

北史卷八齊本紀下：（天統四年）秋九月丙申，周人來通和，太上皇帝詔侍中斛斯文略報聘于周。

通鑑卷一七〇陳紀四臨海王光大二年：八月，齊請和於周，周遣軍司馬陸程聘于齊。九月丙申，齊使侍中斛斯文略報之。

北齊書卷四五文苑劉逖傳：加散騎常侍。又除假儀同三司、聘周使副。二國始通，禮儀未定，逖與周朝議論往復，斟酌古今，事多合禮，兼文辭可觀，甚得名譽。〔三〕

北史卷六九陸通傳附陸逞傳：天和三年，齊遣侍中斛斯文略、中書侍郎劉逖來聘。初修隣好，盛選

〔一〕北史卷五三皮景和傳略同。
〔二〕碑文又載文苑英華卷九〇〇，題作周太子太保步陸碑。
〔三〕北史卷四二劉芳傳附劉逖傳同。

行人，詔逞爲使主，尹公正爲副以報之。逞美容止，善辭令，敏而有禮，齊人稱焉。還居近畿，詔令路車儀服，郊迎而入，時人榮之。[二]

文苑英華卷二四八盧思道贈劉儀同西聘[三]：開卭昔柔遠，賓越盡招攜。豈若馳天（一作天王）使，玉節撫遺黎。五詞（疑作祠）臨渭北，雙嶺帶崤西。故關看金馬，餘壇聽寶雞。垂絲被柳陌，落錦覆桃蹊。分袪俄易慘，離思實（一作忽）難齎。極野雲峯合，遥嶂日輪低。塵暗前旌没，風長後騎嘶。灞陵行可望，函谷久無泥。須君勞旋罷，春草共萋萋。

〇十一月壬辰，北齊使李翥、李孝貞聘陳。

北齊書卷八後主紀：（天統四年）十一月壬辰[三]，太上皇帝詔兼散騎常侍李翥使於陳。

北史卷八齊本紀下：（天統四年）十一月壬辰，太上皇帝詔兼散騎常侍李翥使於陳。

通鑑卷一七〇陳紀四臨海王光大二年：（十一月）齊遣兼散騎常侍李諧來聘[四]。

北史卷三三李義深傳附李翥傳：後待詔文林館，除通直散騎常侍，聘于陳。

北史卷三三李順傳附李孝貞傳：射策甲科，拜給事中。稍遷兼通直散騎常侍，副李翥使陳。

[二] 周書卷三二陸通傳附陸逞傳同。北齊使斛斯文略、劉逖聘北周，北史齊本紀下、北齊書後主紀在九月丙申；北周使陸逞、尹公正聘北齊，周書武帝紀上、北史周本紀下在八月；而北史陸逞傳、周書陸逞傳云斛斯文略、劉逖來聘，陸逞、尹公正報聘，二者先後時間不合，疑北史陸逞傳、周書陸逞傳誤書。

[三] 曹道衡、沈玉成著中古文學史料叢考卷五盧思道贈劉儀同西聘：「按：劉儀同，劉逖也。」

[三] 是年十一月壬辰朔。

[四] 册府卷二一五閏位部三四和好亦作「李諧」，疑誤。

北齊書卷四三源彪傳：源彪，字文宗，（中略）皇建二年，拜涇州刺史。文宗以恩信待物，甚得邊境之和，爲隣人所欽服，前政被抄掠者，多得放還。（中略）李孝貞聘陳，陳主謂孝貞曰：「齊朝還遣源涇州來瓜步，直可謂和通矣。」[一]

洛陽新獲墓誌續編七〇唐故資州司倉參軍李君（節）墓誌銘并序：君諱節，字行滿，趙郡平棘人也。（中略）曾祖孝貞，字元操，北齊給事中、中書舍人、黄門侍郎、聘陳使，隨金州刺史、武安縣開國子。

〇十一月壬子，北周使崔彦穆、元暉聘北齊。

周書卷五武帝紀上：（天和三年十一月）壬子[二]，遣開府崔彦穆、小賓部元暉使於齊。

北史卷一〇周本紀下：（天和三年十一月）壬子，遣開府崔彦穆使於齊。

通鑑卷一七〇陳紀四臨海王光大二年：（十一月）周遣開府儀同三司崔彦等聘于齊。

周書卷三六崔彦穆傳：轉民部中大夫，進爵爲公。天和三年，復爲使主，聘於齊[三]。

大周故中大夫行并州盂縣令崔府君墓誌銘并序[四]：公諱哲，字能仁，清河東武城人也。（中略）曾

[一] 北史卷二八源賀傳附源彪傳略同。
[二] 是年十一月壬辰朔，二十一日壬子。
[三] 北史卷六七崔彦穆傳略同。
[四] 拓片及釋文載「中華石刻數據庫」。

祖彥穆，周金紫光禄大夫，聘齊、陳二國大使，金、安、襄三州刺史，千乘公。

年月不詳〔陳光大年間（五六七—五六八）〕

○陳使陸瓊聘北齊。

陳書卷三〇陸瓊傳：乃除司徒左西掾。尋兼通直散騎常侍，聘齊。太建元年，重以本官掌東宮管記。〔一〕

○陳使聘北周。

周書卷四八蕭詧傳附袁敞傳：以吏部郎使詣闕。時主者以敞班在陳使之後，敞固不從命。主者詰之，敞對曰：「昔陳之祖父，乃梁諸侯之下吏也，棄忠與義，盜有江東。今大周朝宗萬國，招攜以禮，若使梁之行人在陳人之後，便恐彝倫失序。豈使臣之所望焉。」主者不能屈，遂以狀奏。高祖善之，乃詔敞與陳使異日而進。〔二〕

建康實録卷一八袁敞傳：以吏部尚書使于周。初主者以敞班在陳使之下，敞固不從命，曰：「昔陳之祖父，乃梁朝諸侯之下吏，棄忠與義，盜有江東。今之朝宗萬國以禮，若使梁之行人在陳使者之後，

〔一〕南史卷四八陸慧曉傳附陸瓊傳略同。
〔二〕北史卷九三僭僞附庸後梁傳附袁敞傳略同。此次陳使聘北周年月不詳，然在北周武帝時，袁敞又有「陳之祖父」云云，則當爲陳廢帝光大年間事，姑繫於此。

恐彝倫失序，非使臣之所望焉。」周武帝乃詔敞與陳使人異日而進。

陳太建元年　北齊天統五年　北周天和四年（五六九）

○正月，北周使李綸聘北齊。

周書卷五武帝紀上：（天和）四年春正月辛卯朔，廢朝，以齊武成薨故也。遣司會河陽公李綸等會葬於齊，仍弔賻焉。

北史卷一〇周本紀下：（天和）四年春正月辛卯朔，以齊武成殂故，廢朝。遣司會李綸等會葬於齊。

周書卷一五李弼傳附李綸傳：位至司會中大夫、開府儀同三司，封河陽郡公。爲聘齊使主。〔一〕

○二月，北齊使叱列長叉聘北周。

北齊書卷八後主紀：（天統五年二月）詔侍中叱列長叉使於周。

北史卷八齊本紀下：（天統五年二月）詔侍中叱列長叉使於周。

通鑑卷一七〇陳紀四宣帝太建元年：（二月）齊遣侍中叱列長叉聘于周。

○四月己巳，北齊使聘北周。

周書卷五武帝紀上：（天和四年）夏四月己巳，齊遣使來聘。

〔一〕北史卷六〇李弼傳附李綸傳同。

北史卷一〇周本紀下：（天和四年）夏四月己巳[一]，齊人來聘。

文苑英華卷二九六周庾信對宴齊使詩：歸軒下賓館，送蓋出河堤。酒正離杯促，歌工別曲悽。林寒木皮厚，沙迴鴈飛低。故人儻相訪，知余已執珪。[二]

○五月甲午，北齊使聘陳。

陳書卷五宣帝紀：（太建元年）夏五月甲午，齊遣使來聘。

南史卷一〇陳本紀下：（太建元年）夏五月甲午，齊人來聘。

○本年秋，北周使庾信聘北齊。

庾子山集注卷四聘齊秋晚館中飲酒詩：欣兹河朔飲，對此洛陽才。殘秋欲屏扇，餘菊尚浮杯。漳流鳴二水，日色下三臺。無因侍清夜，同此月徘徊。[三]

○本年，北周使蘇孝慈聘北齊。

隋書卷四六蘇孝慈傳：蘇孝慈，扶風人也。（中略）周初爲中侍上士。後拜都督，聘于齊，以奉使稱旨，遷大都督。

[一] 是年四月庚申朔，十日己巳。

[二] 詩亦載庾子山集注卷四，「沙迴」作「沙迴」；清倪璠注：「周書武帝紀曰：『天和四年夏，齊遣使來聘。』（中略）按：子山昔在梁時，聘於東魏，文章辭令，甚爲鄴下所稱。北齊本東魏所禪，遣使聘周，子山對宴齊使，自傷顔之厚矣，有如木皮；又似鎩翮之雁，不能高飛也。」

[三] 清倪璠注：「天和四年夏，齊遣使來聘。遣子山報聘，當在秋矣。」

大隋使持節大將軍工兵二部尚書司農太府卿太子左右衛率右庶子洪吉江虔饒袁撫七州諸軍事洪州總管安平安公故蘇使君之墓誌銘[一]：公諱慈，字孝慈，其先扶風人也。（中略）天和二年，授右侍上士。四年授都督，充使聘齊。

○北周使杜杲聘陳。

○陳使聘北周。

通鑑卷一七〇陳紀四宣帝太建元年：自華皎之亂，與周人絶，至是周遣御正大夫杜杲來聘，請復脩舊好。上許之，遣使如周。

周書卷三九杜杲傳：及華皎來附，詔令衛公直督元定等援之。與陳人交戰，我師不利，元定等並没。自是連兵不息，東南騷動。高祖患之，乃授杲御正中大夫，使於陳，論保境息民之意。陳宣帝遣其黄門侍郎徐陵謂杲曰：「兩國通好，本欲救患分災，彼朝受我叛人，何也？」杲答曰：「陳主昔在本朝，非慕義而至，上授以柱國，位極人臣，子女玉帛，備禮將送，遂主社稷，孰謂非恩。郝烈之徒，邊民狂狡，曾未報德，而先納之。今受華氏，正是相報。過自彼始，豈在本朝。」陵曰：「彼納華皎，志圖吞噬。此受郝烈，容之而已。且華皎方州列將，竊邑叛亡。郝烈一百許户，脱身逃竄。大小有異，豈得同年而語乎？」杲曰：「大小雖殊，受降一也。若論先後，本朝無失。」陵曰：「周朝送主上還國，既以爲恩；衛

[一] 拓片及釋文載「中華石刻數據庫」。

公共元定渡江，孰云非怨。計恩之與怨，亦足相埒。」杲曰：「元定等兵敗身囚，其怨已滅。陳主負扆馮玉，其恩猶在。且怨繇彼國，恩起本朝，以怨酬恩，未之聞也。」陵乃笑而不答。杲因謂之曰：「今三方鼎立，各圖進取，苟有釁隙，實啟敵心。本朝與陳，日敦鄰睦，輶軒往返，積有歲年。比爲疆埸之事，遂爲仇敵，構怨連兵，略無寧歲，鷸蚌狗兔，勢不俱全。若使齊寇乘之，則彼此危矣。孰與心忿悔禍，遷慮改圖，陳國息爭桑之心，本朝弘灌瓜之義，張旃拭玉，脩好如初，共爲掎角，以取齊氏。非唯兩主之慶，實亦兆庶賴之。」陵具以聞，陳宣帝許之。遂遣使來聘。[二]

○陳使江總聘北齊。

隋書卷四二李德林傳：德林美容儀，善談吐。齊天統中，兼中書侍郎，於賓館受國書。陳使江總目送之，曰：「此即河朔之英靈也。」[三]

北史卷三九房法壽傳附房彥詢傳：初，彥詢少時爲監館，嘗接陳使江總。及陳滅，總入關，見彥詢弟彥謙曰：「公是監館弟邪？」因慘然曰：「昔因將命，得申言款。」彥詢所贈總詩，今見載總集。

陳太建二年　北齊武平元年　北周天和五年（五七〇）

○正月戊申，北齊使裴獻之（一作裴讞之）聘陳。

[二] 北史卷七〇杜杲傳略同。
[三] 陳書卷二七江總傳、南史卷三六江夷傳附江總傳，皆未載江總出使北齊，姑繫於此。

北齊書卷八後主紀：（武平元年正月）戊申，詔兼散騎常侍裴獻之聘于陳。
北史卷八齊本紀下：（武平元年正月）戊申，詔兼散騎常侍裴獻之聘于陳。
通鑑卷一七〇陳紀四宣帝太建二年：（正月）戊申，齊使兼散騎常侍裴讞之來聘。

○五月壬午，北齊使聘陳。
陳書卷五宣帝紀：（太建二年五月）壬午，齊遣使來弔。
南史卷一〇陳本紀下：（太建二年）五月壬午，齊人來弔。
建康實録卷二〇：（太建二年）五月，齊人來弔。
通鑑卷一七〇陳紀四宣帝太建二年：五月壬午，齊遣使來弔。

陳太建三年　北齊武平二年　北周天和六年（五七一）

○正月丁巳，北齊使劉環儁聘陳。
北齊書卷八後主紀：（武平）二年春正月丁巳，詔兼散騎常侍劉環儁使於陳。
北史卷八齊本紀下：（武平）二年春正月丁巳，詔兼散騎常侍劉環儁使於陳。
通鑑卷一七〇陳紀四宣帝太建三年：（正月）丁巳，齊使兼散騎常侍劉環儁來聘。

○四月壬辰，北齊使聘陳。
陳書卷五宣帝紀：（太建三年）夏四月壬辰，齊遣使來聘。

南史卷一〇陳本紀下：（太建三年）夏四月壬辰，齊人來聘。

通鑑卷一七〇陳紀四宣帝太建三年：（四月）壬辰，齊遣使來聘。

○四月甲午，陳使聘北齊。

北齊書卷八後主紀：（武平二年四月）甲午，陳遣使連和，謀伐周，朝議弗許。

北史卷八齊本紀下：（武平二年四月）甲午[一]，陳遣使連和，謀伐周，朝議弗許。

○五月癸亥，北周使鄭詡聘陳。

周書卷五武帝紀上：（天和六年）五月癸卯[二]，遣納言鄭詡使於陳。

北史卷一〇周本紀下：（天和六年）五月癸亥，遣納言鄭詡使於陳。

通鑑卷一七〇陳紀四宣帝太建三年：五月癸亥，周使納言鄭詡來聘。

周書卷三五鄭孝穆傳附鄭詡傳：歷位納言，爲聘陳使[三]。

○九月壬申，陳使聘北齊。

北齊書卷八後主紀：（武平二年九月）壬申，陳人來聘。

北史卷八齊本紀下：（武平二年九月）壬申，陳人來聘。

[一] 是年四月戊寅朔，十五日壬辰，十七日甲午。

[二] 中華書局點校本周書校勘記：北史卷一〇周本紀下「癸卯」作「癸亥」。按天和六年五月戊申朔，癸亥是十六日，無癸卯，此誤。

[三] 北史卷三五鄭羲傳附鄭詡傳同。

○十月乙酉，北周使聘陳。

陳書卷五宣帝紀：（太建三年十月）乙酉，周遣使來聘。

南史卷一〇陳本紀下：（太建三年）冬十月乙酉，周人來聘。

○十月乙未，北周使谷會琨、蔡斌聘北齊。

周書卷五武帝紀上：（天和六年十月）乙未〔二〕，遣右武伯谷會琨、御正蔡斌使於齊。

北史卷一〇周本紀下：（天和六年十月）乙未，遣右武伯谷會琨使於齊。

通鑑卷一七〇陳紀四宣帝太建三年：（十月）乙未，周遣右武伯谷會琨等聘於齊。

○十一月庚戌，北齊使赫連子悦、封孝琰聘北周，十一月丙辰至。

北齊書卷八後主紀：（武平二年）十一月庚戌，詔侍中赫連子悦使於周。

北史卷八齊本紀下：（武平二年）十一月庚戌，詔侍中赫連子悦使於周。

周書卷五武帝紀上：（天和六年十一月）丙辰，齊遣使來聘。

北史卷一〇周本紀下：（天和六年十一月）丙辰，齊人來聘。

通鑑卷一七〇陳紀四宣帝太建三年：（十月）庚戌〔三〕，齊遣侍中赫連子悦聘于周。

〔二〕是年十月乙亥朔，十一日乙酉，二十一日乙未。

〔三〕吴玉貴資治通鑑疑年録柒陳紀：上接十月己亥。按太建三年十月乙亥朔，己亥二十五日，月内無庚戌。（中略）十一月乙巳朔，庚戌六日。當從北齊書。通鑑下文之「十一月」，應置於「庚戌」之上。

北史卷五五赫連子悦傳：由是除太常卿，兼侍中、聘周使主，卒。〔一〕

北齊書卷二一封隆之傳附封孝琰傳：爲通直散騎常侍。後與周朝通好，趙彦深奏之，詔以爲聘周使副。〔二〕

漢魏南北朝墓誌彙編齊故侍中車騎大將軍開府儀同三司左僕射吏部尚書太常卿食貝丘縣幹赫連（子悦）公墓誌〔三〕：武平二年，除太常卿。其年十月，周人請和，仍以本官除使持節、侍中、聘周使主。公高軒喻蜀，長纓出關，辯若懸河，思侔雲雨。聲教於是西臨，秦兵不敢東向。

新出魏晉南北朝墓誌疏證一一四封孝琰墓誌：轉散騎常侍。自三光分景，四溟殊望，嚴城晝警，烽火宵通，戎車屢駕，歷茲永久，俱厭斥候之勤，共敦彌恤之契。公乃張旝北闕，馳馬西京，敖遊二帝，去來三輔，氣蓋關中，聲馳河外。〔四〕

○本年，陳使姚察聘北周。

〔一〕北齊書卷四〇赫連子悦傳較略。

〔二〕北史卷二四封懿傳附封孝琰傳略同。

〔三〕拓片載元崇業墓誌夫人王氏墓誌赫連子悦墓誌。

〔四〕北齊書卷二一封隆之傳附封孝琰傳云：「士開死後，爲通直散騎常侍。後與周朝通好，趙彦深奏之，詔以爲聘周使副。祖珽輔政，又奏令入文林館，撰御覽。」據北齊書卷八後主紀，武平二年「秋七月庚午，太保、琅邪王儼矯詔殺録尚書事和士開於南臺。（中略）（三年二月）庚寅，（中略）侍中祖珽爲左僕射。是月，勅撰玄洲苑御覽，後改名聖壽堂御覽」，是知封孝琰聘北周，當在武平二年七月至三年二月之間，故繫於此。參見蔡宗憲中古前期的交聘與南北互動附表一南北朝交聘編年表。

陳書卷二七姚察傳：太建初，補宣明殿學士，除散騎侍郎、左通直。尋兼通直散騎常侍，報聘于周。江左耆舊先在關右者，咸相傾慕。沛國劉臻竊於公館訪漢書疑事十餘條，並爲剖析，皆有經據。臻謂所親曰：「名下定無虛士。」著西聘道里記，所敍事甚詳。（中略）初，梁季淪没，父僧坦入于長安，（中略）察往歲之聘周也，因得與父僧坦相見，將别之際，絶而復蘇。[二]

御覽卷六一二引三國典略：陳遣兼通直散騎常侍姚察聘於周。沛國劉臻竊於公館訪漢書疑事十餘條，並爲剖析，皆有經據。臻謂所親曰：「名下定無虛士。」

○本年，北周使蘇孝慈聘北齊。

隋書卷四六蘇孝慈傳：遷大都督。其年又聘于齊，還受宣納上士。

大隋使持節大將軍工兵二部尚書司農太府卿太子左右衛率右庶子洪吉江虔饒袁撫七州諸軍事洪州總管安平安公故蘇使君之墓誌銘[三]：（天和）五年，治大都督，領前侍兵。六年，授正大都督，仍領前侍兵。公久勞禁衛，頻掌親兵，慕典君之慎密，似秺侯之純孝。其年重出聘齊。受天子之命，問諸侯之俗，延譽而出周境，陳詩而察齊風。還授宣納上士。

[二] 南史卷六九姚察傳略同。南朝陳會要繫於太建三年。史通卷一八雜説下原注引别本陳書姚察傳云撰西征記、辨茗酪記，西征記當與西聘道里記爲同一書，辨茗酪記未見他書稱引。

[三] 拓片及釋文載「中華石刻數據庫」。

陳太建四年　北齊武平三年　北周天和七年（三月改建德元年，五七二）

○二月癸酉，北周使李際、賀遂禮聘北齊。

周書卷五武帝紀上：（天和七年）二月癸酉，遣（中略）司宗李際、小賓部賀遂禮使於齊。

北史卷一〇周本紀下：（天和七年）二月癸酉，遣（中略）司宗李際使於齊。

通鑑卷一七一陳紀五宣帝太建四年：二月癸酉，周遣（中略）司賓李除〔一〕、小賓部賀遂禮聘於齊。

○三月，北齊使聘北周。

周書卷五武帝紀上：（天和七年）三月癸卯朔，日有蝕之。齊遣使來聘。

北史卷一〇周本紀下：（天和七年）三月癸卯朔，日有蝕之。齊人來聘。

○四月，北周使宇文達、辛彥之聘北齊。

周書卷五武帝紀上：（建德元年四月）遣工部代公達、小禮部辛彥之使於齊。

北史卷一〇周本紀下：（建德元年四月）遣工部代公達使於齊。

北齊書卷八後主紀：（武平三年）夏四月，周人來聘。

北史卷八齊本紀下：（武平三年）夏四月，周人來聘。

〔一〕中華書局點校本周書校勘記：「際」字見北史，通鑑作「李除」亦「際」之訛。

通鑑卷一七一陳紀五宣帝太建四年：夏四月，周遣工部成公建、小禮部辛彦之聘於齊。〔二〕

○七月辛丑，陳使聘北周。

周書卷五武帝紀上：（建德元年）秋七月辛丑，陳遣使來聘。

北史卷一〇周本紀下：（建德元年）秋七月辛丑，陳人來聘。

○八月辛未，北周使杜杲聘陳。

陳書卷五宣帝紀：（太建四年）秋八月辛未，周遣使來聘。

南史卷一〇陳本紀下：（太建四年）秋八月辛未，周人來聘。

建康實録卷二〇：太建四年八月辛未，周遣使來聘。

通鑑卷一七一陳紀五宣帝太建四年：（八月）辛未，周使司城中大夫杜杲來聘。上謂之曰：「若欲合從圖齊，宜以樊、鄧見與。」對曰：「合從圖齊，豈弊邑之利？必須城鎮，宜待得之於齊。先索漢南，使臣不敢聞命。」

北史卷七〇杜杲傳：建德初，授司城中大夫，仍使於陳。宣帝謂杲曰：「長湖公軍人等雖築館處之，然恐不能無北風之戀。王褒、庾信之徒既覊旅關中，亦當有南枝之思耳。」杲揣陳宣意欲以元定軍將士

〔二〕周書卷四明帝紀：「（武成元年九月辛未）封皇弟（中略）達爲代國公。」周書卷一三文閔明武宣諸子傳：「代奰王達，字度斤突。（中略）武成初，封代國公，邑萬户。」北史卷五八周室諸王文帝十王傳略同。通鑑「成公建」疑誤。

易王褒等，乃答之曰：「長湖總戎失律，臨難苟免，既不死節，安用此爲！且猶牛之一毛，何能損益。本朝之議，初未及此。」陳宣帝乃止。及杲還，至石頭，又遣謂之曰：「若欲合從，共圖齊氏，能以樊、鄧見與，方可表信。」杲答曰：「合從圖齊，豈唯弊邑之利？必須城鎮，宜待得之於齊。先索漢南，使臣不敢聞命。」

○八月，北齊使封輔相聘北周。

北齊書卷八後主紀：（武平三年八月）使領軍封輔相聘于周。

北史卷八齊本紀下：（武平三年八月）使領軍封輔相聘于周。

通鑑卷一七一陳紀五宣帝太建四年：（八月）齊使領軍封輔相聘于周。

○九月，陳使聘北齊。

北齊書卷八後主紀：（武平三年）九月，陳人來聘。

北史卷八齊本紀下：（武平三年）九月，陳人來聘。

○十月辛未，北周使楊勰、唐令則（一作唐則）聘陳。

周書卷五武帝紀上：（建德元年十月）辛未，遣小匠師楊勰、齊馭唐則使於陳。

北史卷一〇周本紀下：（建德元年十月）辛未，遣小匠師楊勰使於陳。

通鑑卷一七一陳紀五宣帝太建四年：（十月）辛未，周遣小匠師楊勰等來聘。

周書卷三二唐瑾傳附唐令則傳：天和中〔一〕，以齊馭下大夫使於陳。

北史卷六七唐永傳附唐令則傳：天和初〔二〕，以齊馭下大夫使於陳。

周故開府儀同三司膳部大夫楊公墓誌銘〔三〕：公諱緦，字文邕，恒農華陰人也。（中略）釋褐内書舍人，便繁禁内，軒陛生光。轉納言上士，除宣納上士，遷匠師大夫，徙膳部大夫。滔滔江漢，彼有人焉，鳳舉鷹揚，理歸英俊。乃授使持節、車騎大將軍、儀同三司、聘陳大使。叔譽博通，平仲敏給，延譽之美，何媿古人。

○北周使杜杲、韋沖聘陳。

北史卷七〇杜杲傳：還，除司倉中大夫，又使於陳。杲有辭辯，閑於占對，前後將命，陳人不能屈，陳宣帝甚敬異之。時元定已卒，乃禮送開府賀拔華及定棺柩，杲受之以歸。

隋書卷四七韋世康傳附韋沖傳：後從大將軍元定渡江伐陳，爲陳人所虜，周武帝以幣贖而還之。帝復令沖以馬千匹使於陳，以贖開府賀拔華等五十人及元定之柩而還。沖有辭辯，奉使稱旨。〔四〕

〔一〕唐令則聘陳在建德元年，「天和中」疑誤。
〔二〕唐令則聘陳在建德元年，「天和初」疑誤。
〔三〕拓片及釋文載「中華石刻數據庫」。
〔四〕北史卷六四韋孝寬傳附韋沖傳略同。

元和姓纂卷二韋氏：沖，隋户部尚書、義豐公，聘陳。〔二〕

陳太建五年　北齊武平四年　北周建德二年（五七三）

○閏正月（周曆）己巳，陳使聘北周。

周書卷五武帝紀上：（建德二年閏正月）閏月己巳，陳遣使來聘。

北史卷一〇周本紀下：（建德二年閏正月）閏月己巳，陳人來聘。

○正月庚辰，北齊使崔象聘陳。

北齊書卷八後主紀：（武平四年正月）庚辰，詔兼散騎常侍崔象使於陳。

北史卷八齊本紀下：（武平四年正月）庚辰，詔兼散騎常侍崔象使於陳。

通鑑卷一七一陳紀五宣帝太建五年：（正月）庚辰，齊遣崔象來聘。

○二月壬戌，北周使侯莫陳凱、鄭譯聘北齊。

周書卷五武帝紀上：（建德二年二月）壬戌，遣司會侯莫陳凱、太子宫尹鄭譯使於齊。

北史卷一〇周本紀下：（建德二年二月）壬戌，遣司會侯莫陳凱使於齊。

〔二〕岑仲勉校記：「羅據隋書本傳『公』作『侯』。又『聘陳』下奪『使』字云。余按姓纂之『公』字，或泛指五等爵言之。」陶敏元和姓纂新校證：「沖：新唐書宰相世系表四上作『世沖』，此蓋避唐諱，省『世』字。」

北齊書卷八後主紀：（武平四年二月）是月，周人來聘。

北史卷八齊本紀下：（武平四年二月）是月，周人來聘。

通鑑卷一七一陳紀五宣帝太建五年：（二月）壬戌，周遣司會侯莫陳凱等聘於齊。

周書卷一六侯莫陳崇傳附侯莫陳凱傳：天和中，入爲司會中大夫。建德二年，爲聘齊使主。〔一〕

周書卷三五鄭孝穆傳附鄭譯傳：東宫建，以譯爲宫尹下大夫，特被太子親愛。建德二年，爲聘齊使副。〔二〕

○四月己未，北周使聘北齊。

北齊書卷八後主紀：（武平四年四月）己未，周人來聘。

北史卷八齊本紀下：（武平四年四月）己未，周人來聘。

○六月丙辰，北齊使王師羅（王紘）聘北周。

北齊書卷八後主紀：（武平四年六月）丙辰，詔開府王師羅使於周。

北史卷八齊本紀下：（武平四年六月）丙辰，詔開府王師羅使於周。

通鑑卷一七一陳紀五宣帝太建五年：（六月）丙辰，齊使開府儀同三司王紘聘於周。

北齊書卷二五王紘傳：王紘，字師羅，（中略）武平初，開府儀同三司。（中略）尋兼侍中，聘於周。〔三〕

〔一〕北史卷六〇侯莫陳崇傳附侯莫陳凱傳略同。

〔二〕北史卷三五鄭羲傳附鄭譯傳略同。

〔三〕北史卷五五王紘傳略同。

○六月癸亥，北周使杜杲（杜子暉）、鮑宏聘陳。

陳書卷五宣帝紀：（太建五年六月）癸卯〔二〕，周遣使來聘。

南史卷一〇陳本紀下：（太建五年）夏六月癸亥，周人來聘。〔三〕

陳書卷三二孝行謝貞傳：太建五年，貞乃還朝，（中略）因隨聘使杜子暉還國。〔三〕

南史卷七四孝義下謝藺傳附謝貞傳：遣隨聘使杜子暉歸國。是歲陳太建五年也。

隋書卷六六鮑宏傳：累遷遂伯下大夫，與杜子暉聘于陳，謀伐齊也。陳遂出兵江北以侵齊。〔四〕

文苑英華卷六八六徐陵答周主論和親事書：使人使持節、車騎大將軍、儀同三司、大都督、治司城、使主杜子暉，忠軍〔五〕、山遂伯〔六〕、使副鮑宏等至，省告具懷。夫聖（一作樹）君明辟，司御兆民，則天象地，亭育黔首。故張旝以往，拭玉而來，同在蒼生，恢宏文武。雖毀戈鑄戟，未擬上皇，散馬休牛，載懷偃伯。非期與睦，忽爽和風，奚用殲師，信由天討。追尋曩好，歎想兼懷，言覿今書，甫承家難。

〔二〕中華書局點校本陳書（修訂本）校勘記：「癸卯」，按通鑑卷一七一陳紀五宣帝太建五年記「黄法氍克合州」事在六月「癸亥」。南史卷一〇陳本紀下書「周人來聘」、册府卷二二七閏位部書「黄法氍克合州城」事在「癸卯」。是年六月乙未朔，「癸卯」爲初九日，但上文「乙卯」爲廿一日，下文「甲子」爲三十日，其間有癸亥，爲廿九日。

〔三〕中華書局點校本南史校勘記：「癸亥」各本作「癸卯」。按是月乙未朔，癸卯爲九日，陳書於其前出「乙卯」爲二十一日，則「癸卯」必譌，今據陳書改。又陳書書周之聘陳與陳將黄法氍克合州城在同一日辰，而通鑑則繫克合州於「癸亥」爲二十九日，是。

〔三〕周書卷三九杜杲傳：「杜杲字子暉。」

〔四〕北史卷七七鮑宏傳略同。

〔五〕「忠軍」，徐陵集校箋卷七爲陳宣帝答周武帝論和親書作「中軍」，疑是。

〔六〕按通典卷三九職官二一，後周官品正四命地官所屬諸下大夫有小遂伯，無山遂伯。此處「山」疑爲「小」之訛。

知以冢卿執政，擅同淵藪，令尹當朝，妄專征伐。無君之讁，俾墜其師；無將之誅，已從司寇。刑名既肅，國步還康，希篤親隣，敬開衷款。若二境交歡，俱饗多福，八荒斯乂，良副所懷。今遣具位某甲等使，不復多述。陳某頓首。

○九月乙丑，陳使聘北周。

周書卷五武帝紀上：（建德二年）九月乙丑，陳遣使來聘。

北史卷一〇周本紀下：（建德二年）九月乙丑，陳人來聘。

○十月癸卯，北齊使聘北周。

周書卷五武帝紀上：（建德二年）冬十月癸卯，齊遣使來聘。

北史卷一〇周本紀下：（建德二年）冬十月癸卯，齊人來聘。

○陳使王偃民聘北周。

○北周使柳弘聘陳。

周書卷二二柳慶傳附柳弘傳：建德初，除内史上士，歷小宫尹、御正上士。陳遣王偃民來聘，高祖令弘勞之。偃民謂弘曰：「來日至於藍田，正逢滋水暴長，所賫國信，溺而從流。今所進者，假之從吏。請勒下流人，見爲追尋此物也。」弘曰：「昔淳于之獻空籠，前史稱以爲美。足下假物而進，詎是陳君之命乎？」偃民慙不能對。高祖聞而嘉之，盡以偃民所進之物賜弘，仍令報聘。占對詳敏，見

稱於時。〔二〕

陳太建六年　北齊武平五年　北周建德三年（五七四）

○正月甲申，北周使聘陳。

陳書卷五宣帝紀：（太建六年正月甲申）周遣使來聘。

南史卷一〇陳本紀下：（太建六年正月）甲申，周人來聘。

建康實録卷二〇：（太建六年正月）甲申，周人來聘。

○四月乙卯，北齊使薛孤、康買聘北周。

周書卷五武帝紀上：（建德三年三月）癸酉，皇太后叱奴氏崩。（中略）夏四月乙卯，齊遣使弔贈會葬。

北史卷一〇周本紀下：（建德三年）三月癸酉，皇太后叱奴氏崩。（中略）夏四月乙卯，齊人來弔賵會葬。

北史卷一四后妃下後主皇后穆氏傳：武成爲胡后造真珠裙袴，所費不可稱計，被火燒。後主既立穆皇后，復爲營之。屬周武遭太后喪，詔侍中薛孤、康買等爲弔使，又遣商胡賫錦綵三萬疋與弔使同往，

〔二〕北史卷六四柳虯傳附柳弘傳略同。此條年代不詳，姑繫於此。中國歷代行人考繫於太建五年。

欲市真珠，爲皇后造七寶車。周人不與交易，然而竟造焉。〔一〕

○十月丙申，北周使楊尚希、盧愷聘陳。

周書卷五武帝紀上：（建德三年）冬十月丙申，御正楊尚希、禮部盧愷使於陳。

北史卷一〇周本紀下：（建德三年）冬十月丙申，詔御正楊尚希使於陳。

通鑑卷一七一陳紀五宣帝太建六年：冬十月丙申，周遣御正弘農楊尚希、禮部盧愷來聘。

周書卷三二盧柔傳附盧愷傳：歷吏部、內史上士，禮部下大夫。尋爲聘陳副使。

隋書卷五六盧愷傳：轉禮部大夫，爲聘陳使副。先是，行人多從其國禮，及愷爲使，一依本朝，陳人莫能屈。〔二〕

通典卷二三職官五注：後周盧愷爲禮部大夫，充聘陳使。

○北周使席淵聘陳。

大隋故儀同席君墓誌：公諱淵，字景淵，安定臨涇人也。（中略）釋褐靈州總管功曹，遷領軍司馬、長史，陜、郢二州别駕，秋官都上士，刑部、布憲、畿伯三大夫，弘農、崤郡、竟陵三太守，加通直散騎常侍、儀同三司，兼納言、大御正，前後三度聘陳使主。〔三〕

〔一〕北齊書卷九穆后傳略同。又北史卷四一楊播傳附楊愔傳、北齊書卷三四楊愔傳云：「使薛孤延、康買執子默於尚藥局。」薛孤延與薛孤疑即一人。

〔二〕北史卷三〇盧柔傳附盧愷傳同。

〔三〕席淵聘陳年代不詳，誌云「以建德四年正月薨於王壁」，姑繫於此。拓片及釋文載「中華石刻數據庫」。

陳太建七年　北齊武平六年　北周建德四年（五七五）

○三月丙辰，北周使元偉（一作元衛）、伊婁謙等聘北齊。

周書卷六武帝紀下：（建德四年）三月丙辰，遣小司寇淮南公元偉、納言伊婁謙使於齊。

北史卷一〇周本紀下：（建德四年）三月丙辰，遣小司寇元偉使於齊。

北齊書卷八後主紀：（武平六年三月）是月，周人來聘。

北史卷八齊本紀下：（武平六年三月）是月，周人來聘。

通鑑卷一七二陳紀六宣帝太建七年：三月丙辰，使（伊婁）謙與小司寇元衛聘於齊以觀釁[一]。

通鑑卷一七二陳紀六宣帝太建八年：鄴伊婁謙聘於齊[二]，其參軍高遵以情輸於齊，齊人拘之於晉陽。

周書卷三八元偉傳：改封淮南縣公。（中略）遷小司寇。（建德）四年，以偉爲使主，報聘于齊。是秋，高祖親戎東討，偉遂爲齊人所執。六年，齊平，偉方見釋。高祖以其久被幽縶，加授上開府。[三]

隋書卷五四伊婁謙傳：帝（中略）因使謙與小司寇拓拔偉聘齊觀釁。帝尋發兵。齊主知之，令其僕射陽休之責謙曰：「貴朝盛夏徵兵，馬首何向？」謙答曰：「僕憑式之始，未聞興師。設復西增白帝之

[一] 通鑑「衛」字疑誤。通鑑考異卷八：謙傳作「拓跋偉」，今從周書帝紀。

[二] 通鑑胡三省注：此上不應有「鄴」字，蓋「初」字之誤也。通鑑章鈺校記：十二行本正作「初」。

[三] 北史卷一五魏諸宗室常山王遵傳附元偉傳略同。

城，東益巴丘之戍，人情恒理，豈足怪哉。」謙參軍高遵以情輸於齊，遂拘留謙不遣。〔一〕

北史卷六四韋孝寬傳：建德之後，武帝志在平齊。孝寬乃上疏陳三策。（中略）其第三策曰：「（上略）今若更存遵養，且復相時，臣謂宜還崇隣好，申其盟約，安人和衆，通商惠工，蓄鋭養威，觀釁而動。斯則長策遠馭，坐自兼并也。」書奏，武帝遣小司寇淮南公元偉、開府伊婁謙等重幣聘齊。〔二〕

北史卷一四后妃下武成皇后胡氏傳：周使元偉來聘，作述行賦，敍鄭莊公剋段而遷姜氏，文雖不工，當時深以爲愧。〔三〕

隋書卷五七盧思道傳附盧昌衡傳：其後兼散騎侍郎，迎勞周使。武帝平齊（下略）〔四〕

○七月甲戌，陳使聘北周。

周書卷六武帝紀下：（建德四年七月）甲戌，陳遣使來聘。

北史卷一〇周本紀下：（建德四年七月）甲戌，陳人來聘。

○八月癸卯，北周使聘陳。

陳書卷五宣帝紀：（太建七年八月）癸卯，周遣使來聘。

〔一〕北史卷七五伊婁謙傳略同。

〔二〕周書卷三一韋孝寬傳同。

〔三〕北齊書卷九武成胡后傳同。

〔四〕北史卷三〇盧玄傳附盧昌衡傳略同。此條無所屬，姑繫於此。

南史卷一〇陳本紀下：（太建七年）秋八月癸卯，周人來聘。

通鑑卷一七二陳紀六宣帝太建七年：八月癸卯，周遣使來聘。

周書卷四一庾信傳：時陳氏與朝廷通好，南北流寓之士，各許還其舊國。陳氏乃請王褒及信等十數人。高祖唯放王克、殷不害等，信及褒並留而不遣。〔二〕

○十二月丙子，陳使聘北周。

周書卷六武帝紀下：（建德四年十二月）丙子，陳遣使來聘。

北史卷一〇周本紀下：（建德四年十二月）丙子，陳人來聘。

陳太建八年　北齊武平七年（十二月改隆化元年）　北周建德五年（五七六）

○八月乙丑，陳使聘北周。

周書卷六武帝紀下：（建德五年八月）乙丑，陳遣使來聘。

北史卷一〇周本紀下：（建德五年八月）乙丑，陳人來聘。

○本年，陳使蕭密聘北齊。

〔二〕北史卷八三文苑庾信傳略同。陳書卷三二孝行殷不害傳：「太建七年，自周還朝。」建康實録卷二〇：「（太建七年）是歲，殷不害自周還。」殷不害等人，當隨周使歸陳。又陳書殷不害傳云：「初，不害之還也，周留其長子僧首，因居關中。」

陳書卷二一蕭允傳附蕭密傳：密太建八年，兼散騎常侍，聘于齊。

隋書卷六六李諤傳：仕齊爲中書舍人，有口辯，每接對陳使。〔一〕

隋書卷七二孝義陸彥師傳：遷中書舍人，尋轉通直散騎侍郎。每陳使至，必令高選主客，彥師所接對者，前後六輩。〔二〕

大唐故巫州龍標縣令崔君墓誌銘并序〔三〕：君諱志道，字元閏，清河東武城人也。（中略）曾祖公華，齊主客郎中，接陳使。風規挺暎，問望清華，束帶立朝，時稱茂選。

北齊書卷四五文苑劉逖傳附劉晉傳：天統、武平之間，歷殿中侍御史，兼散騎侍郎，迎勞陳使，尚書儀曹郎。〔四〕

年月不詳〔北齊武平（五七〇—五七六）初年〕

〇陳使傅縡聘北齊。

陳書卷三〇傅縡傳：尋以本官兼通直散騎侍郎，使齊。〔五〕

〔一〕北史卷七七李諤傳同。此下三條無所屬，姑繫於此。
〔二〕北史卷二八陸俟傳附陸彥師傳略同。
〔三〕拓片及釋文載「中華石刻數據庫」。
〔四〕此條年代不詳，姑繫於此。
〔五〕南史卷六九傅縡傳同。

隋書卷六六郎茂傳：仕齊，解褐司空府行參軍。會陳使傅縡來聘，令茂接對之。

隋書卷五七薛道衡傳：武成作相，召爲記室，及即位，累遷太尉府主簿。歲餘，兼散騎常侍，接對周、陳二使。武平初，詔與諸儒修定五禮，除尚書左外兵郎。陳使傅縡聘齊，以道衡兼主客郎接對之。縡贈詩五十韻，道衡和之，南北稱美。魏收曰：「傅縡所謂以蚓投魚耳。」〔一〕

○北齊使李騊駼聘陳。

北齊書卷二二李義深傳附李騊駼傳：有才辯，尚書郎，鄴縣令。武平初，兼通直散騎常侍，聘陳，爲陳人所稱。〔二〕

六朝事迹編類卷四樂遊苑：及陳宣帝即位，北齊使常侍李騊駼來聘，賜宴樂遊苑，尚書令江總作詩以贈之。

大唐雍州美原縣令李府君墓誌銘并序：君諱允，字諧道，趙郡高邑人也。（中略）曾祖騊駼，北齊都官、都兵郎中，司州鄴縣令，尚書右丞、聘陳使，右衛大將軍，散騎常侍。〔三〕

正德姑蘇志卷五四：陸士秀字南容，郡人。博通百姓之言。幼時在陳，容儀迅舉。齊使李騊駼至江南，問：「江南孟婆是何神也？」士秀曰：「山海經云：『帝之二女游于江。』郭璞注云：『天帝二女，尊

〔一〕北史卷三六薛辯傳附薛道衡傳略同。
〔二〕北史卷三三李義深傳附李騊駼傳略同。
〔三〕拓片及釋文載「中華石刻數據庫」，誌又載新中國出土墓誌河南卷叁千唐誌齋九〇。

之爲神。』由此言之，則孟婆也。以天帝女，尊之爲孟婆，猶郊祀志以地神爲泰媪也。」騶駼曰：「僑南之辯，無以加焉。」

年月不詳［北齊武平（五七〇—五七六）年間］

○北齊使杜蕤聘陳。

北齊書卷二四杜弼傳附杜蕤傳：武平中，大理少卿、兼散騎常侍、聘陳使主。〔二〕

○北齊使魏彦卿聘陳。

北齊書卷二三魏蘭根傳附魏彦卿傳：武平中，兼通直散騎常侍、聘陳使副。

○北齊使盧臣客聘陳。

北齊書卷四二盧叔武傳附盧臣客傳：武平中，兼散騎常侍聘陳，還，卒於路。

陳太建九年　北齊承光元年　北周建德六年（五七七）

○五月庚子，陳使聘北周。

周書卷六武帝紀下：（建德六年五月）庚子，陳遣使來聘。

〔二〕北史卷五五杜弼傳附杜蕤傳略同。

北史卷一〇周本紀下：（建德六年五月）庚子，陳人來聘。

年月不詳［北齊（五五〇—五七七）末年］

○北齊使崔儦聘陳。

隋書卷七六文學崔儦傳：尋兼散騎侍郎，聘于陳。（中略）儦與頓丘李若俱見稱重，時人爲之語曰：「京師灼灼，崔儦、李若。」齊亡，歸鄉里。〔二〕

○北齊使崔子樞聘北周。

北史卷三二崔鑒傳附崔子樞傳：兼散騎常侍，聘周。

○北齊使李孝貞聘北周。

北史卷三三李順傳附李孝貞傳：武平中，出爲博陵太守，不得志。尋爲司州別駕。後復兼散騎常侍、聘周使副。〔三〕

○北齊使李湛聘陳。

北齊書卷二九李渾傳附李湛傳：爲太子舍人，兼常侍、聘陳使副。（中略）渾與弟繪、緯俱爲聘梁

〔二〕北史卷二四崔逞傳附崔儦傳略同。
〔三〕隋書卷五七李孝貞傳較略。

使主，湛又爲使副，是以趙郡人士，目爲四使之門。

北史卷三三李靈傳附李湛傳：兼通直散騎常侍、聘陳使副，（中略）渾與弟繪、緯俱爲聘梁使主，湛又爲使副，是以趙郡人士，目爲四使之門。

○北齊使李蔚聘陳。

北史卷四三李崇傳附李蔚傳〔一〕：位尚書左中兵郎中，仍聘陳使副。江南以其父曾經將命，甚重焉。還，坐將人度江私市，除名。

○北齊使陽俊之聘陳。

北史卷四七陽尼傳附陽俊之傳：位兼通直常侍、聘陳副，尚書郎。

○北齊使祖君信聘陳。

北史卷四七祖瑩傳附祖君信傳：位兼通直散騎常侍、聘陳使副，中書郎。〔二〕

○北齊使辛德源聘陳。

隋書卷五八辛德源傳：累遷比部郎中，復兼通直散騎常侍，聘于陳。〔三〕

御覽卷九七一引三國典略：齊命通直散騎常侍辛德源聘于陳，陳遣主客蔡佞宴醻，因談謔手弄檳榔，

〔一〕北史卷四三李崇傳附李諧傳：李諧子蔚。
〔二〕北齊書卷三九祖珽傳附祖君信傳同。
〔三〕北史卷五〇辛雄傳附辛德源傳略同。

乃曰：「頃聞北間有人爲噉檳榔獲罪，人間遂禁此物，定爾不？」德源答曰：「此是天保初王尚書罪狀辭耳，猶如李固被責云『胡粉飾貌，搔頭弄姿』，不聞漢世頓禁胡粉。」

元和姓纂卷三辛氏：殷十代孫子馥，生德源，北齊中書舍人、聘陳使、隋蜀王諮議。

唐代墓誌彙編龍朔〇五一大唐故刑部郎中定州司馬辛君墓誌銘并序[一]：君諱驥，字玄馭，隴西狄道人。（中略）祖德源，齊散騎侍郎、尚書比部郎、聘陳使、待詔文林館、中書舍人、渭州大中正，周納言上士，隨蜀王諮議。

○北齊使盧思道聘陳。

太平廣記卷二四七盧思道引譚藪：北齊盧思道聘陳，陳主令朝貴設酒食，與思道宴會，聯句作詩。有一人先唱，方便譏刺北人云：「榆生欲飽漢，草長正肥驢。」爲北人食榆，兼吴地無驢，故有此句。思道援筆即續之曰：「共甑分炊米，同鐺各煮魚。」爲南人無情義，同炊異饌也，故思道有此句。吴人甚愧之。[二]

太平廣記卷二五三盧思道引啓顔録：又隋令思道聘陳，陳主敕在路諸處，不得共語，致令失機。思道既渡江，過一寺。諸僧與思道設[三]，亦不敢有言，只供索飲食而已。於是索蜜浸益智，勸思道嘗之，

[一] 拓片載「中華石刻數據庫」。

[二] 隋書卷五七盧思道傳、北史卷三〇盧玄傳附盧思道傳未載盧思道聘陳事。此下兩條姑繫於此，存疑待考。

[三] 「設」，啓顔録箋注上編羅刹鬼國作「設食」。

思道笑曰：「法師久服無故，何勞以此勸人？」僧既違敕，失機且懼。思道至陳，手執國信。陳主既見思道，因用觀世音經語弄思道曰：「是何商人，齎持重寶？」思道應聲還以觀世音經報曰：「忽遇惡風，漂墮羅刹鬼國。」陳主大慙，遂無以對。

○北齊使韋道遜聘陳。

文苑英華卷二一四邢子才齊韋道遜晚春宴詩：日斜賓館晚，風輕麥候初。簷喧巢幕鷰，池躍戲蓮魚。石聲隨流響，桐影傍巖疏。誰能千里外，獨倚八行書〔二〕。

陳太建十一年　北周大象元年（五七九）

○九月，北周使杜杲、薛舒聘陳。

周書卷七宣帝紀：（大象元年九月）遣御正杜杲、禮部薛舒使於陳。

北史卷一〇周本紀下：（大象元年九月）遣御正杜杲使於陳。

通鑑卷一七三陳紀七宣帝太建十一年：（九月）仍遣御正杜杲、禮部薛舒來聘。

〔二〕「倚」，古詩紀卷一二〇、全唐詩卷七七〇作「寄」。古詩紀卷一二〇注：「觀題似韋道遜所作。」全唐詩卷七七〇作韋道遜晚春宴詩。陳尚君全唐詩誤收詩考：詳詩題，似爲道遜所作，疑文苑英華誤署。曹道衡、沈玉成著中古文學史料叢考卷五邢劭「齊韋道遜晚春宴詩」：今檢文苑英華，原詩置於魏收之後。此可疑，邢長於魏十歲，卒年雖不詳，要在魏前。讀此詩「日斜賓館晚」及「誰能千里外，獨寄八行書」諸句，蓋客中作。（中略）然道遜官通直散騎侍郎，此爲南北使臣常加之官職。史傳雖不載出使事，疑此詩是韋曾南使陳，在陳所作，而文苑英華誤爲邢劭，不然何以有「賓館」之語。且道遜仕歷在北齊後主武平時，當時邢已謝世，魏收以武平三年卒，此置收後，當是道遜作。邢劭名疑後人妄加。

周書卷三九杜杲傳：大象元年，徵拜御正中大夫，復使於陳。〔一〕

周書卷三八薛憕傳附薛舒傳：官至禮部下大夫、儀同大將軍、聘陳使副。〔二〕

周書卷三四裴寬傳：初陳氏與國通和，每脩聘好。自華皎附後，乃圖寇掠。沔州既接敵境，事資守備，於是復以寬爲沔州刺史。（中略）城陷之後，（中略）陳人乃執寬至揚州，尋被送嶺外。經數載，後還建業，遂卒於江左。時年六十七。子義宣，後從御正杜杲使於陳，始得將寬柩還。開皇元年（下略）〔三〕

薛舒墓誌〔四〕：大隋故儀同三司樂寧縣開國侯薛君墓誌銘。君諱舒，字陽元，河東汾陰人也。（中略）襲封夏陽縣開國子，歷守廟上士，宣納上士，治小禮部大夫，出使陳國，又授少禮部、本州主簿，尋除禮部下大夫。吴人背誕，竊有江外，王師薄伐，徇地淮表。兵交使在，□易其人。君緩頰膏唇，銜命喻旨，品金還貢，苞茅無闕。授儀同三司。

陳太建十二年　北周大象二年（五八〇）

○七月，北周使柳雄亮聘陳。

〔一〕北史卷七〇杜杲傳略同。
〔二〕北史卷三六薛憕傳附薛舒傳同。
〔三〕北史卷三八裴寬傳略同。
〔四〕拓片及釋文載西安新出隋代聘陳使主薛舒墓誌考證。

隋書卷四七柳機傳附柳雄亮傳：司馬消難作亂江北，高祖令雄亮聘于陳，以結鄰好。及還，會高祖受禪（下略）〔二〕

文苑英華卷二四七江總遇長安使寄裴尚書詩：傳聞合浦葉，遠向洛陽飛。北風尚嘶馬，南冠獨不歸。去人目徒送，離琴手自揮。征蓬失處所，春草屢芳菲。太息關山月，風塵客子衣。〔三〕

年月不詳〔北周（五五七—五八一）〕

○北周使李敬叔聘陳。

新唐書卷七二上宰相世系表二上：（李）敬叔，後周聘陳使、義陽太守。

〔二〕周書卷八靜帝紀：「（大象二年七月）己酉，鄖州總管司馬消難舉兵。」

〔三〕曹道衡、沈玉成著中古文學史料叢考卷四江總「遇長安使寄裴尚書」：「按：『裴尚書』當即裴忌。忌以太建五年轉都官尚書。陳書裴忌傳：『吳明徹督衆軍北伐，詔忌以本官監明徹軍。淮南平，授軍師將軍、豫州刺史。忌善於綏撫，甚得民和。改授使持節、都督譙州諸軍事、譙州刺史。未及之官，會明徹受詔進討彭、汴，以忌爲都督，與明徹掎角俱進。吕梁軍敗，陷于周。周授上開府。隋開皇十四年卒於長安，時年七十三。』其享年與江總相若。陳書本傳稱『侯景之亂，忌招集勇力，隨高祖（陳武帝）征討，累功爲寧遠將軍』。陳武帝起自廣州，而裴從之，起於南方，故詩稱『合浦葉』；忌與吳明徹攻彭（今徐州）、汴（今開封），敗于吕梁，故云『遠向洛陽飛』。此詩蓋在吳明徹敗後多年，故有『春草屢芳菲』之歎。『尚書』蓋用忌在陳任都官尚書之職稱之。疑江總作此詩時，隋師尚未平陳。」鵬按：曹、沈説是。陳書卷五宣帝紀：「（太建十年）二月甲子，北討衆軍敗績於吕梁，司空吳明徹及將卒已下，並爲周軍所獲。」江總此詩當作於太建十年後，具體年代無考，姑繫於此。

陳太建十三年　北周大定元年（二月禪隋，改開皇元年，五八一）

○四月辛丑，陳使韋鼎、王瑳聘北周。

隋書卷一高祖紀上：（開皇元年四月）辛丑，陳散騎常侍韋鼎、兼通直散騎常侍王瑳來聘于周，至而上已受禪，致之介國。

北史卷一一隋本紀上：（開皇元年四月）辛丑，陳人來聘于周，至而上已受禪，致之介國。

通鑑卷一七五陳紀九宣帝太建十三年：（四月）散騎常侍韋鼎、兼通直散騎常侍王瑳聘于周。辛丑，至長安，隋已受禪，隋主致之介國。

通鑑卷一七七隋紀一文帝開皇九年：初，陳散騎常侍韋鼎聘于周，遇帝而異之，謂帝曰：「公當大貴，貴則天下一家，歲一周天，老夫當委質於公。」

隋書卷七八藝術韋鼎傳：太建中，爲聘周主使，加散騎常侍。（中略）初，鼎之聘周也，嘗與高祖相遇，鼎謂高祖曰：「觀公容貌，故非常人，而神監深遠，亦非羣賢所逮也。不久必大貴，貴則天下一家，歲一周天，老夫當委質。公相不可言，願深自愛。」〔一〕

〔一〕南史卷五八韋叡傳附韋鼎傳略同。據隋書高祖紀上、北史隋本紀上，韋鼎聘周，四月至則周已禪隋，而隋書韋鼎傳、南史韋鼎傳載鼎遇隋高祖云云，又似未禪隋前事，疑隋書韋鼎傳、南史韋鼎傳誤記。

類聚卷九二陳聘使韋鼎在長安聽百舌詩：萬里風煙異，一鳥忽相驚。那能對遠客，還作故鄉聲。〔一〕

隋書卷七三循吏辛公義傳：開皇元年，除主客侍郎，攝内史舍人事，賜爵安陽縣男，邑二百户。每陳使來朝，常奉詔接宴。〔二〕

隋書卷五八陸爽傳：高祖受禪，轉太子内直監，尋遷太子洗馬。（中略）朝廷以其博學，有口辯，陳人至境，常令迎勞。〔三〕

隋書卷四七柳機傳附柳謇之傳：開皇初，拜通事舍人，尋遷内史舍人，歷兵部、司勳二曹侍郎。朝廷以謇之有雅望，善談謔，又飲酒至石不亂，由是每梁、陳使至，輒令謇之接對。〔四〕

○十一月丁卯，隋使鄭撝聘陳。

隋書卷一高祖紀上：（開皇元年十一月）丁卯，遣兼散騎侍郎鄭撝使於陳。

北史卷一一隋本紀上：（開皇元年十一月）遣兼散騎侍郎鄭撝使於陳。

通鑑卷一七五陳紀九宣帝太建十三年：十一月丁卯，隋遣兼散騎侍郎鄭撝來聘。

金石萃編卷八一鄭曾碑：烈祖撝，隋尚書右丞、聘陳使、永安侯。〔五〕

〔一〕詩又載文苑英華卷三二九。
〔二〕此下三條年代不詳，姑繫於此。
〔三〕北史卷二八陸俟傳附陸爽傳略同。
〔四〕北史卷六四柳虯傳附柳謇之傳略同。中華書局點校本北史校勘記：按梁指後梁（下略）。
〔五〕全唐文卷九九三題作唐故慈州刺史光禄卿鄭公碑。

○隋使許文經聘陳。

北齊書卷四三許惇傳附許文經傳：隋開皇初侍御史，兼通直散騎常侍、聘陳使副，主爵侍郎。〔二〕

陳太建十四年　隋開皇二年（五八二）

○正月戊辰，陳使聘隋。

隋書卷一高祖紀上：（開皇二年正月）戊辰，陳遣使請和，歸我胡墅。

北史卷一一隋本紀上：（開皇二年正月）戊辰，陳人遣使請和，求歸胡墅。

○六月甲申，隋使聘陳。

隋書卷一高祖紀上：（開皇二年六月）甲申，使使弔於陳國。

北史卷一一隋本紀上：（開皇二年六月）甲申，使使弔於陳。

南史卷一〇陳本紀下：初隋文帝受周禪，甚敦鄰好，宣帝尚不禁侵掠。太建末，隋兵大舉，聞宣帝崩，乃命班師，遣使赴弔，修敵國之禮，書稱姓名頓首。而後主益驕，書末云：「想彼統内如宜，此宇宙清泰。」隋文帝不説，以示朝臣。清河公楊素以爲主辱，再拜請罪，及襄邑公賀若弼並奮求致討。〔三〕

〔二〕北史卷二六許彦傳附許文經傳同。此條年代不詳，姑繫於此。

〔三〕陳書卷五宣帝紀，陳宣帝崩於太建十四年正月九日甲寅。

建康實録卷二〇：初隋文帝受周禪，甚敦鄰好，宣帝尚不禁侵掠。太建末，隋兵大舉，聞宣帝崩，乃命班師，遣使赴弔，行敵國之禮，書稱姓名頓首。而後主益驕怠，答書甚慢，末云：「想彼統内如宜，此宇宙清泰。」隋文覽書不悦，以示朝臣。清河公楊素以爲主辱臣死，再拜請罪，襄邑公賀若弼等並求致討。

年月不詳〔陳太建年間（五六九—五八二）〕

○陳使陸琛聘北齊。

陳書卷三四文學陸琰傳附陸琛傳：尋遷尚書三公侍郎，兼通直散騎常侍，聘齊。〔一〕

○陳使張稚才聘北周。

陳書卷二一張種傳附張稚才傳：仕爲尚書金部郎中，遷右丞，建康令，太舟卿，揚州别駕從事史，兼散騎常侍，使于周。〔二〕

○北周使趙士亮聘陳。

唐代墓誌彙編天授〇三七大周故泗州刺史趙府君墓誌銘并序：公諱本質，字崇文，其先隴西天水人也。（中略）大父亮，周拒陽郡守，御伯下大夫，聘陳，長揖陳項，還荆州總管府長史，武陶公。蘇屬

〔一〕下文有「還爲司徒左西掾。又掌東宫管記，太子愛琛才辯，深禮遇之。後主嗣位」云云，知陸琛聘北齊在陳太建年間。
〔二〕此條年代不詳，姑繫於此。

國之英邁，不屈節於虜庭；藺將軍之抗誠，獨睨柱於秦殿。〔二〕

趙本道墓誌：大周故晉王府執仗趙君墓誌銘并序。（中略）公諱本道，字本道，隴西天水人也。（中略）祖士亮，周拒陽、武陶二郡太守，御伯下大夫、聘陳使主。〔三〕

○隋使崔君洽聘陳。

洛陽新獲墓誌續編一八一故蘇州司法參軍崔君（播）墓誌銘并序：君諱播，字子尚，博陵人也。（中略）高祖君洽，隋水部、司門二侍郎，聘陳使。

陳至德元年　隋開皇三年（五八三）

○二月癸酉，陳使賀徹、蕭褒聘隋。

隋書卷一高祖紀上：（開皇三年二月）癸酉，陳遣兼散騎常侍賀徹、兼通直散騎常侍蕭褒來聘。

北史卷一一隋本紀上：（開皇三年二月）癸酉，陳人來聘。

通鑑卷一七五陳紀九長城公至德元年：（二月）癸酉，遣兼散騎常侍賀徹等聘于隋。

〔二〕拓片載北京圖書館藏中國歷代石刻拓本匯編第十七册（誌一五六八），及「中華石刻數據庫」。誌云「長揖陳項」，知趙士亮聘陳在陳太建年間。元和姓纂卷七趙氏：「芬兄士亮，（中略）生方、改、海，唐職方郎中、太僕少卿，生本道、本質。」據陶敏元和姓纂新校證，士亮生方海，「改」字衍。本道、本質墓誌並云「父方海」，可證。

〔三〕拓片及釋文載西安新出武周聖曆二年趙本道墓誌釋讀。西安新出武周聖曆二年趙本道墓誌釋讀：北周與陳的聘使往還最頻繁的時期多在北周武帝後期的建德年間，趙士亮出使陳朝亦當在建德年間。

隋書卷五七盧思道傳附盧昌衡傳：開皇初，拜尚書祠部侍郎。（中略）陳使賀徹、周濆相繼來聘，朝廷每令昌衡接對之。〔一〕

文苑英華卷二四七江總贈賀左丞蕭舍人：輶軒通八表，旌節鶩三秦。聽歌猶敏對，繼好佇行人。賀生思沉鬱，蕭弟學紛綸。共有筆端譽，皆爲席上珍。離羣徒悄悄，征旅日駪駪。黄河分太史，一曲悲千里。海内平生親，中朝流寓士。痛哉憫梁祚，於焉三十祀。鍾儀縶不歸，盛憲悲何已。隴頭心斷絶，爾爲參生死。廻首望長安，猶如蜀道難。函關分地軸，華嶽接天壇。行旜方境逝，去棹艤江干。蘆花霜外白，楓葉水前丹。翔鷗方怯凍（一作怯下），落鴈不勝彈。輝輝盛王道，時務嬰疲老。九流倦耳目，千（一作十）年變懷抱。何以敦岐路，凄然綴辭藻。江南有桂枝，塞北無萱草。斗酒未爲别，垂堂深自保。〔二〕

〔一〕北史卷三〇盧玄傳附盧昌衡傳略同。

〔二〕曹道衡、沈玉成著中古文學史料叢考卷四江總「贈賀左丞蕭舍人」詩：「此賀左丞、蕭舍人，蓋陳人使於周者，故曰『旌節鶩三秦』也。周書武帝紀：保定五年十一月，『丁未，陳遣使來聘。』是年當陳文帝天嘉六年，陳書無遣使事，疑史失載。然陳書文帝紀載，是年四月，『周遣使來聘』。南史陳本紀作六月，建康實録同，則陳人遣使蓋報聘也。蓋周陳通使繼好，自天嘉三年二月，安成王頊陳宣帝歸自周。周書武帝紀謂是年（保定二年）九月，陳又遣使來聘。故此言『繼好佇行人』也。『海内平生親』以下四句，蓋追叙江總流落嶺表經歷。自太清三年臺城陷於侯景，迄是年凡二十五、六年，言『憫梁祚』、『三十祀』，舉其成數而言也。『蘆花』四句言節令當爲秋時，發自建康而至長安，當二月左右，周書謂十一月，則初發時爲九月，與詩正合。陳書江總傳：『天嘉四年，以中書侍郎徵還朝，直侍中省。累遷司徒右長史，掌東宫管記，給事黄門侍郎，領南徐州大中正。』『輝輝』句，頌陳也；『時務』句，自指也。惜賀、蕭名不可考，然此詩是送天嘉六年使周者所作，當無可疑。」鵬按：曹、沈説有誤。此江總於至德元年（五八三）前後送聘隋使節賀徹、蕭褒所作，上距梁太清三年（五四九），凡三十餘年。又天嘉六年六月，北周使聘陳，陳書卷三世祖紀脱「六月」二字。周、陳通使不自天嘉三年始，永定元年（五五七）十一月周弘正已聘北周。又安成王頊歸在天嘉三年三月，非二月（詳見上文）。賀徹、蕭褒於至德元年二月至隋，則初發建康當在太建十四年末或至德元年初，時令在冬末，與「蘆花」四句亦合。

○四月辛卯，隋使薛舒、王劭聘陳。

隋書卷一高祖紀上：（開皇三年四月）辛卯，遣兼散騎常侍薛舒、兼通直散騎常侍王劭使於陳。

北史卷一一隋本紀上：（開皇三年四月）辛卯，遣兼散騎常侍薛舒聘於陳。

通鑑卷一七五陳紀九長城公至德元年：（四月）辛卯，隋主遣兼散騎常侍薛舒、兼散騎常侍王劭來聘。劭，松年之子也。

薛舒墓誌[一]：大隋啓運，景命惟新。（中略）三年春，遷散騎侍郎，仍兼散騎常侍、聘陳使主。君才堪出境，光足照隣，屢往水鄉，頻探禹穴，延譽之美，絶後超前。

唐代墓誌彙編聖曆〇一七唐故岐州雍縣尉太原王君墓誌銘并序[二]：君諱慶祚，字嘉胤，太原晉陽人也。（中略）曾祖劭，北齊太子洗馬，宇文朝著作上士，隨通直散騎常侍、聘陳使副，儀同三司，秘書少監。

○十一月庚辰，陳使周墳（一作周濆）、袁彥聘隋。

隋書卷一高祖紀上：（開皇三年十一月）庚辰，陳遣散騎常侍周墳、通直散騎常侍袁彥來聘。陳主知上之貌異世人，使彥畫像持去。[三]

[一] 拓片及釋文載西安新出隋代聘陳使主薛舒墓誌考證。

[二] 拓片載「中華石刻數據庫」。

[三] 中華書局點校本隋書（修訂本）校勘記：「庚辰」前疑脱「十二月」。按十一月丙申朔，無庚辰。十二月乙丑朔，庚辰爲十六日，其後之甲午爲三十日。册府卷一四二帝王部和好正繫此事於十二月。

北史卷一一隋本紀上：（開皇三年十一月）庚辰，陳人來聘。陳主知帝貌異世人，使副使袁彥圖像而去。

通鑑卷一七五陳紀九長城公至德元年：十一月，遣散騎常侍周墳、通直散騎常侍袁彥聘于隋。帝聞隋主狀貌異人，使彥畫像而歸。帝見大駭曰：「吾不欲見此人。」亟命屏之。

隋書卷五七盧思道傳附盧昌衡傳：開皇初，拜尚書祠部侍郎。（中略）陳使賀徹、周濆相繼來聘，朝廷每令昌衡接對之。[一]

南史卷一〇陳本紀下：後副使袁彥聘隋，竊圖隋文帝狀以歸，後主見之，大駭曰：「吾不欲見此人。」

隋書卷五七盧思道傳：開皇初，以母老，表請解職，優詔許之。（中略）歲餘，被徵，奉詔郊勞陳使。[二]

○閏十二月乙卯，隋使唐令則（一作曹令則）、魏澹聘陳。

隋書卷一高祖紀上：（開皇三年）閏十二月乙卯，遣兼散騎常侍唐令則[三]、通直散騎常侍魏澹使於陳。

北史卷一一隋本紀上：（開皇三年）閏十二月乙卯，遣兼散騎常侍唐令則使於陳。

通鑑卷一七五陳紀九長城公至德元年：十二月乙卯，隋遣兼散騎常侍曹令則、通直散騎常侍魏澹來聘。澹，收之族也。

[一] 北史卷三〇盧玄傳附盧昌衡傳略同。

[二] 北史卷三〇盧玄傳附盧思道傳略同。此條年月不詳，姑繫於此。曹道衡、沈玉成中古文學史料叢考卷五盧思道生卒年試考：「其郊勞陳使，究爲開皇二年正月遣使請和事，抑爲三年二月之賀徹、蕭褒或十一月之周墳、袁彥（據隋書高祖紀），亦可酌。（中略）所迎陳使，或是三年十一月（鵬按：當作二月）之賀徹、蕭褒或（鵬按：周墳、袁彥在十一月）周墳、袁彥也。」

[三] 中華書局點校本隋書（修訂本）校勘記：宋甲本、大德本、至順本、汲本、殿本作「曹令則」。

隋書卷五八魏澹傳：及高祖受禪，出爲行臺禮部侍郎。尋爲散騎常侍、聘陳主使。[一]

隋書卷七六文學潘徽傳：選爲客館令。隋遣魏澹聘于陳，陳人使徽接對之。澹將反命，爲啓於陳主曰：「敬奉弘慈，曲垂餞送。」徽以爲「伏奉」爲重，「敬奉」爲輕，却其啓而不奏。澹立議曰：「曲禮注曰：『禮主於敬。』詩曰：『維桑與梓，必恭敬止。』孝經曰：『宗廟致敬。』又云：『不敬其親，謂之悖禮。』孔子敬天之怒，成湯聖敬日躋。宗廟極重，上天極高，父極尊，君極貴，四者咸同一敬，五經未有異文，不知以敬爲輕，竟何所據？」徽難之曰：「向所論敬字，本不全以爲輕，但施用處殊，義成通別。禮主於敬，此是通言，猶如男子『冠而字之』，注云『成人敬其名也』。春秋有冀缺，夫妻亦云『相敬』。既於子則有敬名之義，在夫亦有敬妻之説，此可復並謂極重乎？至若『敬謝諸公』，固非尊地，『公子敬愛』，止施賓友，『敬問』、『敬報』，彌見雷同，『敬聽』、『敬酬』，何關貴隔。當知敬之爲義，雖是不輕，但敬之於語，則有時混漫。今云『敬奉』，所以成疑。聊舉一隅，未爲深據。」澹不能對，遂從而改焉。[二]

文苑英華卷二九六潘徵贈北使詩[三]：業定三邊静，時和四海敦。行人仍禮籍，使者接輶軒。賓榮君享客，閑踞我司存。既美齊嬰學，欣逢鄭産言。琴酒時歡會，篇章極討論。迴旃逗隴去，返軸指河源。塞榆行隱路，津柳梢垂門。日沈山氣合，潮落水花翻。離情欲寄鳥，别淚下因猿。所可緘懷袖，方以代蘭萱。

[一] 北史卷五六魏季景傳附魏澹傳略同，「主使」作「使主」。據隋書卷一高祖紀上，魏澹爲聘陳使副，疑隋書魏澹傳「主使」、北史魏澹傳「使主」誤。

[二] 北史卷八三文苑潘徽傳略同。

[三] 「潘徵」，文淵閣四庫全書本作「潘徽」，疑是。先秦漢魏晉南北朝詩陳詩卷六亦作「潘徽」。

陳書卷二七姚察傳：至德元年，除中書侍郎，轉太子僕，餘並如故。初，梁季淪没，父僧垣入于長安，察蔬食布衣，不聽音樂，至是凶問因聘使到江南。〔二〕

陳至德二年　隋開皇四年（五八四）

○七月丙寅，陳使謝泉、賀德基聘隋。

隋書卷一高祖紀上：（開皇四年）秋七月丙寅，陳遣兼散騎常侍謝泉、兼通直散騎常侍賀德基來聘。

北史卷一一隋本紀上：（開皇四年）秋七月丙寅，陳人來聘。

通鑑卷一七六陳紀一〇長城公至德二年：秋七月丙寅，遣兼散騎常侍謝泉等聘于隋。

隋書卷四七柳機傳附柳肅傳：開皇初，授太子洗馬。陳使謝泉來聘，以才學見稱，詔肅宴接，時論稱其華辯。〔三〕

○十一月壬戌，隋使薛道衡、豆盧寔聘陳。

隋書卷一高祖紀上：（開皇四年）冬十一月壬戌，遣兼散騎常侍薛道衡、通直散騎常侍豆盧寔使於陳。

〔二〕南史卷六九姚察傳略同。此條年月不詳，周書卷四七藝術姚僧垣傳：「（開皇）三年卒，時年八十五。」北史卷九〇藝術下姚僧垣傳略同。姑繫於此。

〔三〕北史卷六四柳虯傳附柳肅傳同。

北史卷一一隋本紀上：（開皇四年）冬十一月壬戌，遣兼散騎常侍薛道衡使於陳。

通鑑卷一七六陳紀一〇長城公至德二年：冬十一月壬戌，隋主遣兼散騎常侍薛道衡等來聘，戒道衡「當識朕意，勿以言辭相折」。

隋書卷五七薛道衡傳：其年，兼散騎常侍、聘陳主使。道衡因奏曰：「江東蕞爾一隅，僭擅遂久，寔由永嘉已後，華夏分崩。劉、石、符、姚、慕容、赫連之輩，妄竊名號，尋亦滅亡。魏氏自北徂南，未遑遠略。周、齊兩立，務在兼并，所以江表逋誅，積有年祀。陛下聖德天挺，光膺寶祚，比隆三代，平一九州，豈容使區區之陳，久在天網之外？臣今奉使，請責以稱藩。」高祖曰：「朕且含養，置之度外，勿以言辭相折，識朕意焉。」江東雅好篇什，陳主尤愛雕蟲，道衡每有所作，南人無不吟誦焉。[二]

大隨故金紫光禄大夫豆盧公墓誌銘并序[三]：君諱寔，字天裕，本河南雒陽人也，今屬京兆郡鄭縣威菩鄉之赤水里。（中略）（開皇）四年，授大都督、領親衛。公以讜言稱旨，賜錦百段。由是寵遇漸優，任以機密，蕃客入貢，必令接引。其年，兼通直散騎常侍，與薛道衡聘陳。于時，朝議將圖江表。既欲取亂侮亡，必須觀風省俗。公之出使，義屬於斯。既至于陳，待遇優厚，别賜春秋一部，柘弓二張。以公術兼文武，故有斯遺。復命之日，具叙敵情，甚會皇心，號爲稱職。

御覽卷五八六引國朝傳記：薛道衡聘陳，爲人日詩云：「入春纔七日，離家已二年。」南人嗤之曰：

[二] 北史卷三六薛辯傳附薛道衡傳略同。
[三] 拓片及釋文載「中華石刻數據庫」。

「是底言語？誰謂此虜解作詩。」及云：「人歸落鴈後，思發在花前。」乃喜曰：「名下固無虛士。」〔二〕

太平廣記卷一七四薛道衡引談藪：隋吏部侍郎薛道衡嘗遊鍾山開善寺，謂小僧曰：「金剛何爲努目，菩薩何爲低眉？」小僧答曰：「金剛努目，所以降伏四魔；菩薩低眉，所以慈悲六道。」道衡憮然不能對。〔三〕

太平廣記卷二五三薛道衡引啓顔録：隋薛道衡爲聘南使，南朝無問道俗，但機辯者，即方便引道衡見之。一僧甚辯捷，令於寺上佛堂中讀法華經，將道衡向寺禮拜。至佛堂門，僧大引聲讀法華經云：「鳩槃荼鬼，今在門外。」道衡即應聲還以法華經答云：「毗舍闍鬼，乃在其中。」僧徒愧服，更無以報。

陳至德三年　隋開皇五年（五八五）

○七月庚申，陳使王話、阮卓聘隋。

隋書卷一高祖紀上：（開皇五年）秋七月庚申，陳遣兼散騎常侍王話、兼通直散騎常侍阮卓來聘。

北史卷一一隋本紀上：（開皇五年）秋七月庚申，陳人來聘。

通鑑卷一七六陳紀一〇長城公至德三年：秋七月庚申，遣散騎常侍王話等聘于隋。

陳書卷三四文學阮卓傳：至德元年，入爲德教殿學士。尋兼通直散騎常侍，副王話聘隋。隋主夙聞

〔二〕隋唐嘉話卷上同。

〔三〕黄大宏八代談藪校箋：事在開皇四、五年間，時薛道衡以聘陳使在建康。

卓名，乃遣河東薛道衡、琅邪顔之推等，與卓談讌賦詩，賜遺加禮。〔二〕

○九月丙子，隋使李若、崔君贍聘陳。

隋書卷一高祖紀上：（開皇五年九月）丙子，遣兼散騎常侍李若、兼通直散騎常侍崔君贍使於陳。

北史卷一一隋本紀上：（開皇五年九月）丙子，遣兼散騎常侍李若使於陳。

通鑑卷一七六陳紀一〇長城公至德三年：（九月）丙子，隋使李若等來聘。

陳至德四年　隋開皇六年（五八六）

○四月己亥，陳使周磻、江椿聘隋。

隋書卷一高祖紀上：（開皇六年）夏四月己亥，陳遣兼散騎常侍周磻、兼通直散騎常侍江椿來聘。

北史卷一一隋本紀上：（開皇六年）夏四月己亥，陳人來聘。

通鑑卷一七六陳紀一〇長城公至德四年：夏四月己亥，遣周磻等聘于隋。

○閏七月（隋曆八月），隋使裴世豪（一作裴豪）、劉顗聘陳。

隋書卷一高祖紀上：（開皇六年八月）遣散騎常侍裴豪、兼通直散騎常侍劉顗聘于陳。〔三〕

〔二〕南史卷七二文學阮卓傳略同。

〔三〕中華書局點校本隋書（修訂本）校勘記：北史卷一一隋本紀上作「裴世豪」，蓋唐人避諱或作省稱。

北史卷一一隋本紀上：（開皇六年八月）遣散騎常侍裴世豪使于陳。

通鑑卷一七六陳紀一〇長城公至德四年：秋八月〔二〕，隋遣散騎常侍裴豪等來聘。

陳禎明元年　隋開皇七年（五八七）

○二月己巳，陳使王亨、王眘聘隋。

隋書卷一高祖紀上：（開皇七年二月）己巳，陳遣兼散騎常侍王亨、兼通直散騎常侍王眘來聘。

北史卷一一隋本紀上：（開皇七年二月）己巳，陳人來聘。

通鑑卷一七六陳紀一〇長城公禎明元年：（二月）遣兼散騎常侍王亨等聘于隋。

○五月（隋曆四月）甲戌，隋使楊同（一作楊周）、崔儦聘陳。

隋書卷一高祖紀上：（開皇七年四月）甲戌，遣兼散騎常侍楊同、兼通直散騎常侍崔儦使于陳。

北史卷一一隋本紀上：（開皇七年四月）甲戌，遣兼散騎常侍楊周使于陳。

通鑑卷一七六陳紀一〇長城公禎明元年：（四月）甲戌〔三〕，隋遣兼散騎常侍楊同等來聘。

〔二〕吴玉貴資治通鑑疑年録柒陳紀：按，本年陳閏七月、隋閏八月（資治通鑑目録卷十七同），隋八月即陳閏七月。通鑑從隋曆，誤，上接五月，此「八月」當作「閏七月」。

〔三〕吴玉貴資治通鑑疑年録柒陳紀：按是年隋曆四月乙巳朔，五月乙亥朔，甲戌爲四月三十日；陳曆四月乙巳朔，五月甲戌朔，四月無甲戌。通鑑從隋曆，誤。下文之「五月」當應置於「甲戌」之上。

隋書卷七六文學崔儦傳：開皇四年，徵授給事郎，尋兼内史舍人。後數年，兼通直散騎侍郎，聘于陳。〔一〕

唐代墓誌彙編垂拱〇四七大唐洪州都督府高安縣封明府故夫人崔氏墓誌銘并序〔二〕：夫人諱柔儀，清河東武城人也。四代祖休，後魏贈尚書右僕射、文貞公。曾祖儦，隨散騎常侍、聘陳使主。

陳禎明二年　隋開皇八年（五八八）

〇正月乙亥，陳使袁雅、周止水聘隋。

隋書卷二高祖紀下：（開皇）八年春正月乙亥，陳遣散騎常侍袁雅、兼通直散騎常侍周止水來聘。

北史卷一一隋本紀上：（開皇）八年春正月乙亥，陳人來聘。

通鑑卷一七六陳紀一〇長城公禎明二年：（正月）遣散騎常侍袁雅等聘于隋。

隋書卷七五儒林元善傳：開皇初，拜内史侍郎，上每望之曰：「人倫儀表也。」凡有敷奏，詞氣抑揚，觀者屬目。陳使袁雅來聘，上令善就館受書。雅出門不拜，善論舊事有拜之儀，雅不能對，遂拜，成禮而去。〔三〕

〔一〕北史卷二四崔逞傳附崔儦傳略同。
〔二〕拓片載「中華石刻數據庫」。
〔三〕北史卷一六道武七王京兆王黎傳附元善傳略同。

○三月甲戌，隋使程尚賢、韋惲聘陳。

隋書卷二高祖紀下：（開皇八年三月）甲戌，遣兼散騎常侍程尚賢、兼通直散騎常侍韋惲使于陳。

北史卷一一隋本紀上：（開皇八年三月）甲戌，遣兼散騎常侍程尚賢使于陳。

通鑑卷一七六陳紀一〇長城公禎明二年：三月甲戌，隋遣兼散騎常侍程尚賢等來聘。

類聚卷五三虞世基接北使詩：會玉二崤至，瑞節三秦歸。林蟬疏欲盡，江鴈斷還飛。牆垣崇客館，旌蓋入王畿。共此敦封植，方欣薦紵衣。〔二〕

○十月辛酉，陳使王琬、許善心聘隋。

隋書卷二高祖紀下：（開皇八年十月）辛酉，陳遣兼散騎常侍王琬、兼通直散騎常侍許善心來聘，拘留不遣。

北史卷一一隋本紀上：（開皇八年十月）辛酉，陳人來聘，拘留不遣。

通鑑卷一七六陳紀一〇長城公禎明二年：（十月）帝遣兼散騎常侍王琬、兼通直散騎常侍許善心聘于隋，隋人留於客館。琬等屢請還，不聽。

隋書卷五八許善心傳：起家除新安王法曹。太子詹事江總舉秀才，對策高第，授度支郎中，轉侍郎，補撰史學士。禎明二年，加通直散騎常侍，聘於隋。遇高祖伐陳，禮成而不獲反命，累表請辭。上不許，

〔二〕詩又載初學記卷二〇，署題作隋虞茂在南接北使；詩又載文苑英華卷二九六，署題作虞世基接北使。此詩撰作年代不詳，姑繫於此。

留縶賓館。（中略）禎明二年，以臺郎入聘，值本邑淪覆，佗鄉播遷，行人失時，將命不復。望都亭而長慟，遷別館而縣壺。[一]

年月不詳［陳朝（五五七—五八九）初年］

○陳使宗元饒聘北齊。

陳書卷二九宗元饒傳：高祖受禪，除晉陵令。入爲尚書功論郎。使齊還，爲廷尉正。

年月不詳［陳朝年間（五五七—五八九）］

○陳使何胥聘北朝。

文苑英華卷二九六何胥被使出關：出關登壠坂，迴首望秦川。絳水通西晉，機橋指北燕。奔流下激石，古木上參天。鸎啼落春後，鴈度在秋前。平生屢此別，腸斷自催年。[二]

[一] 北史卷八三文苑許善心傳略同。
[二] 曹道衡、沈玉成著中古文學史料叢考卷四何胥生平：胥或者嘗使於齊、周，然已無可考。鵬按：據南史卷六一陳慶之傳附陳暄傳、舊唐書卷二九音樂志二，何胥字孝典，陳後主時官太樂令。何胥聘北朝事不詳，姑繫於此。

［附録二］南朝外域朝貢史事編年

關於南朝宋、齊、梁、陳四代與周邊國家部族之間的朝貢關係，現代學術著作中已有較多涉及〔一〕，但以宏觀論述居多，較爲專門的實證研究成果並不多見〔二〕。清錢儀吉撰有南朝會要，第二册職官類目下有貢方物一節，其書僅爲初稿，未及删訂，内容較爲簡略。清朱銘盤撰歷代四裔朝獻長編遺稿，輯録西漢至明代二十五朝之朝貢史事〔三〕。此書迄未刊行，疑佚。朱

〔一〕其中以韓昇海東集：古代東亞史實考論（上海：上海人民出版社，二〇〇九年）、東亞世界形成史論（增訂版，北京：中國方正出版社，二〇一五年）、日本學者堀敏一中國と古代東アジア世界：中華的世界と諸民族（中國與古代東亞世界：中華世界與諸民族）（東京：岩波書店，一九九三年）、東アジア世界の形成：中国と周辺国家（東亞世界的形成：中國與周邊國家）（東京：汲古書院，二〇〇六年）等著作較爲重要。

〔二〕劉文健高句麗與南北朝朝貢關係研究（吉林大學碩士學位論文，二〇〇七年）、于春英百濟與南北朝朝貢關係研究（吉林大學碩士學位論文，二〇〇九年），日本學者河上麻由子佛教與朝貢的關係——以南北朝時期爲中心（傳統中國研究集刊，第一輯，二〇〇六年）、中国南朝の対外関係において仏教が果たした役割について：南海諸国が奉った上表文の検討を中心に（論佛教在中國南朝對外關係中的作用：以南海諸國上表文的分析爲中心）（史学雜誌，一一七卷一二號，二〇〇八年），石見清裕梁への道——「職貢図」とユーラシア交通——（赴梁之路——職貢圖與歐亞交通）、金子ひろみ南朝梁の外交とその特質（南朝梁的外交及其特徵）（二文並載梁職貢図と東部ユーラシア世界，鈴木靖民等編，東京：勉誠社，二〇一四年），赤羽奈津子魏晋南北朝時代の朝貢（魏晉南北朝時期的朝貢）（研究論集，一四集，河合文化教育研究所編，二〇一九年六月）等論文可以參考。

〔三〕歷代四裔朝獻長編稿本五十六卷，八册，約二十萬言。依年分條紀述，各注參考書名。朱氏桂之華軒文集卷九有四裔朝獻長編叙（參見鄭肇經：朱曼君先生事略，載泰興文史資料，第一輯，第三一—三二頁）。中央研究院歷史語言研究所於二〇世紀三〇年代擬加以整理（參見蔡元培：致顧祝同函（一九三三年五月二十日）、復顧祝同函（一九三三年七月六日），蔡元培書信集，下册，第一五二〇、一五五九頁）。丁文江亦於一九三五年六（轉下頁注）

氏另撰有宋齊梁陳會要，每朝都有蕃夷一節，根據歷代正史記載，將南朝周邊國家部族的朝貢活動，作了較爲詳細的叙述。朱氏主要根據南史的夷貊傳，對宋書、南齊書、梁書、陳書等幾部南朝正史的使用並不充分，記述較多缺略，諸國部族的名稱亦有混淆失考之處。筆者現在將南朝域外國家部族的朝貢史事記録，作了較爲全面完整的搜集整理，希望在史料取材範圍、史事編年考證等方面，較前賢更進一步，以供學者參考使用。

題目本身需要略作説明。歷代正史往往使用不同的稱謂，對中原王朝以外的國家與部族進行類别區分。就傳世史籍而言，自史記以降，至北齊時魏收所撰魏書，還没有一個總括的統稱。唐代前期修撰兩晉南北朝諸史，開始出現統括性質的稱謂。梁書有諸夷傳，周書稱異域傳，晉書稱四夷傳，南史稱夷貊傳。這或許可以反映出古代中國人政治地理觀念的演進，到了唐代有一個較爲系統化的表達。「諸夷」、「四夷」、「夷貊」等稱謂，源於上古時期「夷夏之辨」的傳統思想，其中包含着明顯的政治價值與種族文化意識。今天研究古代中國周邊國家部族的朝貢活動，叙述中使用「諸夷」等名目作爲指稱，似乎與現代學術語境有些不協調的意味。經過考慮，文中選擇使用「外域」這個較爲中性的概念。唐人張彦遠撰歷代名畫記卷五注引梁書外域傳，這應該是唐前所修的别本梁書；又唐釋道宣撰廣弘明集卷一九梁陸雲（公）御講波若經序，有「外域雜使一千三百六十人」云云，可見「外域」也是南朝當時人通行的稱謂。

（接上頁注〔三〕）月致書王雲五，謀求於商務印書館出版此書而未果（參見方繼孝：王雲五往來書函珍藏的故事，碎錦零箋：文化名人的墨迹與往事，第一四一—一四八頁）。歷代四裔朝獻長編稿本原藏南京豆菜橋鄭肇經處（參見朱東潤：讀桂之華軒詩集，朱東潤文存，第四五〇頁），而鄭肇經朱曼君先生事略文中未言此稿下落。清史稿卷四八六文苑三張裕釗傳附朱銘盤傳作「朝鮮長編四十卷」，張舜徽清人文集别録卷二三「桂之華軒文集」條謂即此書，「朝鮮」是音近之訛。

卷一　宋之部

永初元年（四二〇）

○閏八月丁酉，林邑國遣使朝貢。

南史卷一宋本紀上：（永初元年閏八月）丁酉，林邑國遣使朝貢。

永初二年（四二一）

○二月，倭國遣使朝貢。

南史卷一宋本紀上：（永初二年二月）倭國遣使朝貢。

宋書卷九七夷蠻倭國傳：世修貢職。高祖永初二年，詔曰：「倭讚萬里修貢，遠誠宜甄，可賜除授。」〔一〕

○本年，林邑國遣使朝貢。

宋書卷九七夷蠻林邑國傳：高祖永初二年，林邑王范陽邁遣使貢獻，即加除授。

〔一〕南史卷七九夷貊下倭國傳略同。

梁書卷五四諸夷林邑國傳：宋永初二年，遣使貢獻，以陽邁爲林邑王。〔二〕

○本年，鄯善等西域三十六國遣使朝貢。

宋書卷九八氐胡大且渠蒙遜傳：（永初三年三月〔三〕）於是鄯善王比龍入朝，西域三十六國皆稱臣貢獻。

景平元年（四二三）

○二月，河西國、吐谷渾遣使朝貢。

宋書卷四少帝紀：（景平元年二月）沮渠蒙遜、吐谷渾阿犲並遣使朝貢。

南史卷一宋本紀上：（景平元年二月）鎮軍大將軍大且渠蒙遜、河南鮮卑吐谷渾阿豺並遣使朝貢。

建康實録卷一一：（景平元年二月）大沮渠蒙遜、吐谷渾阿豺遣使貢獻〔三〕。

通鑑卷一一九宋紀一營陽王景平元年：（二月）河西王蒙遜及吐谷渾王阿柴皆遣使入貢。

宋書卷九六鮮卑吐谷渾傳：少帝景平中，阿犲遣使上表獻方物。詔曰：「吐谷渾阿犲介在遐表，慕義可嘉，宜有寵任。今酬其來款，可督塞表諸軍事、安西將軍、沙州刺史、澆河公。」

〔二〕南史卷七八夷貊上林邑國傳同。

〔三〕中華書局點校本宋書（修訂本）校勘記：疑「三年」乃「二年」之訛。

〔三〕中華書局點校本建康實録校勘記：「大沮渠蒙遜」上原有「十二月」三字。宋書少帝紀、南史宋本紀上及通鑑一一九皆繫於二月，今據删。

魏書卷一〇一吐谷渾傳：阿豺兼并羌氐，地方數千里，號爲彊國。田于西彊山，觀墊江源，問於羣臣曰：「此水東流，有何名？由何郡國入何水也？」其長史曾和曰：「此水經仇池，過晉壽，出宕渠，號墊江，至巴郡入江，度廣陵會於海。」阿豺曰：「水尚知有歸，吾雖塞表小國，而獨無所歸乎？」遣使通劉義符，獻其方物。義符封爲澆河公。〔一〕

南史卷七九夷貊下河南傳：至其末孫阿豺，始通江左，受官爵。

○三月，高麗國遣使朝貢。

宋書卷四少帝紀：（景平元年三月）是月，高麗國遣使朝貢。

南史卷一宋本紀上：（景平元年三月）是月，高麗國遣使朝貢。

景平二年（四二四，八月改元元嘉）

○二月，高麗國遣使朝貢。

宋書卷四少帝紀：（景平二年二月）高麗國遣使貢獻。

南史卷一宋本紀上：（景平二年二月）高麗國遣使朝貢。

〔一〕北史卷九六吐谷渾傳略同。

建康實録卷一一：（景平二年）高麗國遣貢獻〔一〕。

宋書卷九七夷蠻高句驪國傳：少帝景平二年，（高句驪王高）璉遣長史馬婁等詣闕獻方物，遣使慰勞之，曰：「皇帝問使持節、散騎常侍、都督營平二州諸軍事、征東大將軍、高句驪王、樂浪公，纂戎東服，庸績繼軌，厥惠既彰，款誠亦著，踰遼越海，納貢本朝。朕以不德，忝承鴻緒，永懷先蹤，思覃遺澤。今遣謁者朱邵伯、副謁者王邵子等，宣旨慰勞。其茂康惠政，永隆厥功，式昭往命，稱朕意焉。」〔二〕

○本年，百濟國遣使朝貢。

宋書卷九七夷蠻百濟國傳：少帝景平二年，（百濟王餘）映遣長史張威詣闕貢獻。〔三〕

○本年，宜都蠻朝貢。

宋書卷九七夷蠻荆雍州蠻傳：少帝景平二年，宜都蠻帥石寧等一百二十三人詣闕上獻。〔四〕

元嘉二年（四二五）

○六月，武都國遣使朝貢。

〔一〕「遣」，文淵閣四庫全書本作「使」。

〔二〕南史卷七九夷貊下高句麗傳略同。

〔三〕南史卷七九夷貊下百濟傳同。

〔四〕南史卷七九夷貊下荆雍州蠻傳同。

宋書卷九八氐胡略陽清水氐楊氏：盛嗣位三十年，太祖元嘉二年六月卒，時年六十二，私謚曰惠文王。玄字黄眉，自號使持節、都督隴右諸軍事、征西大將軍、開府儀同三司、平羌校尉、秦州刺史、武都王。雖爲蕃臣，猶奉義熙之號。（中略）太祖即以玄爲使持節、征西將軍、平羌校尉、北秦州刺史、武都王。乃改義熙之號，奉元嘉正朔。初，盛謂玄曰：「吾年已老，當爲晉臣，汝善事宋帝。」故玄奉焉。

通鑑卷一二〇宋紀二文帝元嘉二年：六月，武都惠文王楊盛卒。初，盛聞晉亡，不改義熙年號，謂世子玄曰：「吾老矣，當終爲晉臣，汝善事宋帝。」及盛卒，玄自稱都督隴右諸軍事、征西大將軍、開府儀同三司、秦州刺史、武都王，遣使來告喪，始用元嘉年號。

○本年，倭國遣使朝貢。

宋書卷九七夷蠻倭國傳：太祖元嘉二年，讚又遣司馬曹達奉表獻方物。〔一〕

元嘉三年（四二六）

○本年，河西國遣使朝貢。

宋書卷九八氐胡大且渠蒙遜傳：（元嘉三年）世子興國遣使奉表，請周易及子集諸書，太祖並賜之，

〔一〕南史卷七九夷貊下倭國傳略同。

合四百七十五卷。蒙遜又就司徒王弘求搜神記，弘寫與之。

北史卷九三僭僞附庸北凉傳：（大且渠蒙遜）後又稱蕃于宋，并求書，宋文帝並給之。蒙遜又就宋司徒王弘求搜神記，弘與之。

元嘉五年（四二八）

○十二月，天竺國遣使朝貢。

宋書卷五文帝紀：（元嘉五年）是歲，天竺國遣使獻方物。

南史卷二宋本紀中：（元嘉五年）十二月，天竺國遣使朝貢。

建康實録卷一二：（元嘉五年）十二月，天竺毘黎國遣使貢獻。

宋書卷九七夷蠻天竺迦毗黎國傳：元嘉五年，國王月愛遣使奉表曰：「伏聞彼國，據江傍海，山川周固，衆妙悉備，莊嚴清浄，猶如化城，宫殿莊嚴，街巷平坦，人民充滿，歡娱安樂。聖王出遊，四海隨從，聖明仁愛，不害衆生，萬邦歸仰，國富如海。國中衆生，奉順正法，大王仁聖，化之以道，慈施羣生，無所遺惜。帝修浄戒，軌道不及，無上法船，濟諸沈溺，羣寮百官，受樂無怨，諸天擁護，萬神侍衛，天魔降伏，莫不歸化。王身端嚴，如日初出，仁澤普潤，猶如大雲，聖賢承業，如日月天，於彼真丹，最爲殊勝。臣之所住，名迦毗河，東際于海，其城四邊，悉紫紺石，首羅天護，令國安隱。國王相承，未嘗斷絶，國中人民，率皆修善，諸國來集，共遵道法，諸寺舍中，皆七寶形像，衆妙供具，如先王法。臣自修檢，不犯道禁，臣名月愛，棄世王種。惟願大王聖體和善，羣臣百官，悉自安隱。今以此國羣臣吏民，山川珍寶，一切歸屬，五體歸誠大王足下。山海遐隔，無由朝覲，宗仰之至，遣使下承。使主父名天魔悉達，使主名尼陁達，此人由來良善忠信，是故今遣奉使表誠。大王若有所須，珍奇異物，悉當奉送，此之境土，便是王國，王之法令，治國善道，悉當承用。願二國信使往來不絶，此反使還，願賜一使，具宣聖命，備勑所宜。款至之誠，望不空反，所白如是，願加哀愍。」奉獻金剛指環、摩勒金環諸寶物，赤白鸚鵡各一頭。〔一〕

御覽卷七八七引宋元嘉起居注：五年，天竺毗加梨國王月□遣使上表〔二〕，并奉金剛指環一枚，剛印摩勒金環一枚，毾㲪一具，白旃檀六段，白赤鸚鵡各一頭，細疊兩張。

○本年，師子國遣使朝貢。

宋書卷九七夷蠻師子國傳：元嘉五年〔三〕，國王刹利摩訶南奉表曰：「謹白大宋明主，雖山海殊隔，而音信時通。伏承皇帝道德高遠，覆載同於天地，明照齊乎日月，四海之外，無往不伏，方國諸王，莫不遣信奉獻，以表歸德之誠，或泛海三年，陸行千日，畏威懷德，無遠不至。我先王以來，唯以脩德爲正，

〔一〕南史卷七八夷貊上天竺迦毗黎國傳略同。
〔二〕「月□」，文淵閣四庫全書本作「月受」，疑爲「月愛」之訛。
〔三〕中華書局點校本宋書（修訂本）校勘記：按本書卷五文帝紀元嘉七年七月，有師子國遣使獻方物之記載，元嘉五年無。

不嚴而治，奉事三寶，道濟天下，欣人爲善，慶若在己，欲與天子共弘正法，以度難化。故託四道人遣二白衣送牙臺像以爲信誓，信還，願垂音告。」[二]

南史卷七八夷貊上師子國傳：宋元嘉五年，其王剎利摩訶遣使奉表貢獻。

通鑑卷一二一宋紀三文帝元嘉五年：是歲，師子王剎利摩訶及天竺迦毗黎王月愛皆遣使奉表入貢，表辭皆如浮屠之言。

元嘉六年（四二九）

○七月，百濟國遣使朝貢。

宋書卷五文帝紀：（元嘉六年七月）是月，百濟王遣使獻方物。

南史卷二宋本紀中：（元嘉六年）秋七月，百濟國遣使朝貢。

三國史記卷二五百濟本紀三毗有王：三年秋，遣使入宋朝貢。[三]

○十二月丁亥，河南國、河西國遣使朝貢。

宋書卷五文帝紀：（元嘉六年）十二月丁亥，河南國、河西王遣使獻方物。

[二] 宋書卷五文帝紀、南史卷二宋本紀中未載元嘉五年師子國遣使朝貢。

[三] 百濟國毗有王三年即宋元嘉六年。

南史卷二宋本紀中：（元嘉六年）十二月，河西、河南國並遣使朝貢。

建康實録卷一二：（元嘉六年十二月）隴西諸國使使貢獻。

宋書卷九六鮮卑吐谷渾傳：（上略）阿犲死，弟慕璝立。（元嘉）六年，表曰：「大宋應運，四海宅心，臣亡兄阿犲慕義天朝，款情素著。去年七月五日，謁者董湛至，宣傳明詔，顯授榮爵，而臣私門不幸，亡兄見背。臣以懦弱，負荷後任，然天恩所報，本在臣門，若更反覆，懼停信命。輒拜受寵任，奉遵上旨，伏願詳處，更授章策。」

通鑑卷一二一宋紀三文帝元嘉六年：十二月，河西王蒙遜、吐谷渾王慕璝皆遣使入貢。

○本年，師子國遣使朝貢。

梁書卷五四諸夷師子國傳：宋元嘉六年，十二年，其王刹利摩訶遣使貢獻。〔二〕

○本年，建平蠻朝貢。

宋書卷九七夷蠻荆雍州蠻傳：太祖元嘉六年，建平蠻張雖之等五十人，（中略）詣闕獻見。〔三〕

元嘉七年（四三〇）

○正月，倭國遣使朝貢。

〔二〕宋書卷五文帝紀、南史卷二宋本紀中未載元嘉六年師子國遣使朝貢。

〔三〕南史卷七九夷貊下荆雍州蠻傳略同，「張雖之」作「張維之」。

宋書卷五文帝紀：（元嘉七年正月）是月，倭國王遣使獻方物。

○四月癸未，訶羅單國遣使朝貢。

宋書卷五文帝紀：（元嘉七年）夏四月癸未，訶羅單國遣使獻方物。

宋書卷九七夷蠻呵羅單國傳：元嘉七年，遣使獻金剛指鐶、赤鸚鵡鳥、天竺國白疊古貝、葉波國古貝等物。〔二〕

○七月甲寅，林邑國、訶羅陁國、師子國遣使朝貢。

宋書卷五文帝紀：（元嘉七年七月）甲寅，林邑國、訶羅陁國、師子國遣使獻方物。

宋書卷九七夷蠻林邑國傳：（元嘉）七年，陽邁遣使，自陳與交州不睦，求蒙恕宥。

宋書卷九七夷蠻訶羅陁國傳：元嘉七年，遣使奉表曰：「伏承聖王，信重三寶，興立塔寺，周滿國界。城郭莊嚴，清浄無穢，四衢交通，廣博平坦。臺殿羅列，狀若衆山，莊嚴微妙，猶如天宫。聖王出時，四兵具足，導從無數，以爲守衛。都人士女，麗服光飾，市廛豐富，珍賄無量，王法清整，無相侵奪。學徒遊集，三乘競進，敷演正法，雲布雨潤。四海流通，萬國交會，長江眇漫，清浄深廣，有生咸資，莫能銷穢，陰陽調和，災厲不行。誰有斯美，大宋揚都，聖王無倫，臨覆上國。有大慈悲，子育萬物，平等忍辱，怨親無二，濟乏周窮，無所藏積，靡不照達，如日之明，無不受樂，猶如浄月。宰輔賢

〔二〕南史卷七八夷貊上呵羅單國傳略同。

良，羣臣貞潔，盡忠奉主，心無異想。伏惟皇帝，是我真主。臣是訶羅陁國主名曰堅鎧，今敬稽首聖王足下，惟願大王知我此心久矣，非適今也。山海阻遠，無緣自達，今故遣使，表此丹誠。所遣二人，一名毗紉，一名婆田，今到天子足下。堅鎧微蔑，誰能知者，是故今遣二人，表此微心，此情既果，雖死猶生。仰惟大國，藩守曠遠，我即邊方藩守之一。上國臣民，普蒙慈澤，願垂恩逮，等彼僕臣。臣國先時人衆殷盛，不爲諸國所見陵迫，今轉衰弱，鄰國競侵。伏願聖王，遠垂覆護，并市易往反，不爲禁閉。若見哀念，願時遣還，令此諸國，不見輕侮，亦令大王名聲普聞，扶危救弱，正是今日。今遣二人，是臣同心，有所宣啓，誠實可信。願敕廣州時遣舶還，不令所在有所陵奪。願自今以後，賜年年奉使。今奉微物，願垂哀納。」〔二〕

通鑑卷一二一宋紀三文帝元嘉七年：（七月）甲寅，林邑王范陽邁遣使入貢，自陳與交州不睦，乞蒙恕宥。

○本年，百濟國遣使朝貢。

南史卷二宋本紀中：（元嘉七年）是歲，（中略）倭、百濟、呵羅單、林邑、呵羅他、師子等國並遣使朝貢。

建康實録卷一二：（元嘉七年四月）百濟、林邑國使使貢獻。

〔二〕南史卷七八夷貊上訶羅陁國傳略同。

宋書卷九七夷蠻百濟國傳：其後每歲遣使奉表獻方物。（元嘉）七年，百濟王餘毗復修貢職，以映爵號授之。〔二〕

○本年，宜都蠻朝貢。

宋書卷九七夷蠻荆雍州蠻傳：（元嘉）七年，宜都蠻田生等一百一十三人，並詣闕獻見。〔三〕

○本年，芮芮國遣使朝貢。

宋書卷四六張邵傳：元嘉五年，轉征虜將軍，領寧蠻校尉、雍州刺史，加都督。（中略）子敷至襄陽定省，當還都，羣蠻伺欲取之。會蠕蠕國遣使朝貢，賊以爲敷，遂執之，邵坐降號揚烈將軍。

南史卷三二張邵傳：元嘉五年，轉征虜將軍，領寧蠻校尉、雍州刺史，加都督。（中略）七年，子敷至襄陽定省，當還都，羣蠻欲斷取之，會蠕蠕國獻使下，蠻以爲是敷，因掠之。邵坐降號揚烈將軍。

宋書卷九五索虜傳附芮芮虜傳：僭稱大號，部衆殷强，歲時遣使詣京師，與中國亢禮。

元嘉九年（四三二）

○七月壬申，河南國、河西國遣使朝貢。

〔二〕南史卷七九夷貊下百濟傳略同。

〔三〕南史卷七九夷貊下荆雍州蠻傳同。

宋書卷五文帝紀：（元嘉九年七月）壬申，河南國、河西王遣使獻方物。

宋書卷九六鮮卑吐谷渾傳：（元嘉）九年，慕璝遣司馬趙敘奉貢獻，并言二萬人捷。

通鑑卷一二二宋紀四文帝元嘉九年：（六月）吐谷渾王慕璝遣其司馬趙敘入貢，且來告捷。

○九月，黄龍國遣使朝貢。

宋書卷七六朱脩之傳：後鮮卑馮弘稱燕王，治黄龍城，（中略）時魏屢伐弘，或説弘遣脩之歸求救，遂遣之。泛海至東萊，遇猛風柂折，垂以長索，船乃復正。海師望見飛鳥，知其近岸，須臾至東萊。元嘉九年，至京邑，以爲黄門侍郎。

南史卷一六朱脩之傳：時魏屢伐黄龍，弘遣使求救，脩之乃使傳詔説而遣之。泛海，未至東萊，舫柂折，風猛，海師慮向海北，垂長索，舫乃正。海師視上有鳥飛，知去岸不遠，須臾至東萊。及至，以爲黄門侍郎。

建康實録卷一二：（元嘉九年）是歲，朱脩之歸自黄龍。（中略）朱脩之後從魏太武伐燕，因奔馮弘。弘以爲天子邊人，遣之泛海。未至東萊，舫柂折，舟人大懼。海師因上有飛鳥，知去岸不遠，垂長索船後乃將正，俄而達東萊郡。帝拜爲給事黄門侍郎〔一〕。

通鑑卷一二二宋紀四文帝元嘉九年：（九月）魏人數伐燕，燕王遣（朱）脩之南歸求救。脩之汎海

〔一〕文淵閣四庫全書本作：「（元嘉九年）是歲，朱脩之歸自黄龍。（中略）朱脩之懼禍，奔馮弘。弘以爲天子邊人。泛海，柁折，舟人大懼。海師因垂長索，舫乃正。視上有飛鳥，知去岸不遠，俄而達東萊郡。帝拜爲給事黄門侍郎。」

至東萊，遂還建康，拜黄門侍郎。

元嘉十年（四三三）

○五月，林邑國遣使朝貢。

宋書卷五文帝紀：（元嘉十年）五月，林邑王遣使獻方物。

宋書卷九七夷蠻林邑國傳：（元嘉）十年，陽邁遣使上表獻方物，求領交州，詔答以道遠，不許。

梁書卷五四諸夷林邑國傳：爾後頻年遣使貢獻[二]，而寇盜不已。

通鑑卷一二二宋紀四文帝元嘉十年：（五月）林邑王范陽邁遣使入貢，求領交州，詔答以道遠，不許。

○六月，闍婆州訶羅單國遣使朝貢。

宋書卷五文帝紀：（元嘉十年六月）闍婆州訶羅單國遣使獻方物。

南史卷二宋本紀中：（元嘉十年）夏，林邑、闍婆娑州訶羅單國並遣使朝貢[三]。

建康實録卷一二：（元嘉十年）六月，闍婆訶羅單國遣使貢獻。

[二] 此承上文指元嘉八年以後。

[三] 中華書局點校本南史校勘記：「闍婆娑州」宋書作「闍婆州」。按下文十二年，宋書及本書又出「闍婆娑達國」，而宋書夷蠻傳、本書夷貊傳並有「闍婆達國」傳。疑衍「娑」字，脱「達」字，「州」爲「國」之誤。當以傳爲正。

宋書卷九七夷蠻呵羅單國傳：呵羅單國治闍婆洲。（中略）（元嘉）十年，呵羅單國王毗沙跋摩奉表曰：「常勝天子陛下：諸佛世尊，常樂安隱，三達六通，爲世間道，是名如來，應供正覺，遺形舍利，造諸塔像，莊嚴國土，如須彌山，村邑聚落，次第羅匝，城郭館宇，如忉利天宫，宫殿高廣，樓閣莊嚴，四兵具足，能伏怨敵，國土豐樂，無諸患難。奉承先王，正法治化，人民良善，慶無不利，處雪山陰，雪水流注，百川洋溢，八味清淨，周匝屈曲，順趣大海，一切衆生，咸得受用。於諸國土，殊勝第一，是名震旦，大宋揚都，承嗣常勝大王之業，德合天心，仁廕四海，聖智周備，化無不順，雖人是天，護世降生，功德寶藏，大悲救世，爲我尊主常勝天子。是故至誠五體敬禮。呵羅單國王毗沙跋摩稽首問訊。」〔一〕

類聚卷七六引宋元嘉起居注：阿羅單國王毗沙跋摩遣使云：「諸佛世尊，常樂安隱。處雪山陰，雪水流注，百川洋溢，以味清淨，周迴屈曲，從趣大海，一切衆生，咸得受用。」

御覽卷七八七引宋元嘉起居注：去年六月〔二〕，闍婆洲呵羅單國王毗沙跋摩遣使獻奉。

元嘉十一年（四三四）

○本年，林邑國、扶南國、訶羅單國遣使朝貢。

〔一〕南史卷七八夷貊上呵羅單國傳略同。

〔二〕「去年」，文淵閣四庫全書本作「十年」。

宋書卷五文帝紀：（元嘉十一年）是歲，林邑國、扶南國、訶羅單國遣使獻方物。

南史卷二宋本紀中：（元嘉十一年）是歲，林邑、扶南、訶羅單國並遣使朝貢。

建康實録卷一二：（元嘉十一年）冬十二月，扶南、訶羅單國遣使貢獻。

宋書卷九七夷蠻扶南國傳：太祖元嘉十一、十二、十五年，國王持黎跋摩遣使奉獻。

南齊書卷五八東南夷扶南國傳：晉、宋世通職貢。

梁書卷五四諸夷扶南國傳：憍陳如死，後王持梨陁跋摩，宋文帝世奉表獻方物。

南史卷七八夷貊上扶南國傳：憍陳如死，後王持棃陁跋摩，宋文帝元嘉十一年、十二年、十五年，奉表獻方物。

御覽卷七八七引宋元嘉起居注：十一年，呵羅單國王尸梨毗遮耶獻銀滲柈等。

○本年，武都國、河西國遣使朝貢。

宋書卷九八氐胡略陽清水氐楊氏傳：（元嘉十年）四月[二]，（武都王楊）難當遣使奉表謝罪，曰：「臣聞生成之德，含氣同係，而榮悴殊塗，遭遇異兆，至於恩降自然，誠無答謝。夫以狂聖道隔，猶存克念之誠，況君親莫二，不期自感者哉。每思自竭，奉遵光訓，丹誠未諒，大謗已臻。梁州刺史甄法護誣臣遣司馬飛龍擾亂西蜀，諸所譖引，言非一事，長塗萬里，無路自明，風塵之聲，日有滋甚。與其逆

[二] 中華書局點校本宋書（修訂本）校勘記：據本書卷五文帝紀、建康實録卷一二、通鑑卷一二二宋紀，蕭思話討楊難當以及下文所載之此年「四月，難當遣使奉表謝罪」等，皆爲元嘉十一年事。

生，寧就清滅，文武同憤，制不自由。遣參軍姚道賢齎書詣梁州刺史蕭思話，尋續又遣詣臺歸罪。道賢至西城，爲守兵所殺，行李蔽擁，日月莫照。法護恇擾，望風奔逃，臣即回軍，秋毫無犯，權留少守，以俟會通。其後數旬，官軍尋至，守兵單弱，懼不自免，續遣輕兵，共相迎接。值秦流民，懷土及本，行將既旋，不容禁制，由臣約防無素，以致斯闕。臣本歷代守蕃，世荷殊寵，王化始基，順天委命，要名期義，不在今日，豈可假託妖妄，毁敗成功，如此之形，灼然易見，仰恃聖明，必垂鑒察。但臣微心不達，迹違忠順，至乃聲聞朝庭，勞煩師旅，負辱之深，罪當誅責。遠隔遐荒，告謝無地，謹遣兼長史齊亮聽命有司，并奉送所授第十一符策，伏待天旨。」太祖以其邊裔，下詔曰：「楊難當表如此，悔謝前愆，可特恕宥，并特還章節。」

宋書卷九八氐胡大且渠蒙遜傳：（元嘉）十年四月，蒙遜卒，時年六十六。私謚曰武宣王。（中略）蒙遜第三子茂虔時爲酒泉太守，衆議推茂虔爲主，襲蒙遜位號。十一年，茂虔上表曰：「臣聞功以濟物爲高，非竹帛無以述德，名以當實爲美，非謚號無以休終。先臣蒙遜西復涼城，澤憺岷裔，芟夷羣暴，清灑區夏。暨運鍾有道，備大宋之宗臣，爵班九服，享惟永之丕祚，功名昭著，剋固貞節。考終由正，而請名之路無階，懿跡雖弘，而述敍之美有缺。臣子痛感，咸用不安。謹案謚法，剋定禍亂曰武，善聞周達曰宣。先臣廓清河外，勳光天府，標牓稱迹，實兼斯義。輒上謚爲武宣王。若允天聽，垂之史筆，則幽顯荷榮，始終無恨。」詔曰：「使持節、侍中、都督秦河沙涼四州諸軍事、車騎大將軍、開府儀同三司、領護匈奴中郎將、西夷校尉、涼州牧河西王蒙遜，才兼文武，勳濟西服，爰自萬里，款誠夙著，方仗忠果，翼宣遠略，奄至薨隕，悽悼于懷。便遣使弔祭，并加顯謚。嗣子茂虔，纂戎前軌，乃心彌彰，宜蒙寵授，紹茲蕃業。可持節、散騎常侍、都督涼秦河沙四州諸軍事、征西大將軍、領護匈奴中郎將、西夷校尉、涼州刺史、河西王。」

通鑑卷一二二宋紀四文帝元嘉十一年：（四月）楊難當遣使奉表謝罪，帝下詔赦之。河西王牧犍遣使上表，告嗣位。戊寅，詔以牧犍爲都督涼秦等四州諸軍事、征西大將軍、涼州刺史、河西王。[一]

元嘉十二年（四三五）

○正月，黃龍國遣使朝貢。

宋書卷五文帝紀：（元嘉十二年正月）癸酉，封黃龍國主馮弘爲燕王。

南史卷二宋本紀中：（元嘉十二年正月）癸酉，封馮弘爲燕王。

宋書卷九七夷蠻高句驪國傳：先是，鮮卑慕容寶治中山，爲索虜所破，東走黃龍。義熙初，寶弟熙爲其下馮跋所殺，跋自立爲主，自號燕王，以其治黃龍城，故謂之黃龍國。跋死，子弘立，屢爲索虜所攻，不能下。太祖世，每歲遣使獻方物。元嘉十二年，賜加除授。

[一] 吳玉貴資治通鑑疑年録肆宋紀：上接四月壬戌。按，元嘉十一年四月癸巳朔，壬戌三十日，月内無戊寅。宋書文帝紀：「（五月）戊寅，以大沮渠茂虔爲征西大將軍、涼州刺史。」大沮渠茂虔即牧健。南史宋本紀亦作「五月戊寅」。五月癸亥朔，戊寅爲五月十六日。通鑑本年四月後逕接六月，不書五月。當從宋書及南史，通鑑「戊寅」上脱「五月」二字。

通鑑卷一二二宋紀四文帝元嘉十二年：燕王數爲魏所攻，遣使詣建康稱藩奉貢。（正月）癸酉，詔封爲燕王。江南謂之黄龍國。

○六月，師子國遣使朝貢。

宋書卷五文帝紀：（元嘉十二年六月）師子國遣使獻方物。

南史卷二宋本紀中：（元嘉十二年六月）師子國遣使朝貢。

宋書卷九七夷蠻師子國傳：至（元嘉）十二年，又復遣使奉獻。〔一〕

梁書卷五四諸夷師子國傳：宋元嘉（中略）十二年，其王刹利摩訶遣使貢獻。

類聚卷七六引宋元嘉起居注：師子王國遣使奉獻，詔答云：「此小乘經甚少，彼國所有，皆可寫送。」〔二〕

御覽卷七八七引宋元嘉起居注：師子國王遣使奉獻，詔曰：「此小乘經甚少，彼國所有，皆可悉爲寫送之。聞彼隣多有師子，此所未覩，可悉致之。」

○七月乙酉，闍婆娑達國、扶南國遣使朝貢。

宋書卷五文帝紀：（元嘉十二年）秋七月乙酉〔三〕，闍婆娑達國、扶南國並遣使獻方物。

〔一〕南史卷七八夷貊上師子國傳略同。

〔二〕此下二條年代不詳，姑繫於此。

〔三〕中華書局點校本宋書（修訂本）校勘記：「乙酉」，南史卷二宋本紀中作「辛酉」。按是月丙辰朔，初六日辛酉，三十日乙酉。

南史卷二宋本紀中：（元嘉十二年）秋七月辛酉，闍婆娑達、扶南國並遣使朝貢。

宋書卷九七夷蠻闍婆婆達國傳：元嘉十二年，國王師黎婆達陁阿羅跋摩遣使奉表曰：「宋國大主大吉天子足下：敬禮一切種智安隱，天人師降伏四魔，成等正覺，轉尊法輪，度脱衆生，教化已周，入于涅槃，舍利流布，起无量塔，衆寶莊嚴，如須彌山，經法流布，如日照明，無量净僧，猶如列宿。國界廣大，民人衆多，宫殿城郭，如忉利天宫。名大宋揚州大國大吉天子，安處其中，紹繼先聖，王有四海，閻浮提内，莫不來服。悉以兹水，普飲一切，我雖在遠，亦霑靈潤，是以雖隔巨海，常遥臣屬，願照至誠，垂哀納受。若蒙聽許，當年遣信，若有所須，惟命是獻，伏願信受，不生異想。今遣使主佛大陁婆、副使葛抵奉宣微誠，稽首敬禮大吉天子足下，陁婆所啓，願見信受，諸有所請，唯願賜聽。今奉微物，以表微心。」[一]

宋書卷九七夷蠻扶南國傳：太祖元嘉十一、十二、十五年，國王持黎跋摩遣使奉獻。

南史卷七八夷貊上扶南國傳：後王持黎陁跋摩，宋文帝元嘉十一年、十二年、十五年，奉表獻方物。

○本年，林邑國遣使朝貢。

宋書卷九七夷蠻林邑國傳：（元嘉）十二、十五、十六、十八年，頻遣貢獻，而寇盜不已，所貢亦

[一] 南史卷七八夷貊上闍婆達國傳略同，「師黎婆達陁阿羅跋摩」作「師黎婆達呵陁羅跋摩」。岑仲勉中外史地考證闍婆婆達：「疑闍婆爲婆達冠稱（即闍婆洲婆達國）。」

陋薄。〔二〕

南史卷七八夷貊上林邑國傳：（元嘉）十二年、十五年、十六年、十八年，每遣使貢獻，獻亦陋薄，而寇盜不已。

元嘉十三年（四三六）

○六月，高麗國、武都國遣使朝貢。

宋書卷五文帝紀：（元嘉十三年）六月，高麗國、武都王遣使獻方物。

南史卷二宋本紀中：（元嘉十三年）夏六月，高麗、武都等國並遣使朝貢。

建康實録卷一二：（元嘉十三年）夏六月，高麗國遣使貢獻。

宋書卷九七夷蠻高句驪國傳：璉每歲遣使。

宋書卷九八氐胡略陽清水氐楊氏傳：（元嘉）十三年三月，難當自立爲大秦王，號年曰建義，立妻爲王后，世子爲太子，置百官，具擬天朝，然猶奉朝庭，貢獻不絶。

○本年，呵羅單國遣使朝貢。

宋書卷九七夷蠻呵羅單國傳：其後爲子所簒奪。（元嘉）十三年，又上表曰：「大吉天子足下：離淫

〔二〕宋書卷五文帝紀、南史卷二宋本紀中未載元嘉十二年林邑國遣使朝貢。

怒癡，哀愍羣生，想好具足，天龍神等，恭敬供養，世尊威德，身光明照，如水中月，如日初出，眉間白豪，普照十方，其白如雪，亦如月光，清淨如華，顏色照曜，威儀殊勝，諸天龍神之所恭敬，以正法寶，梵行衆僧，莊嚴國土，人民熾盛，安隱快樂。城閣高峻，如乾他山，衆多勇士，守護此城，樓閣莊嚴，道巷平正，著種種衣，猶如天服，於一切國，爲最殊勝吉。揚州城無憂天主，愍念羣生，安樂民人，律儀清淨，慈心深廣，正法治化，共養三寶，名稱遠至，一切並聞。民人樂見，如月初生，譬如梵王，世界之主，一切人天，恭敬作禮。呵羅單跋摩以頂禮足，猶如現前，以體布地，如殿陛道，供養恭敬，如奉世尊，以頂著地，曲躬問訊。忝承先業，嘉慶無量，忽爲惡子所見爭奪，遂失本國。今唯一心歸誠天子，以自存命。今遣毗紉問訊大家，意欲自往，歸誠宣訴，復畏大海，風波不達。今命得存，亦由毗紉此人忠志，其恩難報。此是大家國，今爲惡子所奪，而見驅擯，意頗忿惋，規欲雪復。伏願大家聽毗紉買諸鎧仗袍襖及馬，願爲料理毗紉使得時還。前遣闍邪仙婆羅訶，蒙大家厚賜，悉惡子奪去，啓大家使知。今奉薄獻，願垂納受。」此後又遣使。〔二〕

元嘉十四年（四三七）

○十二月，河南國、河西國、訶羅單國遣使朝貢。

〔二〕南史卷七八夷貊上呵羅單國傳略同。

宋書卷五文帝紀：（元嘉十四年十二月）河南國、河西王、訶羅單國並遣使獻方物。

南史卷二宋本紀中：（元嘉十四年十二月）河南、河西、訶羅單國並遣使朝貢。

建康實録卷一二：（元嘉十四年十二月）河南、河西、訶羅單國使使貢獻。

宋書卷九六鮮卑吐谷渾傳：慕璝死，弟慕延立，遣使奉表。

宋書卷九八氐胡大且渠蒙遜傳：（元嘉）十四年，茂虔奉表獻方物，并獻周生子十三卷，時務論十二卷，三國總略二十卷，俗問十一卷，十三州志十卷，文檢六卷，四科傳四卷，燉煌實録十卷，涼書十卷，漢皇德傳二十五卷，亡典七卷，魏駮九卷，謝艾集八卷，古今字二卷，乘丘先生三卷〔一〕，周髀一卷，皇帝王歷三合紀一卷，趙敃傳并甲寅元歷一卷，孔子讚一卷，合一百五十四卷。茂虔又求晉、趙起居注諸雜書數十件，太祖賜之。

通鑑卷一二三宋紀五文帝元嘉十四年：是歲，牧犍（中略）遣使詣建康，獻雜書及敦煌趙敃所撰甲寅元曆，并求雜書數十種，帝皆與之。

元嘉十五年（四三八）

○四月甲辰，黄龍國遣使朝貢。

〔一〕中華書局點校本宋書（修訂本）校勘記：「乘丘」，册府卷二三二作「桑丘」。隋書卷三四經籍志三：「桑丘先生書二卷，晉征南軍師楊偉撰，亡。」章宗源考證：「案宋書大且渠蒙遜傳『乘丘先生』，即此『桑丘先生』也。『生』下當有『書』字。」

宋書卷五文帝紀：（元嘉十五年）夏四月甲辰，燕王弘遣使獻方物。

建康實録卷一二：（元嘉十五年）夏四月，黄龍國使使貢獻。

○本年，武都國、河南國、高麗國、倭國、扶南國、林邑國遣使朝貢。

宋書卷五文帝紀：（元嘉十五年）是歲，武都王、河南國、高麗國、倭國、扶南國、林邑國並遣使獻方物。

南史卷二宋本紀中：（元嘉十五年）是歲，武都、河南、高麗、倭、扶南、林邑等國並遣使朝貢。

宋書卷九六鮮卑吐谷渾傳：慕璝死，弟慕延立，遣使奉表。十五年，除慕延使持節、散騎常侍、都督西秦河沙三州諸軍事、鎮西大將軍、領護羌校尉、西秦河二州刺史、隴西王。

宋書卷九七夷蠻林邑國傳：（元嘉）十二、十五、十六、十八年，頻遣貢獻，而寇盜不已，所貢亦陋薄。

南史卷七八夷貊上林邑國傳：（元嘉）十二年、十五年、十六年、十八年，每遣使貢獻，獻亦陋薄，而寇盜不已。

宋書卷九七夷蠻扶南國傳：太祖元嘉十一、十二、十五年，國王持黎跋摩遣使奉獻。

南史卷七八夷貊上扶南國傳：後王持黎陁跋摩，宋文帝元嘉十一年、十二年、十五年，奉表獻方物。

宋書卷九七夷蠻倭國傳：讚死，弟珍立，遣使貢獻，自稱使持節、都督倭百濟新羅任那秦韓慕韓六

國諸軍事、安東大將軍、倭國王，表求除正。詔除安東將軍、倭國王。〔一〕

元嘉十六年（四三九）

○本年，武都國、河南國、林邑國、高麗國遣使朝貢。

宋書卷五文帝紀：（元嘉十六年）是歲，武都王、河南王、林邑國、高麗國並遣使獻方物。

南史卷二宋本紀中：（元嘉十六年）是歲，武都、河南、林邑、高麗等國並遣使朝貢。

建康實録卷一二：（元嘉十六年）武都、河内〔二〕、林邑並遣使貢獻。

宋書卷九七夷蠻林邑國傳：（元嘉）十二、十五、十六、十八年，頻遣貢獻，而寇盜不已，所貢亦陋薄。

南史卷七八夷貊上林邑國傳：（元嘉）十二年、十五年、十六年、十八年，每遣使貢獻，獻亦陋薄，而寇盜不已。

宋書卷九七夷蠻高句驪國傳：璉每歲遣使。（元嘉）十六年，太祖欲北討，詔璉送馬，璉獻馬八百匹。〔三〕

〔一〕南史卷七九夷貊下倭國傳同。

〔二〕中華書局點校本建康實録校勘記：「河内」，宋書文帝紀作「河南王」，南史宋本紀中作「河南」，皆指河南王慕容延，此作「河内」當誤。

〔三〕南史卷七九夷貊下高句麗傳略同。

元嘉十七年（四四〇）

○本年，武都國、河南國、百濟國遣使朝貢。

宋書卷五文帝紀：（元嘉十七年）是歲，武都王、河南王、百濟國遣使獻方物。

南史卷二宋本紀中：（元嘉十七年十二月）戊辰〔二〕，武都、河南、百濟等國並遣使朝貢。

三國史記卷二五百濟本紀三毗有王：（十四年〔三〕）冬十月，遣使入宋朝貢。

元嘉十八年（四四一）

○本年，河南國、肅特國（一作肅慎國）、高麗國、蘇靡黎國（一作蘇摩黎國）、林邑國遣使朝貢。

宋書卷五文帝紀：（元嘉十八年）是歲，肅特國、高麗國、蘇靡黎國、林邑國並遣使獻方物。

南史卷二宋本紀中：（元嘉十八年）是歲，河南、肅特、高麗、蘇摩黎、林邑等國並遣使來朝貢。

建康實録卷一二：（元嘉十八年）十二月，河南、肅慎、高麗、林邑、蘇摩黎並令使貢獻。

〔二〕中華書局點校本南史校勘記：宋書「戊辰」下有「以南豫州刺史始興王濬爲揚州刺史」等三十八字；「武都」上有「是歲」二字。此於「戊辰」下删去三十八字，而入之以武都諸國並遣使朝貢，致諸國使來同在「戊辰」一日之内，非是，當據宋書以正。

〔三〕百濟國毗有王十四年即宋元嘉十七年。

宋書卷九七夷蠻林邑國傳：（元嘉）十二、十五、十六、十八年，頻遣貢獻，而寇盜不已，所貢亦陋薄。

南史卷七八夷貊上林邑國傳：（元嘉）十二年、十五年、十六年、十八年，每遣使貢獻，獻亦陋薄，而寇盜不已。

宋書卷九七夷蠻天竺迦毗黎國傳：元嘉十八年，蘇摩黎國王那隣那羅跋摩遣使獻方物。〔一〕

元嘉十九年（四四二）

○九月，河西國遣使朝貢。

宋書卷九八氐胡大且渠蒙遜傳：（元嘉十九年）九月，無諱遣將衛奈夜襲高昌，（高昌城主闞）爽奔芮芮，無諱復據高昌。遣常侍氾儁奉表使京師，獻方物。太祖詔曰：「往年狡虜縱逸，侵害涼土，西河王茂虔遂至不守，淪陷寇逆，累世著誠，以爲矜悼。次弟無諱克紹遺業，保據方隅，外結鄰國，内輯民庶，係心闕庭，踐修貢職，宜加朝命，以褒篤勳。可持節、散騎常侍、都督涼河沙三州諸軍事、征西大將軍、領護匈奴中郎將、西夷校尉、涼州刺史、河西王。」

通鑑卷一二四宋紀六文帝元嘉十九年：九月，無諱將衛興奴夜襲高昌，屠其城，（闞）爽奔柔然，

〔一〕南史卷七八夷貊上天竺迦毗黎國傳略同，「那隣那羅跋摩」作「那羅跋摩」。

無諱據高昌。遣其常侍氾雋奉表詣建康。詔以無諱都督涼河沙三州諸軍事、征西大將軍、涼州刺史、河西王。〔二〕

○十月甲申，芮芮國遣使朝貢。

宋書卷五文帝紀：（元嘉十九年）冬十月甲申，芮芮國遣使獻方物。

建康實録卷一二：（元嘉十九年）冬十月，蠕蠕國遣使貢獻。

通鑑卷一二四宋紀六文帝元嘉十九年：（十月）甲申，柔然遣使詣建康。

○本年，婆皇國、河南國、扶南國遣使朝貢。

宋書卷五文帝紀：（元嘉十九年）是歲，婆皇國遣使獻方物。

南史卷二宋本紀中：（元嘉十九年）是歲，蠕蠕、河南、扶南、婆皇國並遣使朝貢。

建康實録卷一二：（元嘉十九年）婆皇國使使貢獻。

元嘉二十年（四四三）

○本年，河西國、高麗國、百濟國、倭國遣使朝貢。

〔二〕通鑑考異卷五：「宋本紀封爵在六月，傳在九月末。今從傳。」唐長孺南北朝期間西域與南朝的陸道交通：「其實本紀的六月乃宋廷發詔授予無諱官爵之時，傳在九月則是氾雋奉詔抵達高昌之日，本來並不矛盾。（中略）查本年四月無諱始放棄敦煌，西赴鄯善，六月仍在鄯善。宋廷發詔授官在六月，則氾雋到達建康應在六月前，奉使出發當然更早。我認爲氾雋出使尚在本年四月無諱放棄敦煌前。」鵬按：宋書卷五文帝紀：（元嘉十九年）六月壬午，以大沮渠無諱爲征西大將軍、涼州刺史。

宋書卷五文帝紀：（元嘉二十年）是歲，河西國、高麗國、百濟國、倭國並遣使獻方物。
南史卷二宋本紀中：（元嘉二十年）是歲，河西、高麗、百濟、倭國並遣使朝貢。
建康實録卷一二：（元嘉二十年）百濟、倭國使使貢獻。
宋書卷九七夷蠻倭國傳：（元嘉）二十年，倭國王濟遣使奉獻，復以爲安東將軍、倭國王。〔二〕

元嘉二十六年（四四九）

○五月丙戌，婆皇國遣使朝貢。壬辰，婆達國遣使朝貢。
宋書卷五文帝紀：（元嘉二十六年五月）丙戌，婆皇國，壬辰，婆達國，並遣使獻方物。
南史卷二宋本紀中：（元嘉二十六年五月）丙戌，婆皇國，壬辰，婆達國並遣使朝貢。
建康實録卷一二：（元嘉二十六年二月）壬午〔三〕，婆皇國、婆達國並遣使貢獻。
宋書卷九七夷蠻婆皇國傳：元嘉二十六年，國王舍利嫛羅跋摩遣使獻方物四十一種〔三〕。
御覽卷七八七引宋元嘉起居注：二十六年，蒲黄國獻牛黄等物〔四〕，又獻欝金香等物。

〔二〕南史卷七九夷貊下倭國傳同。
〔三〕中華書局點校本建康實録校勘記：二月丁酉朔，無壬午。
〔三〕南史卷七八夷貊上婆皇國傳略同，「舍利嫛羅跋摩」作「舍利婆羅跋摩」。
〔四〕「蒲黄國」當即「婆皇國」，疑爲音譯之異。

宋書卷九七夷蠻婆達國傳：元嘉二十六年，國王舍利不陵伽跋摩遣使獻方物〔一〕。

○本年，呵羅單國遣使朝貢。

宋書卷九七夷蠻呵羅單國傳：（元嘉）二十六年，太祖詔曰：「訶羅單、媻皇、媻達三國，頻越遐海，款化納貢，遠誠宜甄，可並加除授。」乃遣使策命之曰：「惟爾慕義款化，效誠荒遐，恩之所洽，殊遠必甄，用敷典章，顯兹策授。爾其欽奉凝命，永固厥職，可不慎歟。」〔二〕

元嘉二十七年（四五〇）

○正月辛卯，百濟國遣使朝貢。

宋書卷五文帝紀：（元嘉二十七年正月）辛卯，百濟國遣使獻方物。

南史卷二宋本紀中：（元嘉）二十七年春正月辛卯，百濟國遣使朝貢。

建康實録卷一二：（元嘉）二十七年春正月辛卯，百濟國遣使貢獻。

宋書卷九七夷蠻百濟國傳：（元嘉）二十七年，（百濟王餘）毗上書獻方物，私假臺使馮野夫西河太守，表求易林、式占、腰弩，太祖並與之。〔三〕

〔一〕南史卷七八夷貊上婆達國傳同。

〔二〕南史卷七八夷貊上呵羅單國傳略同。宋書卷五文帝紀、南史卷二宋本紀中未載元嘉二十六年呵羅單國遣使朝貢。

〔三〕南史卷七九夷貊下百濟傳略同。

梁書卷五四諸夷百濟傳：宋元嘉中，王餘毗，並遣獻生口。

○本年，河南國遣使朝貢。

宋書卷九六鮮卑吐谷渾傳：索虜拓跋燾遣軍擊慕延，大破之，慕延率部落西奔白蘭，攻破于闐國。慮虜復至，二十七年，遣使上表云：「若不自固者，欲率部曲入龍涸越巂門。」并求牽車，獻烏丸帽、女國金酒器、胡王金釧等物。太祖賜以牽車，若虜至不自立，聽入越巂。虜竟不至也。

通鑑卷一二五宋紀七文帝元嘉二十七年：（六月）吐谷渾王慕利延爲魏所逼，上表求入保越巂。上許之，慕利延竟不至。

元嘉二十八年（四五一）

○四月癸酉，婆達國遣使朝貢。

宋書卷五文帝紀：（元嘉二十八年）夏四月癸酉，婆達國遣使獻方物。

南史卷二宋本紀中：（元嘉二十八年）夏四月癸酉，婆達國遣使朝貢。

建康實録卷一二：（元嘉二十八年）四月癸酉，婆達國遣使貢獻。

宋書卷九七夷蠻婆達國傳：（元嘉）二十八年，復遣使獻方物。〔一〕

〔一〕南史卷七八夷貊上婆達國傳同。

○五月丁巳，婆皇國遣使朝貢。戊戌，河南國遣使朝貢。

宋書卷五文帝紀：（元嘉二十八年五月）丁巳[二]，婆皇國，戊戌，河南王，並遣使獻方物。

南史卷二宋本紀中：（元嘉二十八年五月）丁巳，婆皇國，戊戌，河南國並遣使朝貢。

建康實録卷一二：（元嘉二十八年五月）丁巳，婆皇國、河南國並遣使貢獻。

宋書卷九七夷蠻婆皇國傳：（元嘉）二十八年，復貢獻。[三]

○十月癸亥，高麗國遣使朝貢。

宋書卷五文帝紀：（元嘉二十八年）冬十月癸亥，高麗國遣使獻方物。

南史卷二宋本紀中：（元嘉二十八年）冬十月癸亥，高麗國遣使朝貢。

建康實録卷一二：（元嘉二十八年）冬十月，高麗國遣使貢獻。

元嘉二十九年（四五二）

○四月戊午，訶羅單國遣使朝貢。

宋書卷五文帝紀：（元嘉二十九年）夏四月戊午，訶羅單國遣使獻方物。

[二] 中華書局點校本宋書（修訂本）校勘記：按是年五月甲申朔，初二日乙酉，十五日戊戌，無丁巳。丁巳日支當有誤。

[三] 南史卷七八夷貊上婆皇國傳略同。

南史卷二宋本紀中：（元嘉二十九年）夏四月戊午，訶羅單國遣使朝貢。

建康實録卷一二：（元嘉二十九年）夏四月戊午，訶羅國遣使貢獻。

宋書卷九七夷蠻訶羅單國傳：（元嘉）二十九年，又遣長史媻和沙彌獻方物。〔二〕

○九月，河南國遣使朝貢。

宋書卷五文帝紀：（元嘉二十九年）九月丁亥，以平西將軍吐谷渾拾寅爲安西將軍、西秦河二州刺史。

通鑑卷一二六宋紀八文帝元嘉二十九年：吐谷渾王慕利延卒，樹洛干之子拾寅立，始居伏羅川。遣使來請命，（中略）（九月）丁亥，以拾寅爲安西將軍、西秦河沙三州刺史、河南王。

元嘉三十年（四五三）

○十一月丙寅，高麗國遣使朝貢。

宋書卷六孝武帝紀：（元嘉三十年十一月）丙寅，高麗國遣使獻方物。

南史卷二宋本紀中：（元嘉三十年十一月）丙寅，高麗國遣使朝貢。

建康實録卷一三：（元嘉三十年十月）高麗使貢方物。

〔二〕南史卷七八夷貊上呵羅單國傳略同，「媻和」作「婆和」。

○槃槃國（西北諸戎）、趙昌國、粟特國、盤盤國（海南諸國）、鄧至國遣使朝貢。

宋書卷九五索虜傳：（芮芮虜）其東有槃槃國、趙昌國，渡流沙萬里，又有粟特國，太祖世，並奉表貢獻。〔一〕

梁書卷五四諸夷盤盤國傳：宋文帝元嘉，孝武孝建、大明中，並遣使貢獻〔二〕。

梁書卷五四諸夷鄧至國傳：宋文帝時，王象屈躭遣使獻馬〔三〕。

梁職貢圖：宋文帝世，鄧至王象屈躭，遣其所置里水鎮將象破羌上書獻駿馬〔四〕。

孝建二年（四五五）

○二月己丑，婆皇國遣使朝貢。

宋書卷六孝武帝紀：（孝建二年）二月己丑〔五〕，婆皇國遣使獻方物。

〔一〕西北諸戎、海南諸國並有盤盤國（一作槃槃）。梁書卷五四諸夷滑國傳：「征其旁國波斯、盤盤、罽賓、焉耆、龜茲、疎勒、姑墨、于闐、句盤等國。」呂思勉讀史札記丙帙滑國考：「渴盤陁，蓋即滑傳之盤盤也。」此下各條年代不詳，姑繫於此。

〔二〕南史卷七八夷貊上槃槃國傳略同。

〔三〕南史卷七九夷貊下鄧至國傳同。

〔四〕「象破羌」，諸番職貢圖卷作「象破虜」。

〔五〕中華書局點校本宋書（修訂本）校勘記：此下有丙寅。按是月壬戌朔，初五日丙寅，二十八日己丑，己丑不當在丙寅前。疑「己丑」爲「乙丑」之訛，「乙丑」爲二月初四日。

南史卷二宋本紀中：（孝建）二年春二月己丑，婆皇國遣使朝貢。

建康實録卷一三：（孝建）二年春二月，婆皇國遣使貢獻。

○四月壬申，河南國遣使朝貢。

宋書卷六孝武帝紀：（孝建二年）夏四月壬申，河南國遣使獻方物。

南史卷二宋本紀中：（孝建二年）夏四月壬申，河南國遣使朝貢。

○七月己酉，槃槃國遣使朝貢。

宋書卷六孝武帝紀：（孝建二年七月己酉）槃槃國遣使獻方物。

南史卷二宋本紀中：（孝建二年七月）己酉，槃槃國遣使朝貢。

梁書卷五四諸夷盤盤國傳：宋文帝元嘉，孝武孝建、大明中，並遣使貢獻〔二〕。

御覽卷七八七引宋起居注：孝建二年七月二十日〔三〕，槃槃國王遣長史竺伽藍婆奉獻金銀、琉璃、諸香藥等物。

○八月辛酉，斤陀利國遣使朝貢。

宋書卷六孝武帝紀：（孝建二年八月辛酉）斤陀利國遣使獻方物。

〔二〕南史卷七八夷貊上槃槃國傳略同。

〔三〕孝建二年七月庚寅朔，二十日己酉。

南史卷二宋本紀中：（孝建二年八月）辛酉，干陀利國遣使朝貢〔一〕。

宋書卷九七夷蠻天竺迦毗黎國傳：世祖孝建二年，斤陁利國王釋婆羅那隣陁遣長史竺留陁及多獻金銀寶器。〔二〕

梁書卷五四諸夷干陁利國傳：宋孝武世，王釋婆羅那憐陁遣長史竺留陁獻金銀寶器〔三〕。

御覽卷七八七引宋起居注：孝建二年八月二日，斤陁利國王釋陁羅降陁遣長史竹留陁及多奉表獻方物〔四〕。

○十一月辛亥，高麗國遣使朝貢。

宋書卷六孝武帝紀：（孝建二年十一月）辛亥，高麗國遣使獻方物。

南史卷二宋本紀中：（孝建二年）十一月辛亥，高麗國遣使朝貢。

宋書卷九七夷蠻高句驪國傳：世祖孝建二年，璉遣長史董騰奉表，慰國哀再周，并獻方物。〔五〕

三國史記卷一八高句麗本紀六長壽王：四十三年，遣使入宋朝貢。〔六〕

〔一〕中華書局點校本南史校勘記：「干」各本作「斤」，據夷貊傳改。按此「干陀利」宋書作「斤陀利」，實即一國。南史誤分爲二。

〔二〕南史卷七八夷貊上天竺迦毗黎國傳略同。

〔三〕南史卷七八夷貊上干陁利國傳略同，「釋婆羅那憐陁」作「釋婆羅那鄰陁」。

〔四〕孝建二年八月庚申朔，二日辛酉。「釋陁羅降陁」，文淵閣四庫全書本作「釋陀羅隣陁」。

〔五〕南史卷七九夷貊下高句麗傳略同。

〔六〕高句麗國長壽王四十三年即宋孝建二年。

○本年，林邑國遣使朝貢。

宋書卷九七夷蠻林邑國傳：世祖孝建二年，林邑又遣長史范龍跋奉使貢獻，除龍跋揚武將軍。〔一〕

梁書卷五四諸夷林邑國傳：孝武建元〔二〕、大明中，林邑王范神成累遣長史奉表貢獻。

孝建三年（四五六）

○本年，婆皇國遣使朝貢。

宋書卷九七夷蠻婆皇國傳：世祖孝建三年，又遣長史竺那婆智奉表獻方物〔三〕。

大明元年（四五七）

○本年，百濟國遣使朝貢。

宋書卷九七夷蠻百濟國傳：（百濟王餘）毗死，子慶代立。世祖大明元年，遣使求除授，詔許〔四〕。

〔一〕南史卷七八夷貊上林邑國傳略同。

〔二〕中華書局點校本梁書（修訂本）校勘記：「建元」，宋書卷九七夷蠻林邑國傳、南史卷七八夷貊上林邑國傳作「孝建」，疑是。按宋孝武帝無建元年號，而孝建與大明相接。

〔三〕南史卷七八夷貊上婆皇國傳略同，「竺那婆智」作「竺那婆智」。宋書卷六孝武帝紀、南史卷二宋本紀中未載孝建三年婆皇國遣使朝貢。

〔四〕南史卷七九夷貊下百濟傳略同。

大明二年（四五八）

○八月乙酉，河南國遣使朝貢。

宋書卷六孝武帝紀：（大明二年）八月乙酉，河南王遣使獻方物。

○十月乙未，高麗國遣使朝貢。

宋書卷六孝武帝紀：（大明二年十月）乙未，高麗國遣使獻方物。

○閏十二月壬戌，林邑國遣使朝貢。

宋書卷六孝武帝紀：（大明二年閏十二月）壬戌，林邑國遣使獻方物。

南史卷二宋本紀中：（大明二年）是歲，河南、高麗、林邑等國並遣使朝貢。

宋書卷九七夷蠻林邑國傳：大明二年，林邑王范神成又遣長史范流奉表獻金銀器及香布諸物[一]。

梁書卷五四諸夷林邑國傳：孝武（中略）大明中，林邑王范神成累遣長史奉表貢獻。

○本年，百濟國遣使朝貢。

宋書卷九七夷蠻百濟國傳：（大明）二年，（百濟王餘）慶遣使上表曰：「臣國累葉，偏受殊恩，文武良輔，世蒙朝爵。行冠軍將軍右賢王餘紀等十一人忠勤，宜在顯進，伏願垂愍，並聽賜除。」[二]

[一] 南史卷七八夷貊上林邑國傳略同。

[二] 南史卷七九夷貊下百濟傳略同。

大明三年（四五九）

○正月丙申，婆皇國遣使朝貢。

宋書卷六孝武帝紀：（大明三年正月）丙申，婆皇國遣使獻方物。

宋書卷二九符瑞志下：孝武帝大明三年正月丙申，槃皇國獻赤白鸚鵡各一。

宋書卷九七夷蠻槃皇國傳：大明三年，獻赤白鸚鵡[一]。

○十月戊申，河西國遣使朝貢。

宋書卷六孝武帝紀：（大明三年十月）戊申，河西國遣使獻方物。

宋書卷九八氐胡大且渠蒙遜傳：世祖大明三年，安周奉獻方物。

○十一月己巳，高麗國、肅慎國遣使朝貢。

宋書卷六孝武帝紀：（大明三年）十一月己巳，高麗國遣使獻方物。肅慎國重譯獻楛矢、石砮。西域獻舞馬。

南史卷二宋本紀中：（大明三年）是歲，婆皇、河西、高麗、肅慎等國各遣使朝貢。西域獻儛馬。

宋書卷二九符瑞志下：孝武帝大明三年十一月己巳，肅慎氏獻楛矢石砮，高麗國譯而至。

宋書卷九七夷蠻高句驪國傳：大明三年，又獻肅慎氏楛矢石砮。

[一] 南史卷七八夷貊上婆皇國傳同。

南史卷七九夷貊下高句麗傳：大明二年〔二〕，又獻肅慎氏楛矢石砮。

大明四年（四六〇）

○正月甲戌，宕昌國遣使朝貢。

宋書卷六孝武帝紀：（大明四年正月）甲戌，宕昌王奉表獻方物。

南史卷二宋本紀中：（大明四年正月）甲戌，宕昌國遣使朝貢。

○八月壬寅，宕昌國遣使朝貢。

宋書卷六孝武帝紀：（大明四年）八月壬寅，宕昌王遣使獻方物。

梁書卷五四諸夷宕昌國傳：宋孝武世，其王梁瓘忽始獻方物〔三〕。

諸番職貢圖卷：宕昌國，（中略）宋孝武世，有宕昌王梁謹忽始獻方物。

○十二月，倭國遣使朝貢。

宋書卷六孝武帝紀：（大明四年十二月）倭國遣使獻方物。

南史卷二宋本紀中：（大明四年十二月）倭國遣使朝貢。

〔二〕「二年」疑誤。

〔三〕南史卷七九夷貊下宕昌國傳略同，「梁瓘忽」作「梁瑾忽」。

建康實録卷一三：（大明四年十二月）丁未，倭國遣使貢獻。
宋書卷九七夷蠻倭國傳：（倭國王）濟死，世子興遣使貢獻[一]。

大明五年（四六一）

○七月丁卯，高麗國遣使朝貢。
宋書卷六孝武帝紀：（大明五年七月）丁卯，高麗國遣使獻方物。
南史卷二宋本紀中：（大明五年）秋七月丁卯，高麗國遣使朝貢。

○本年，河南國遣使朝貢。
宋書卷九六鮮卑吐谷渾傳：世祖大明五年，拾寅遣使獻善舞馬，四角羊。皇太子、王公以下上舞馬歌者二十七首。
北史卷九六吐谷渾傳：後拾寅（中略）通使于宋，獻善馬[二]、四角羊[三]。
宋書卷八五謝莊傳：時河南獻舞馬，詔羣臣爲賦，莊所上其詞曰：（中略）又使莊作舞馬歌，令樂

[一] 南史卷七九夷貊下倭國傳同。
[二] 中華書局點校本北史校勘記：宋書作「善舞馬」，此脱「舞」字。
[三] 魏書卷一〇一吐谷渾傳略同。

府歌之〔一〕。

大明七年（四六三）

○六月戊申，芮芮國、高麗國遣使朝貢。

宋書卷六孝武帝紀：（大明七年六月）戊申，芮芮國、高麗國遣使獻方物。

南史卷二宋本紀中：（大明七年）六月戊申，蠕蠕、高麗等國並遣使朝貢〔二〕。

大明八年（四六四）

○七月庚戌，婆皇國遣使朝貢。

宋書卷七前廢帝紀：（大明八年七月）庚戌，婆皇國遣使獻方物。

南史卷二宋本紀中：（大明八年）秋七月庚戌，婆皇國遣使朝貢。

宋書卷九七夷蠻婆皇國傳：大明八年，（中略）又遣使貢獻〔三〕。

〔一〕南史卷二〇謝弘微傳附謝莊傳略同。

〔二〕册府九六八外臣部一三作「（大明）七年，芮芮國、百濟國並遣使獻方物」，「百濟國」疑誤。

〔三〕南史卷七八夷貊上婆皇國傳同。

○粟特國遣使朝貢。

宋書卷九五索虜傳：粟特大明中遣使獻生師子、火浣布、汗血馬，道中遇寇，失之。〔一〕

○盤盤國遣使朝貢。

梁書卷五四諸夷盤盤國傳：宋文帝元嘉，孝武孝建、大明中，並遣使貢獻。〔二〕

泰始二年（四六六）

○本年，媻皇國遣使朝貢。

宋書卷九七夷蠻媻皇國傳：太宗泰始二年，又遣使貢獻。〔三〕

○本年，天竺迦毗黎國遣使朝貢。

宋書卷九七夷蠻天竺迦毗黎國傳：太宗泰始二年，又遣使貢獻，以其使主竺扶大、竺阿彌並爲建威將軍。〔四〕

〔一〕此條年代不詳，姑繫於此。
〔二〕南史卷七八夷貊上槃槃國傳略同。此條年代不詳，姑繫於此。
〔三〕南史卷七八夷貊上婆皇國傳略同。
〔四〕南史卷七八夷貊上天竺迦毗黎國傳略同，「竺阿彌」作「竺阿珍」。

泰始三年（四六七）

○十月戊子，芮芮國遣使朝貢。

宋書卷八明帝紀：（泰始三年十月）戊子，芮芮國遣使獻方物。

建康實録卷一四：（泰始三年十月）戊子，蠕蠕國遣使朝貢。

○十一月，高麗國、百濟國遣使朝貢。

宋書卷八明帝紀：（泰始三年十一月）高麗國、百濟國遣使獻方物。

建康實録卷一四：（泰始三年十一月）高麗、百濟等並遣使朝貢。

南齊書卷二七劉懷珍傳：（泰始三年）僞東萊太守鞠延僧數百人據城，劫留高麗獻使。懷珍又遣寧朔將軍明慶符與（王）廣之擊降延僧，遣高麗使詣京師。

宋書卷九七夷蠻高句驪國傳：太宗泰始（中略）中，貢獻不絶〔一〕。

泰始四年（四六八）

○四月辛丑，芮芮國、河南國遣使朝貢。

宋書卷八明帝紀：（泰始四年四月）辛丑，芮芮國及河南王並遣使獻方物。

〔一〕南史卷七九夷貊下高句麗傳略同。

建康實録卷一四：（泰始四年四月）辛丑，蠕蠕國、河南國遣使朝貢。

泰始五年（四六九）

○三月己巳，河南國遣使朝貢。

宋書卷八明帝紀：（泰始五年三月）己巳，河南王遣使獻方物。
建康實録卷一四：（泰始五年）五月己巳[一]，河南國遣使朝貢。
宋書卷九六鮮卑吐谷渾傳：（泰始）五年，拾寅奉表獻方物。

泰始六年（四七〇）

○十一月己巳，高麗國遣使朝貢。

宋書卷八明帝紀：（泰始六年）十一月己巳，高麗國遣使獻方物。
建康實録卷一四：（泰始六年）十一月，高麗遣使朝貢。

〔一〕中華書局點校本建康實録校勘記：五月庚子朔，無己巳。（中略）三月辛丑朔，二十九日己巳，此「五月」二字疑衍。

泰始七年（四七一）

○三月壬戌，芮芮國遣使朝貢。

宋書卷八明帝紀：（泰始七年三月）壬戌，芮芮國遣使奉獻。

○六月甲辰，芮芮國遣使朝貢。

宋書卷八明帝紀：（泰始七年六月）甲辰，芮芮國遣使獻方物。

○十一月戊午，百濟國遣使朝貢。

宋書卷八明帝紀：（泰始七年）冬十一月戊午〔二〕，百濟國遣使獻方物。

建康實録卷一四：（泰始七年）冬十一月戊午，百濟國遣使朝貢。

宋書卷九七夷蠻百濟國傳：太宗泰始七年，又遣使貢獻。〔三〕

泰豫元年（四七二）

○三月癸丑，林邑國遣使朝貢。

宋書卷八明帝紀：（泰豫元年）三月癸丑朔，林邑國遣使獻方物。

〔二〕中華書局點校本宋書（修訂本）校勘記：「十一月」，原作「十月」，據建康實録卷一四改。按十月丙戌朔，無戊午。十一月乙卯朔，初四日戊午。

〔三〕南史卷七九夷貊下百濟傳略同。

建康實録卷一四：（泰豫元年）三月癸丑朔，林邑國遣使朝貢。

宋書卷九七夷蠻林邑國傳：太宗泰豫元年，又遣使獻方物。

梁書卷五四諸夷林邑國傳：明帝泰豫元年，又遣使獻方物。〔一〕

出三藏記集卷一二法苑雜緣原始集目録序載雜圖像集上卷有林邑國獻無量壽鍮石像記第八。〔二〕

○十一月，芮芮國、高麗國遣使朝貢。

宋書卷九後廢帝紀：（泰豫元年十一月）芮芮國、高麗國遣使獻方物。

建康實録卷一四：（泰豫元年十一月）蠕蠕國、高麗國並遣使朝貢。

元徽元年（四七三）

○三月，婆利國遣使朝貢。

宋書卷九後廢帝紀：（元徽元年三月）婆利國遣使獻方物。

宋書卷九七夷蠻天竺迦毗黎國傳：後廢帝元徽元年，婆黎國遣使貢獻〔三〕。

〔一〕南史卷七八夷貊上林邑國傳同。

〔二〕此條上有「宋孝武皇帝造無量壽金像記第五，宋明皇帝造丈四金像記第六」，下有「宋明帝齊文宣造行像八部鬼神記第十」，疑此記宋明帝時林邑國朝貢獻佛像事，姑繫於此。

〔三〕南史卷七八夷貊上天竺迦毗黎國傳同。中華書局點校本南史校勘記：按婆黎國即婆利國。

高僧傳卷七釋慧嚴傳：東海何承天以博物著名，乃問嚴：「佛國將用何曆？」嚴云：「天竺夏至之日，方中無影，所謂天中，於五行土德，色尚黃，數尚五，八寸爲一尺，十兩當此土十二兩，建辰之月爲歲首。」及討覈分至，推校薄蝕，顧步光影，其法甚詳，宿度年紀，咸有條例，承天無所厝難。後婆利國人來，果同嚴説。帝勑任豫受焉。[二]

出三藏記集卷一二法苑雜緣原始集目録序載雜圖像集下卷有婆利國獻真金像記。

○五月丙申，河南國遣使朝貢。

宋書卷九後廢帝紀：（元徽元年五月）丙申，河南王遣使獻方物。

○十二月丙寅，河南國遣使朝貢。

宋書卷九後廢帝紀：（元徽元年十二月）丙寅，河南王遣使獻方物。

建康實録卷一四：（元徽元年）是歲，利浮南遣使朝貢[三]。

元徽二年（四七四）

○五月，芮芮國遣使朝貢。

[二] 此下二條年代不詳，姑繫於此。

[三] 「利浮南」，文淵閣四庫全書本作「浮南國」。此處疑有訛脱，「利浮南」疑當作「婆利河南國」。

宋書卷九後廢帝紀：（元徽二年五月）芮芮國遣使獻方物。

建康實録卷一四：（元徽二年五月）己亥，蠕蠕國遣使朝貢。

通鑑卷一三三宋紀一五蒼梧王元徽二年：（五月）柔然遣使來聘。

○七月，高麗國遣使朝貢。

三國史記卷一八高句麗本紀六長壽王：（六十二年七月〔一〕）遣使入宋朝貢。

元徽三年（四七五）

○三月丙寅，河南國遣使朝貢。

宋書卷九後廢帝紀：（元徽三年）三月丙寅，河南王遣使獻方物。

○十月丙戌，高麗國遣使朝貢。

宋書卷九後廢帝紀：（元徽三年）冬十月丙戌，高麗國遣使獻方物。

建康實録卷一四：（元徽三年）是歲，浮南國〔二〕、高麗國並遣使朝貢。

宋書卷九七夷蠻高句驪國傳：後廢帝元徽中，貢獻不絶〔三〕。

〔一〕高句麗國長壽王六十二年即宋元徽二年。

〔二〕「浮」字疑誤，「浮南國」當爲「河南國」之訛。

〔三〕南史卷七九夷貊下高句麗傳同。

元徽四年（四七六）

○三月，百濟國遣使朝貢。

三國史記卷二六百濟本紀四文周王：（二年）三月[一]，遣使朝宋，高句麗塞路，不達而還。

昇明元年（四七七）

○十一月己酉，倭國遣使朝貢。

宋書卷一〇順帝紀：（昇明元年）冬十一月己酉[二]，倭國遣使獻方物。

建康實録卷一四：（昇平元年）冬十一月丁酉[三]，倭國遣使朝貢。

昇明二年（四七八）

○五月戊午，倭國遣使朝貢。

[一] 百濟國文周王二年即宋元徽四年。

[二] 中華書局點校本宋書（修訂本）校勘記：「己酉」，建康實録卷一四作「丁酉」。按下有丙午，是月辛巳朔，二十六日丙午，二十九日己酉。己酉不當在丙午前。疑作「丁酉」是。

[三] 南朝宋無「昇平」年號，當爲「昇明」之訛。下同。是年十一月辛巳朔，十七日丁酉。

宋書卷一〇順帝紀：（昇明二年）五月戊午，倭國王武遣使獻方物，以武爲安東大將軍。

宋書卷九七夷蠻倭國傳：（倭國王）興死，弟武立，自稱使持節、都督倭百濟新羅任那加羅秦韓慕韓七國諸軍事、安東大將軍、倭國王。順帝昇明二年，遣使上表曰：「封國偏遠，作藩于外，自昔祖禰，躬擐甲冑，跋涉山川，不遑寧處。東征毛人五十五國，西服衆夷六十六國，渡平海北九十五國，王道融泰，廓土遐畿，累葉朝宗，不愆于歲。臣雖下愚，忝胤先緒，驅率所統，歸崇天極，道遥百濟，裝治船舫，而句驪無道，圖欲見吞，掠抄邊隸，虔劉不已，每致稽滯，以失良風。雖曰進路，或通或不。臣亡考濟實忿寇讎，壅塞天路，控弦百萬，義聲感激，方欲大舉，奄喪父兄，使垂成之功，不獲一簣。居在諒闇，不動兵甲，是以偃息未捷。至今欲練甲治兵，申父兄之志，義士虎賁，文武效功，白刃交前，亦所不顧。若以帝德覆載，摧此彊敵，克靖方難，無替前功。竊自假開府儀同三司，其餘咸各假授，以勸忠節。」詔除武使持節、都督倭新羅任那加羅秦韓慕韓六國諸軍事、安東大將軍、倭王。〔二〕

〇九月己未，芮芮國遣使朝貢。

宋書卷一〇順帝紀：（昇明二年九月）己未，芮芮國遣使獻方物。

〔二〕南史卷七九夷貊下倭國傳略同。

〇十二月戊子，高麗國遣使朝貢。

宋書卷一〇順帝紀：（昇明二年十二月）戊子，高麗國遣使獻方物。

建康實録卷一四：（昇平二年）是歲，蠕蠕國、高麗國、倭國並遣使朝貢。

三國史記卷一八高句麗本紀六長壽王：六十六年[一]，遣使入宋朝貢。

[一] 高句麗國長壽王六十六年即宋昇明二年。

卷二　齊之部

建元元年（四七九）

○五月乙卯，河南國遣使朝貢。

南齊書卷二高帝紀下：（建元元年五月）乙卯，河南王吐谷渾拾寅奉表貢獻。

南史卷四齊本紀上：（建元元年五月）乙卯，河南國遣使朝貢。

南齊書卷五九河南傳：建元元年，（中略）宋世遣武衞將軍王世武使河南，是歲隨拾寅使來獻。

○本年，加羅國遣使朝貢。

南齊書卷五八東南夷加羅國傳：建元元年，國王荷知使來獻。

○本年，倭國遣使朝貢。

諸番職貢圖卷：齊建元中，奉表貢獻。〔一〕

〔一〕莫瑩萍等梁元帝「職貢圖」倭國使題記二題：「南齊書等史書中則衹是記載了建元元年齊授予倭王武爲『鎮東大將軍』的事迹，並未提到倭王有派遣使者『奉表貢獻』。（中略）職貢圖題記此處記載應爲訛文。」鵬按：南齊書卷五八東南夷倭國傳：「建元元年，進新除使持節、都督倭新羅任那加羅秦韓慕韓六國諸軍事、安東大將軍、倭王武號爲鎮東大將軍。」南史卷七九夷貊下倭國傳：「齊建元中，除武持節、都督倭新羅任那加羅秦韓慕韓六國諸軍事、鎮東大將軍。」俱未載倭國遣使朝貢事，存疑待考。

建元二年（四八〇）

○三月己亥（一作四月），高麗、吐谷渾遣使朝貢。

建康實録卷一五：（建元）二年三月己亥，高麗、吐谷渾遣使貢獻。進高麗王高璉爲樂浪公。〔二〕

魏書卷一〇〇高句麗傳：至高祖時，璉貢獻倍前，其報賜亦稍加焉。時光州於海中得璉所遣詣蕭道成使餘奴等送闕，高祖詔責璉曰：「道成親殺其君，竊號江左，朕方欲興滅國於舊邦，繼絶世於劉氏，而卿越境外交，遠通篡賊，豈是藩臣守節之義！今不以一過掩卿舊款，即送還藩，其感恕思愆，祗承明憲，輯寧所部，動静以聞。」

三國史記卷一八高句麗本紀六長壽王：六十八年夏四月〔三〕，南齊太祖蕭道成，策王爲驃騎大將軍。王遣使餘奴等朝聘南齊。魏光州人於海中得餘奴等送闕。魏高祖詔責王曰：「道成親弑其君，竊位江左。朕方欲興滅國於舊邦，繼絶世於劉氏，而卿越境外交，遠通篡賊，豈是藩臣守節之義！今不以一過掩卿舊款，即送還藩，其感恕思愆，祗承明憲，輯寧所部，動静以聞。」

○三月，百濟國遣使朝貢。

〔二〕文淵閣四庫全書本作「（建元）二年四月丙寅，高麗、吐谷渾遣使貢獻。進高麗王高璉爲樂浪公，號驃騎大將軍」。又南齊書卷二高帝紀下：「（建元二年）夏四月丙寅，進高麗王樂浪公高璉號驃騎大將軍。」南史卷四齊本紀上同。

〔三〕高句麗國長壽王六十八年即齊建元二年。

南史卷四齊本紀上：（建元二年）三月，百濟國遣使朝貢，以其王牟都爲鎮東大將軍。

建康實録卷一六：百濟，（中略）齊建元二年，其王牟都使貢方物。

册府卷九六三外臣部八：（建元）二年三月，百濟王牟都遣使貢獻。詔曰：「寶命惟新，澤被絶域。牟都世藩東表，守職遐外，可即授使持節、都督百濟諸軍事、鎮東大將軍。」〔一〕

○九月丙子，蠕蠕國遣使朝貢。

南史卷四齊本紀上：（建元二年九月）丙子〔二〕，蠕蠕國遣使朝貢。

通鑑卷一三五齊紀一高帝建元二年：（九月）丙午〔三〕，柔然遣使來聘。

建元三年（四八一）

○九月辛未，蠕蠕國遣使朝貢。

南史卷四齊本紀上：（建元三年）九月辛未，蠕蠕國王遣使欲俱攻魏，獻師子皮袴褶。

南齊書卷五九芮芮虜傳：（建元）二年、三年，芮芮主頻遣使貢獻貂皮雜物。與上書欲伐魏虜，謂上「足下」，自稱「吾」。獻師子皮袴褶，皮如虎皮，色白毛短。時有賈胡在蜀見之，云此非師子皮，乃

〔一〕中華書局點校本南齊書（修訂本）卷五八東南夷百濟國傳校勘記：疑爲本書百濟傳佚文。

〔二〕中華書局點校本南史校勘記：按建元二年九月甲午朔，是月無丙子。

〔三〕是年九月甲午朔，十三日丙午。

扶拔皮也。國相邢基祇羅迴奉表曰：「夫四象稟政，二儀改度，而萬物生焉。斯蓋虧盈迭襲，曆數自然也。昔晉室將終，楚桓竊命，寔賴宋武匡濟之功，故能扶衰定傾，休否以泰。祚流九葉，而國嗣不繼。今皇天降禍於上，宋室猜亂于下。臣雖荒遠，粗闚圖書，數難以來，星文改度，房心受變，虛危納祉，宋滅齊昌，此其驗也。水運遘屯，木德應運，子年垂刈，劉穆之記，崏嶺有不衽之山，京房讖云『卯金十六，草肅應王』。歷觀圖緯，休徵非一，皆云慶鍾蕭氏，代宋者齊。會有使力法度及□此國使反，採訪聖德，彌驗天縱之姿。故能挾隆皇祚，光權定之業，翼亮天功，濟悖主之難。樹勳京師，威振海外。杖義之功，侔蹤湯、武。冥績既著，寶命因歸，受終之曆，歸于有道。況夫帝無常族，有德必昌，時來之數，唯靈是與。陛下承乾啓之機，因乘龍之運，計應符革祚，久已踐極，荒裔傾戴，莫不引領。設未龍飛，不宜沖挹，上違天人之心，下乖黎庶之望。皇芮承緒，肇自二儀，拓土載民，地越滄海，百代一族，大業天固。雖吴漢殊域，義同脣齒，方欲剋期中原，龔行天罰。治兵繕甲，俟時大舉。振霜戈於并、代，鳴和鈴於秦、趙，掃殄凶醜，梟剪元惡。然後皇輿遷幸，光復中華，永敦隣好，侔蹤齊、魯。使四海有奉，蒼生咸賴，荒餘歸仰，豈不盛哉！」

南史卷七九夷貊下蠕蠕傳：（建元三年）是歲通使，求并力攻魏。其相國刑基祇羅回表言「京房讖云：『卯金卒，草肅應王。』歷觀圖緯，代宋者齊。」又獻師子皮袴褶。

建康實録卷一六：蠕蠕國（中略）宋順帝昇明二年，太祖輔政，遣王洪範使，尅期共伐魏虜。其相國刑基祇羅回表言「京房讖云：『卯金十六，草肅應王。』」（中略）後（建元）二年、三年，頻獻獅皮。

通鑑卷一三五齊紀一高帝建元三年：（九月）辛未，柔然主遣使來聘。與上書，謂上爲「足下」，自稱曰「吾」。遺上師子皮袴褶，約共伐魏。

○十二月丁亥，高麗國遣使朝貢。

南史卷四齊本紀上：（建元三年）十二月丁亥，高麗國遣使朝貢。

南齊書卷五八東南夷高麗國傳：（建元）三年，遣使貢獻。乘舶汎海，使驛常通，亦使魏虜，然彊盛不受制。

建康實録卷一六：東夷高麗國（中略）（建元）三年，使貢方物。

三國史記卷一八高句麗本紀六長壽王：六十九年〔二〕，遣使南齊朝貢。

永明二年（四八四）

○正月，百濟國遣使朝貢。

三國史記卷二六百濟本紀四東城王：六年春二月，王聞南齊祖道成册高句麗巨璉爲驃騎大將軍〔三〕，

〔二〕高句麗國長壽王六十九年即齊建元三年。

〔三〕「南齊祖道成」疑有脱誤，三國史記卷一八高句麗本紀六長壽王云「六十八年夏四月，南齊太祖蕭道成策王爲驃騎大將軍」，可證。百濟國東城王六年即齊永明二年。

遣使上表請内屬，許之。

○七月，百濟國遣使朝貢。

三國史記卷二六百濟本紀四東城王：（六年）秋七月，遣内法佐平沙若思如南齊朝貢，若思至西海中，遇高句麗兵，不進。

○八月壬子，扶南國遣使朝貢。

南史卷四齊本紀上：（永明二年八月）壬子，扶南國遣使朝貢，并獻頌章云。

南齊書卷五八東南夷扶南國傳：宋末，扶南王姓僑陳如，名闍耶跋摩，遣商貨至廣州。天竺道人那伽仙附載欲歸國，遭風至林邑，掠其財物皆盡。那伽仙閒道得達扶南，具説中國有聖主受命。永明二年，闍耶跋摩遣天竺道人釋那伽仙上表稱扶南國王臣僑陳如闍耶跋摩叩頭啓曰：「天化撫育，感動靈祇，四氣調適。伏願聖主尊體起居康御，皇太子萬福，六宫清休，諸王妃主内外朝臣普同和睦，隣境士庶萬國歸心，五穀豐熟，災害不生，土清民泰，一切安穩。臣及人民，國土豐樂，四氣調和，道俗濟濟，並蒙陛下光化所被，咸荷安泰。」又曰：「臣前遣使齎雜物行廣州貨易，天竺道人釋那伽仙於廣州因附臣舶欲來扶南，海中風漂到林邑，國王奪臣貨易，并那伽仙私財。具陳其從中國來此，仰序陛下聖德仁治，詳議風化，佛法興顯，衆僧殷集，法事日盛，王威嚴整，朝望國軌，慈愍蒼生，八方六合，莫不歸伏。如聽其所説，則化隣諸天，非可爲喻。臣聞之，下情踊悦，若蹔奉見尊足，仰慕慈恩，澤流小國，天垂所感，率土之民，並得皆蒙恩祐。是以臣今遣此道人釋那伽仙爲使，上表問訊，奉貢微獻，呈臣等赤心，并别陳下情。但所獻輕陋，愧懼唯深。伏願天慈曲照，鑒其丹款，賜不垂責。」又曰：「臣有奴名鳩酬羅，委臣免走，别在餘處，構結凶逆，遂破林邑，仍自立爲王。永不恭從，違恩負義，叛主之謇，天不容載。伏尋林邑昔爲檀和之所破，久已歸化。天威所被，四海彌伏，而今鳩酬羅守執奴凶，自專很彊。且林邑、扶南隣界相接親，又是臣奴，猶尚逆去，朝廷遥遠，豈復遵奉。此國屬陛下，故謹具上啓。伏聞林邑頃年表獻簡絶，便欲永隔朝廷，豈有師子坐而安大鼠。伏願遣軍將伐凶逆，臣亦自効微誠，助朝廷剪撲，使邊海諸國，一時歸伏。陛下若欲别立餘人爲彼王者，伏聽勑旨。脱未欲灼然興兵伐林邑者，伏願特賜勑在所，隨宜以少軍助臣，乘天之威，殄滅小賊，伐惡從善。平蕩之日，上表獻金五婆羅。今輕此使送臣丹誠，表所陳啓，不盡下情。謹附那伽仙并其伴口具啓聞。伏願愍所啓。并獻金鏤龍王坐像一軀，白檀像一軀，牙塔二軀，古貝二雙，瑠璃蘇鉝二口，瑇瑁檳榔柈一枚。」那伽仙詣京師，言其國俗事摩醯首羅天神，神常降於摩耽山。土氣恒暖，草木不落。其上書曰：「吉祥利世閒，感攝於羣生。所以其然者，天感化緣明。仙山名摩躭，吉樹敷嘉榮。摩醯首羅天，依此降尊靈。國土悉蒙祐，人民皆安寧。由斯恩被故，是以臣歸情。菩薩行忍慈，本迹起凡基。一發菩提心，二乘非所期。歷生積功業，六度行大悲。勇猛超劫數，財命捨無遺。生死不爲猒，六道化有緣。具脩於十地，遺果度人天。功業既已定，行滿登正覺。萬善智圓備，惠日照塵俗。衆生感緣應，隨機授法藥。佛化遍十方，無不蒙濟擢。皇帝聖弘道，興隆於三寶。垂心覽萬機，威恩振八表。國土及城邑，仁風化清皎。亦如釋提洹，衆天中最超。陛下臨萬民，四海共歸心，聖慈流無疆，被臣小國深。」詔報曰：「具摩醯降靈，流施彼土，雖殊俗異化，遥深欣讚。知鳩酬羅於彼背叛，竊據林邑，聚凶肆掠，殊宜剪討。彼雖介遐陬，舊脩蕃貢，自宋季多難，海譯致壅，皇化惟新，習迷未革。朕方以文德來遠人，未欲便興干戈。王既款列忠到，遠請軍威，今詔交部隨宜應接。伐叛柔服，寔惟國典，勉立殊效，以副所期。那伽仙屢銜邊譯，頗悉中土闊狹，令其具宣。」上報以絳紫地黄碧緑紋綾各五匹。（中略）人性善，不便戰，常爲林邑所侵擊，不得與交州通，故其使罕至。

建康實録卷一六：扶南國（中略）其後王姓憍陳如，名闍耶趺摩〔二〕。晉惠帝永明二年〔三〕，闍耶始因天竺道人那伽仙而遣使于中國，奉表獻金縷龍王座像一軀，白檀像一軀，牙像一軀，牙塔二軀，古貝二雙，瑠璃蘇鉉一口〔三〕，瑇瑁櫛一枚〔四〕。詔回紫絳地黄碧緑綾各百匹。

梁書卷五四諸夷扶南國傳：齊永明中，王闍邪跋摩遣使貢獻。

南史卷七八夷貊上扶南國傳：齊永明中，王憍陳如闍邪跋摩遣使貢獻。

永明三年（四八五）

○本年，芮芮國遣使朝貢。

〔二〕中華書局點校本建康實録校勘記：甘鈔本、徐鈔本及南齊書蠻夷傳皆作「闍耶跋摩」。

〔三〕中華書局點校本建康實録校勘記：（上略）永明非晉惠帝年號，「晉惠帝」當爲「齊武帝」之譌。

〔三〕中華書局點校本建康實録校勘記：「鉉」，徐鈔本及南齊書蠻夷傳並作「鉝」。

〔四〕「櫛」，文淵閣四庫全書本作「柈」。

南齊書卷五九河南傳：永明三年，（中略）遣給事中丘冠先使河南道，并送宕昌使。南齊書卷五九芮芮虜傳：芮芮主求醫工等物，世祖詔報曰：「知須醫及織成錦工、指南車、漏刻，並非所愛。南方治疾，與北土不同。織成錦工，並女人，不堪涉遠。指南車、漏刻，此雖有其器，工匠久不復存，不副爲悞。」[一]

永明四年（四八六）

〇三月，百濟國遣使朝貢。

三國史記卷二六百濟本紀四東城王：（八年）三月[二]，遣使南齊朝貢。

永明六年（四八八）

〇本年，宕昌國遣使朝貢。

南齊書卷五九羌傳：（永明）六年，以行宕昌王梁彌承爲使持節、督河涼二州諸軍事、安西將軍、東羌校尉、河涼二州刺史、宕昌王。使求軍儀及伎、雜書，詔報曰：「知須軍儀等九種，並非所愛。

[一] 此次芮芮國遣使朝貢年代不詳，姑繫於此。

[二] 百濟國東城王八年即齊永明四年。

但軍器種甚多，致之未易。内伎不堪涉遠。祕閣圖書，例不外出。五經集注、論[一]，今特敕賜王各一部。」

建康實録卷一六：宕昌羌（中略）子孫爲宕昌王，使求雜書，帝以五經集注、論語等賜之[二]。

永明八年（四九〇）

○正月，百濟國遣使朝貢。

册府卷九六三外臣部八：（永明）八年正月，百濟王牟太遣使上表[三]。

永明九年（四九一）

○五月丙申，林邑國遣使朝貢。

南史卷四齊本紀上：永明九年夏五月丙申，林邑國獻金簟。

南齊書卷五八東南夷林邑國傳：夷人范當根純攻奪其國，篡立爲王。永明九年，遣使貢獻金簟

[一] 中華書局點校本南齊書（修訂本）校勘記：「論」，册府卷九九九外臣部四四作「論語」。

[二] 中華書局點校本建康實録校勘記：各本皆作「五經集論」，今據册府九九九補正。

[三] 中華書局點校本南齊書（修訂本）卷五八東南夷百濟國傳校勘記：疑爲本書百濟傳佚文。

等物。〔二〕

通鑑卷一三七齊紀三武帝永明九年：初，林邑王范陽邁世相承襲，夷人范當根純攻奪其國，遣使獻金簟等物。

梁書卷五四諸夷林邑國傳：齊永明中，范文贊累遣使貢獻〔三〕。

建武二年（四九五）

○本年，百濟國遣使朝貢。

南齊書卷五八東南夷百濟國傳：建武二年，牟大遣使上表曰：（中略）又表曰：「臣所遣行龍驤將軍、樂浪太守、兼長史臣慕遺，行建武將軍、城陽太守、兼司馬臣王茂，兼參軍、行振武將軍、朝鮮太守臣張塞，行揚武將軍陳明，在官忘私，唯公是務，見危授命，蹈難弗顧。今任臣使，冒涉波險，盡其至誠。實宜進爵，各假行署。伏願聖朝特賜除正。」詔可，並賜軍號。

〔二〕張森楷南齊書校勘記：梁書、南史並云扶南王子當根純，事在晉末，與此叙於永明九年者不同。呂思勉兩晉南北朝史第十六章第三節：「永明九年、十年之除授，明有當根純及諸農之名，必不致誤。（中略）此所謂鳩酬羅，與當根純當即一人。一云奴，一云王子者，或奴而見養爲子，或實奴而詐稱王子，或又諱子叛父，稱之爲奴也。然則梁書此段叙述必誤。陽邁本號而非名（占婆史云：陽邁（yan mah），意言金王也），故人人可以之自稱也。齊書死於永初元年之楊邁，似即須達；梁書范諸農之子陽邁，則即齊書之文款也。（中略）當時史籍，於四裔世次多誤。」

〔三〕南史卷七八夷貊上林邑國傳同。

建武三年（四九六）

○本年，高麗國遣使朝貢。

册府卷九六八外臣部一三：明帝建武三年，高麗王、樂浪公遣使貢獻[二]。

三國史記卷一九高句麗本紀七文咨明王：五年[三]，齊帝進王爲車騎將軍，遣使入齊朝貢。

諸番職貢圖卷：高句驪，（中略）建武中，奉表貢獻。

永泰元年（四九八）

○本年，林邑國遣使朝貢。

南齊書卷五八東南夷林邑國傳：永泰元年，（范）諸農入朝，海中遭風溺死，以其子文款爲假節、都督緣海軍事、安南將軍、林邑王。

通鑑卷一四一齊紀七明帝永泰元年：林邑王（范）諸農入朝，海中值風溺死，以其子文款爲林邑王。

[二] 中華書局點校本南齊書（修訂本）卷五八東南夷高麗國傳校勘記：疑爲本書高麗傳佚文。

[三] 高句麗國文咨明王五年即齊建武三年。

卷三　梁之部

天監元年（五〇二）

〇八月，林邑、干陁利國遣使朝貢。

梁書卷二武帝紀中：（天監元年八月）林邑、干陁利國各遣使獻方物。

南史卷六梁本紀上：（天監元年八月）林邑、干陁利國各遣使朝貢。

建康實録卷一七：（天監元年）林邑國、干陁利國各遣使貢方物。

梁書卷五四諸夷干陁利國傳：天監元年，其王瞿曇脩跋陁羅以四月八日夢見一僧，謂之曰：「中國今有聖主，十年之後，佛法大興。汝若遣使貢奉敬禮，則土地豐樂，商旅百倍；若不信我，則境土不得自安。」脩跋陁羅初未能信，既而又夢此僧曰：「汝若不信我，當與汝往觀之。」乃於夢中來至中國，拜覲天子。既覺，心異之。陁羅本工畫，乃寫夢中所見高祖容質，飾以丹青，仍遣使并畫工奉表獻玉盤等物。使人既至，模寫高祖形以還其國，比本畫則符同焉。因盛以寶函，日加禮敬。〔二〕

〔二〕南史卷七八夷貊上干陁利國傳略同。

歷代名畫記卷七注引梁書外國傳：干陁利國王瞿曇備跋陁羅者，亦工畫。其國在南海洲上。天監元年四月八日，瞿曇夢一僧相告云：「中國今有聖主，十年内佛法大興，汝可朝貢，不然則汝國不安。」夢中與僧同到中國，見梁天子，覺而異之。記得梁主形貌，命筆寫之。遂遣使并本國畫工，請寫高祖真，上許之，使還本國。陀羅以高祖真類己畫者，盛之寶函，日加禮敬。

天監二年（五〇三）

○七月，扶南、龜茲、中天竺國遣使朝貢。

梁書卷二武帝紀中：（天監二年）秋七月，扶南、龜茲、中天竺國各遣使獻方物。

南史卷六梁本紀上：（天監二年）秋七月，扶南、龜茲、中天竺國各遣使朝貢。

建康實録卷一七：（天監二年）扶南、龜茲、中天竺國各遣使貢方物。

梁書卷五四諸夷扶南國傳：天監二年，跋摩復遣使送珊瑚佛像，并獻方物。詔曰：「扶南王憍陳如闍邪跋摩，介居海表，世纂南服，厥誠遠著，重譯獻賝。宜蒙酬納，班以榮號。可安南將軍、扶南王。」[二]

梁書卷五四諸夷中天竺國傳：天監初，其王屈多遣長史竺羅達奉表曰：「伏聞彼國據江傍海，山川

[二] 南史卷七八夷貊上扶南國傳略同。

周固，衆妙悉備，莊嚴國土，猶如化城。宮殿莊飾，街巷平坦，人民充滿，歡娯安樂。大王出遊，四兵隨從，聖明仁愛，不害衆生。國中臣民，循行正法，大王仁聖，化之以道，慈悲羣生，無所遺棄。常修浄戒，式導不及，無上法船，沈溺以濟。百官氓庶，受樂無恐。諸天護持，萬神侍從，天魔降服，莫不歸仰。王身端嚴，如日初出，仁澤普潤，猶如大雲，於彼震旦，最爲殊勝。臣之所住國土，首羅天守護，令國安樂。王王相承，未曾斷絶。國中皆七寶形像，衆妙莊嚴，臣自脩檢，如化王法。臣名屈多，弈世王種。惟願大王聖體和平。今以此國羣臣民庶，山川珍重，一切歸屬，五體投地，歸誠大王。使人竺達多由來忠信，是故今遣。大王若有所須珍奇異物，悉當奉送。此之境土，便是大王之國，王之法令善道，悉當承用。願二國信使往來不絶。此信返還，願賜一使，具宣聖命，備敕所宜。款至之誠，望不空返，所白如允，願加採納。今奉獻琉璃唾壺、雜香、古貝等物。」[一]

歷代三寶紀卷一一：寶雲經七卷（見東録），法界體性無分別經二卷（見李廓及寶唱録），文殊師利般若波羅蜜經二卷（一云文殊師利説般若波羅蜜經，見李廓録，初出），右三經，合一十一卷。天監年初，扶南國沙門曼陀羅，梁言弱聲，大賫梵本經來貢獻。雖事翻譯，未善梁言，其所出經，文多隱質。共僧加婆羅於揚都譯。

歷代三寶紀卷一一：阿育王經十卷（天監十一年六月二十六日，於揚都壽光殿譯。初翻日，帝躬自

[一] 南史卷七八夷貊上中天竺國傳略同。

筆受，後委僧正慧超令繼并譯正訖。見寶唱録），孔雀王陀羅尼經二卷（第二出，與晉世帛尸利蜜譯本同文小異。見寶唱録），文殊師利問經二卷（天監十七年，勅僧伽婆羅於占雲館譯，袁曇允筆受，光宅寺沙門法雲詳定），度一切諸佛境界智嚴經一卷，菩薩藏經一卷，文殊師利所説般若波羅蜜經一卷（第二譯，小勝前曼陀羅所出二卷者），舍利弗陀羅尼經一卷（此呪大有神力，若能持者，雪山八夜叉王常來擁護，所欲隨心），八吉祥經一卷（若人聞此八佛名號，不爲一切諸鬼神衆難所侵），十法經一卷（普通元年譯），解脱道論十三卷（天監十四年於館譯），阿育王傳五卷（天監年第二譯，與魏世出者小異）。右一十一部，合三十八卷。正觀寺扶南沙門僧伽婆羅，梁言僧養，亦云僧鎧。（中略）聞齊國弘法，隨舶至都，住正觀寺，爲求那跋陀弟子。復從跋陀研精方等，博涉多通，乃解數國書語。值齊氏季末，道教陵夷，婆羅潔静身心，外絶交故。大梁御寓，搜訪術能，以天監五年被勅徵召，於揚都壽光殿及正觀寺、占雲館三處，譯上件經。其本並是曼陀羅從扶南國齎來獻上。陀終没後，羅專事翻譯，勅令沙門寶唱、慧超、僧智、法雲及袁曇允等筆受。

續高僧傳卷一僧伽婆羅傳：僧伽婆羅，梁言僧養，亦云僧鎧，扶南國人也。（中略）聞齊國弘法，隨舶至都，住正觀寺，爲天竺沙門求那跋陀之弟子也。復從跋陀研精方等，未盈炎燠，博涉多通，乃解數國書語。值齊曆亡墜，道教陵夷，婆羅静潔身心，外絶交故，擁室栖閑，養素資業。大梁御寓，搜訪術能，以天監五年被勅徵召，於揚都壽光殿、華林園、正觀寺、占雲館、扶南館等五處傳譯，訖十七年，都合一十一部四十八卷，即大育王經、解脱道論等是也。（中略）梁初又有扶南沙門曼陀羅者，梁言弘弱，大齋梵本，遠來貢獻。勑與婆羅共譯寶雲、法界體性、文殊般若經三部合一十一卷。雖事傳譯，未善梁言，故所出經，文多隱質。

開元釋教録卷六總括群經録上之六：沙門曼陀羅仙，梁言弱聲，亦云弘弱，扶南國人。（中略）大齎梵經，遠來貢獻。以武帝天監二年癸未，居于梁都。勑僧伽婆羅令共翻譯，遂出文殊般若等經三部。雖事傳譯，未善梁言，故所出經，文多隱質。

古今譯經圖紀卷四：沙門曼陀羅，此言弱聲，亦云弘弱，扶南國人。（中略）大齎梵本，以梁武帝天監二年歲次癸未，用以奉獻。帝令譯之。即以其年，共僧伽婆羅同於楊都，譯寶雲經（七卷）、法界體性無分別經（二卷）、文殊師利説般若波羅蜜經（二卷），總三部，合一十一卷。

佛祖統紀卷三七法運通塞志一七之四：（天監二年）扶南國沙門曼陀羅來進珊瑚佛像。詔譯經於揚都。

天監三年（五〇四）

○九月，北天竺國遣使朝貢。

梁書卷二武帝紀中：（天監三年九月）北天竺國遣使獻方物。

南史卷六梁本紀上：（天監三年九月）北天竺國遣使朝貢。

天監四年（五〇五）

○三月，河南國遣使朝貢。

梁書卷三三張率傳：（天監）四年三月，禊飲華光殿。其日，河南國獻舞馬，詔率賦之，曰：「（上略）洎我大梁，光有區夏，廣運自中，員照無外，日入之所，浮琛委贄，風被之域，越險効珍，輪服烏號之駿，騊駼𩢍龍之名。而河南又獻赤龍駒，有奇貌絶足，能拜善舞。天子異之，使臣作賦，曰：維梁受命四載（下略）」時與到洽、周興嗣同奉詔爲賦，高祖以率及興嗣爲工。

梁書卷四九文學上周興嗣傳：其年，河南獻儛馬，詔興嗣與待詔到沆、張率爲賦，高祖以興嗣爲工。〔一〕

南史卷三一張裕傳附張率傳：（天監）四年，禊飲華光殿，其日河南國獻赤龍駒，能拜伏，善舞。詔率與到溉、周興嗣爲賦，武帝以率及興嗣爲工。

○四月，宕昌國遣使朝貢。

梁書卷二武帝紀中：（天監四年）夏四月丁巳，以行宕昌王梁彌博爲安西將軍、河涼二州刺史、宕昌王。

南史卷六梁本紀上：（天監四年）夏四月丁巳，以行宕昌王梁彌博爲安西將軍、河涼二州刺史，正

〔一〕南史卷七二文學周興嗣傳略同。

封宕昌王。

梁書卷五四諸夷宕昌國傳：天監四年，王梁彌博來獻甘草、當歸。詔以爲使持節、都督河涼二州諸軍事、安西將軍、東羌校尉、河涼二州刺史、隴西公、宕昌王，佩以金章。[一]

梁職貢圖：【宕昌國（中略）天】監十年[二]，梁彌博表獻甘草、當歸。詔【爲使持節、都督河涼二】州、安西軍、護羌授尉、河涼二州刺史、隴西公。

天監五年（五〇六）

○七月乙丑，鄧至國遣使朝貢。

梁書卷二武帝紀中：（天監五年）秋七月乙丑，鄧至國遣使獻方物。

南史卷六梁本紀上：（天監五年）秋七月乙丑，鄧至國遣使朝貢。

梁書卷五四諸夷鄧至國傳：（天監）五年，（鄧至王象）舒彭遣使獻黃耆四百斤，馬四匹[三]。

梁職貢圖：鄧至（中略）天監五年，國王象舒彭遣厲僧崇獻黃耆四百斤，馬四疋。

[一] 南史卷七九夷貊下宕昌國傳略同。
[二] 「十年」疑誤。文字校證詳見本書二二二頁。
[三] 南史卷七九夷貊下鄧至國傳同。

天監九年（五一〇）

〇三月，于闐國遣使朝貢。

梁書卷二武帝紀中：（天監九年三月）于闐國遣使獻方物。

梁書卷五四諸夷于闐國傳：天監九年，遣使獻方物[一]。

諸番職貢圖卷：于闐，（中略）天監九年，獻織成氍毹。

〇四月，林邑國遣使朝貢。

梁書卷二武帝紀中：（天監九年四月）林邑國遣使獻白猴一。

南史卷六梁本紀上：（天監九年）是歲，于闐、林邑國並遣使朝貢。

梁書卷五四諸夷林邑國傳：天監九年，文贊子天凱奉獻白猴，詔曰：「林邑王范天凱，介在海表，乃心款至，遠脩職貢，良有可嘉。宜班爵號，被以榮澤。可持節、督緣海諸軍事、威南將軍、林邑王。」[二]

太平寰宇記卷一七〇嶺南道一四引梁天監起居注：交州刺史阮表言：林邑王范鑽云：「晝觀望天風，知中國有聖主，臣乞内附爲臣，兼獻白猴一頭。」

[一] 南史卷七九夷貊下于闐傳略同。
[二] 南史卷七八夷貊上林邑國傳略同。

天監十年（五一一）

○本年，宕昌、婆利國遣使朝貢。

梁書卷二武帝紀中：（天監十年）宕昌國遣使獻方物。

南史卷六梁本紀上：（天監十年）宕昌國遣使朝貢，婆利國貢金席。

○本年，林邑、扶南國遣使朝貢。

梁書卷五四諸夷林邑國傳：（天監）十年，十三年，天凱累遣使獻方物。

梁書卷五四諸夷扶南國傳：（天監）十年，十三年，跋摩累遣使貢獻〔一〕。

天監十一年（五一二）

○三月庚申，高麗國遣使朝貢。

梁書卷二武帝紀中：（天監十一年三月）庚申，高麗國遣使獻方物。

南史卷六梁本紀上：（天監十一年三月）庚申，高麗國遣使朝貢。

梁書卷五四諸夷高句驪傳：（天監）十一年，（中略）累遣使貢獻〔二〕。

〔一〕南史卷七八夷貊上扶南國傳同。梁書卷二武帝紀中、南史卷六梁本紀上未載天監十年林邑、扶南國遣使朝貢事。

〔二〕南史卷七九夷貊下高句麗傳同。

三國史記卷一九高句麗本紀七文咨明王：二十一年春三月〔一〕，遣使入梁朝貢。

南史卷七六隱逸下陶弘景傳附釋寶誌傳：時有沙門釋寶誌者，（中略）梁武帝尤深敬事，（中略）雖剃鬚髮而常冠帽，下裙納袍，故俗呼爲誌公。好爲讖記，所謂誌公符是也。高麗聞之，遣使齎縣帽供養。天監十三年卒。

輿地紀勝卷一七引宫苑記：國館六：一曰顯仁，處高麗使；二曰集雅，處百濟使；三曰顯信，處吐蕃使〔二〕；四曰來遠，處蠕蠕使；五曰職官〔三〕，處千陀使〔四〕；六曰行人，處北方使。五館並相近，而行人在籬門外。

至正金陵新志卷四下引宫苑記：顯仁在青溪中橋。五館並相近，惟行人在婁湖籬門外。

禁扁卷丁館：顯仁，高麗使居之。集雅，百濟使居之。顯信，土蕃使居之。職方，尉佗使居之〔五〕。行人，北方使居之。來遠，蠕蠕使居之。六館並梁作。

○四月，百濟、扶南、林邑國遣使朝貢。

〔一〕高句麗國文咨明王二十一年即梁天監十一年。

〔二〕「吐蕃」，吕博梁四公記與梁武帝時代的文化交流圖景（第九三頁注二）謂似當作「吐谷渾」。按梁書、職貢圖北宋摹本殘卷及清張庚摹本題記，國名稱河南，不作吐谷渾，疑吕説非是。

〔三〕「職官」，禁扁卷丁館作「職方」，疑是。

〔四〕「千陀」，至正金陵新志卷四下引宫苑記作「于陀利」，疑是。

〔五〕「尉佗」，至正金陵新志卷四下引宫苑記作「于陀利」，疑是。

梁書卷二武帝紀中：（天監十一年四月）百濟、扶南、林邑國並遣使獻方物。
南史卷六梁本紀上：（天監十一年）夏四月，百濟、扶南、林邑等國各遣使朝貢。
三國史記卷二六百濟本紀四武寧王：十二年夏四月〔一〕，遣使入梁朝貢。

○九月辛亥，宕昌國遣使朝貢。
梁書卷二武帝紀中：（天監十一年）九月辛亥，宕昌國遣使獻方物。
南史卷六梁本紀上：（天監十一年）秋九月，宕昌國遣使朝貢。

天監十三年（五一四）

○四月辛卯，林邑國遣使朝貢。
梁書卷二武帝紀中：（天監十三年）夏四月辛卯，林邑國遣使獻方物。
梁書卷五四諸夷林邑國傳：（天監）十三年，天凱累遣使獻方物。俄而病死，子弼毳跋摩立，奉表貢獻。

○八月癸卯，扶南、于闐國遣使朝貢。
梁書卷二武帝紀中：（天監十三年）八月癸卯，扶南、于闐國各遣使獻方物。

〔一〕百濟國武寧王十二年即梁天監十一年。

南史卷六梁本紀上：（天監十三年）是歲，林邑、扶南、于闐國各遣使朝貢。

梁書卷五四諸夷扶南國傳：（天監）十三年，跋摩累遣使貢獻〔二〕。

梁書卷五四諸夷于闐國傳：（天監）十三年，又獻波羅婆步鄣〔三〕。

諸番職貢圖卷：于闐，（中略）（天監）十三年，又獻婆羅等障。

○本年，河南國遣使朝貢。

梁書卷五四諸夷河南國傳：天監十三年，遣使獻金裝馬腦鍾二口，又表於益州立九層佛寺，詔許焉〔三〕。

攻媿先生文集卷七三跋傅欽父所藏職貢圖：河南，（中略）梁天監元年〔四〕，遣使朝貢，獻馬腦鍾。

天監十四年（五一五）

○二月庚寅，芮芮國遣使朝貢。

梁書卷二武帝紀中：（天監十四年）二月庚寅，芮芮國遣使獻方物。

梁書卷五四諸夷芮芮國傳：（天監）十四年，遣使獻烏貂裘。

〔二〕南史卷七八夷貊上扶南國傳同。

〔三〕南史卷七九夷貊下于闐傳同。

〔三〕南史卷七九夷貊下河南傳同。

〔四〕「元年」疑誤。

南史卷七九夷貊下蠕蠕傳：梁天監十四年，遣使獻馬、貂裘。

○九月，狼牙脩國遣使朝貢。

梁書卷二武帝紀中：（天監十四年九月）狼牙脩國遣使獻方物。

南史卷六梁本紀上：（天監十四年）是歲，蠕蠕、狼牙脩國各遣使來朝貢。

梁書卷五四諸夷狼牙脩國傳：天監十四年，遣使阿撤多奉表曰：「大吉天子足下：離淫怒癡，哀愍衆生，慈心無量。端嚴相好，身光明朗，如水中月，普照十方。眉間白毫，其白如雪，其色照曜，亦如月光。諸天善神之所供養，以垂正法寶，梵行衆增，莊嚴都邑。城閣高峻，如乾陁山。樓觀羅列，道途平正。人民熾盛，快樂安穩。著種種衣，猶如天服。於一切國，爲極尊勝。天主愍念羣生，民人安樂，慈心深廣，律儀清净，正法化治，供養三寶，名稱宣揚，布滿世界，百姓樂見，如月初生。譬如梵王，世界之主，人天一切，莫不歸依。敬禮大吉天子足下，猶如現前，忝承先業，慶嘉無量。今遣使問訊大意欲自往〔二〕，復畏大海風波不達。今奉薄獻，願大家曲垂領納。」〔三〕

梁職貢圖：狼牙修（中略）天監十四年，遣使阿撤多奉表貢獻。

〔二〕中華書局點校本梁書（修訂本）校勘記：此處疑有訛脱。按宋書卷九七夷蠻呵羅單國傳載表文云「今遣毗紉問訊大家，意欲自往」。

〔三〕南史卷七八夷貊上狼牙脩國傳略同。

天監十五年（五一六）

○四月，高麗國遣使朝貢。

梁書卷二武帝紀中：（天監十五年四月）高麗國遣使獻方物。

南史卷六梁本紀上：（天監十五年）夏四月，高麗國遣使朝貢。

梁書卷五四諸夷高句驪傳：（天監）十一年，十五年，累遣使貢獻[一]。

三國史記卷一九高句麗本紀七文咨明王：二十五年夏四月[二]，遣使入梁朝貢。

○八月，芮芮、河南遣使朝貢。

梁書卷二武帝紀中：（天監十五年八月）芮芮、河南遣使獻方物。

南史卷六梁本紀上：（天監十五年）秋八月，蠕蠕、河南國各遣使朝貢。

梁書卷五四諸夷河南國傳：（天監）十五年，又遣使獻赤舞龍駒及方物。其使或歲再三至，或再歲一至[三]。

○本年，滑國遣使朝貢。

[一] 南史卷七九夷貊下高句麗傳同。

[二] 高句麗國文咨明王二十五年即梁天監十五年。

[三] 南史卷七九夷貊下河南傳同。

梁書卷五四諸夷滑國傳：自魏、晉以來，不通中國。至天監十五年，其王厭帶夷栗陁始遣使獻方物〔二〕。

梁職貢圖：（滑者）魏晉以來，不通中國。天監十五年，國王姓厭帶名夷栗陁，始使蒲多達來獻筵賓□姺名纈□。

天監十六年（五一七）

○三月丙子，河南國遣使朝貢。

梁書卷二武帝紀中：（天監十六年）三月丙子，河南王遣使獻方物。

○八月，扶南、婆利國遣使朝貢。

梁書卷二武帝紀中：（天監十六年八月）扶南、婆利國各遣使獻方物。

南史卷六梁本紀上：（天監十六年）是歲，河南、扶南、婆利等國各遣使朝貢。

梁書卷五四諸夷扶南國傳：庶子留陁跋摩殺其嫡弟自立。（天監）十六年，遣使竺當抱老奉表貢獻〔三〕。

梁書卷五四諸夷婆利國傳：天監十六年，遣使奉表曰：「伏承聖王信重三寶，興立塔寺，校飾莊嚴，周徧國土。四衢平坦，清淨無穢。臺殿羅列，狀若天宮，壯麗微妙，世無與等。聖主出時，四兵具足，

〔二〕南史卷七九夷貊下滑國傳略同。

〔三〕南史卷七八夷貊上扶南國傳同。

羽儀導從，布滿左右。都人士女，麗服光飾。市廛豐富，充積珍寶。王法清整，無相侵奪。學徒皆至，三乘競集，敷説正法，雲布雨潤。四海流通，交會萬國。長江眇漫，清泠深廣，有生咸資，莫能消穢。陰陽和暢，災厲不作。大梁揚都聖王無等，臨覆上國，有大慈悲，子育萬民。平等忍辱，怨親無二。加以周窮，無所藏積。靡不照燭，如日之明；無不受樂，猶如淨月。宰輔賢良，羣臣貞信，盡忠奉上，心無異想。伏惟皇帝是我真佛，臣是婆利國主，今敬稽首禮聖王足下，惟願大王知我此心。此心久矣，非適今也。山海阻遠，無緣自達，今故遣使獻金席等，表此丹誠。」[一]

天監十七年（五一八）

○五月己卯，干陁利國遣使朝貢。

梁書卷二武帝紀中：（天監十七年五月）己卯，干陁利國遣使獻方物。

南史卷六梁本紀上：（天監十七年）閏八月，干陁利國遣使朝貢[二]。

梁書卷五四諸夷干陁利國傳：（天監）十七年，遣長史毗員跋摩奉表曰：「常勝天子陛下：諸佛世尊，常樂安樂，六通三達，爲世間尊，是名如來。應供正覺，遺形舍利，造諸塔像，莊嚴國土，如須彌

[一] 南史卷七八夷貊上婆利國傳略同。
[二] 南史卷六梁本紀上作閏八月，記載有異。

山。邑居聚落，次第羅滿，城郭館宇，如忉利天宫。具足四兵，能伏怨敵。國土安樂，無諸患難，人民和善，受化正法，慶無不通。猶處雪山，流注雪水，八味清浄，百川洋溢，周回屈曲，順趨大海，一切衆生，咸得受用。於諸國土，殊勝第一，是名震旦。大梁揚都天子，仁廕四海，德合天心，雖人是天，降生護世，功德寶藏，救世大悲，爲我尊生〔二〕，威儀具足。是故至誠敬禮天子足下，稽首問訊。奉獻金芙蓉、雜香藥等，願垂納受。」〔三〕

天監十八年（五一九）

○七月，于闐、扶南國遣使朝貢。

梁書卷二武帝紀中：（天監十八年七月）于闐、扶南國各遣使獻方物。

南史卷六梁本紀上：（天監十八年）秋七月，于闐、扶南國各遣使朝貢。

梁書卷五四諸夷扶南國傳：（天監）十八年，復遣使送天竺旃檀瑞像、婆羅樹葉，并獻火齊珠、鬱金、蘇合等香〔三〕。

〔二〕中華書局點校本梁書（修訂本）校勘記：「生」，册府卷九六八作「主」。荻生徂徠梁書校語：「『生』當作『主』。」

〔三〕南史卷七八夷貊上干陁利國傳略同。

〔三〕南史卷七八夷貊上扶南國傳同。

梁書卷五四諸夷于闐國傳：（天監）十八年，又獻瑠璃罌[一]。
諸番職貢圖卷：于闐，（中略）（天監）十八年，又獻琉璃甖。
續高僧傳卷五釋法雲傳：天監將末，扶南國獻經三部，勅雲譯之，詳決梁、梵，皆理明意顯，狀若親承。

普通元年（五二〇）

○正月庚子，扶南、高麗國遣使朝貢。
梁書卷三武帝紀下：（普通元年正月）庚子，扶南、高麗國各遣使獻方物。
南史卷七梁本紀中：（普通元年正月）庚子，扶南、高麗等國並遣使朝貢。
建康實録卷一七：（普通元年正月）扶南、高麗遣使貢獻。
梁書卷五四諸夷扶南國傳：普通元年，（中略）遣使獻方物[二]。
通鑑卷一四九梁紀五武帝普通元年：（正月）高句麗世子安遣使入貢。
三國史記卷一九高句麗本紀七安臧王：二年春正月[三]，遣使入梁朝貢。

[一] 南史卷七九夷貊下于闐傳略同。
[二] 南史卷七八夷貊上扶南國傳同。
[三] 高句麗國安臧王二年即梁普通元年。

○三月丙戌，滑國、周古柯國、呵跋檀國、胡蜜丹國遣使朝貢。

梁書卷三武帝紀下：（普通元年）三月景戌，滑國遣使獻方物。

南史卷七梁本紀中：（普通元年）三月，滑國遣使朝貢。

建康實録卷一七：（普通元年）三月，丹、滑國貢獻[二]。

梁書卷五四諸夷滑國傳：普通元年，又遣使獻黄師子、白貂裘、波斯錦等物[三]。

梁書卷五四諸夷周古柯國傳：普通元年，使使隨滑來獻方物。

梁書卷五四諸夷呵跋檀國傳：普通元年，使使隨滑使來獻方物。

梁書卷五四諸夷胡蜜丹國傳：普通元年，使使隨滑使來獻方物。

南史卷七九夷貊下滑國傳：呵跋檀、周古柯、胡密丹等國，並滑旁小國也。（中略）普通元年，使使隨滑使來貢獻方物。

梁職貢圖：（滑者）普通元年，又遣富何了了獻黄師子、白貂裘、波斯師子錦。王妻姓□，亦遣使康符真同貢物。其使人莑頭剪髮，着波斯錦褶，黄錦袴，朱麖皮長壅鞾。其語言則河南人重譯而通焉。

梁職貢圖：周古柯，滑旁小國。普通元年，隨滑使朝貢。其表曰：「一切所恭敬，一切吉具足，如天静無雲，滿月明曜，天子身清静具足亦如此。爲四海弘願，以爲舟舡。楊州閻浮提第一廣大國，人民

[二] 此處疑有訛脱。
[三] 南史卷七九夷貊下滑國傳略同。

布滿，歡樂莊嚴，如天上不異。周古柯王頂禮弁拜，問訊天子念我。□今上金椀一，琉璃椀一，馬一疋。」

梁職貢圖：呵跋檀，滑旁小國。普通元年，隨滑使入貢。其曰：「最所應恭敬吉天子，東方大地。呵跋檀王問訊非一過，乃百千萬億，天子安隱。我今遣使，手送此書。書不空，故上馬一疋，銀器一故。」

梁職貢圖：胡蜜丹，滑旁小國也。普通元年，使使隨滑使來朝。其表曰：「楊州天子，出處大國聖主。胡蜜王名時僕，遥長跪合掌，作禮千萬。今滑使到聖國，因附函啓，并水精鍾一口，馬一疋。聖主有若所勑，不敢有異。」

○四月甲午，河南國遣使朝貢。

梁書卷三武帝紀下：（普通元年）夏四月甲午[一]，河南王遣使獻方物。

南史卷七梁本紀中：（普通元年）夏四月，河南國遣使朝貢。

建康實録卷一七：（普通元年）四月，河南國貢獻。

梁書卷五四諸夷河南國傳：普通元年，又奉獻方物[二]。

○九月，高麗國遣使朝貢。

[一] 中華書局點校本梁書（修訂本）校勘記：按普通元年四月甲辰朔，無甲午。

[二] 南史卷七九夷貊下河南傳略同。

三國史記卷一九高句麗本紀七安臧王：（二年〔一〕）秋九月，入梁朝貢。

○本年，干陁利國遣使朝貢。

梁書卷五四諸夷干陁利國傳：普通元年，復遣使獻方物〔二〕。

類聚卷八七引梁王孺謝賜于陁利所獻檳榔啓〔三〕：「竊以文軌一覃，充仞斯及，入侍請朔，航海梯山，獻琛奉貢〔四〕，充庖盈府。故其取題左賦，多述瑜書〔五〕。萍實非甘，荔葩慙美。」

○本年，芮芮國遣使朝貢。

梁書卷五四諸夷芮芮國傳：普通元年，又遣使獻方物。是後數歲一至焉〔六〕。

普通二年（五二一）

○十一月，百濟、新羅國遣使朝貢。

梁書卷三武帝紀下：（普通二年）冬十一月，百濟、新羅國各遣使獻方物。

〔一〕高句麗國安臧王二年即梁普通元年。

〔二〕南史卷七八夷貊上干陁利國傳同。

〔三〕「王孺」疑當作「王僧孺」，「王」下脱一「僧」字。此篇收入嚴可均輯全梁文卷五一王僧孺一，可爲佐證。此文寫作年代不詳，姑繫於此。

〔四〕「貢」字原脱，據文淵閣四庫全書本、全梁文卷五一補。類聚校語：「句有脱文。」

〔五〕嶺南植物文學與文化研究嶺南植物的文學書寫第四章第一節：「『瑜書』應爲『俞書』之誤，指東晉俞益期與韓康伯箋。」

〔六〕南史卷七九夷貊下蠕蠕傳同。

南史卷七梁本紀中：（普通二年）冬十一月，百濟、新羅國各遣使朝貢。

建康實録卷一七：（普通二年）十二月，百濟、新羅遣使貢獻，以百濟王餘隆爲寧東大將軍。

梁書卷五四諸夷百濟傳：普通二年，王餘隆始復遣使奉表，稱「累破句驪，今始與通好，而百濟更爲彊國」。其年，高祖詔曰：「行都督百濟諸軍事、鎮東大將軍百濟王餘隆，守藩海外，遠脩貢職，廼誠款到，朕有嘉焉。宜率舊章，授兹榮命。可使持節、都督百濟諸軍事、寧東大將軍、百濟王。」〔一〕

梁書卷五四諸夷新羅傳：其國小，不能自通使聘。普通二年，王募名秦〔二〕，始使使隨百濟奉獻方物〔三〕。

梁職貢圖：百濟，（中略）普通二年，其王餘隆遣使奉表，云「累破高麗」。

諸番職貢圖卷：斯羅國，本東夷辰韓之小國也。魏時曰新羅，宋時曰斯羅，其實一也。或屬韓，或屬倭，國王不能自通使聘。普通二年，其王姓募名泰，始使隨百濟奉表獻方物。

三國史記卷二六百濟本紀四武寧王：（二十一年）冬十一月〔四〕，遣使入梁朝貢。先是，爲高句麗所破，衰弱累年。至是上表，稱「累破高句麗，始與通好，而更爲强國」。

三國史記卷四新羅本紀四法興王：八年〔五〕，遣使於梁，貢方物。

〔一〕南史卷七九夷貊下百濟傳略同。

〔二〕中華書局點校本梁書（修訂本）校勘記：「募名秦」，南史卷七九夷貊下新羅傳作「姓募名泰」，通典卷一八五邊防一作「姓慕名秦」。

〔三〕南史卷七九夷貊下新羅傳略同。

〔四〕百濟國武寧王二十一年即梁普通二年。

〔五〕新羅國法興王八年即梁普通二年。

○本年，龜茲國遣使朝貢。

梁書卷五四諸夷龜茲傳：普通二年，王尼瑞摩珠那勝遣使奉表貢獻[二]。

梁職貢圖：龜茲，（中略）歷魏晉至梁，歲來獻名馬。普通二年，遣使康石憶丘波那奉表入朝。

諸番職貢圖卷：普通二年，龜茲王尼瑞遣使奉表貢獻。

普通三年（五二二）

○八月，婆利、白題國遣使朝貢。

梁書卷三武帝紀下：（普通三年八月）甲子，老人星見。婆利、白題國各遣使獻方物。

南史卷七梁本紀中：（普通三年）秋八月甲子[三]，婆利、白題國各遣使朝貢。

建康實録卷一七：（普通三年）八月甲子，婆利、白堤國遣使貢獻[三]。

梁書卷五四諸夷婆利國傳：普通三年，其王頻伽復遣使珠貝智貢白鸚鵡、青蟲、兜鍪、瑠璃器、古貝、螺杯、雜香藥等數十種[四]。

[二] 南史卷七九夷貊下龜茲傳略同。

[三] 未必是甲子日，南史刪略文字。

[三] 「白堤國」，文淵閣四庫全書本作「白題國」。

[四] 南史卷七八夷貊上婆利國傳略同，「珠貝智」作「珠智」。

梁書卷五四諸夷白題國傳：普通三年，遣使獻方物〔二〕。

梁書卷三〇裴子野傳：是時西北徼外有白題及滑國，遣使由岷山道入貢。此二國歷代弗賓，莫知所出。子野曰：「漢潁陰侯斬胡白題將一人。服虔注云：『白題，胡名也。』又漢定遠侯擊虜，八滑從之，此其後乎？」時人服其博識。敕仍使撰方國使圖，廣述懷來之盛，自要服至于海表，凡二十國〔三〕。

梁職貢圖：普通三年，白題道釋氈獨活使安遠憐伽到京師貢獻。

普通四年（五二三）

○十二月，狼牙脩國遣使朝貢。

梁書卷三武帝紀下：（普通四年十二月）狼牙脩國遣使獻方物。

南史卷七梁本紀中：（普通四年十二月）狼牙脩國遣使朝貢。

建康實録卷一七：（普通四年十二月）狼牙修國遣使貢獻。

普通五年（五二四）

○本年，末國遣使朝貢。

〔二〕南史卷七九夷貊下白題國傳同。

〔三〕南史卷三三裴松之傳附裴子野傳略同。

梁書卷五四諸夷末國傳：其主安末深盤，普通五年，遣使來貢獻。

南史卷七九夷貊下末國傳：其王安末深盤，梁普通五年，始通江左，遣使來貢獻。

普通七年（五二六）

○正月丁卯，滑國遣使朝貢。

梁書卷三武帝紀下：（普通七年正月）丁卯，滑國遣使獻方物。

梁書卷五四諸夷滑國傳：（普通）七年，又奉表貢獻〔一〕。

○二月，河南國遣使朝貢。

梁書卷三武帝紀下：（普通七年二月）河南王遣使獻方物。

○三月乙卯，高麗國遣使朝貢。

梁書卷三武帝紀下：（普通七年）三月乙卯，高麗國遣使獻方物。

梁書卷五四諸夷高句驪傳：（普通）七年，安卒，子延立，遣使貢獻，詔以延襲爵〔二〕。

三國史記卷一九高句麗本紀七安臧王：八年春三月〔三〕，遣使入梁朝貢。

〔一〕南史卷七九夷貊下滑國傳同。

〔二〕南史卷七九夷貊下高句麗傳同。

〔三〕高句麗國安臧王八年即梁普通七年。

○六月己卯，林邑國遣使朝貢。

梁書卷三武帝紀下：（普通七年）六月己卯，林邑國遣使獻方物。

南史卷七梁本紀中：（普通七年）是歲，河南、高麗、林邑、滑國並遣使朝貢。

建康實録卷一七：（普通七年）十一月〔二〕，河南、高麗、林邑、滑國並遣使貢獻。

梁書卷五四諸夷林邑國傳：普通七年，王高式勝鎧遣使獻方物，詔以爲持節、督緣海諸軍事、綏南將軍、林邑王〔三〕。

大通元年（五二七）

○三月，林邑、師子國遣使朝貢。

梁書卷三武帝紀下：（大通元年三月）林邑、師子國各遣使獻方物。

梁書卷五四諸夷林邑國傳：大通元年，又遣使貢獻〔三〕。

梁書卷五四諸夷師子國傳：大通元年，後王伽葉伽羅訶梨邪使奉表曰：「謹白大梁明主：雖山海殊隔，而音信時通。伏承皇帝道德高遠，覆載同於天地，明照齊乎日月，四海之表，無有不從，方國諸王，

〔二〕「十一月」疑非是。

〔三〕南史卷七八夷貊上林邑國傳略同，「高式勝鎧」作「高戍勝鎧」。

〔三〕南史卷七八夷貊上林邑國傳同。

莫不奉獻，以表慕義之誠。或泛海三年，陸行千日，畏威懷德，無遠不至。我先王以來，唯以脩德爲本，不嚴而治。奉事正法道天下[一]，欣人爲善，慶若己身，欲與大梁共弘三寶，以度難化。信還，伏聽告敕。今奉薄獻，願垂納受。」[二]

○十一月，高麗國遣使朝貢。

梁書卷三武帝紀下：（大通元年十一月）高麗國遣使獻方物。

南史卷七梁本紀中：（大通元年）是歲，林邑、師子、高麗等國各遣使朝貢。

建康實録卷一七：（大通元年）是歲，林邑、師子、高麗等國各遣使貢獻。

三國史記卷一九高句麗本紀七安臧王：九年冬十一月[三]，遣使入梁朝貢。

○本年，盤盤國遣使朝貢。

梁書卷五四諸夷盤盤國傳：大通元年，其王使使奉表曰：「揚州閻浮提震旦天子：萬善莊嚴，一切恭敬，猶如天浄無雲，明耀滿目，天子身心清浄，亦復如是。道俗濟濟，並蒙聖王光化，濟度一切，永作舟航，臣聞之慶善。我等至誠敬禮常勝天子足下，稽首問訊。今奉薄獻，願垂哀受。」

[一] 中華書局點校本梁書（修訂本）校勘記：「道天下」，釋文紀卷二九奉武帝表作「道化天下」。

[二] 南史卷七八夷貊上師子國傳略同，「伽葉伽羅訶梨邪」作「迦葉伽羅訶黎邪」。

[三] 高句麗國安臧王九年即梁大通元年。

大通二年（五二八）

○正月乙酉，芮芮國遣使朝貢。

梁書卷三武帝紀下：（大通二年正月）乙酉，芮芮國遣使獻方物。

南史卷七梁本紀中：（大通）二年春正月乙酉，蠕蠕國遣使朝貢。

中大通元年（五二九）

○二月辛丑，芮芮國遣使朝貢。

梁書卷三武帝紀下：（中大通元年二月）辛丑，芮芮國遣使獻方物。

○十二月丁巳，盤盤國遣使朝貢。

梁書卷三武帝紀下：（中大通元年）十二月丁巳，盤盤國遣使獻方物。

梁書卷五四諸夷盤盤國傳：中大通元年五月[二]，累遣使貢牙像及塔，并獻沉檀等香數十種。

南史卷七八夷貊上槃槃國傳：梁中大通元年、四年，其王使使奉表累送佛牙及畫塔，并獻沉檀等香數十種。

南史卷七梁本紀中：（中大通元年）是歲，盤盤、蠕蠕國並遣使朝貢。

[二] 傳文繫於五月，又云「累遣使」，梁書卷三武帝紀下、南史卷七梁本紀中並載中大通四年四月、五年九月，盤盤國遣使朝貢，傳文疑有訛脱。

建康實録卷一七：（中大通元年）十一月〔一〕，盤盤、蠕蠕國並遣使朝貢。

中大通二年（五三〇）

○六月，林邑國遣使朝貢。壬申，扶南國遣使朝貢。

梁書卷三武帝紀下：（中大通二年六月）林邑國遣使獻方物。壬申，扶南國遣使獻方物。

南史卷七梁本紀中：（中大通二年六月）是月，林邑、扶南國遣使朝貢。

建康實録卷一七：（中大通二年）六月，林邑、扶南遣使貢獻。

梁書卷五四諸夷林邑國傳：中大通二年，行林邑王高式律陁羅跋摩遣使貢獻，詔以爲持節、督緣海諸軍事、綏南將軍、林邑王〔二〕。

梁書卷五四諸夷扶南國傳：中大通二年，（中略）遣使獻方物〔三〕。

○本年，波斯國遣使朝貢。

○本年，于闐國遣使朝貢。

梁書卷五四諸夷波斯國傳：中大通二年，遣使獻佛牙。

〔一〕「十一月」疑非是。

〔二〕南史卷七八夷貊上林邑國傳略同，「中大通」作「大通」，疑脱「中」字；「高式律陁羅跋摩」作「高戍律陁羅跋摩」。

〔三〕南史卷七八夷貊上扶南國傳同。

南史卷七九夷貊下波斯國傳：梁中大通二年，始通江左，遣使獻佛牙。

梁職貢圖：波斯（中略）大通二年[一]，遣中至安□越奉表獻佛牙[二]。

廣弘明集卷一九梁蕭子顯御講金字摩訶般若波羅蜜經序：以中大通五年太歲癸丑二月己未朔二十六日甲申，輿駕出大通門，幸同泰寺發講，設道俗無遮大會。（中略）其餘僧尼及優婆塞衆、優婆夷衆、男官道士、女官道士、白衣居士、波斯國使、于闐國使、北館歸化人、講肆所班、供帳所設，三十一萬九千六百四十二人。（中略）又波斯國使主安拘越，荒服遠夷，延參近座，膜拜露頂，欣受未聞。多種出家，聞義爲貴，即有四人，同時落髮。[三]

中大通三年（五三一）

〇六月，丹丹國遣使朝貢。

梁書卷三武帝紀下：（中大通三年六月）丹丹國遣使獻方物。

南史卷七梁本紀中：（中大通三年六月）是月，丹丹國遣使朝貢。

[一] 錢伯泉職貢圖與南北朝時期的西域謂北宋摹本割裱時誤置「中」字於下句，可從。

[二] 文字校證詳見本書一〇一一一頁。

[三] 梁職貢圖「安□越」之缺字疑當作「駒」，與廣弘明集安拘越疑即一人。又中大通年間于闐國遣使朝貢事，梁書卷三武帝紀下、卷五四諸夷于闐國傳，南史卷七梁本紀中、卷七九夷貊下于闐傳失載，姑繫於此。

建康實録卷一七：（中大通三年六月）是月，丹丹國遣使貢獻。

梁書卷五四諸夷丹丹國傳：中大通二年，其王遣使奉表曰：「伏承聖主至德仁治，信重三寶，佛法興顯，衆僧殷集，法事日盛，威嚴整肅。朝望國執，慈愍蒼生，八方六合，莫不歸服。化隣諸天，非可言喻。不任慶善，若覲奉見尊足。謹奉送牙像及塔各二軀，并獻火齊珠、古貝、雜香藥等。」〔二〕

○九月戊寅，狼牙脩國遣使朝貢。

梁書卷三武帝紀下：（中大通三年九月）戊寅，狼牙脩國奉表獻方物。

南史卷七梁本紀中：（中大通三年）九月，狼牙脩國遣使朝貢。

建康實録卷一七：（中大通三年）九月，狼牙修國遣使貢獻。

中大通四年（五三二）

○四月壬申，盤盤國遣使朝貢。

梁書卷三武帝紀下：（中大通四年）夏四月壬申，盤盤國遣使獻方物。

南史卷七梁本紀中：（中大通四年）夏四月，盤盤國遣使朝貢。

〔二〕中華書局點校本梁書校勘記：按本書武帝紀，丹丹國遣使在中大通三年六月。鵬按：南史卷七八夷貊上丹丹國傳略同，「二年」作「三年」，「塔」作「畫塔」。疑梁書卷五四諸夷丹丹國傳「二年」爲「三年」之訛。

南史卷七八夷貊上槃槃國傳：梁中大通元年、四年，其王使使奉表累送佛牙及畫塔，并獻沉檀等香數十種。

○四月，高麗國遣使朝貢。

三國史記卷一九高句麗本紀七安原王：（二年）夏四月[一]，遣使入梁朝貢。

○十一月己酉，高麗國遣使朝貢。

梁書卷三武帝紀下：（中大通四年）十一月己酉，高麗國遣使獻方物。

南史卷七梁本紀中：（中大通四年）冬十一月，高麗國遣使朝貢。

建康實録卷一七：（中大通四年）十二月[二]，高麗遣使朝貢。

梁書卷五四諸夷高句驪傳：中大通四年，（中略）奉表獻方物[三]。

三國史記卷一九高句麗本紀七安原王：（二年）冬十一月，遣使入梁朝貢。

中大通五年（五三三）

○正月，河南國遣使朝貢。

[一] 高句麗國安原王二年即梁中大通四年。

[二] 「十二月」疑非是。

[三] 南史卷七九夷貊下高句麗傳同。

梁書卷三武帝紀下：（中大通五年正月）河南國遣使獻方物。

梁書卷五四諸夷河南國傳：子佛輔襲爵位，其世子又遣使獻白龍駒於皇太子〔二〕。

○八月甲子，波斯國遣使朝貢。

梁書卷三武帝紀下：（中大通五年八月）甲子，波斯國遣使獻方物。

○九月，盤盤國遣使朝貢。

梁書卷三武帝紀下：（中大通五年九月）盤盤國遣使獻方物。

南史卷七梁本紀中：（中大通五年）是歲，河南、波斯、盤盤等國並遣使朝貢。

建康實録卷一七：（中大通五年）海南〔三〕、波斯、盤盤遣使朝貢。

中大通六年（五三四）

○三月甲辰，百濟國遣使朝貢。

梁書卷三武帝紀下：（中大通六年三月）甲辰，百濟國遣使獻方物。

南史卷七梁本紀中：（中大通六年三月）甲辰，百濟國遣使朝貢。

〔二〕南史卷七九夷貊下河南傳同。

〔三〕中華書局點校本建康實録校勘記：南史梁本紀中作「河南」，疑是。

建康實録卷一七：（中大通六年）三月，百濟遣使貢方物。
梁書卷五四諸夷百濟傳：中大通六年，（中略）遣使獻方物〔一〕。
三國史記卷二六百濟本紀四聖王：十二年春三月〔二〕，遣使入梁朝貢。

○七月甲辰，林邑國遣使朝貢。
梁書卷三武帝紀下：（中大通六年）秋七月甲辰，林邑國遣使獻方物。
南史卷七梁本紀中：（中大通六年）秋七月甲辰，林邑國遣使朝貢。
梁書卷五四諸夷林邑國傳：（中大通）六年，又遣使獻方物〔三〕。

○八月，盤盤國遣使朝貢。
梁書卷五四諸夷盤盤國傳：（中大通）六年八月，復使送菩提國真舍利及畫塔，并獻菩提樹葉、詹糖等香〔四〕。

○本年，高麗國遣使朝貢。
梁書卷五四諸夷高句驪傳：（中大通）六年，（中略）奉表獻方物〔五〕。

〔一〕南史卷七九夷貊下百濟傳同。
〔二〕百濟國聖王十二年即梁中大通六年。
〔三〕南史卷七八夷貊上林邑國傳同。
〔四〕南史卷七八夷貊上槃槃國傳略同，「畫塔」作「畫塔圖」；御覽卷七八七引南史作「畫塔國圖」。
〔五〕南史卷七九夷貊下高句麗傳同。

大同元年（五三五）

○二月辛丑，高麗國、丹丹國遣使朝貢。

梁書卷三武帝紀下：（大同元年）二月辛丑，高麗國、丹丹國各遣使獻方物。

南史卷七梁本紀中：（大同元年二月）辛丑，高麗、丹丹國並遣使朝貢。

梁書卷五四諸夷丹丹國傳：大同元年，復遣使獻金銀、瑠璃、雜寶、香藥等物〔一〕。

梁書卷五四諸夷高句驪傳：大同元年，（中略）奉表獻方物〔二〕。

三國史記卷一九高句麗本紀七安原王：五年春二月〔三〕，遣使入梁朝貢。

○三月辛未，滑國遣使朝貢。

梁書卷三武帝紀下：（大同元年）三月辛未，滑國王安樂薩丹王遣使獻方物。

南史卷七梁本紀中：（大同元年三月）辛未，滑國遣使朝貢。

○四月庚子，波斯國遣使朝貢。

梁書卷三武帝紀下：（大同元年）夏四月庚子，波斯國獻方物。

〔一〕南史卷七八夷貊上丹丹國傳同。

〔二〕南史卷七九夷貊下高句麗傳同。

〔三〕高句麗國安原王五年即梁大同元年。

南史卷七梁本紀中：（大同元年）夏四月庚子，波斯國遣使朝貢。

建康實録卷一七：大同元年，高麗、丹〔一〕、滑、波斯等國朝貢。

南史卷五〇劉瓛傳附劉顯傳：顯博聞强記，過於裴、顧。時波斯獻生師子，帝問曰：「師子有何色？」顯曰：「黄師子超不及白師子超。」〔二〕

〇七月辛卯，扶南國遣使朝貢。

梁書卷三武帝紀下：（大同元年七月）辛卯〔三〕，扶南國遣使獻方物。

南史卷七梁本紀中：（大同元年）秋七月辛卯，扶南國遣使朝貢。

梁書卷五四諸夷扶南國傳：（上略）大同元年，累遣使獻方物〔四〕。

〇本年，武興國遣使朝貢。

梁書卷五四諸夷武興國傳：大同元年，剋復漢中，智慧遣使上表，求率四千户歸國，詔許焉，即以爲東益州。

諸番職貢圖卷：武興蕃（中略）知慧大同元年，遣使符道安、楊琠等送啟，乞歸其國。

〔一〕「丹」下疑脱一「丹」字。

〔二〕劉顯卒於大同九年，此次波斯國遣使朝貢年代不詳，姑繫於此。

〔三〕中華書局點校本梁書（修訂本）校勘記：按大同元年七月乙巳朔，無辛卯。八月乙亥朔，十七日辛卯。

〔四〕南史卷七八夷貊上扶南國傳同。

大同四年（五三八）

○三月戊寅，河南國遣使朝貢。癸未，芮芮國遣使朝貢。

梁書卷三武帝紀下：（大同四年）三月戊寅，河南國遣使獻方物。癸未，芮芮國遣使獻方物。

南史卷七梁本紀中：（大同四年）三月，河南、蠕蠕國並遣使朝貢。

建康實録卷一七：（大同）四年三月，河南、蠕蠕國朝貢。

大同五年（五三九）

○八月乙酉，扶南國遣使朝貢。

梁書卷三武帝紀下：（大同五年）八月乙酉，扶南國遣使獻生犀及方物。

南史卷七梁本紀中：（大同五年）秋八月乙酉，扶南國獻生犀。

梁書卷五四諸夷扶南國傳：（大同）五年，復遣使獻生犀。又言其國有佛髮，長一丈二尺。詔遣沙門釋雲寶隨使往迎之〔一〕。

續高僧傳卷一拘那羅陀傳：拘那羅陀，陳言親依，或云波羅末陀，譯云真諦，並梵文之名字也。（中略）梁武皇帝德加四域，盛唱三寶，大同中，勑直後張汜等，送扶南獻使返國，仍請名德三藏、大

〔一〕南史卷七八夷貊上扶南國傳同。

乘諸論、雜華經等。真諦遠聞行化，儀軌聖賢，搜選名匠，惠益民品。彼國乃屈真諦，并齎經論，恭膺帝旨。既素蓄在心，涣然聞命，以大同十二年八月十五日達于南海。沿路所經，乃停兩載，以太清二年閏八月始届京邑。武皇面申頂禮，於寶雲殿竭誠供養。〔一〕

歷代三寶紀卷一二：新合金光明經八卷。右一部八卷，大興善寺沙門釋寶貴，開皇十七年合。（中略）而金光明見有三本，初曇無讖譯四卷，其次崛多譯爲五卷，又真諦譯復爲七卷。其序果云：曇無讖法師稱金光明經，篇品闕漏。每尋文揣義，謂此説有徵，而讎校無指，永懷寤寐。梁武皇帝愍三趣之輪迴，悼四生之漂没，汎寶舟以救溺，秉慧炬以照迷。大同年中，勑遣直後張記等，送扶南獻使反國，仍請名僧及大乘諸論、雜華經等。彼國乃屈西天竺優禪尼國三藏法師波羅末陀，梁言真諦，并齎經論，恭膺帝旨。法師遊歷諸國，故在扶南，風神爽悟，悠然自遠，群藏淵部，罔不研究。太清元年始至京邑，引見殿内，武皇躬申頂禮，於寶雲供養。

大同六年（五四〇）

○五月己卯，河南國遣使朝貢。

〔一〕大同中張汜等送扶南獻使返國年代不詳，姑繫於此。

梁書卷三武帝紀下：（大同六年五月）己卯[一]，河南王遣使獻馬及方物。

南史卷七梁本紀中：（大同六年）五月己卯，河南王遣使朝，獻馬及方物，求釋迦像并經論十四條。敕付像并制旨涅槃、般若、金光明講疏一百三卷。

建康實録卷一七：（大同六年）五月乙卯[二]，河南王遣使獻馬及方物，求經論十四條，并請制所定涅槃經、般若、金光明經講疏一百三卷。

宋高僧傳卷二七釋含光傳：昔梁武世，吐谷渾夸吕可汗使來，求佛像及經論十四條，帝與所撰涅槃、波若、金光明等經疏一百三卷付之。

類聚卷八二引梁皇太子謝勑賚河南菜啓：「海水無波，來因九譯。周原澤洽，味備百羞。堯韭未儔，姬歜非喻。」[三]

○八月，盤盤國遣使朝貢。

梁書卷三武帝紀下：（大同六年八月）盤盤國遣使獻方物。

南史卷七梁本紀中：（大同六年八月）辛未，盤盤國遣使朝貢。

[一] 中華書局點校本梁書（修訂本）校勘記：「己卯」，建康實録卷一七、通志卷一三梁紀作「乙卯」。是年五月戊申朔，八日乙卯，無己卯。與上文通觀，疑此爲閏五月，三日己卯，無乙卯，「乙卯」亦誤。

[二] 「乙卯」，文淵閣四庫全書本作「己卯」。

[三] 此文收入梁簡文帝集卷八，寫作年代不詳，姑繫於此。

大同七年（五四一）

○三月乙亥，宕昌、高麗、百濟、滑國遣使朝貢。

梁書卷三武帝紀下：（大同七年）三月乙亥[一]，宕昌王遣使獻馬及方物。高麗、百濟、滑國各遣使獻方物。

梁書卷五四諸夷高句驪傳：大同元年，七年，累奉表獻方物[二]。

梁書卷五四諸夷百濟傳：（上略）大同七年，累遣使獻方物；并請涅盤等經義、毛詩博士，并工匠、畫師等，敕並給之[三]。

南史卷四二齊高帝諸子上豫章文獻王嶷傳附蕭子雲傳：出爲東陽太守[四]。百濟國使人至建鄴求書，逢子雲爲郡，維舟將發。使人於渚次候之，望船三十許步，行拜行前。子雲遣問之，答曰：「侍中尺牘之美，遠流海外，今日所求，唯在名迹。」子雲乃爲停船三日，書三十紙與之，獲金貨數百萬。

御覽卷七四七引梁書：梁蕭子雲出爲東陽太守。百濟國使人至建業求書。

陳書卷三三儒林鄭灼傳附陸詡傳：陸詡少習崔靈恩三禮義宗，梁世百濟國表求講禮博士，詔令詡行。

[一] 是年三月癸酉朔，三日乙亥。
[二] 南史卷七九夷貊下高句麗傳同。
[三] 南史卷七九夷貊下百濟傳略同。
[四] 梁書卷三五蕭子恪傳附蕭子雲傳：「（大同）七年，出爲仁威將軍、東陽太守。」

還除給事中、定陽令[一]。

三國史記卷一九高句麗本紀七安原王：十一年春三月[二]，遣使入梁朝貢。

三國史記卷二六百濟本紀四聖王：十九年[三]，王遣使入梁朝貢，兼表請毛詩博士、涅槃等經義，并工匠、畫師等，從之。

廣弘明集卷一九梁陸雲御講波若經序[四]：爰以大同七年三月十二日，講金字波若波羅蜜三慧經於華林園之重雲殿。（中略）凡聽衆自皇太子王侯宗室外戚，及尚書令何敬容百辟卿士，虜使主崔長謙、使副陽休之，及外域雜使一千三百六十人，皆路逾九驛，途遥萬里。仰皇化以載馳，聞天華而踊躍。頭面伸其盡禮，讚歎從其下陳。

○九月戊寅，芮芮國遣使朝貢。

梁書卷三武帝紀下：（大同七年）秋九月戊寅，芮芮國遣使獻方物。

[一] 南史卷七一儒林鄭灼傳附陸詡傳略同。此次百濟國遣使朝貢年代不詳，姑繫於此。朝鮮李德懋青莊館全書卷六〇盎葉記七陸詡：「案梁武帝天監十一年壬辰，即百濟武寧王十二年也。是歲，百濟遣使朝梁。則陸詡之行，或在是歲及翌年也。大抵百濟之王號多取方言，而聖王元年癸卯，始制謚法。上其父王謚爲武寧。此後連有謚號，曰聖王，曰威德王，曰惠王，曰法王，曰武王，皆陸詡講禮之效也。其詳不可得而考，可恨。」按此説疑非是。李磊蕭梁時期東亞政權間交際網絡的建立與崩壞：按梁書武帝紀下，大同四年，「兼國子助教皇侃表上所撰禮記義疏五十卷」。百濟表求講禮博士，當在大同四年以後。

[二] 高句麗國安原王十一年即梁大同七年。

[三] 百濟國聖王十九年即梁大同七年。

[四] 「陸雲」下疑脱「公」字，疑當作「陸雲公」。

南史卷七梁本紀中：（大同七年）是歲，宕昌、蠕蠕、高麗、百濟、滑國各遣使朝貢。百濟求涅槃等經疏及醫工、畫師、毛詩博士，並許之。

建康實録卷一七：（大同七年）宕昌、蠕蠕各遣使貢物。百濟王求涅槃經疏及醫工、畫師、毛詩博士，並許之。

梁書卷五四諸夷芮芮國傳：大同七年，又獻馬一匹，金一斤〔一〕。

○本年，于闐國遣使朝貢。

梁書卷五四諸夷于闐國傳：大同七年，又獻外國刻玉佛〔二〕。

○高昌國遣使朝貢。

梁書卷五四諸夷高昌國傳：大同中，子堅遣使獻鳴鹽枕、蒲陶、良馬、氍毹等物〔三〕。

諸番職貢圖卷：高昌國，（中略）大通中〔四〕，遣使獻烏鹽枕、蒲萄、良馬、氍毹等物。

〔一〕南史卷七九夷貊下蠕蠕傳同。

〔二〕南史卷七九夷貊下于闐傳同。

〔三〕南史卷七九夷貊下高昌國傳略同。此次高昌國遣使朝貢年代不詳，姑繫於此。

〔四〕「大通」疑誤。梁書卷五四諸夷高昌國傳、南史卷七九夷貊下高昌國傳作「大同」。太平廣記卷八一梁四公引梁四公記亦云：「大同中，（中略）高昌國遣使獻方物。」

中大同元年（五四六）

○八月甲午，渴槃陁國遣使朝貢。

梁書卷三武帝紀下：（中大同元年八月）甲午，渴槃陁國遣使獻方物。

南史卷七梁本紀中：（中大同元年八月）甲午，渴槃陁國遣使獻方物。

建康實録卷一七：（中大同元年七月）甲午〔一〕，渴盤陁國貢方物。

梁書卷五四諸夷渴盤陁國傳：中大同元年，遣使獻方物。

南史卷七九夷貊下渴盤陁國傳：梁中大同元年〔二〕，始通江左，遣獻方物。

諸番職貢圖卷：渴槃陀，（中略）大同元年〔三〕，遣使史蕃匿奉表貢獻。

太清三年（五四九）

○十二月，百濟國遣使朝貢。

梁書卷四簡文帝紀：（太清三年）十二月，百濟國遣使獻方物。

〔一〕中華書局點校本建康實録校勘記：七月壬寅朔，無甲午，（中略）八月辛未朔，二十四日甲午，此「甲午」前當脱「八月」二字。

〔二〕中華書局點校本南史校勘記：「『中大同元年』各本作『中大同七年』，據梁書改。按中大同只一年。」

〔三〕「大同」上當脱一「中」字。

南史卷八梁本紀下：（太清三年十月）是月〔一〕，百濟國遣使朝貢，見城寺荒蕪，哭于闕下。

梁書卷五四諸夷百濟傳：太清三年，不知京師寇賊，猶遣使貢獻。既至，見城闕荒毀，並號慟涕泣。侯景怒，囚執之。及景平，方得還國〔二〕。

梁書卷五六侯景傳：（太清三年十二月）是月，百濟使至，見城邑丘墟，於端門外號泣，行路見者莫不灑淚。景聞之大怒，送小莊嚴寺禁止，不聽出入〔三〕。

通鑑卷一六二梁紀一八武帝太清三年：（十一月）百濟遣使入貢，見城闕荒圮，異於曩來，哭於端門。侯景怒，録送莊嚴寺，不聽出。

三國史記卷二六百濟本紀四聖王：（二十七年）冬十月〔四〕，王不知梁京師有寇賊，遣使朝貢。使人既至，見城闕荒毀，並號泣於端門外，行路見者莫不灑淚。侯景聞之大怒，執囚之。及景平，方得還國。

六朝事迹編類卷三城闕門石闕：縣北五里有四石闕，在臺城之門南，高五丈，廣三丈六寸，梁武帝所造。（中略）侯景作亂，焚燒宗廟，城郭府寺，百無一存。尋高麗、百濟等國入貢，見其凋殘，遂哭於闕下。楊修之有詩云：「雙石巍巍慰眼青，滿朝珍重佐公銘。宮城府寺俱灰燼，翻使夷人謾涕零。」

〔一〕梁書卷四簡文帝紀「十二月」上有「冬十月丁未，地震」五字，南史卷八梁本紀下亦同，惟南史又參用梁書侯景傳文字，改「十二月」作「是月」，致百濟國使來承上文似在十月，疑誤。

〔二〕南史卷七九夷貊下百濟傳略同。

〔三〕南史卷八〇賊臣侯景傳略同，「是月」作「十一月」。

〔四〕百濟國聖王二十七年即梁太清三年。

大寶二年（五五一）

○本年，盤盤國遣使朝貢。

梁書卷五元帝紀：（大寶二年九月）盤盤國獻馴象。

南史卷八梁本紀下：（大寶二年）九月，盤盤國獻馴象。

卷四　陳之部

永定三年（五五九）

○五月丙寅，扶南國遣使朝貢。

陳書卷二高祖紀下：（永定三年五月）景寅，扶南國遣使獻方物。

南史卷九陳本紀上：（永定三年五月）丙子，扶南國遣使朝貢。

建康實録卷一九：（永定三年五月）丙寅〔二〕，扶南使貢方物。

天嘉二年（五六一）

○十一月乙卯，高驪國遣使朝貢。

陳書卷三世祖紀：（天嘉二年）十一月乙卯，高驪國遣使獻方物。

南史卷九陳本紀上：（天嘉二年十月）乙卯〔三〕，高麗國遣使朝貢。

〔二〕中華書局點校本建康實録校勘記：是月丙辰朔，丙寅、丙子皆在五月，然下文有乙亥，似應作「丙寅」爲是。

〔三〕中華書局點校本南史校勘記：「按十月癸酉朔，無（中略）『乙卯』。十一月癸卯朔，有（中略）乙卯（下略）」

三國史記卷一九高句麗本紀七平原王：（三年）冬十一月〔一〕，遣使入陳朝貢。

○本年，倭國、百濟國遣使朝貢。

建康實録卷一九：天嘉二年正月，高麗、倭國及百濟並遣使貢方物。（中略）冬十月乙卯〔二〕，東夷遣使朝貢〔三〕。

天嘉四年（五六三）

○正月丙子，干陁利國遣使朝貢。

陳書卷三世祖紀：（天嘉）四年春正月景子，干陁利國遣使獻方物。

南史卷九陳本紀上：（天嘉）四年春正月丙子，干陁利國遣使朝貢。

天康元年（五六六）

○二月，新羅國遣使朝貢。

〔一〕高句麗國平原王三年即陳天嘉二年。

〔二〕中華書局點校本建康實録校勘記：「（上略）十月癸酉朔，無乙卯日。（中略）十一月癸卯朔，十三日乙卯，是。」

〔三〕中華書局點校本建康實録校勘記：疑倭國及百濟並遣使貢方物與下文「冬十月乙卯，東夷遣使朝貢」，實爲一事重書。

三國史記卷四新羅本紀四真興王：（二十七年二月[一]）遣使於陳，貢方物。

○十二月甲子，高麗國遣使朝貢。

陳書卷四廢帝紀：（天康元年）十二月甲子，高麗國遣使獻方物。

南史卷九陳本紀上：（天康元年）十二月甲子，高麗國遣使朝貢。

三國史記卷一九高句麗本紀七平原王：八年冬十二月[二]，遣使入陳朝貢。

光大元年（五六七）

○三月，新羅國遣使朝貢。

三國史記卷四新羅本紀四真興王：二十八年春三月[三]，遣使於陳，貢方物。

○九月丙辰，百濟國遣使朝貢。

陳書卷四廢帝紀：（光大元年九月）景辰，百濟國遣使獻方物。

南史卷九陳本紀上：（光大元年）九月丙辰，百濟國遣使朝貢。

[一] 新羅國真興王二十七年即陳天康元年。

[二] 高句麗國平原王八年即陳天康元年。

[三] 新羅國真興王二十八年即陳光大元年。

三國史記卷二七百濟本紀五威德王：十四年秋九月[一]，遣使入陳朝貢。

光大二年（五六八）

○七月戊申，新羅國遣使朝貢。

陳書卷四廢帝紀：（光大二年七月）戊申，新羅國遣使獻方物。

南史卷九陳本紀上：（光大二年）秋七月戊申，新羅國遣使朝貢。

三國史記卷四新羅本紀四真興王：（二十九年）夏六月[二]，遣使於陳，貢方物。

○九月甲辰，林邑國遣使朝貢。丙午，狼牙脩國遣使朝貢。

陳書卷四廢帝紀：（光大二年）九月甲辰，林邑國遣使獻方物。景午，狼牙脩國遣使獻方物。

南史卷九陳本紀上：（光大二年）九月，林邑、狼牙脩國並遣使朝貢。

建康實録卷一九：（光大二年）九月，新羅、林邑、狼牙修國並使朝貢。

太建二年（五七〇）

○六月戊子，新羅國遣使朝貢。

[一] 百濟國威德王十四年即陳光大元年。

[二] 新羅國真興王二十九年即陳光大二年。

陳書卷五宣帝紀：（太建二年）六月戊子，新羅國遣使獻方物。

南史卷一〇陳本紀下：（太建二年）六月戊子，新羅國遣使朝貢。

三國史記卷四新羅本紀四真興王：三十一年夏六月[一]，遣使於陳，獻方物。

○十一月辛酉，高麗國遣使朝貢。

陳書卷五宣帝紀：（太建二年）十一月辛酉，高麗國遣使獻方物。

南史卷一〇陳本紀下：（太建二年）冬十一月辛酉，高麗國遣使朝貢。

三國史記卷一九高句麗本紀七平原王：十二年冬十一月[二]，遣使入陳朝貢。

太建三年（五七一）

○二月，高麗國遣使朝貢。

三國史記卷一九高句麗本紀七平原王：十三年春二月[三]，遣使入陳朝貢。

○五月辛亥，遼東、高麗、新羅、丹丹、天竺、盤盤等國遣使朝貢。

〔一〕新羅國真興王三十一年即陳太建二年。

〔二〕高句麗國平原王十二年即陳太建二年。

〔三〕高句麗國平原王十三年即陳太建三年。

陳書卷五宣帝紀：（太建三年五月）辛亥，遼東〔一〕、新羅、丹丹、天竺、盤盤等國並遣使獻方物。

南史卷一〇陳本紀下：（太建三年）五月辛亥，高麗、新羅、丹丹、天竺、盤盤等國並遣使朝貢。

建康實録卷二〇：（太建三年）五月，丹丹、天竺、盤盤等國貢方物。

三國史記卷四新羅本紀四真興王：三十二年〔二〕，遣使於陳，貢方物。

○十月己亥，丹丹國遣使朝貢。

陳書卷五宣帝紀：（太建三年十月）己亥，丹丹國遣使獻方物。

太建四年（五七二）

○三月乙丑，扶南、林邑國遣使朝貢。

陳書卷五宣帝紀：（太建四年三月）乙丑，扶南、林邑國並遣使來獻方物。

南史卷一〇陳本紀下：（太建四年）三月乙丑，扶南、林邑國並遣使朝貢。

〔一〕陳書「遼東」國名僅此一見，疑即指高麗國。南史卷一〇陳本紀下作「高麗」。宋書卷九七夷蠻高句驪國傳：「東夷高句驪國，今治漢之遼東郡。」同卷百濟國傳：「其後高驪略有遼東，百濟略有遼西。」梁書卷五四諸夷高句驪傳、百濟傳略同，可爲佐證。

〔二〕新羅國真興王三十二年即陳太建三年。

太建六年（五七四）

○正月，高麗國遣使朝貢。

陳書卷五宣帝紀：（太建六年正月）高麗國遣使獻方物。

南史卷一〇陳本紀下：（太建六年正月）高麗國遣使朝貢。

三國史記卷一九高句麗本紀七平原王：十六年春正月〔二〕，遣使入陳朝貢。

太建九年（五七七）

○七月己卯，百濟國遣使朝貢。

陳書卷五宣帝紀：（太建九年七月）己卯，百濟國遣使獻方物。

南史卷一〇陳本紀下：（太建九年）秋七月己卯，百濟國遣使朝貢。

三國史記卷二七百濟本紀五威德王：二十四年秋七月〔三〕，遣使入陳朝貢。

〔二〕高句麗國平原王十六年即陳太建六年。

〔三〕百濟國威德王二十四年即陳太建九年。

太建十年（五七八）

○七月戊戌，新羅國遣使朝貢。

陳書卷五宣帝紀：（太建十年）秋七月戊戌，新羅國遣使獻方物。

南史卷一〇陳本紀下：（太建十年）秋七月戊戌，新羅國遣使朝貢。

三國史記卷四新羅本紀四真智王：三年秋七月〔二〕，遣使於陳，以獻方物。

太建十三年（五八一）

○十月壬寅，丹丹國遣使朝貢。

陳書卷五宣帝紀：（太建十三年十月）壬寅，丹丹國遣使獻方物。

南史卷一〇陳本紀下：（太建十三年）冬十月壬寅，丹丹國遣使朝貢。

至德元年（五八三）

○十二月丙辰，頭和國遣使朝貢。

〔二〕新羅國真智王三年即陳太建十年。

陳書卷六後主紀：（至德元年）十二月景辰，頭和國遣使獻方物。
南史卷一〇陳本紀下：（至德元年）十二月丙辰，頭和國遣使朝貢。
建康實録卷二〇：（至德元年）十二月丙辰，頭和國遣使朝貢。

至德二年（五八四）

〇十一月壬申，盤盤國遣使朝貢。戊寅，百濟國遣使朝貢。
陳書卷六後主紀：（至德二年十一月）壬申，盤盤國遣使獻方物。戊寅，百濟國遣使獻方物。
南史卷一〇陳本紀下：（至德二年十一月）是月，盤盤、百濟國並遣使朝貢。

至德三年（五八五）

〇十月己丑，丹丹國遣使朝貢。
陳書卷六後主紀：（至德三年）冬十月己丑，丹丹國遣使獻方物。
南史卷一〇陳本紀下：（至德三年）冬十月己丑，丹丹國遣使朝貢。
〇十二月癸卯，高麗國遣使朝貢。
陳書卷六後主紀：（至德三年十二月）癸卯，高麗國遣使獻方物。

南史卷一〇陳本紀下：（至德三年）十二月癸卯，高麗國遣使朝貢。

三國史記卷一九高句麗本紀七平原王：二十七年冬十二月〔二〕，遣使入陳朝貢。

陳書卷三〇傅縡傳：後主即位，遷祕書監、右衛將軍、兼中書通事舍人，掌詔誥。縡爲文典麗，性又敏速，雖軍國大事，下筆輒成，未嘗起草，沈思者亦無以加焉，甚爲後主所重。然性木彊，不持檢操，負才使氣，陵侮人物，朝士多銜之。會施文慶、沈客卿以便佞親幸，專制衡軸，而縡益疎。文慶等因共譖縡受高驪使金，後主收縡下獄。縡素剛，因憤恚，乃於獄中上書曰：（中略）書奏，後主大怒。頃之，意稍解，（中略）縡對曰：「臣心如面，臣面可改，則臣心可改。」後主於是益怒，令宦者李善慶窮治其事，遂賜死獄中，時年五十五。〔三〕

至德四年（五八六）

〇九月丁未，百濟國遣使朝貢。

陳書卷六後主紀：（至德四年九月）丁未，百濟國遣使獻方物。

南史卷一〇陳本紀下：（至德四年九月）丁未，百濟國遣使朝貢。

〔二〕高句麗國平原王二十七年即陳至德三年。

〔三〕建康實録卷二〇、通鑑卷一七六陳紀一〇長城公至德三年略同。

三國史記卷二七百濟本紀五威德王：三十三年〔二〕，遣使入陳朝貢。

禎明二年（五八八）

○六月戊戌，扶南國遣使朝貢。

陳書卷六後主紀：（禎明二年）六月戊戌，扶南國遣使獻方物。

南史卷一〇陳本紀下：（禎明二年）六月戊戌，扶南國遣使朝貢。

〔二〕百濟國威德王三十三年即陳至德四年。

* 南北朝交聘使節人名索引

說明：

一、人名之後的數字，是聘使年代的公元年數。偶有年尾月日，換算公元年數當入次年者，以從簡處理未作改動。

二、聘使年代存疑者，或年代不詳姑繫於某年者，在公元年數之後，加以問號標示。

三、聘使人名之異稱者，以斜綫號「/」並列於同一條目。

四、聘使於年末出發，次年抵達者，人名下並出二年數字。

五、南、北朝曆法差異處，酌情隨文標示。

六、索引條目以人名字頭拼音排序。

B

C

曹文皎：五五二
車僧朗：四八一
陳昭：五六六（?）
程尚賢：五八八
叱列長叉：五六九
褚玠：五六五（?）
崔儦：五七七（?）、五八七
崔長謙/崔愍：五四〇、五四一
崔劼：五四一
崔君洽：五八二（?）
崔君贍：五八五
崔睦：五六一
崔象：五七三
崔小白：四六七
崔曉：五三七
崔演：四七三
崔彥穆：五六五（?）、五六八
崔元孫：四六四（?）
崔瞻/崔贍：五六二
崔肇師：五四五
崔子侃：五四二
崔子樞：五七七（?）
崔子武：五六三

D

鄧穎：四三二
豆盧寔：五八四
杜杲/杜子暉：五六一、五六二、五六六、五六九、五七二（二次）、五七三、五七九
杜蕤：五七六（?）
杜孝績：五五〇（?）

F

范雲：四九二
范縝：四九一
房亮：四九二
封輔相：五七二
封述：五四二
封孝琰：五六二、五七一
馮闡：四六〇
傅縡：五七六（?）

G

高聰：四九三
高濟：四四四
高推：四三八
高州都：四六〇（?）
公孫阿六頭：四八五、四九一
苟昭先：四七九
谷會琨：五七一

H

何倜：四七八
何憲：四九二
何胥：五八九（?）
和天德：四六一、四六二
賀徹：五八三

M

P

R

S

X

Y

Z

＊南朝外域朝貢國名索引

說明：

一、國名之後的數字，是朝貢年代的公元年數。偶有年尾月日，換算公元年數當入次年者，以從簡處理未作改動。

二、朝貢年代存疑者，或年代不詳姑繫於某年者，在公元年數之後，加以問號標示。

三、國名之異稱者，以斜綫號「/」並列於同一條目。

四、索引條目以國名字頭拼音排序。

參考文獻

A

愛日吟廬書畫續録，葛嗣浵纂，民國三年（一九一四）上海刊本。按：與清葛金烺撰愛日吟廬書畫録合刊。

B

八代談藪校箋，隋陽玠撰，黄大宏校箋，北京：中華書局，二〇一〇年。

百濟武寧王陵中的南朝文化因素研究，丁利民，南京師範大學碩士學位論文，二〇〇七年。

百濟與南北朝朝貢關係研究，于春英，吉林大學碩士學位論文，二〇〇九年。

邦國來朝——臺北故宫藏職貢圖題材的國家排序，羅豐，文物，二〇二〇年第二期。

寶雲經，南朝梁曼陀羅仙譯，大正新修大藏經本。

北户録，唐段公路撰，唐崔龜圖註，十萬卷樓叢書本。

北户録，唐段公路撰，唐崔龜圖註，文淵閣四庫全書本。

北山小集，宋程俱撰，四部叢刊續編景印景宋寫本。

北京圖書館藏中國歷代石刻拓本匯編，北京圖書館金石組編，鄭州：中州古籍出版社，一九八九年。
北魏政治史，張金龍著，蘭州：甘肅教育出版社，二〇〇八年。

C

蔡元培書信集，高平叔等編注，杭州：浙江教育出版社，二〇〇〇年。
册府元龜，宋王欽若等編，影印明刻本，北京：中華書局，一九六〇年。
册府元龜，宋王欽若等編，影印宋刻本，北京：中華書局，一九八九年。
陳代詩歌研究，馬海英著，上海：學林出版社，二〇〇四年。
陳書，唐姚思廉撰，北京：中華書局，一九七二年。
陳書（點校修訂本），唐姚思廉撰，北京：中華書局，二〇二一年。
陳垣學術論文集，第一集，陳垣著，北京：中華書局，一九八〇年。
崇德尚藝——張金英談書畫裝裱與修復，張金英口述，沈欣整理，故宫治學之道，任昉主編，北京：紫禁城出版社，二〇一〇年。
崇文總目輯釋，宋王堯臣等撰，清錢東垣等輯釋，清錢侗補遺，續修四庫全書影印清嘉慶刻汗筠齋叢書本，上海：上海古籍出版社，二〇〇二年。
重修政和證類本草，宋唐慎微撰，四部叢刊初編景印金泰和晦明軒刊本。
出三藏記集，梁釋僧祐撰，蘇晉仁、蕭鍊子點校，北京：中華書局，一九九五年。
初期大乘佛教之起源與開展（上），釋印順著，印順法師佛學著作全集，第十六卷，北京：中華書局，二〇〇九年。
初學記，唐徐堅等撰，司義祖點校，北京：中華書局，一九六二年。
春秋左傳正義，唐孔穎達等撰，續修四庫全書影印宋慶元六年紹興府刻宋元遞修本，上海：上海古籍出版社，二〇〇二年。

純常子枝語，清文廷式撰，影印文芸閣先生全集本，台北縣：文海出版社，一九七五年。

淳熙稿，宋趙蕃撰，叢書集成初編據聚珍版叢書本排印本，上海：商務印書館，一九三五年。

從平城到洛陽——拓跋魏文化轉變的歷程，逯耀東著，北京：中華書局，二〇〇六年。

D

大觀録，清吴升撰，續修四庫全書影印民國九年武進李氏聖譯廔鉛印本，上海：上海古籍出版社，二〇〇二年。

大廣益會玉篇，南朝梁顧野王撰、宋陳彭年等重修，四部叢刊初編景印元刊本。

大唐内典録，唐釋道宣撰，大正新修大藏經本。

大唐西域記，唐玄奘、辯機撰，大正新修大藏經本。

大唐西域記校注，唐玄奘、辯機撰，季羡林等校注，北京：中華書局，二〇〇〇年。

道藏，北京：文物出版社，上海：上海書店，天津：天津古籍出版社，一九八八年。

道光輝縣志，清周際華修，戴銘纂，清光緒二十一年刻本。

德隅齋畫品，宋李廌撰，文淵閣四庫全書本。

讀桂之華軒詩集，朱東潤，朱東潤文存，上海：上海古籍出版社，二〇一四年。

讀書記疑，清王懋竑撰，續修四庫全書影印清同治十一年福建撫署刻本，上海古籍出版社，二〇〇二年。

敦煌變文選注，項楚著，北京：中華書局，二〇〇六年。

F

法華靈驗傳，明釋了圓録，續藏經本。

法書要録，唐張彦遠撰，范祥雍點校，北京：人民美術出版社，一九八四年。

法苑珠林校注，唐釋道世撰，周叔迦、蘇晉仁校注，北京：中華書局，二〇〇三年。
范文瀾全集，范文瀾著，石家莊：河北教育出版社，二〇〇二年。
方輿勝覽，宋祝穆撰，祝洙增訂，施和金點校，北京：中華書局，二〇〇三年。
馮承鈞學術論文集，鄔國義編校，上海：上海古籍出版社，二〇一五年。
馮承鈞學術著作集，鄔國義編校，上海：上海古籍出版社，二〇一五年。
佛教與朝貢的關係——以南北朝時期爲中心，河上麻由子，傳統中國研究集刊，第一輯，上海：上海人民出版社，二〇〇六年。
佛遊天竺記考釋，岑仲勉著，收入中外史地考證（外一種），北京：中華書局，二〇〇四年。
佛祖歷代通載，元釋念常撰，大正新修大藏經本。
扶南沙門曼陀羅事迹鈎沉，王邦維，文史，二〇〇五年第三輯。

G

紺珠集，宋朱胜非撰，文淵閣四庫全書本。
高昌史稿交通編，王素著，北京：文物出版社，二〇〇〇年。
高句麗遺存所見服飾研究，鄭春穎，吉林大學博士學位論文，二〇一一年。
高句麗與南北朝朝貢關係研究，劉文健，吉林大學碩士學位論文，二〇〇七年。
高僧傳，梁釋慧皎撰，湯用彤校注，湯一玄整理，北京：中華書局，一九九二年。
根本説一切有部毘奈耶皮革事，唐義浄譯，大正新修大藏經本。
攻媿集，宋樓鑰撰，四部叢刊初編景印武英殿聚珍本。
攻媿先生文集，宋樓鑰撰，宋四明樓氏家刻本。

古詩紀，明馮惟訥撰，文淵閣四庫全書本。
古書畫僞訛考辨，徐邦達著，南京：江蘇古籍出版社，一九八四年。
故宫書畫圖録，故宫博物院編輯委員會編輯，臺北：故宫博物院，一九九五年。
故宫學學科建設初探，王素著，北京：故宫出版社，二〇一六年。
故宫已佚書畫見聞及其考證（手稿），楊仁愷，遼寧省博物館館刊，第二輯，瀋陽：遼海出版社，二〇〇七年。
故宫已佚書畫目校注，陳仁濤校注，香港：東南書局，一九五六年。
故宫已佚書畫目録三種，清室善後委員會刊行，一九二六年。
顧閎中畫韓熙載夜宴圖，徐邦達，中國書畫，第二期，北京：文物出版社，一九八〇年。
關於宋書蠻夷傳的若干問題，金子修一，黎虎教授古稀紀念中國古代史論叢，張金龍主編，北京：世界知識出版社，二〇〇六年。
廣川畫跋校注，宋董逌撰，張自然校注，鄭州：河南大學出版社，二〇一二年。
廣弘明集，唐釋道宣撰，大正新修大藏經本。
廣弘明集，唐釋道宣撰，四部叢刊初編景印明萬曆間汪道昆刻本。
國寶沉浮録，楊仁愷著，汪滌編注，上海：上海人民出版社，二〇〇八年。
國寶傳奇，孫利生著，長春：時代文藝出版社，二〇一六年。

H

海東集：古代東亞史實考論，韓昇著，上海：上海人民出版社，二〇〇九年。
漢書西域傳地里校釋，岑仲勉著，北京：中華書局，一九八一年。
漢唐地理書鈔，清王謨輯，影印本，北京：中華書局，一九六一年。

漢唐外交制度史，增訂本，黎虎著，北京：中國社會科學出版社，二〇一九年。

漢魏南北朝墓誌集釋，趙萬里編，石刻史料新編影印本。

漢譯南傳大藏經，元亨寺漢譯南傳大藏經編譯委員會，高雄：元亨寺妙林出版社，一九九〇年。

翰苑，唐張楚金撰、唐雍公叡注，影印唐鈔本，京都帝國大學文學部景印舊鈔本之二，京都大學文學部，一九二二—一九四二年。

翰苑，唐張楚金撰、唐雍公叡注，覆校本，金毓黻主編：遼海叢書第八集，瀋陽：遼海書社，一九三一—一九三四年。

翰苑蕃夷部校譯，張中澍等校譯，長春：吉林文史出版社，二〇一五年。

河南通志，清王士俊等監修，文淵閣四庫全書本。

華陽陶隱居内傳，唐賈嵩撰，道藏影印本。

畫品，宋李廌撰，四庫全書存目叢書影印明萬曆十八年王元貞刻畫苑補益本，濟南：齊魯書社，一九九七年。

懷念新中國美術史界拓荒者王遜，薄松年，中華讀書報，二〇一六年一月二十七日，第二十一版。

J

基於高光譜成像技術的中國古代書畫研究——以中國國家博物館藏職貢圖（北宋摹本）爲例，丁莉等，中國國家博物館館刊，二〇二二年第七期。

急就篇校理，張傳官著，北京：中華書局，二〇一七年。

集韻校本，宋丁度等撰，趙振鐸校，上海：上海辭書出版社，二〇一二年。

輯本梁元帝職貢圖序，陳連慶，古籍整理研究學刊，一九八七年第三期。

榎一雄著作集，第七卷，榎一雄著作集編集委員會編，東京：汲古書院，一九九四年。

建康實録，唐許嵩撰，張忱石點校，北京：中華書局，一九八六年。

建平蠻、天門蠻、臨江蠻興衰述略，劉美崧，魏晉南北朝史論文集，中國魏晉南北朝史學會編，濟南：齊魯書社，一九九一年。
江總年譜及作品紀年，鍾翠紅，長江師範學院學報，二〇〇九年第四期。
江總詩歌校注，王娜娜，西北大學碩士學位論文，二〇一二年。
江總文考論及箋注，楊文婷，江西師範大學碩士學位論文，二〇一二年。
近代湖南人中之蠻族血統，譚其驤，長水粹編，石家莊：河北教育出版社，二〇〇〇年。
晉書，唐房玄齡等撰，北京：中華書局，一九七四年。
晉隋之際南北文學融合研究，周悦著，長沙：湖南師範大學出版社，二〇一三年。
禁扁，元王士點撰，文淵閣四庫全書本。
禁扁，元王士點撰，影印清揚州詩局刊本，上海：上海古書流通處，一九二一年。
經史避名彙考，清周廣業撰，徐傳武等校點，上海：上海古籍出版社，二〇一五年。
舊唐書，後晉劉昫等撰，北京：中華書局，一九七五年。

K

珂雪齋集，明袁中道撰，錢伯城點校，上海：上海古籍出版社，一九八九年。

L

類説，宋曾慥撰，王汝濤等校注，福州：福建人民出版社，一九九六年。
李騫墓誌跋，趙生泉，東方藝術，二〇〇八年第四期。
歷代名畫記，唐張彦遠撰，秦仲文等點校，北京：人民美術出版社，一九六三年。
歷代名畫記，唐張彦遠撰，俞劍華注釋，上海：上海人民美術出版社，一九六四年。

歷代名畫記校箋與研究，畢斐，中國美術學院博士學位論文，二〇〇三年。

歷代名畫記譯注，岡村繁譯注，俞慰剛譯，岡村繁全集，第陸卷，上海：上海古籍出版社，二〇〇二年。

歷代三寶記，隋費長房撰，大正新修大藏經本。

歷代中外行紀，陳佳榮等編，上海：上海辭書出版社，二〇〇八年。

歷世真仙體道通鑑，元趙道一撰，道藏影印本。

梁簡文帝集校注，南朝梁蕭綱撰，肖占鵬等校注，天津：南開大學出版社，二〇一五年。

梁清標叢談，陳耀林，故宫博物院院刊，一九八八年第三期。

梁書，唐姚思廉撰，北京：中華書局，一九七三年。

梁書（點校修訂本），唐姚思廉撰，北京：中華書局，二〇二〇年。

梁書西北諸戎傳與梁職貢圖，余太山，兩漢魏晉南北朝正史西域傳研究，北京：商務印書館，二〇一三年。按：原載燕京學報，新五期，北京：北京大學出版社，一九九八年。

梁四公記與梁武帝時代的文化交流圖景，吕博，歷史研究，二〇二一年第一期。

梁元帝職貢圖的形成，米婷婷，魏晉南北朝隋唐史資料，第四十一輯，上海：上海古籍出版社，二〇二〇年。

梁元帝職貢圖高昌國使圖像與題記，王素，魏晉南北朝隋唐史資料，第四十一輯，上海：上海古籍出版社，二〇二〇年。

梁元帝職貢圖名稱考，陳長華，浦東史志論稿，楊雋編，上海：上海遠東出版社，二〇一六年。

梁元帝職貢圖「女蜑」即「臨江蠻」考，米婷婷，文物，二〇二〇年第二期。

梁元帝職貢圖龜兹國使題記疏證，王素，龜兹學研究，第五輯，烏魯木齊：新疆大學出版社，二〇一二年。

梁元帝職貢圖倭國使題記二題，莫瑩萍、府建明，北華大學學報（社會科學版），二〇一六年第四期。

梁元帝職貢圖新探，王素，文物，一九九二年第二期。
梁元帝職貢圖研究綜述，米婷婷，中國魏晉南北朝史學會會刊，第一卷，桂林：廣西師範大學出版社，二〇二〇年。
梁元帝職貢圖與臨江、天門、建平「三蠻」，米婷婷，中國藝術報，二〇二〇年四月三日，第四版。
梁元帝職貢圖與唐閻立本王會圖——現存職貢圖摹本題跋辨僞，李昀，中國國家博物館館刊，二〇二二年第七期。
梁元帝職貢圖與西域諸國，王素，文物，二〇二〇年第二期。
梁元帝著作考，趙圖南，福建文化，第二卷第四期，一九四六年六月。
梁職貢図と『梁書』諸夷伝の上表文——仏教東伝の準備的考察——（梁職貢圖與梁書諸夷傳的上表文——佛教東傳的預備考察），新川登亀男，梁職貢図と東部ユーラシア世界，鈴木靖民等編，東京：勉誠出版，二〇一四年。
梁職貢図と東部ユーラシア世界（梁職貢圖與東部歐亞世界），鈴木靖民等編，東京：勉誠出版，二〇一四年。
梁職貢圖摹本源流初探，米婷婷，中國藝術研究院碩士學位論文，二〇一六年。
兩漢魏晉南北朝正史西域傳要注，余太山著，北京：商務印書館，二〇一三年。
兩晉南北朝史，呂思勉著，上海：上海古籍出版社，二〇〇五年。
臨川吴文正公集，元吴澄撰，明宣德十年吴炬刻本。
嶺南植物文學與文化研究，陳燦彬、趙軍偉著，北京：北京燕山出版社，二〇一八年。
六朝事迹編類，宋張敦頤撰，張忱石點校，北京：中華書局，二〇一二年。
六朝藝術，江蘇省美術館編，南京：江蘇美術出版社，一九九七年。
「魯国」か「虜国」か（「魯國」還是「虜國」），堀内淳一，梁職貢図と東部ユーラシア世界，鈴木靖民等編，東京：勉誠出版，二〇一四年。
潞安府志，清姚學瑛等修，清乾隆三十五年序刻本。

潞城縣誌，清崔曉然等修，清光緒十一年刻本。

洛陽伽藍記校箋，北魏楊衒之撰，楊勇校箋，北京：中華書局，二〇〇六年。

洛陽伽藍記校釋，北魏楊衒之撰，周祖謨校釋，北京：中華書局，二〇一〇年。

洛陽新獲墓誌續編，洛陽市第二文物工作隊、喬棟等編著，北京：科學出版社，二〇〇八年。

洛陽新獲七朝墓誌，齊運通編，北京：中華書局，二〇一二年。

吕思勉讀史札記，吕思勉著，上海：上海古籍出版社，二〇〇五年。

吕祖謙全集，宋吕祖謙編著，黄靈庚等主編，杭州：浙江古籍出版社，二〇〇八年。

緑蘿山房詩集三十二卷文集二十四卷，清胡浚撰，四庫全書存目叢書影印清乾隆刻本，濟南：齊魯書社，一九九七年。按：卷端、版心題作緑蘿山庄詩集、緑蘿山庄文集。

M

妙法蓮華經，後秦鳩摩羅什譯，大正新修大藏經本。

繆荃孫全集金石，清繆荃孫撰，張廷銀、朱玉麒主編，南京：鳳凰出版社，二〇一四年。

名帖考（卷上），穆棣著，天津：天津人民美術出版社，二〇〇六年。

明代文物大賈吴廷事略，馬泰來，采銅於山——馬泰來文史論集，北京：國家圖書館出版社，二〇一七年。按：原載故宫學術季刊，二十三卷一期，二〇〇五年。

明末清初歙縣西溪南吴氏書畫鑒藏研究，左昕陽，中央美術學院碩士學位論文，二〇〇七年。

明清西溪南詩詞選，吴有祥等編著，蕪湖：安徽師範大學出版社，二〇一九年。

明文海，明黄宗羲編，清抄本，中國國家圖書館藏。

明文海，明黃宗羲編，文淵閣四庫全書本。
摩訶止觀輔行助覽，宋有嚴注，續藏經本。
墨香閣藏北朝墓誌，葉煒、劉秀峰主編，上海：上海古籍出版社，二〇一六年。
木雁齋書畫鑒賞筆記繪畫，張珩著，影印本，北京：文物出版社，二〇〇〇年。
木雁齋書畫鑒賞筆記，張珩著，標點整理本，上海：上海書畫出版社，二〇一五年。

N

南北朝對峙時期的文化接觸——以媒介人物爲討論中心，李廣健，香港中文大學碩士學位論文，一九九〇年。
南北朝交聘考，周春元編著，貴陽：貴州師大學報編輯部，一九八九年。
南北朝期間西域與南朝的陸道交通，唐長孺，魏晉南北朝史論拾遺，北京：中華書局，一九八三年。
南朝陳會要，清朱銘盤撰，顧吉辰等點校，上海：上海古籍出版社，一九八六年。
南朝梁會要，清朱銘盤撰，顧吉辰等點校，上海：上海古籍出版社，一九八四年。
南朝會要，清錢儀吉撰，續修四庫全書影印稿本，上海：上海古籍出版社，二〇〇二年。
南朝梁元帝職貢圖題記佚文的新發現，趙燦鵬，文史，二〇一一年第一期。
南朝梁元帝職貢圖題記佚文續拾，趙燦鵬，文史，二〇一一年第四期。
南朝齊會要，清朱銘盤撰，顧吉辰等點校，上海：上海古籍出版社，一九八四年。
南朝宋會要，清朱銘盤撰，顧吉辰等點校，上海：上海古籍出版社，一九八四年。
南畫北渡：清代書畫鑒藏中心研究，劉金庫編著，石家莊：河北教育出版社，二〇〇八年。
南齊書（點校修訂本），南朝梁蕭子顯撰，北京：中華書局，二〇一七年。

南史，唐李延壽撰，北京：中華書局，一九七五年。
南史，唐李延壽撰，明崇禎十三年汲古閣刊清劉履芬等批校本，中國國家圖書館藏。
南史校證，馬宗霍著，戴維校點，長沙：湖南教育出版社，二〇〇八年。
能改齋漫録，宋吴曾撰，點校本，上海：上海古籍出版社，一九七九年。
倪文僖公集，明倪謙撰，明弘治六年倪岳刻本。
廿二史劄記校證，第二版，清趙翼撰，王樹民校證，中華書局，二〇一三年。

P

聘使交換より見た南北朝関係（一）：関係史料の編年整理（上、下），後藤勝，聖德学園岐阜教育大学紀要第二〇、二一卷，一九九〇、一九九一年。

Q

啓顔録箋注，舊題隋侯白撰，董志翹箋注，北京：中華書局，二〇一四年。
欽定石渠寶笈續編，清王杰等輯，續修四庫全書影印清内府抄本，上海：上海古籍出版社，二〇〇二年。
青莊館全書，朝鮮李德懋撰，影印本，韓國文集叢刊，第二五七—二五九集，서울：景仁文化社，二〇〇一年。
清河書畫舫，明張丑撰，文淵閣四庫全書本。
清人文集别録，張舜徽著，武漢：華中師範大學出版社，二〇〇四年。
清史稿，趙爾巽等撰，北京：中華書局，一九七七年。
全北齊北周文補遺，韓理洲等輯校編年，西安：三秦出版社，二〇〇八年。
全上古三代秦漢三國六朝文，清嚴可均校輯，影印本，北京：中華書局，一九五八年。

全唐詩，清彭定求等編，北京：中華書局，一九六〇年。

全唐詩誤收詩考，陳尚君，文史，第二十四輯，北京：中華書局，一九八五年。

全唐文補遺，第五輯，吴鋼主編，西安：三秦出版社，一九九八年。

R

讓湮没的歷史重現：一個中國學者筆下的柬埔寨歷史，陳顯泗著，北京：軍事誼文出版社，二〇〇六年。

日本書紀，國史大系第壹卷，東京：經濟雜誌社，一八九七年。

S

三國史記，高麗金富軾撰，朝鮮史學會編輯，京城府：近澤書店，一九四一年。

三國史記，高麗金富軾撰，孫文範等校勘，長春：吉林文史出版社，二〇〇三年。

三國志，晉陳壽撰，南朝宋裴松之注，中華書局，一九五九年。

山西通志，清覺羅石麟等監修，清雍正十二年刻本。

珊瑚網，明汪砢玉撰，文淵閣四庫全書本。

歙事閒譚，許承堯撰，李明回等校點，合肥：黄山書社，二〇〇一年。

聲畫集，宋孫紹遠編，文淵閣四庫全書本。

沈從文全集（二八卷），沈從文著，太原：北嶽文藝出版社，二〇〇二年。

十誦律，後秦弗若多羅共羅什譯，大正新修大藏經本。

石渠寶笈，清張照等撰，文淵閣四庫全書本。

史通通釋，唐劉知幾撰，清浦起龍通釋，王煦華整理，上海古籍出版社，二〇〇九年。

世説新語彙校彙注彙評，周興陸輯著，南京：鳳凰出版社，二〇一七年。
世説新語箋疏，南朝宋劉義慶撰，南朝梁劉孝標注，余嘉錫箋疏，周祖謨等整理，北京：中華書局，二〇〇七年。
世説新語校箋，南朝宋劉義慶撰，南朝梁劉孝標注，楊勇校箋，北京：中華書局，二〇〇六年。
式古堂書畫彙考，清卞永譽撰，文淵閣四庫全書本。
釋迦方誌，唐道宣撰，范祥雍點校，北京：中華書局，二〇〇〇年。
書畫記，清吴其貞撰，續修四庫全書影印清乾隆寫四庫全書本，上海：上海古籍出版社，二〇〇二年。
述書賦箋證，尹冬民編著，北京：榮寶齋出版社，二〇一八年。
水經注校證，北魏酈道元撰，陳橋驛校證，北京：中華書局，二〇〇七年。
水經注疏，楊守敬、熊會貞疏，南京：江蘇古籍出版社，一九八九年。
水經注疏，楊守敬、熊會貞疏，收入楊守敬集第三、四册，謝承仁主編，武漢：湖北教育出版社，一九九七年。
水經注疏，楊守敬纂疏、熊會貞參疏，北京：科學出版社，一九五七年。
説文解字繫傳，宋徐鍇撰，四部叢刊初編本。
四川省社會科學手册，鄭青等主編，成都：四川省社會科學院出版社，一九八九年。
四分律，姚秦佛陀耶舍共竺佛念等譯，大正新修大藏經本。
四分律行事鈔簡正記，五代後唐景霄纂，續藏經本。
四分律行事鈔批，唐釋大覺撰，續藏經本。
四分律行事鈔資持記，宋釋元照撰，大正新修大藏經本。
四分律名義標釋，明釋弘贊在犙輯，續藏經本。

四分律删繁補闕行事鈔，唐釋道宣撰述，大正新修大藏經本。
四庫全書總目，清永瑢等撰，影印本，北京：中華書局，一九六五年。
四庫提要辨證，余嘉錫著，北京：中華書局，一九八〇年。
宋高僧傳，宋贊寧撰，范祥雍點校，北京：中華書局，一九八七年。
宋會要輯稿，清徐松輯，影印本，北京：中華書局，一九五七年。
宋濂全集，羅月霞主編，杭州：浙江古籍出版社，一九九九年。
宋摹梁元帝職貢圖與中古域外冠服，連冕，裝飾，二〇〇八年第十二期。
宋史，元脱脱等撰，北京：中華書局，一九七七年。
宋書（點校修訂本），南朝梁沈約撰，北京：中華書局，二〇一八年。
宋魏交聘表，鄭欽仁，大陸雜誌，二十二卷六期，一九六一年；收入三代秦漢魏晉史研究論集（大陸雜誌史學叢書第二輯第一册），大陸雜誌社印行，一九六七年。
宋文憲公全集，明宋濂撰，清嘉慶十五年金華府學刻本。
蘇頌年譜，顔中其等編著，長春：北方婦女兒童出版社，一九九三年。
隋唐嘉話，唐劉餗撰，程毅中點校，北京：中華書局，一九七九年。
碎錦零箋：文化名人的墨迹與往事，方繼孝著，濟南：山東畫報出版社，二〇〇九年。
遂初堂書目，宋尤袤撰，清道光咸豐間番禺潘氏刊海山仙館叢書本。
孫公談圃，宋孫升撰，民國十六年武進陶氏覆宋咸淳左圭刻百川學海本。
孫公談圃，宋孫升口述，宋劉延世筆録，楊倩描等點校，北京：中華書局，二〇一二年。按：與丁晉公談録等合刊。

T

太平廣記，宋李昉等編，汪紹楹點校，北京：中華書局，一九六一年。

太平寰宇記，宋樂史撰，王文楚等點校，北京：中華書局，二〇〇七年。

太平御覽，宋李昉等撰，影宋本，北京：中華書局，一九六〇年。

泰興文史資料，第一輯，政協泰興縣文史資料研究委員會編輯出版，一九八四年。

譚賓録，唐胡璩撰，續修四庫全書影印清抄本，上海：上海古籍出版社，二〇〇二年。

唐代墓誌彙編，周紹良主編，上海：上海古籍出版社，一九九二年。

唐代四大類書，董治安主編，北京：清華大學出版社，二〇〇三年。

唐前志怪小説史（修訂本），李劍國著，天津：天津教育出版社，二〇〇五年。

唐閻立本繪蕭翼賺蘭亭圖卷跋，莊嚴，前生造定故宮緣，北京：紫禁城出版社，二〇〇六年。

通典，唐杜佑撰，王文錦等點校，北京：中華書局，一九八八年。

通典邊防典證誤，吴玉貴，文史，二〇〇五年第一輯。

通志，宋鄭樵撰，萬有文庫影印本，上海：商務印書館，一九三五年。

通志二十略，宋鄭樵撰，王樹民點校，北京：中華書局，一九九五年。

圖畫精意識，清張庚撰，叢書集成續編影印槐廬叢書重校本，上海：上海書店出版社，一九九四年。

圖像檔案解密僞滿皇宮，趙繼敏等主編，長春：吉林文史出版社，二〇一二年。

W

王肯堂與吴氏徽商鑒藏家的書畫交遊，高樹浩等，榮寶齋，二〇一九年第四期。

王遜年譜，王涵編，王遜文集五卷附，上海：上海書畫出版社，二〇一七年。

王庸文存，趙中亞選編，南京：江蘇人民出版社，二〇一三年。

「魏伐百濟」與南北朝時期東亞國際關係，韓昇，歷史研究，一九九五年第三期。

魏晉南北朝史札記，周一良著，中華書局，一九八五年。

魏書（點校修訂本），北齊魏收撰，北京：中華書局，二〇一七年。

文本與記録文獻中所見的蘭亭序，祁小春，美術學報，二〇一二年第五期。

文憲集，明宋濂撰，文淵閣四庫全書本。

文獻通考，宋馬端臨撰，影印本，北京：中華書局，二〇一一年。

文苑英華，宋李昉等編，影印明刊本，北京：中華書局，一九六六年。

我的前半生（全本），愛新覺羅溥儀著，北京：群衆出版社，二〇〇七年。

吴文正集，元吴澄撰，文淵閣四庫全書本。

X

西安新出隋代聘陳使主薛舒墓誌考證，王其禕、周曉薇，陝西歷史博物館館刊，第二十輯，西安：三秦出版社，二〇一三年；收入片石千秋：隋代墓誌銘與隋代歷史文化，周曉薇、王其禕著，北京：科學出版社，二〇一四年。

西安新出武周聖曆二年趙本道墓誌釋讀，潘萍、王菁，碑林集刊，第二〇輯，西安：三秦出版社，二〇一五年。

西北民族宗教史料文摘（新疆分册），甘肅省圖書館書目參考部編，蘭州：甘肅省圖書館，一九八五年。

先秦漢魏晉南北朝詩，逯欽立輯校，北京：中華書局，一九八八年。

現存的職貢圖是梁元帝原本嗎，岑仲勉，中山大學學報，一九六一年第三期。

蕭綱蕭繹年譜，吴光興著，北京：社會科學文獻出版社，二〇〇六年。
蕭梁時期東亞政權間交際網絡的建立與崩壞，李磊，魏晉南北朝隋唐史資料，第四十一輯，上海：上海古籍出版社，二〇二〇年。
蕭梁與東亞史事三考，韓昇，上海社會科學院學術季刊，二〇〇二年第三期。
蕭繹集校注，南朝梁蕭繹撰，陳志平、熊清元校注，上海：上海古籍出版社，二〇一八年。
蕭繹職貢圖的再研究，陳繼春，中國美術史論文集，薛永年等主編，北京：紫禁城出版社，二〇〇六年。
新出魏晉南北朝墓誌疏證（修訂本），羅新、葉煒著，北京：中華書局，二〇一六年。
新唐書，宋歐陽脩、宋祁撰，北京：中華書局，一九七五年。
徐孝穆年譜，樊榮，新鄉師專學報（社會科學版），一九九五年第三期。
續藏經，臺北市：新文豐出版公司，一九九三年。
續高僧傳，唐釋道宣撰，大正新修大藏經本。
續高僧傳，唐釋道宣撰，郭紹林點校，北京：中華書局，二〇一四年。
續畫品，南朝陳姚最撰，收入畫品叢書，于安瀾編，上海：上海人民美術出版社，一九八二年。
續書畫題跋記，明郁逢慶編，清抄本，中國國家圖書館藏。
續資治通鑑長編，宋李燾撰，上海師範大學古籍整理研究所等點校，北京：中華書局，一九九五年。
學齋佔畢，宋史繩祖撰，叢書集成初編據百川學海本排印，上海：商務印書館，一九三九年。

Y

雅頌正音，明劉仔肩編，明洪武三年王舉直刻本。
顔氏家訓集解（增補本），北齊顔之推撰，王利器集解，北京：中華書局，二〇一三年。

鹽鐵論校注，王利器校注，北京：中華書局，二〇一五年。
養晴室遺集，龐俊著，白敦仁纂輯，王大厚校理，成都：巴蜀書社，二〇一三年。
姚江名人：近現代編，諸煥燦主編，杭州：浙江古籍出版社，二〇〇九年。
「夷歌成章，胡人遥集」——從職貢圖看南朝胡人圖像與政治的關係，朱滸，南京藝術學院學報（美術與設計版），二〇一五年第一期。
義府，清黄生撰，文淵閣四庫全書本。
藝文類聚，唐歐陽詢撰，汪紹楹校，上海：上海古籍出版社，一九八二年。
藝文類聚，唐歐陽詢撰，文淵閣四庫全書本。
陰鏗與近體詩，趙以武著，哈爾濱：黑龍江教育出版社，一九九八年。
由王謝墓誌的出土論到蘭亭序的真僞，郭沫若，文物，一九六五年第六期。
酉陽雜俎，唐段成式撰，四部叢刊初編景印明趙氏脈望館刊本。
酉陽雜俎校箋，唐段成式撰，許逸民校箋，北京：中華書局，二〇一五年。
于豪亮學術論集，于豪亮著，上海：上海古籍出版社，二〇一五年。
輿地紀勝，宋王象之撰，趙一生點校，杭州：浙江古籍出版社，二〇一二年。
庾信研究，吉定著，上海：上海古籍出版社，二〇〇八年。
庾子山集注，北周庾信撰，清倪璠注，許逸民校點，北京：中華書局，一九八〇年。
玉海，宋王應麟撰，影印合璧本，京都：中文出版社，一九七七年。
御製詩五集，清高宗撰，文淵閣四庫全書本。
元崇業墓誌夫人王氏墓誌赫連子悦墓誌，趙力光編，上海：上海古籍出版社，二〇一二年。

元和郡縣圖志，唐李吉甫撰，賀次君點校，北京：中華書局，一九八三年。

元和姓纂，唐林寶撰，岑仲勉校記，郁賢皓、陶敏整理，孫望審訂，北京：中華書局，一九九四年。

元和姓纂新校證，陶敏遺著，李德輝整理，瀋陽：遼海出版社，二〇一五年。

雲岡石窟編年史，張焯著，北京：文物出版社，二〇〇六年。

雲岡石窟文化，趙一德著，太原：北嶽文藝出版社，一九九八年。

雲笈七籤，宋張君房編，李永晟點校，北京：中華書局，二〇〇三年。

雲笈七籤，宋張君房編，文淵閣四庫全書本。

雲夢生涯，張岱年、鄧九平主編，北京：北京師範大學出版社，一九九七年。

雲煙過眼録，宋周密撰，鄧子勉點校，北京：中華書局，二〇一八年。按：與志雅堂雜鈔等合刊。

Z

雜阿含經，南朝宋求那跋陀羅譯，大正新修大藏經本。

雜阿含經中的波斯匿王，哈磊，宗教學研究，二〇〇一年第一期。

早期職貢題材繪畫之再探討，李垠周，美術研究，二〇〇一年第三期。

張森楷史學遺著輯略，唐唯目編，重慶：西南師範大學出版社，一九九八年。

浙江通志（雍正），清嵇曾筠等修，清沈翼機等纂，文淵閣四庫全書本。

貞觀公私畫史，唐裴孝源撰，文淵閣四庫全書本。

真蹟日録，明張丑撰，清抄本，中國國家圖書館藏。

真蹟日録，明張丑撰，文淵閣四庫全書本。

正德姑蘇志，明王鏊撰，文淵閣四庫全書本。

正史高句麗傳校注，姜維東著，長春：吉林人民出版社，二〇〇五年。

職貢圖的時代風格再研究，郭懷宇，美術，二〇一一年第二期。

職貢圖的時代與作者，金維諾，文物，一九六〇年第七期。按：收入中國美術史論集，金維諾著，北京：人民美術出版社，一九八一年，文字有刪節。

職貢圖與南北朝時期的西域，錢伯泉，新疆社會科學，一九八八年第三期。

至正金陵新志，元張鉉撰，宋元方志叢刊影印四庫全書本，北京：中華書局，一九九〇年。按：四庫全書本書名「至正」誤作「至大」。

中古前期的交聘與南北互動，蔡宗憲著，臺北縣：稻鄉出版社，二〇〇八年。

中古文學史料叢考，曹道衡、沈玉成著，北京：中華書局，二〇〇三年。

中古作家年譜彙考輯要，范子燁編，西安：世界圖書出版西安有限公司，二〇一四年。

中國地方行政制度史魏晉南北朝地方行政制度，嚴耕望撰，上海：上海古籍出版社，二〇〇七年。

中國地圖史綱，王庸著，北京：三聯書店，一九五八年。

中國古代書畫鑑定筆記，楊仁愷著，瀋陽：遼寧人民出版社，二〇一五年。

中國近三百年學術史，新校本，梁啓超著，夏曉虹等校，北京：商務印書館，二〇一一年。

中國歷代行人考，黃寶實著，臺北：臺灣中華書局，一九六九年。

中國美術史論文集，薛永年等主編，北京：紫禁城出版社，二〇〇六年。

中國藝術精神，徐復觀著，臺北：臺灣學生書局，一九六六年。

中華書局本梁書補校三十五例，熊清元，黃岡師範學院學報，二〇〇五年第五期。

周一良先生梁書批校，周一良，中國典籍與文化論叢第十一輯，南京：鳳凰出版社，二〇〇九年。

資治通鑑，宋司馬光撰，北京：中華書局，一九五六年。

資治通鑑考異，宋司馬光等撰，四部叢刊初編景印宋刊本。

資治通鑑疑年録，吴玉貴著，上海：上海古籍出版社，二〇一九年。

「中華石刻數據庫」，北京中華書局「籍合網」（http：//inscription. ancientbooks. cn/docShike/）。

後記

寫作這本小書的直接動機，是由於我對清人張庚摹本諸番職貢圖卷著録内容的發現，從而獲得了梁元帝職貢圖題記的新資料。

初稿於二〇一〇年已經大體寫成，因爲從事中華書局點校本梁書的修訂工作，心力無法分流，書稿未經完善，藏於篋中將近十年。其間在文史雜誌發表過兩篇相關學術論文，受到海内外學者較多關注，這是我感覺極爲榮幸的。

在梁書修訂本出版之後，纔有可能擠出時間修改書稿。因爲睽隔已久，舊稿内容變得陌生，修改過程頗爲艱難，幾乎是重新進行研究和寫作，進展非常緩慢，竟然持續了整整一年的時間，實在始料未及。

書稿寫作和出版過程中，先後受到香港嶺南大學龍惠珠教授，中山大學歷史學系教授景蜀慧師，故宫博物院研究員王素先生，中華書局徐俊先生，社會科學文獻出版社楊群先生、徐思彦老師、胡百濤老師，中國國家博物館童萌老師、戴畋老師等諸位師長朋友的悉心指教和獎引提挈，列入社會科學文獻出版社「優秀學術出版項目」，並蒙徐俊先生惠予題簽；中國國家博物館、臺北故宫博物院慨允提供職貢圖北宋摹本、唐閻立本王會圖及南唐顧德謙摹梁元帝蕃客入朝圖圖像數據；華東師範大學彭正梅教授、韓山師範學院岳拯士博士、湖北襄陽襄州區博物館宋凌雲先生，研究生謝釗馨、潘龍威同學，幫助譯讀德文論著、解析文字學疑難、校訂日文譯名、編輯整理圖片資料；在北京大學人文社會科學研究院擔任邀訪學者期間，承蒙鄧小南教授、渠敬東教授、楊弘博博士、韓笑老師、陳天傳老師、關雪老師等諸位師友的關愛和支持，有幸與文研同人，以及老友清華大學王東傑教授，昕夕講論學問，深獲切磋琢磨之益，謹此致以誠摯的謝意。

我想把這本小書，獻給我的岳父和岳母。兩位長者善良、真誠與慈愛的心靈，不着形迹地展現在崎嶇的世間，給予我力量，讓我體會到感動和震憾。

趙燦鵬

二〇二一年五月十八日

於暨南大學古籍研究所

二〇二一年十二月十日

修訂於北京大學文研院

圖書在版編目(CIP)數據

南朝梁元帝職貢圖題記釋文校證 / 趙燦鵬著. — 北京：社會科學文獻出版社，2023.1
（暨南史學叢書）
ISBN 978-7-5228-0474-3

Ⅰ.①南… Ⅱ.①趙… Ⅲ.①歷史地理-世界-古代 Ⅳ.①K916

中國版本圖書館 CIP 數據核字(2022)第 133467 號

暨南史學叢書
南朝梁元帝職貢圖題記釋文校證

著　　者 / 趙燦鵬
題　　簽 / 徐　俊

出 版 人 / 王利民
組稿編輯 / 宋月華
責任編輯 / 胡百濤
責任印製 / 王京美

出　　版 / 社會科學文獻出版社 · 人文分社（010）59367215
地址：北京市北三環中路甲 29 號院華龍大廈　郵編：100029
網址：www.ssap.com.cn
發　　行 / 社會科學文獻出版社（010）59367028
印　　裝 / 三河市東方印刷有限公司

規　　格 / 開 本：787mm× 1092mm　1/16
印 張：37.75　插 頁：3.75　字 數：448 千字
版　　次 / 2023 年 1 月第 1 版　2023 年 1 月第 1 次印刷
書　　號 / ISBN 978-7-5228-0474-3
定　　價 / 298.00 圓

讀者服務電話：4008918866